Thomas R. Kämmerer

šimâ milka

Induktion und Reception der mittelbabylonischen Dichtung von *Ugarit, Emār* und *Tell el-'Amārna*

Alter Orient und Altes Testament

Veröffentlichungen zur Kultur und Geschichte des Alten Orients
und des Alten Testaments

Band 251

Herausgeber

Manfried Dietrich • Oswald Loretz

1998
Ugarit-Verlag
Münster

šimâ milka

Induktion und Reception der mittelbabylonischen Dichtung von *Ugarit, Emār* und *Tell el-'Amārna*

Thomas R. Kämmerer

1998
Ugarit-Verlag
Münster

Die Deutsche Bibliothek - CIP-Einheitsaufnahme

Kämmerer, Thomas R.:
Šimâ milka : Induktion und Reception der mittelbabylonischen Dichtung von Ugarit, Emār und Tell el-ʿAmārna / Thomas R. Kämmerer. - Münster : Ugarit-Verl., 1998
(Alter Orient und Altes Testament ; Bd. 251)
Zugl.: Münster (Westfalen), Univ., Diss., 1996
ISBN 3-927120-47-2

Herstellung: Weihert-Druck GmbH, Darmstadt

Printed in Germany

ISBN 3-927120-47-2

Printed on acid-free paper

meinen Eltern
in Liebe und Dankbarkeit

meinen Eltern
in Liebe und Dankbarkeit

Vorwort

So eine Arbeit wird eigentlich nie fertig, man muß sie für fertig erklären, wenn man nach Zeit und Umständen das möglichste getan hat.

(J.W. von Goethe, Italienische Reise, 16.03.1787)

Die *Altorientalistik* bietet als junge Wissenschaft eine Fülle reizvoller, interessanter und ergebnisträchtiger Fragestellungen in ihren verschiedensten Bereichen. Dieses macht die Wahl eines Arbeitsgebietes aber nicht leichter. Ich habe deshalb mit Dankbarkeit die Anregung meines Lehrers Prof. M. Dietrich, Universität Münster, Ugarit-Forschung, aufgegriffen, die *literarische* Sprache des *Mittelbabylonischen* von *Ugarit*, *Emār* und *Tell el-ʿAmārna* mit dem Kenntnisstand neuerer Forschung zu untersuchen.

Dieser Aufgabe habe ich mich gern unterzogen, wobei mir das Gespräch mit meinem Lehrer, Prof. M. Dietrich, wie auch sein Rat, sehr geholfen hat. Anregungen in Detailbereichen erhielt ich von Prof. O. Loretz, Universität Münster, Ugarit-Forschung.

Nicht unerwähnt lassen möchte ich Herrn Prof. W.H. van Soldt, Universität Leiden. Auch sein Rat war mir sehr wertvoll.

Prof. F. Hundsnurscher, Universität Münster, Germanistisches Institut, half mir freundlicherweise bei Problemen der vergleichenden Linguistik.

Prof. F. Isenbart, Fachhochschule Münster, half mir bei der statistischen Auswertung der Syllabare und Vokabulare. Insbesondere hat er die *mathematische* Bestätigung des Materials vorgenommen.

Für die Erlaubnis, in den Museen von Aleppo und Damaskus das relevante Textmaterial zu kollationieren, möchte ich Frau Prof. M. Yon, Universität Lyon, und Herrn Prof. J. Margueron, Lozere par Palaiseau, sehr herzlich danken.

Meinem ehemaligen Klassenlehrer, Herrn Dr. H. Naumann, Graf Adolf Gymnasium Tecklenburg, verdanke ich, mir sehr früh den Zugang zur Sprachwissenschaft eröffnet zu haben.

Inhaltsverzeichnis

Vorwort vii

Inhaltsverzeichnis ix

Tabellenverzeichnis xv

Textstellenverzeichnis xvii

Abkürzungsverzeichnis xxi

1. Einführung 1

1.1 Fragestellung und Methode 1

1.1.1 Warum wurde für diese Untersuchung das Textmaterial der Fundorte *Ugarit, Emārs* und *Tell el-'Amārnas* ausgewählt? 3

1.1.2 Warum konzentriert sich diese Untersuchung nur auf die Dichtung dieser Orte? 5

1.1.3 Welche orthographischen, lexikalischen und grammatikalischen Untersuchungseinheiten der mB Dichtung *Ugarits, Emārs* und *Tell el-'Amārnas* sollen erörtert werden? 6

1.1.4 Welches Ergebnis lassen diese Einzeluntersuchungen erwarten? 8

1.2 mB Textmaterial. Publikationen und Bearbeitungen . . . 9

1.2.1 *Emār*, babylonisch-literarische Texte 9

1.2.2 *Emār*, bi-/trilingual-literarische Texte 10

1.2.3 *Emār*, sumerisch-literarische Texte 12

1.2.4 *Ugarit*, babylonisch-literarische Texte 12

1.2.5 *Ugarit*, bi-/trilingual-literarische Texte 13

1.2.6 *Ugarit*, sumerisch-literarische Texte 14

1.2.7 *Tell el-'Amārna*, babylonisch-literarische Texte . . 14

1.3 aB Textmaterial: Publikationen und Bearbeitungen 15

1.3.1 Einsprachige, poetische Texte 16

1.3.2 Bilinguale, poetische Texte: 21

1.3.3 Einsprachige, episch-mythologische Texte: 23

1.4 jB Textmaterial: Publikationen und Bearbeitungen 24

1.4.1 Einsprachige, mythologische Texte: 24

2. Die Syllabare der babylonischen Dichtung 25

2.1 Die Syllabare der altbabylonischen Dichtung aus Mesopotamien 25

2.2 Das Syllabar der mB Dichtung aus *Ugarit* 25

2.3 Das Syllabar der mB Dichtung aus *Tell el-'Amārna* 28

2.4 Das Syllabar der mB Dichtung von *Emār* 28

2.5 Statistischer Vergleich der Syllabare mB und aB Dichtung 30

2.6 Statistischer Vergleich der Graphen mB und aB Dichtung 33

2.7 Zur Problematik der stat. Erfassung 39

2.8 Im Syllabar von *Emār* nicht vorkommende Lautwerte . . . 40

2.9 Das Syllabar von *Tell el-'Amārna* 41

2.10 Ergebnis der statistischen Untersuchung 42

2.11 Sprachhistorische Bewertung der Ergebnisse 45

3. Die Vokabulare in der Dichtung 47

3.1 Quellen und Methode 47

3.2 Zur stat. Erfassung der Vokabulare 48

3.3 Gattungsspezifische Überlieferung in *Ugarit* 49

3.4 Zeitliche Überlieferung in *Ugarit* 52

3.5 Gattungsspezifische Überlieferung in *Emār* 54

3.6 Zeitliche Überlieferung in *Emār* 54

3.7 Semantische Erfassung von Lexemen 55

3.8 Auswertung der drei Vokabulare 60

4. Das Pantheon in der Dichtung **63**

4.1 Archäologische Zeugnisse 64

4.2 Schriftliche Zeugnisse 67

4.2.1 In nicht-literarischen Texten 67

4.2.2 In der Dichtung 68

4.3 Auswertung und Interpretation 71

4.4 Zur Bedeutung der Götternamen 74

4.4.1 Unmittelbar kultisch-religiöse Verehrung 75

4.4.2 Synkretismus (Hypostasen) 81

4.4.3 Lexikalische Verwendung 82

4.5 Ergebnis 83

5. Induktion und Reception in der Dichtung **85**

5.1 Zur linguistischen Abgrenzung von Syntax, Semantik und Stilistik 85

5.2 Die babylonische Dichtung aus Sicht der Stilistik 87

5.3 Induktion und Reception einzelner Werke 99

5.3.1 Induktion einer *westsemitischen* Geistesrichtung . 101

5.3.2 Reception ohne Adaption: Fragment der Sintfluterzählung 102

5.3.3 Reception ohne Adaption: Lobpreis einer Mutter . 103

5.3.4 Reception mit Adaption: Ein Leben ohne Freude . 103

5.3.5 Induktion: savage-relenting im *Marduk*-Klagehymnus 104

5.3.6 Induktion: Dialog zwischen *Šūpē-amēli* und seinem Vater 113

5.3.7 Reception mit Adaption und Induktion: Enlil und Namzitarra und Der Rat eines Vaters 113

5.3.8 Reception mit Adaption: Palme und Tamariske . . 118

5.3.9 Induktion: Dialog zwischen *Šūpē-amēli* und seinem 'Vater' . . . 118

5.3.10 Induktion: Segensgebet für einen Fürsten . . . 118

5.3.11 Induktion: Ein ungehorsamer Sohn (*eli milki abi indaraṣ*) . . . 119

5.4 Das Fehlen einer Portraithaftigkeit . . . 120

5.5 Dialektale Spracheinflüsse in europäischer Dichtung . . . 121

5.6 Dialektale Spracheinflüsse in babylonischer Dichtung . . . 123

5.6.1 Sandhi-Schreibungen . . . 123

5.6.2 Subjunktiv . . . 124

5.7 Ergebnis . . . 125

5.8 Literaturwerke in nicht-gebundener Sprache . . . 127

5.8.1 Die Kunstprosa als literarische Sprache altgriechischer Dichter, ein Exkurs . . . 127

5.8.2 Die Prosa-Dichtung Westsyriens . . . 129

5.9 Die Idee, Texte in Felder zu gliedern . . . 132

5.10 Ergebnis . . . 134

5.11 Zusammenfassung der Ergebnisse . . . 140

5.12 Ausblick auf weitere Studien . . . 143

6. Appendix A: Synopse der VI. Tafel des Gilgameš-Epos 145

6.0.1 Das Verhältnis zwischen der Version aus Emār und denen aus Assyrien . . . 155

6.0.2 Sprachhistorische Bedeutung dieser Unterschiede . 157

7. Appendix B: Die babylonische Dichtung *Ugarits* 159

7.1 Marduk-Klagehymnus, RS 25.460 (1.2.4) . . . 160

7.1.1 Umschrift . . . 160

7.1.2 Übersetzung . . . 161

7.2 Lobpreis für eine Mutter, RS 25.421 (1.2.5) . . . 164

7.2.1 Umschrift . . . 164

7.2.2 Übersetzung . . . 165

7.3 Erzählung von der Sintflut, RS 22.421 (1.2.4) 168
7.3.1 Umschrift 168
7.3.2 Übersetzung 169
7.4 Ein ungehorsamer Sohn, RS 22.219 + 22.398 (1.2.4) . . . 170
7.4.1 Umschrift 170
7.4.2 Übersetzung 171
7.5 Literarischer Text, RS 15.10 (1.2.4) 174
7.5.1 Umschrift 174
7.5.2 Übersetzung 175
7.6 Dialog zwischen *Šūpē-amēli* und seinem 'Vater' 176
7.6.1 Umschrift 176
7.6.2 Übersetzung 177
7.7 Ein Leben ohne Freude, (1.2.2 und 1.2.5) 208
7.7.1 Umschrift 208
7.7.2 Übersetzung 209

8. Appendix C: Die babylonische Dichtung *Emārs* 215

8.1 Segensgebet für einen Fürsten, Msk 74243 (1.2.2) 216
8.1.1 Umschrift 216
8.1.2 Übersetzung 217
8.2 Enlil und Namzitarra *und* Der Rat eines Vaters 218
8.2.1 Umschrift der aB Version 218
8.2.2 Übersetzung der aB Version 219
8.2.3 Umschrift der mB Version 222
8.2.4 Übersetzung der mB Version 223
8.3 Gilgameš-Epos V, Msk 74128d (1.2.1) 228
8.3.1 Umschrift 228
8.4 Fragment eines literarischen Textes, Msk 731068 (1.2.1) . 228
8.4.1 Umschrift 228

8.4.2 Übersetzung 229
8.5 Streitgespräch zwischen Dattelpalme und Tamariske, (1.2.1)230
8.5.1 Umschrift 230
8.5.2 Übersetzung 231

9. Appendix D: Die babylonische Dichtung *Amārnas* 253
9.1 Adapa und der Südwind (1.2.7) 254
9.1.1 Umschrift 254
9.1.2 Übersetzung 255
9.2 Nergal und Ereškigal (1.2.7) 260
9.2.1 Umschrift 260
9.2.2 Übersetzung 261
9.3 Fragment eines literarischen Textes (1.2.7) 266
9.3.1 Umschrift 266
9.3.2 Übersetzung 267
9.4 Sargon-Epos (1.2.7) 268
9.4.1 Umschrift 268
9.4.2 Übersetzung 269

10. Appendix E: Das Syllabar der mB Dichtung *Emārs* 277

Bibliographie 347

Index 357

Tabellenverzeichnis

1. Statistische Abhängigkeits-Berechnung der Syllabare von *Ugarit* und *Emār* . . . 36
2. Das Syllabar von *Emār* im Vergleich zu dem von *Ugarit* und aB Syllabaren *Mesopotamiens* . . . 37
3. Das Syllabar von *Ugarit* im Vergleich zu dem von *Emār* und aB Syllabaren *Mesopotamiens* . . . 37
4. Tabelle 1 nach Rangfolge der Zusammenhangsstärke sortiert . 38
5. Untersuchte Vergleichspaare . . . 43
6. Die Syllabare von *Emār* und *Ugarit* im Vergleich zu aB Syllabaren *Mesopotamiens* . . . 44
7. Lexeme der nicht-literarischen Texte *Ugarits*, die aB vorwiegend in der Dichtung verwendet wurden . . . 50
8. Auszug aus der Tabelle 7 zur Verdeutlichung der Belegsituation 50
9. Lexeme der mB Dichtung *Emārs*, die aB ebenfalls vorwiegend in der Dichtung verwendet wurden . . . 54
10. Gemütsbewegung (A) . . . 58,59
11. Kult/Religion/Weisheit (B) . . . 58,59
12. Aggression (C) . . . 60
13. Das Pantheon in mB Dichtung aus *Ugarit*, *Emār* und *'Amārna* im Vergleich zur aB Dichtung *Mesopotamiens* . . . 70
14. Das Pantheon in *ugaritischem* Kontext, archäologische und philologische Befunde . . . 74
15. Der Sprachstil der babylonischen Dichtung von *Ugarit*, *Emār* und *'Amārna* . . . 95
16. Der Sprachstil der babylonischen Dichtung aus *Mesopotamien* 96

Textstellenverzeichnis

AfO, S.55-60, Z.11.12 113

AOAT 42, S.63, (I), Z.1 102

AOAT 42, S.63, (I), Z.2 41

AOAT 42, S.63, (III), Z. 9 110

AOAT 42, S.63f., (II.III.VI.IX), Z. 5.7.8.9.10.11.22.33 115

AOAT 42, S.63f., (II.IV.VI), Z.7.13.22 127

AOAT 42, S.64, (VI.VIII), Z.22.30 106

AOAT 42, S.64, (VII), Z.25 102

AOAT 42, S.64, (VII), Z.26 102

AOAT 42, S.64, (XI), Z.40.41 41

AOAT 42, S.65, (XII), Z.45 41

AOAT 8, S.10, Z.13 129

BIN VII, Nr.49, Z.21 93

BIN VII, Nr.54, Z.12 93

BWL S.32, Z.43 107

BWL S.34, Z.92 107

BWL S.38, Z.4.23 107

BWL S.42, Z.75 107

BWL S.70, Z.9-11 108

BWL S.72, Z.29 108

BWL S.74, Z.54.70.71 108

BWL S.84, Z.245.246 108

BWL S.88, Z.295 108

Emar VI.2, S.263, i, Z. 4' 127

Emar VI.2, S.401, i, Z.12' 127

Emar VI.4, Nr.771, Z.19' 41

Emar VI.4, Nr.771, Z.29'.30' 115

Emar VI.4, Nr.771, Z.39' 41,55

Emar VI.4, Nr.772, Z.15' 55

Emar VI.4, Nr.775, Vs.10 41

J.W. von Goethe, Faust I, Szene Zwinger 123

MARG 6, S.129, Z.53 41

RA 22, S.169-177, Vs. Z.21.23.25.27.29 92

RIM V, 1.4.9, iii' 5' 93

RS 15.10, Z. 2 89

RS 25.421, Vs. Z.11f' 88

RS 25.421, Vs. Z.13f' 88

Rs. Z. 1.4.7.8.9.10.12 92

UF 23, S.64, Z.108 128

UF 23, S.38, Spruch I.i 92

UF 23, S.38, Z. 2 127

UF 23, S.38, Z. 2.3f 127

UF 23, S.40, Z. 9 129

UF 23, S.40, Z. 9.11 129

UF 23, S.42, I.iv Z.17'/25 55

UF 23, S.45, Spruch II.i 90

UF 23, S.48, II.vi Z.27 55

UF 23, S.48, Z.26 127

UF 23, S.49, Spruch II.vi 90

UF 23, S.50, Z. 4' 127

UF 23, S.64, IV.vii Z.112/9' 55

UF 23, S.64, Z. 5' 127

UF 23, S.64, Z. 6' 127

UF 23, S.64, Z.108 127

UF 24, S.17, Vers 17 89

UF 24, S.17, Z.13 55

UF 24, S.19, Z.22/16' 125

UF 25, S.164, Z.10 127

UF 25, S.164, Z.11 125

UF 25, S.190, Z. 6 41

Ug. V, Nr.168, Rs. Z.65' 132

Ug. V, Nr.169, Vs. col.ii, Z.27' 126

Ug. V, Nr.164, Vs. Z.10' 89

Ug. V, Nr.168, Vs. Z.36' 92

Ug. V, Nr.168, Rs. Z.12'f. 90

Ug. V, Nr.169, Vs. col. Z.32f. 89

Ug. V, Nr.168, Vs. Z. 4' 127

Ug. V, Nr.169, Vs. col. iii, Z.37', Rs. col. iii, Z. 3.11.19 127

Ug. V, S.307, Z.42' 108

ZA 79, S.171, Z. 6 119

ZA 79, S.177, Z.62' 55

Abkürzungsverzeichnis

Anm.	Anmerkung,
assyr.	assyrisch,
Aufl.	Auflage,
babyl.	babylonisch,
Bd.	Band,
Bh.	Beiheft,
bzw.	beziehungsweise,
ca.	circa,
col.	columne,
d.	der,
dens.	denselben,
ders.	derselbe,
dies.	dieselbe,
Dr.	Doktor,
ebd.	ebenda,
f.	feminin,
f.	folgende,
f. e.	für einen,
Frg.	Fragment,
Fs	Festschrift,
Gilg.	Gilgameš,
GS	Gedenkschrift,
Jahrh.	Jahrhundert,
koll.	kollationiert,
lit.	literarisch,
m.	maskulin,
Msk	Meskene,
n. Chr.	nach Christus,
Nachdr.	Nachdruck,
Nr.	Nummer,
o.ä.	oder ähnliches,
pl.	plate,
pl.	Plural,
Prof.	Professor,
Prt.	Präteritum,
RS	Ras Šamra,
Rs.	Rückseite,
S.	Seite,
s.	siehe,
s.u.	siehe unten,
Sept.	September,
Sg.	Singular,
sum.	sumerisch,
u. s.	und seinem,
u.a.	unter anderem,
Ug.	Ugarit,
v. Chr.	vor Christus,
vgl.	vergleiche,
Vs.	Vorderseite,
wörtl.	wörtlich,
Z.	Zeile,
z.B.	zum Beispiel,
z.T.	zum Teil,
zw.	zwischen.

Hinsichtlich der Zeitschriften wird auf das Abkürzungsverzeichnis im „Akkadischen-Handwörterbuch" von W. von Soden verwiesen.

1. Einführung

1.1 Fragestellung und Methode

Aufgabe dieser Arbeit ist es, die *poetischen* Textcorpora aus *Ugarit*, *Emār* und *Tell el-'Amārna* hinsichtlich ihrer *geistesgeschichtlichen Tradition* zu analysieren und einzuordnen. Gleichzeitig soll ihr Gehalt an *poetischer* Substanz erfaßt und nach Möglichkeit ein Kontext zur Geistesgeschichte eben dieser *Tradition* gefunden werden.

Dabei hat sich bei der Sichtung des Materials sehr rasch ergeben, daß man es nicht nur mit einer Wiederaufnahme (Reception) der geistesgeschichtlichen Tradition einer *babylonisch-sumerischen* Literatur zu tun haben wird, sondern daß darüberhinaus in der Dichtung *Ugarits* und *Emārs* Elemente einer Geistesströmung zu erkennen sind, die sich - wie es scheint - nicht aus der *babylonisch sumerischen* Kultur herleiten lassen. Sie sind das Ergebnis eines *sich in Westsyrien neu entwickelnden* poetischen Ausdrucks (Induktion) *westsemitischen religiösen* Empfindens.

So werden die Begriffe *Reception* und *Induktion* als Merkmale einer literarischen *Tradition* Westsyriens *Schlüsselwörter* dieser Arbeit. [1]

Ein erster Ansatz für die hier zu behandelnde Problematik des „Aufeinandertreffens" zweier unterschiedlicher Geistesrichtungen: *Ostbabylonisch-sumerischer Kollektivismus* **und** *westbabylonische Individuallyrik*, findet sich bei *J. Klein*.

In seiner 1990 erschienenen Publikation [2] untersucht J. Klein die geistesgeschichtliche Herkunft einer aus *Emār* überlieferten *Bilingue*. Dieser Text wurde erstmals 1987 von D. Arnaud veröffentlicht und bearbeitet. [3] Er stellt die beiden *sumerisch* und *babylonisch*, *laterallinear* verfaßten Parallelversionen aus *Emār* der *altbabylonisch-sumerischen* Version „Enlil und Namzitarra" [4] aus *Nippur* gegenüber. Er kommt u.a. zu dem Ergebnis, daß sich die *babylonische* Version aus *Emār* nur in ihrem ersten Teil eng an den *sumerischen* Vorläufer aus *Nippur* anlehnt. Der zweite Teil dieser Version aus *Emār*, der jedoch nur *mittelbabylonisch* erhalten ist, besitzt *keine* Parallele in der *sumerischen* Version aus *Nippur*. Vielmehr errinnert „the language and style of the text (...

---

[1] Zur Begriffsbestimmung von „Induktion" s. Kapitel 5.3.

[2] J. Klein, The 'Bane' of humanity: A Lifespan of One Hundred Twenty Years, ASJ 12, 1990, S.57-70.

[3] zur Bibliographie s. Kapitel 1.2.1, Nr.11.

[4] M. Civil, Enlil and Namzitarra, in AfO 25, Horn 1974, S.65-71.

to) Ancient Near Eastern, and especially Biblical, instruction genre."[5] Dabei stellt „the whole part (...) an independent composition" dar. Hierin billigt J. Klein einem „scharfsinnigen" *westsyrischen* Poeten zu, mit Hilfe einer „Assoziation" den *altbabylonisch-sumerischen* Text aus *Nippur* selbständig *fortgeführt* zu haben.[6] Er geht allerdings nicht weiter auf *philologische* Fragen ein, ausgenommen, daß er *themabedingt* der Bedeutung der sowohl *sumerisch* als auch *babylonisch* erhaltenen Phrase *2 šu-ši šanāti* (MU.MEŠ-⌜*ti*?⌝) *lu-ú ik-ki-⌜ib a-mi-lu⌝-ut-ti ba-šu*!*-š*[*a*] „120 Jahre seien der Menschheit vorbehalten, (seien) ihre Existenz" nachgeht. Mit diesem Beleg findet er „the earliest and only extra-Biblical parallel to Gen 6:3": וְהָיוּ יָמָיו מֵאָה וְעֶשְׂרִים שָׁנָה „Ich will ihm als Lebenszeit geben hundertundzwanzig Jahre".

In einer gerade erschienenen Publikation *W.G. Lamberts* „Some New Babylonian Wisdom Literature"[7], in der *W.G. Lambert* vornehmlich das Thema „Weisheitsliteratur" behandelt, gelangt er zu einer anderen Wertung als J. Klein: „There is of course no proof that the Ugarit and Emar copies of the texts under discussion offer editions created in the west."[8] Ohne *detaillierten* Quellenbezug spricht er von „Unzulänglichkeiten" in der Textfassung durch *syrische* Schreiber, bis zu deren völligem Unverständnis des *Sumerischen*: „In contrast the Ugarit and Emar copies, though derived and created as editions in Babylonia and not in Syria, are full of signs of incompetence. The scribes did not understand Sumerian at all."

J. Klein begnügt sich demgegenüber damit, das *Sumerische* der *mittelbabylonischen* Dichtung *Ugarits* und *Emārs* als ein „rather poor Sumerian" oder ein „colloquial Sumerian" einzustufen.[9]

Anders *W.G. Lambert*, der in seiner Publikation „Some New Babylonian Wisdom Literature" noch weiter geht, indem er den Schreibern *Ugarits* und *Emārs* sogar nur *beschränkte* Kenntnisse der *babylonischen* Sprache zubilligt: „and may have had limited Babylonian".[10] Damit schließt *W.G. Lambert* die von *J. Klein* angegebene Möglichkeit aus, daß die *syrischen* Schreiber durchaus in der Lage waren, *ostbabylonische*

---

[5] J. Klein, ASJ 12, S.60.

[6] vgl. Kapitel 5.3.7.

[7] W.G. Lambert, Some new Babylonian wisdom literature, FS Emerton, Cambridge 1995, S.30-42.

[8] W.G. Lambert, ebd., S.42.

[9] Prof. *J. Krecher* vertritt bezüglich der Qualität des *Sumerischen* der Dichtungen *Ugarits* und *Emārs* eine ähnliche Meinung wie *J. Klein* und *W.G. Lambert*, Diskussionsbemerkung.

[10] W.G. Lambert, in FS Emerton, S.38.

Dichtungen derart zu *recipieren*, daß deren *Sprache* der *ostbabylonischen Schultradition* entsprach.

So meint zwar *A. Caquot*, „that Syria was more than simply a place of transition between Egypt and Mesopotamia during the second millennium", sieht aber die Bedeutung der *westsyrischen* Schreiberschulen lediglich im *Kopieren babylonischer Literatur:* „The most important work with which these scribes could be entrusted was the copying of Babylonian literary works, myths and wisdom literature".[11]

Diese kurze Darstellung von drei unterschiedlichen Beiträgen zu dem hier gewählten Thema zeigt, daß die *sprachhistorische* Bedeutung der *babylonischen* und *sumerischen* Dichtung *Ugarits* und *Emārs* noch sehr *diskussionsbedürftig* ist. Dieses bestätigt die Notwendigkeit, die *geistesgeschichtliche Tradition*, in der die *babylonische* Dichtung *Ugarits* und *Emārs* steht, umfassend zu bearbeiten, wie dieses oben formuliert wurde.

Hierbei weist das Grundgerüst dieser Arbeit folgende Konzeption auf:

1.1.1 Warum wurde für diese Untersuchung das Textmaterial der Fundorte *Ugarit*, *Emars* und *Tell el-ʿAmārnas* ausgewählt?

Mit den beiden Orten *Ugarit* und *Emār* eröffnet sich die seltene Möglichkeit, sowohl *zeitgleiches* als auch *thematisch* vielfach *identisches* Sprachmaterial des 13. Jahrhunderts v. Chr. zu vergleichen und sprachhistorisch auszuwerten. Die *babylonische* Dichtung, die in *Tell el-ʿAmārna* gefunden wurde, datiert ungefähr an den Anfang des 14. Jahrhunderts v. Chr. Sie spielt aber eine bedeutende Rolle bei der *literaturhistorischen* Analyse des *babylonischen* Sprachmaterials aus *Westsyrien*, da diese in *Ägypten* entdeckte Dichtung allen Anschein nach aus *Südpalästina* stammt. Wünschenswert wäre es gewesen, zusätzliche *poetische* Textzeugen neben denen aus *Ugarit* und *Emār* zu finden, die die gleichen Bedingungen erfüllen. Sie müßten also *zeitgleich* oder kaum älter sein und aus dem gleichen geographischen Raum, nämlich *Syrien* stammen.

Mit den in Boğazkale gefundenen Versionen der aus *Ugarit* und *Emār* erhaltenen Dichtungen liegen zwar *zeitgleiche* Textzeugen vor, doch bewahren diese dank ihrer Fundsituation (Kleinasien) womöglich eigene Schreibertraditionen, auf die hier nur am Rande eingegangen werden kann.

Das sowohl in *Syrien* als auch in *Mittelägypten* und *Mesopotamien*

---

[11] A. Caquot - M. Sznycer, Ugaritic Religion, in IoR XV, 8, Leiden 1980, S. 6.

gefundene *zeitgleiche, poetische* Textmaterial ist jedoch so gering, daß in der weiteren Untersuchung trotz der Gefahr des Vorwurfs des *Anachronismus* auch wesentlich ältere, also besonders *altbabylonisch-poetische* Texte zum klassifizierenden Vergleich herangezogen werden müssen. Diese *altbabylonisch-poetischen* Texte stammen aber ausnahmslos aus *Mesopotamien. Altbabylonische* Dichtung aus *Syrien, Kleinasien* und *Ägypten* ist bisher nicht greifbar. Dieses mag für - auf *Syrien* bezogen - an dem wohl dort üblich gewesenen Schriftträger der „Wachstafeln", o.ä., liegen, die materialbedingt nicht erhalten sind. Andererseits findet sich bisher in Syrien *ausschließlich* aus den genannten beiden Orten *Ugarit* und *Emār* und in *Mittelägypten* nur aus *Tell el-'Amārna mittelbabylonische* Dichtung. So bieten die *zeitgleichen* Schichten anderer Orte *Syriens*, wie z.B. von *Alalaḫ, Māri* und *Munbāqa*, um einige wenige bedeutende Fundorte zu nennen, bislang „lediglich" *nicht-literarische* Texte, wie z.B. Briefe, Listen und Urkunden, die sich in *Ugarit* und *Emār* zusätzlich zu der dort erhaltenen Dichtung finden. Für die Orte *Ugarit, Emār* und *Tell el-'Amārna* ist es gleichzeitig auch die *jüngste* dort überlieferte babylonische Dichtung, die erhalten ist. *Ugarit* und *Emār* wurden zu Beginn des 12. Jahrhunderts v. Chr. zerstört; die *'Amārna*-Zeit, aus der die erhaltene *babylonische* Dichtung stammt, datiert sogar ungefähr 100 Jahre früher von ca. 1400-1350 v. Chr.

Der Verlust sowohl an *älterem* als auch an *jüngerem* Sprachmaterial aus *Syrien*[12] und die dadurch bedingte *sprachhistorisch* isolierte Stellung der einzelnen erhaltenen *mittelbabylonischen* Dichtungen erschwert die Erarbeitung eines jeden Themas ganz erheblich, das die Begriffe „Tradition" und „Reception" als essentielle Bestandteile seiner selbst aufweist. *Traditio* stellt als „*Über*gabe", als „*Über*lieferung" sprachhistorisch einen *linearen* Prozeß dar, der auch als solcher zu beschreiben ist. Ergeben sprachhistorische Untersuchungen das *Fehlen* bestimmter Textzeugen *innerhalb* dieses *linearen* Prozesses, so kann der Sprachhistoriker weniger von *Tradition* als vielmehr von einer *Wiederaufnahme* einzelner Themata oder sprachlicher Strukturen sprechen. Dieses gilt auch in Hinblick auf eine mögliche „Reception" bestimmter babylonischer Dichtungen, scheinen diese allein auf Grund ihrer *Fundsituation* aus *Mesopotamien* recipiert worden zu sein. Inwieweit allerdings die jeweilige *Fundsituation* auch die *tatsächlichen* geistesgeschichtlichen und hier besonders die *sprachwissenschaftlichen* Vorgänge widerspiegelt, bedarf der weiteren Untersuchung.

Mit der Dichtung aus *Ugarit, Emār* und *Tell el-'Amārna* steht allerdings ein ausreichend großes Textmaterial für *mittelbabylonische* Dich-

---

[12] Dort ist für die Erfassung babylonischer Dichtung lediglich die *mittelbabylonische* Sprachstufe heranzuziehen.

tung zur Verfügung, das mit der Dichtung *Mesopotamiens* von außen her verglichen werden kann, da dessen Herkunft - zumindest der Fundsituation entsprechend - *außerhalb* Mesopotamiens liegt. Bei diesem Vergleich wird die Schreiber-Tradition *Tell el-ʿAmārnas* miteinbezogen, deren Dichtung wahrscheinlich aus *Südpalästina* stammt.[13] Für die Klassifizierung eines jeden einzelnen Sprachcorpus ist notwendigerweise auch zu analysieren, ob das zu untersuchende Sprachmaterial in seinem *geographischen* Umfeld eine Einzelrolle spielt oder ob es für die Untersuchung bestimmter Phänomene als *pars pro toto* einer größeren, eigenständigen Sprach- oder Schreibeinheit anzusehen ist.

1.1.2 Warum konzentriert sich diese Untersuchung nur auf die Dichtung dieser Orte?

Neben umfangreich erhaltenen *nicht-literarischen* Texten sind aus den oben genannten Orten zahlreiche Dichtungen der *mittelbabylonischen* Zeit überliefert, deren ebenfalls umfangreiches Sprachmaterial schon jetzt die Grundlage für längst anstehende, auch detailliertere Untersuchungen bietet. Gegenüber den *nicht-literarischen* Texten aus diesen Orten ist das erhaltene Textmaterial der dort tradierten *Dichtung* jedoch *quantitativ* so *überschaubar,* wenn auch nicht ganz einheitlich in seiner Tradition[14], daß es sich lohnt, diese Dichtung in ihrem *gesamten* Umfang zu betrachten. Die *nicht-literarischen* Texte dagegen erlauben es nur, will man die sprachhistorische Entwicklung ihrer *Gattungen* nicht *hinter* deren (Fach-)Sprache(n) zurückstellen, diese *einzelnen* Gattungen, wie z.B. *Testamente, Kaufurkunden, Adoptionsurkunden* und *Briefe* getrennt von einander zu untersuchen. Aus gleichem Grunde wurden die zahlreichen Ritualtexte aus *Ugarit* und *Emār* unberücksichtigt gelassen, da sie die Analyse der babylonischen *Dichtung* Westsyriens im engeren Sinne, wie sie hier vorgenommen werden soll, verfälschen würden. Eine ähnliche Fehleinschätzung ergäbe sich aber auch bei einer Sprachanalyse der *babylonischen Dichtung* aus *Ugarit, Emār* und *Tell el-ʿAmārna* als einheitliches Textcorpus, wenn sie nicht auf die *sprachhistorische Qualität* der einzelnen *Werke* Bezug nimmt, sondern sie nur als Teil einer zu untersuchenden Gattung sieht. So gibt es neben *Schultafeln,* wie z.B. bei der Dichtung „Ein Leben ohne Freude" in Versionen aus *Ugarit* und *Emār,* vorerst als *archetypische* Originale anzusehende Texte, wie z.B.

---

[13] vgl. S.120.

[14] Der *Reception* babylonischer Dichtung aus *Mesopotamien,* wie z.B. die Sintfluterzählung (RS 22.421), steht die *Induktion* einer eigenen, *syrischen* Dichtung, wie z.B. „Ein ungehorsamer Sohn" (RS 22.219 + 22.398), gegenüber.

das „Segensgebet für einen Fürsten" (Msk 74243).[15] Dieser Sachlage muß Rechnung getragen werden.

Ebenfalls muß erörtert werden, welche Rolle die *relativ* hohe Anzahl *bilingualer* Texte gegenüber den einsprachigen Texten aus *Ugarit* und *Emār* spielt. Dabei soll aber eine spezielle Sprachanalyse der jeweiligen *hethitischen*[16] und *ḫurritischen* Versionen hier außer Acht gelassen werden. Die *sumerischen* Versionen der hier untersuchten *babylonischen* Dichtungen werden jeweils dann besprochen,[17] wenn sie für die *literaturhistorische* Einordnung der betreffenden *babylonischen* Versionen von Bedeutung sind.

Bei der *Dichtung* aus *Ugarit* und *Emār* kommt hinzu, daß dieses Textmaterial dank der großen Übereinstimmung zahlreicher Paralleltexte[18] gegenüber der *babylonischen* Dichtung aus *Tell el-'Amārna* und den wenigen erhaltenen *mittelbabylonischen* Dichtungen *Mesopotamiens* eine sprachliche Einheit bildet, die aber in sich durchaus auch wieder *eigenständige* Traditionen birgt.

1.1.3 Welche orthographischen, lexikalischen und grammatikalischen Untersuchungseinheiten der mB Dichtung *Ugarits, Emārs* und *Tell el-'Amārnas* sollen erörtert werden?

Keilschriftliche Sprachen können grundsätzlich mittels ihrer *Syllabare* und *Vokabulare* und als Teil ihrer Grammatik mittels ihrer *Schrift-, Laut-, Formenlehre* und *Morpho-Syntax* analysiert werden. Der hier vorgenommenen Untersuchung liegen die Bereiche *Syllabar, Vokabular* und *Morpho-Syntax* zu Grunde, da ihre Auswahl für eine *sprachhistorische* Analyse der „Tradition und Reception der babylonischen Dichtung in Syrien und Südpalästina" für am geeignetsten erachtet werden muß. Einzelne, spezielle Studien zur *Schrift-, Laut-, Formenlehre* werden hier nur insoweit berücksichtigt, als sie zum gewählten Thema dieser Arbeit einen Beitrag leisten können und nicht bereits von *W.H. van Soldt* oder *J. Huehnergard* durchgeführt wurden.[19]

---

[15] vgl. hierzu auch Kapitel 8.1.

[16] Zu den *hethitischen* Versionen der *babylonischen* Dichtungen *Ugarits* und *Emārs* wird zur Zeit an der Universität *Bochum* eine Studie erarbeitet.

[17] vgl. z.B. Kapitel 5.3.

[18] Die babylonische Parallelversion zu dem „Dialog zwischen *Šūpē-amēli* und seinem 'Vater'" aus Boğazkale, die *hethitische* Version des „Lobpreises auf eine Mutter" (RS 25.421) aus *Ugarit* und die *hethitische* Version zu *šar tamḫāri* verdeutlichen den sprachhistorischen Zusammenhang von *Westsyrien, Kleinasien* und *Mittelägypten.*

[19] vgl. hierzu das Literaturverzeichnis.

Die Abfolge der einzelnen Untersuchungseinheiten (*Syllabar, Vokabular, Morpho-Syntax*) ist nicht zufällig gewählt worden. Vielmehr liegt ihr die Überlegung und Absicht zugrunde, vom *einfachen* und *gedanklich leicht zugänglichen* Material auszugehen, um daran jeweils anzuschließen den Teil der Sprache, der stärker interpretationsbedürftig ist.

A. Das Syllabar (Kapitel 3)

Dieser formalen Auswahl zu untersuchender Spracheinheiten entspricht die hier vorgenommene Gliederung. Da die *statistisch-numerische* Erfassung der *altbabylonischen* und *mittelbabylonischen Syllabare* am deutlichsten zeigt, welche sprachhistorische Diskrepanz oder Übereinstimmung zwischen den diesen Syllabaren zu Grunde liegenden *verschiedenen* Zeitstufen und geographischen Schwerpunkten herrscht, wird die *statistisch-numerische* Aufarbeitung der Syllabare an den Anfang dieser Arbeit gestellt. Die Basis dieses Kapitels bildet neben dem bereits an anderer Stelle [20] erarbeiteten Syllabar der *babylonischen* Literatur *Ugarits* das speziell für diesen Teil der Untersuchung erstellte Syllabar der babylonischen Dichtung *Emārs*. Dieses Syllabar ist im Anhang I wiedergegeben und findet in Form von *Tabellen* und *Kurven* Aufnahme in den Textteil des Kapitels 2.5. Die ebenfalls erstellten Syllabare der *altbabylonischen* Dichtung *Mesopotamiens* werden in einer gesonderten Arbeit zu den Dialekten Babyloniens veröffentlicht.

B. Das Vokabular (Kapitel 3)

Nach der umfassenden *statistischen* Aufarbeitung der Syllabare *Ugarits, Emārs* und *Tell el-'Amārnas* folgt die Untersuchung der Vokabulare. Die Erfassung der *Vokabulare* zur *statistischen* Aufbereitung selbst würde weit über den vorgegebenen Zeitrahmen hinausgehen und stellt eine sicherlich sehr lohnende und vielversprechende Aufgabe für sich dar. Hier soll deshalb anhand einzelner, ausgewählter Themenkreise *exemplarisch* die sprachhistorische Bedeutung der *babylonischen* Dichtung *Westsyriens* und *Mittelägyptens* aufgezeigt werden. Ein Schwerpunkt wird auf der Darstellung des *Pantheons* in dieser Dichtung beruhen.

C. Die Morpho-Syntax (Kapitel 5)

Die *Morpho-Syntax* - aus *semantischer* Sicht gesehen - bildet den Abschluß dieser Arbeit. Die *exemplarische* Reflexion einzelner *morphologischer* und *syntaktischer* Phänomene untermauert die *gattungsbezogene* Klassifizierung der untersuchten Werke. Sie stellt die Grundlage dar für eine Erörterung der *zeitlichen* und *geographischen* Herkunft u.a. derjenigen Texte *Ugarits* und *Emārs*, die bei der Betrachtung ihres Inhalts

---

[20] vgl. J. Huehnergard, The Akkadian of Ugarit, Atlanta 1989, S.351-415.

und Stils den Charakter des „Klageliedes des Einzelnen" als Ausdruck der „persönlichen Frömmigkeit" erkennen lassen.

1.1.4 Welches Ergebnis lassen diese Einzeluntersuchungen erwarten?

Eigenständige, *westsemitische Tradition:* Von *altbabylonischer* zu *mittelbabylonischer* Zeit hat sich - zumal in *Westsyrien* - als Ausdruck einer sich allmählich ändernden Religiosität auch ein Wandel in der Wahl der *stilistischen* Mittel innerhalb der *babylonischen* Dichtung vollzogen. Das „Klagelied des Einzelnen" als Ausdrucksmittel der „persönlichen Frömmigkeit" tritt nun an die Seite der *Hymne.* Das „Klagelied des Einzelnen" schafft damit die *literaturgeschichtliche* Voraussetzung für aus *Ugarit* und *Emār* überlieferte Textgattungen der *Lyrik.*

Dabei soll in dieser Studie deutlich zwischen den Begriffen der „persönlichen Frömmigkeit" und des „persönlichen Gottes" unterschieden werden. Wenn *H. Vorländer* unter dem Begriff des „persönlichen Gottes" die „Funktion einer Gottheit, zu einem Individuum und dessen Familie in einer dauernden, engen Beziehung als sein spezieller Gott zu stehen," versteht,[21] so bezieht sich der Begriff der „persönlichen Frömmigkeit" in der hier vorgelegten Studie nicht auf diese „Einzahl" der *Gottheit,* sondern auf die „Einzahl" des *Menschen.* Die Untersuchung der *poetischen* Ausgestaltung der Bedeutung des *Individuums* am Ende des *zweiten* Jahrtausends v. Chr. steht daher im Vordergrund. Die Frage, ob die *babylonische* Dichtung *Ugarits, Emārs* und *Tell el-Amārnas* nach einem *monotheistischen* oder *polytheistischen* „Gotteskonzept" ausgerichtet ist, wird daher nur am Rande gestellt.[22]

Einige der aus *Ugarit* und *Emār* überlieferten in *babylonischer* Sprache verfaßten Textgattungen der *Individuallyrik* können *stilistisch* als *Antwort* auf die ihnen vorausgehenden „Klagelieder des Einzelnen" verstanden werden.[23] Diese Feststellung gilt auch, wenn diese „Klagelieder des Einzelnen" nicht erhalten sind oder gar nicht in schriftliche Form gebracht wurden. Es drängt sich der Eindruck auf, ob die „persönliche Frömmigkeit" nicht gar als Ausdruck einer sich ändernden Religiosität des Menschen zu verstehen ist, die im geistesgeschichtlichen Zusammenhang mit dem Eindringen *westsemitischer* (*amoritischer*) Nomadenstämme nach *Mesopotamien* am Ende der *ersten* Hälfte des *zweiten*

[21] H. Vorländer, Mein Gott, Die Vorstellungen vom persönlichen Gott im Alten Orient und im Alten Testament, AOAT 23, Neukirchen-Vluyn 1975, S. 3.

[22] vgl. Kapitel 4.4.1.

[23] vgl. den „Dialog zwischen *Šūpē-amēli* und seinem 'Vater'".

Jahrtausends steht, vielleicht aber auch nur den Stand der Fundsituation wiedergibt. Denn es ist zumindest auffallend, daß die Merkmale dieses Umbruches in der *babylonischen* Dichtung zunehmend Kontur bekommen *parallel* zum wachsenden Einfluß dieses *westsemitischen* Kulturgutes. So tritt im „Klagelied des Einzelnen" der Mensch nunmehr als *Individuum* in den Vordergrund. Er versucht seine *soziale* Stellung gegenüber seinem Mitmenschen *poetisch* zu erfassen und gegebenenfalls abzugrenzen.

1.2 mB Textmaterial: Publikationen und Bearbeitungen

Um den Zugang zu dem dieser Studie zugrundeliegenden Textmaterial zu erleichtern, sollen die jeweiligen Texte hier - jeweils nach Herkunft getrennt - mit Publikation und einigen wesentlichen Bearbeitungen * zusammengestellt werden, wobei die Kennzeichnung von „Keilschriftpublikation" mit K:, von „Bearbeitung" mit B: und von „Photo" mit Ph: erfolgt. Die verschiedenen Versionen werden mit *kleinen Buchstaben* gekennzeichnet:

1.2.1 *Emār*, babylonisch-literarische Texte

1. **Dialog zwischen *Šūpē-amēli* und seinem 'Vater':**
   Msk 74107aj (40x45) **K:** D. Arnaud, Emar VI.1, S.276; (+) *Msk 74177a (120x230x57);* **K:** D. Arnaud, Emar VI.2, S.450f.; (+) *Msk 74197a (= Msk 74177e);* **K:** D. Arnaud, Emar VI.2, S.483/S.452; (+) *Msk 74233p;* **K:** D. Arnaud, Emar VI.2, S.543; (+) *Msk 74233q;* **K:** D. Arnaud, Emar VI.2, S.543; (+) *Msk 74233r;* **K:** D. Arnaud, Emar VI.2, S.544; **B:** D. Arnaud, Emar VI.4, S.377-382, Nr.778; J. Nougayrol, Ugaritica V, Paris 1968, Nr.163; M. Dietrich, Der Dialog zwischen Šūpē-amēli und seinem 'Vater', UF 23, Neukirchen-Vluyn 1991, S.33-68; ders., AOAT 42, Neukirchen-Vluyn 1992, S.52-62. s.a. W.H. van Soldt, AOAT 40, 1991.

2. **Fragment des Dialoges zwischen *Šūpē-amēli* und seinem 'Vater':**
   Msk 74234g (57x17); **K:** D. Arnaud, Emar VI.2, S.548; **B:** D. Arnaud, Emar VI.4, S.382f., Nr.779.

3. **Fragment des Dialoges zwischen *Šūpē-amēli* und seinem 'Vater':**
   Msk 74295a; **K:** D. Arnaud, Emar VI.2, S.625; **B:** D. Arnaud, Emar VI.4, S.383, Nr.780.

---

* vgl. außerdem Sh. Izre'el, The Amarna scholarly tablets, CM 9, Groningen 1997, (erst nach Fertigstellung dieser Studie erschienen).

4. **Fragment des Gilgameš-Epos (Tafel V$^{?}$):**
Msk 74128d; **K:** D. Arnaud, Emar VI.1, S.328; **B:** D. Arnaud, Emar VI.4, S.383f., Nr.781.

5. **Fragment des Gilgameš-Epos (Tafel VI):**
Msk 7498n (+) Msk 74104z (+) Msk 74159d (100x80); **K:** D. Arnaud, Emar VI.1, S.241, S.263; VI.2, S.401; **B:** D. Arnaud, Emar VI.4, S.384-386, Nr.782.

6. **Streitgespräch zwischen Dattelpalme und Tamariske:**
(D. Arnaud: Version B:) **a:** *Msk 74102b (87x92x21);* **K:** D. Arnaud, Emar VI.1, S.248; **b:** *Msk 74123v (50x47);* **K:** D. Arnaud, Emar VI.1, S.315; **c:** *Msk 74128f;* **K:** D. Arnaud, Emar VI.1, S.328; **d:** *Msk 74143m (124x115x37);* **K:** D. Arnaud, Emar VI.1, S.354; **e:** *Msk 74143o (81x84x35);* **K:** D. Arnaud, Emar VI.1, S.356; **f:** *Msk 74128t (50 x 49);* **K:** D. Arnaud, Emar VI.1, S.330; **g:** *Msk 74156d (27x33);* **K:** D. Arnaud, Emar VI.2, S.388; (D. Arnaud: Version C:) **a:** *Msk 7480j;* **K:** D. Arnaud, Emar VI.1, S.212; **b:** *Msk 7490g;* **K:** D. Arnaud, Emar VI.1, S.224; **c:** *Msk 74143n (92x83);* **K:** D. Arnaud, Emar VI.1, S.355; **d:** *Msk 74158g (31x61x24);* **K:** D. Arnaud, Emar VI.1, S.393; **B:** D. Arnaud, Emar VI.4, S.387-391, Nr.783,784; C. Wilcke, Die Emar-Version von „Dattelpalme und Tamariske", ZA 79, Berlin 1990, S.161-190; M. Dietrich, *ina ūmī ullûti* „An jenen (fernen) Tagen", AOAT 240, Neukirchen-Vluyn 1995, S.60-66; S. Ponchia, La palma e il tamarisco, Venedig 1996.

7. **Fragment eines literarischen Textes:**
Msk 731068 (72x68x31); **K:** D. Arnaud, Emar VI.1, S.144; **B:** D. Arnaud, Emar VI.4, S.393, Nr.785.

1.2.2 *Emār*, bi-/trilingual-literarische Texte

1. **Ein Leben ohne Freude:**
a: *Msk 74127ac + Msk 74128x + Msk 74136b (72x77x34) (+) Msk 74132t (44x50) (+) Msk 74137m (60x34) (+) Msk 74153 (220x130x35) (+) Msk 74344 (59x50);* **b:** *Msk 74159j,* **c,d,e**[24], **f:** *BM 80184* (E. Sollberger, CT 44, 1963, Nr.18), **g:** *CBS 1208 (col.iv)* (D. Arnaud, Recherches au pays d'Aštata, Emar VI.4, Paris 1987, S.363, Anm.); **K:** D. Arnaud, Emar VI.1f., S.324. 339.-384f.405.676; **B:** D. Arnaud, ebd., Nr.767, S.359-365; J. Nougayrol, Ugaritica V, Paris 1968, S.293-304; M. Dietrich, Ein Leben ohne Freude, UF 24, 1992, S.9-29. J. Klein, The Ballade about the Early

[24] s. Kapitel 1.2.4, Nr. 8.

Rulers, unv. Paper, gelesen auf der 42. RAI; **Ü:** W.G. Lambert, Some new Babylonian wisdom literature, FS J.A. Emerton, Cambridge 1995, S.30-42.

2. **Trilingue:**
   a: *Msk 7498b (118x63x29) (+) Msk 7478b;* **K:** D. Arnaud, Emar VI.1, S.237/S.210; **B:** D. Arnaud, Emar VI.4, S.365, Nr.768.

3. **Trilingue:**
   b: *Msk 74137b (41x80x26);* **K:** D. Arnaud, Emar VI.1, S.345, **B:** D. Arnaud, Emar VI.4, S.365f., Nr.768.

4. **Trilingue:**
   Msk 74214a (34x52x25); **K:** D. Arnaud, Emar VI.2, S.520; **B:** D. Arnaud, Emar VI.4, S.366f., Nr.769.

5. **Trilingue:**
   Msk 74159c (113x87), **K:** D. Arnaud, Emar VI.2, S.401; **B:** D. Arnaud, Emar VI.4, S.367, Nr.770.

6. ***Enlil und Namzitarra* und *Der Rat eines Vaters*:**
   Msk 74174a (150x198x29); **K:** D. Arnaud, Emar VI.1, S.378; VI.2, S.440; **B:** D. Arnaud, Emar VI.4, S.367-370, Nr.771; M. Civil, The Texts from Meskene-Emar, Aula Orientalis 7, 1989, S. 7; J. Klein, The 'Bane' of Humanity, ASJ 12, 1990, S.57-70; W.G. Lambert, A New Interpretation of *Enlil and Namzitarra,* Or.58, Rom 1989, S.508f.; **vgl.:** M. Civil, AfO 25, 1974-77, S.65ff.

7. **Fragment zu *Enlil und Namzitarra* und *Der Rat eines Vaters*:**
   Msk 74148r; **K:** D. Arnaud, Emar VI.1, S.378; **B:** D. Arnaud, Emar VI.4, S.370, Nr.772.

8. **Fragment zu *Enlil und Namzitarra* oder eines vergleichbaren Textes:**
   Msk 742381; **K:** D. Arnaud, Emar VI.2, S.559, **B:** D. Arnaud, Emar VI.4, S.370f., Nr.773.

9. **Fragment zu *Enlil und Namzitarra* oder eines vergleichbaren Textes:**
   Msk 74182a; **K:** D. Arnaud, Emar VI.1, S.293; **B:** D. Arnaud, Emar VI.4, S.371, Nr.774.

10. **Segensgebet für einen Fürsten:**
    Msk 74243 (122x170x23); **Ph:** D. Arnaud, Emar VI.2, S.564; **B:** D. Arnaud, Emar VI.4, S.371-374, Nr.775; **Ü:** M. Dietrich - O. Loretz, TUAT II.5/2, S.819-821; M. Dietrich, Aspects of the Babylonian Impact on Ugaritic Literature and Religion, Ugarit, religion and culture, UBL 12, 1994, S.33-47.

1.2.3 *Emār*, sumerisch-literarische Texte

1. **Segensgebet für einen Fürsten:**
   R.S.1979-25; **B:** D. Arnaud, Les textes cunéiformes suméro-accadiens des campagnes 1979-1980 à Ras Shamra-Ougarit, Syria 59, Paris 1982, S.209-216; D. Arnaud, Emar VI.4, S.374-376.

2. **Fragment des Segensgebetes für einen Fürsten:**
   Msk 74103f + Msk 74103x; **K:** D. Arnaud, Emar VI.1, S.258f.; **B:** D. Arnaud, Emar VI.4, Paris 1987; S.374-376, Nr.776.

3. **Fragment des Segensgebetes für einen Fürsten:**
   Msk 74143e; **K:** D. Arnaud, Emar VI.1, S.352; **B:** D. Arnaud, Emar VI.4, Paris 1987; S.374-376, Nr.777.

1.2.4 *Ugarit*, babylonisch-literarische Texte

1. **Marduk-Klagehymnus:**
   R.S. 25.460; **K:** J. Nougayrol, Ugaritica V, Paris 1968, S.435, Nr.162; **B:** J. Nougayrol, Ugaritica V, Paris 1968, S.265-273, Nr. 162; W. von Soden, TUAT III/1, Gütersloh 1990, S.140-143; M. Dietrich, SEL 5, Rom 1988, S.79ff; M. Dietrich, AOAT 42, Neukirchen-Vluyn 1992, S.62-67; **Ü:** M. Dietrich, TUAT II/6, S.823-826; **vgl.:** M. Dietrich, MARG 8, S.135.

2. **Dialog zwischen *Šūpē-amēli* und seinem 'Vater':**
   R.S. 22.439; **K:** J. Nougayrol, Ugaritica V, Paris 1968, S.436f., Nr.163; **B:** J. Nougayrol, Ugaritica V, S.273-290, Nr.163; M. Dietrich, Der Dialog zwischen Šūpē-amēli und seinem 'Vater', UF 23, Neukirchen-Vluyn 1991, S.33-68; s.a. W.H. van Soldt, AOAT 40, Neukirchen-Vluyn 1991; M. Dietrich, AOAT 42, Neukirchen-Vluyn 1992, S.52-62.

3. **Erzählung von der Sintflut:**
   R.S. 22.421; **K:** J. Nougayrol, Ugaritica V, Paris 1968, S.441, Nr.167; **B:** J. Nougayrol, Ugaritica V, S.300-304, Nr.167; R. Borger, RA 64, Paris 1970, S.189; Th. Kämmerer, UF 25, Neukirchen-Vluyn 1993, S.189-200.

4. **Ein ungehorsamer Sohn:**
   R.S. 22.219 + 22.398; **K:** J. Nougayrol, Ugaritica V, Paris 1968, S.442f., Nr.168; **B:** J. Nougayrol, Ugaritica V, S.304-310, Nr.168.

5. **Literarischer Text:**
R.S. 17.10, R.S. 17.80; **K:** J. Nougayrol, Ugaritica V, Paris 1968, S.376, Nr.15; **B:** J. Nougayrol, Ugaritica V, S.23-28, Nr.15.

6. **Religiöser Text / medizinisches Ritual:**
R.S. 17.81; **K:** J. Nougayrol, Ugaritica V, Paris 1968, S.375, Nr.16; **B:** J. Nougayrol, Ugaritica V, S.29, Nr.16.

7. **Marduk/Asalluḫi-Beschwörung:**
R.S. 17.155; **K:** J. Nougayrol, Ugaritica V, Paris 1968, S.377f., Nr.17; **B:** J. Nougayrol, Ugaritica V, S.29, Nr.17. M. Dietrich, AOAT 42, Neukirchen-Vluyn 1992, S.48-51.

8. **Duplikat eines religiösen Textes:**
R.S. 15.152; **K:** J. Nougayrol, Ugaritica V, Paris 1968, S.375, Nr.17; **B:** J. Nougayrol, Ugaritica V, S.29-40, Nr.17.

9. **Beschwörung:**
R.S. 20.06; **K:** J. Nougayrol, Ugaritica V, Paris 1968, S.379, Nr.19; **B:** J. Nougayrol, Ugaritica V, S.64f., Nr.19.

10. **Fragment eines literarischen Textes:**
R.S.34.021; **B:** S. Lackenbacher, Lettres et fragments, Une bibliothèque au Sud de la ville, RSO VII, Paris 1991, S.89, Nr.45; **Ph:** F.A. Schaeffer, Ugaritica VII, pl.1.

11. **Fragment eines literarischen Textes:**
R.S.34.172,l; **B:** S. Lackenbacher, Lettres et fragments, Une bibliothèque au Sud de la ville, RSO VII, Paris 1991, S.88, Nr.44; **Ph:** F.A. Schaeffer, Ugaritica VII, pl.1.

1.2.5 *Ugarit*, bi-/trilingual-literarische Texte

1. **Ein Leben ohne Freude:**
R.S. 25.130 (A); R.S. 23.34 (+) 23.484 + 23.363 (B); R.S. 25.424 (C); **K:** J. Nougayrol, Ugaritica V, Paris 1968, Nr.164,165,166; **B:** J. Nougayrol, Ugaritica V, Nr.164,165,166; M. Dietrich, Ein Leben ohne Freude, UF 24, 1992, S.9-29.

2. **Lobpreis für eine Mutter:**
R.S. 25.421; Dupl.: TCL 15, Nr.39; TLB 2, Nr.5; CT 42, pl.46; CBS 1554; KUB 4, Nr.2.97; **K:** J. Nougayrol, Ugaritica V, Paris 1968, S.444f., Nr.169; **B:** J. Nougayrol, Ugaritica V, S.310-319, Nr.169. **vgl.:** M. Civil, JNES 23, S. 1-11; W.H.Ph. Römer, Die

Sumerologie, AOAT 238, Neukirchen-Vluyn 1994, S.181ff.; A. Falkenstein, FS J. Friedrich, S.156; ders., ZA 45, S.7f.; E.I. Gordon, Bi.Or.17, S.140, Anm.144.

3. **Fragment eines literarischen Textes:**
R.S. 15.010; akkadisch-ḫurritische Bilingue; **K:** J. Nougayrol, Le Palais royal d'Ugarit III, 1955, pl.CVI; **K+B:** W.G. Lambert, BWL, Oxford 1960, S.116/pl.106; M. Dijkstra, UF 25, 1993, S.163-171; **vgl.:** E.A. Speiser, Akkadian Documents from Ras Shamra, JAOS 75, New Haven 1955, S.165.

1.2.6 *Ugarit*, sumerisch-literarische Texte

1. **Segensgebet für einen Fürsten:**
R.S.1979-25; **B:** D. Arnaud, Recherches au pays d'Aštata, Emar VI.4, Paris 1987; S.374-376; D. Arnaud, Les textes cunéiformes suméro-accadiens des campagnes 1979-1980 à Ras Shamra-Ougarit, Syria 59, Paris 1982, S.209-216.

1.2.7 *Tell el-'Amārna*, babylonisch-literarische Texte

1. **Sargon-Epos, *šar tamḫāri*:**
B: J.G. Westenholz, Legends of the Kings of Akkade, Winona Lake, Indiana 1997, S.102-139; A.F. Rainey, el Amarna tablets, AOAT 8, Neukirchen-Vluyn 1970, S.6-11.; W.G. Lambert, A new fragment of the king of battle, AfO 20, Graz 1963, S.161-163; D.O. Edzard, Buchbesprechungen, ZA 62, Berlin 1962, S.123; P. Meriggi, Die hethitischen Fragmente von šar tamḫâri, GS W. Brandenstein, Innsbrucker Beiträge zur Kulturwissenschaft 14, Insnsbruck 1968, S.259 - 267; H.G. Güterbock, König der Schlacht, MDOG 101, S.14 - 26; H.G. Güterbock, Die historische Tradition und ihre literarische Gestaltung bei Babyloniern und Hethitern bis 1200, ZA 42, Berlin 1934, S.86-87; W.F. Albright, The Epic of the King of Battle, JSOR 7, 1923, S. 1-20. S. Franke, Das Bild der Könige von Akkad in ihren Selbstzeugnissen und der Überlieferung, Hamburg 1989, S.199ff.

2. **Adapa und der Südwind:**
K: O. Schroeder, VS 12, Leipzig 1915, Nr.194; **B:** J.A. Knudtzon, VAB 2/1, Leipzig 1915, Nr.356; J.B. Pritchard, ANET, Princeton 1969, S.101-102; W. von Soden, Bemerkungen zum Adapa-Mythus, AOAT 25, Neukirchen-Vluyn 1976, S.430; S.A. Picchioni, Il poemetto di Adapa, Budapest 1981, S.135; M. Dietrich, MARG 6,

1991, S.119-132; M. Dietrich, AOAT 42, Neukirchen-Vluyn 1992, S.42-48; Ph. Talon, Le Mythe d'Adapa, SEL 7, Rom 1990, S.54-57; Sh. Isre'el, New readings in the Amarna Versions of Adapa and Nergal and Ereškigal, GS R. Kutscher, Tell Aviv 1993, S. 51-57; s.a. D. Irvin, Mytharion, The Comparison of Tales from the Old Testament and the Ancient Near East, AOAT 32, Neukirchen-Vluyn 1978, S.49-50.

3. **Nergal und Ereškigal:**
   BU. 88-10-13, 69; VAT 1611 + 1613 + 1614 + 2710; **K:** C. Bezold, The Tell el-Amarna tablets, London 1892, Nr.82; O. Schroeder, VS 12, Leipzig 1915, Nr.195; H. Winckler, Der Thontafelfund von el Amarna, MOS 1, Berlin 1889, Nr.239ß; **B:** J.A. Knudtzon, VAB 2/1, Leipzig 1915, Nr.357; Sh. Isre'el, New readings in the Amarna Versions of Adapa and Nergal and Ereškigal, GS R. Kutscher, Tell Aviv 1993, S. 58-67; **Ü:** M.E. Vogelzang, Patterns introducing direct speech in akkadian literary texts, JCS 42, 1990; J.B. Pritchard, Nergal und Ereškigal, ANET, Princeton 1969, S.103f; G.G.W. Müller, TUAT III/4, Gütersloh 1994, S.767-769; s.a. D. Irvin, Mytharion, AOAT 32, Neukirchen-Vluyn 1978, S.44-47, R. Labat, Les religions du Proche-Orient asiatique, Textes babyloniens, ougaritiques, hittites, Paris 1970; M. Hutter, Altorientalische Vorstellungen von der Umwelt. Literar- und religionsgeschichtliche Überlegung zu „Nergal und Ereškigal", Orbis Biblicus et Orientalis 63, Freiburg 1985; W.L. Moran, Review of Hutter 1985, The Catholic Biblical Quarterly 49, S.114f. J.C. de Moor, Lovable Death in the Ancient Near East, UF 22, Neukirchen-Vluyn 1990, S.235-240; E. von Weiher, Nergal und Ereškigal, Beiträge zur Kulturgeschichte Vorderasiens, FS R.M. Boehmer, Mainz 1995, S.665-667.

4. **Fragment eines literarischen Textes:**
   VAT 1612 + 1617 + 2708; **K:** O. Schroeder, VS 12, Leipzig 1915, Nr.196; **B:** J.A. Knudtzon, VAB 2/1, Leipzig 1915, Nr.358.

1.3 aB Textmaterial: Publikationen und Bearbeitungen

Da eingangs gesagt wurde, daß diese Arbeit vorwiegend auf dem *linguistischen* Vergleich zweier verschiedener Sprachperioden beruht, somit im folgenden neben den literarischen Texten aus *Ugarit, Emār* und *Tell el-'Amārna* vor allem auf *altbabylonisch-literarische* Texte verwiesen wird, sollen diese zusammen mit einigen wesentlichen Bearbeitungen in einem Katalog zusammengestellt werden. Die Abkürzungen sind die gleichen wie in Kapitel 1.2.

1.3.1 Einsprachige, poetische Texte

1. **A faithfull lover (Sippar):**
Si 57; **Ph:** *K 393/4;* **B:** M. Held, JCS 15, 1961, S.1-26; **B+Ph:** W. von Soden, ZA 49, 1950, S.151-194; **cf. Corr.:** JCS 16, 1962, S.37-39; **Ü:** K. Hecker, TUAT II/5, 1989, S.743-746.

2. **Adad-Hymnus (Babylon):**
K 93828; **K:** L.W. King, CT 15, 1902, pl.3-4; **B:** P.Dhorme, RA 7, Paris 1910, S.11-20; F.A.Vanderburgh, JAOS 32, New Haven 1912, S.21-32; **Ü:** de Liagre Böhl, JEOL 3, 1938, S.194-204. **B:** W.H.Ph. Römer, WO 4, 1967, S.12-28.

3. **Agušaja-Lied (Babylon):**
VAT 5946, VAT 6656; **K:** H. Zimmern, VS 10, 1913, Nr.213/214; **B:** B. Groneberg, Dissertation, 1971, S.43-94; H. Zimmern, BSGW 68/1, 1916; B. Groneberg, RA 75, Paris 1981, S.107-134; s.a. Frymer-Kensky, FS Å. Sjöberg, S.188; **B+Ph:** H.Zimmern, RA 15, Paris 1918, S.169-182; **Ü:** W. von Soden, SAHG 1953, Nr.3; K. Hecker, TUAT II.5/2, S.731-740.

4. **Amurru-Hymnus:**
41923.766; **K+B:** O.R. Gurney, OECT 11, 1989, Nr.1.

5. **An den persönlichen Gott (Babylon):**
AO 4318; **K:** H.F. Lutz, YOS 2, 141 = YBT 2, 1917; K. Hecker, TUAT II.5/2, S.752-753; **cf.:** G.R. Driver, OECT 3, Nr.69; R. Borger, RLA 3, S.576.

6. **An die Götter der Nacht:**
AO 6769; **B cf.:** V.K. Schileiko, IRAIMK 3, 1924, S.144ff. **K+B:** G. Dossin, RA 32, Paris 1935, S.179-187; Duplikat: **B:** W. von Soden, ZA 43, 1936, S.305-308; *K 2315+5:* L. Oppenheim, AnBi 12, 1959, S.282ff.; **B cf.:** A. Schott, ZDMG 88, S.309/313f.; **cf.:** E.F. Weidner, RLA III S.73; **Ü:** W. von Soden, SAHG 1953, Nr.20; K. Hecker, TUAT II.5/2, S.718-719; J.M. Seux, Hymnes et prieres, 1970, S.475ff.

7. **Annunītum-Hymnus (Tell ed-Dēr):**
IM 80214; **K+B+Ph:** L. de Meyer, FS Kraus, 1982, S.277-278.

8. **Antum-Brief (Ur):**
K: H.H. Figulla, UET 5, 1953, Nr.84.

9. **Bēlet-Ilī-Hymnus (Babylon):**
K 87535; **K:** L.W. King, CT 15, 1902, pl.1-2. **B:** P. Dhorme, RA

7, Paris 1910, S.11-20; F.A. Vanderburgh, JAOS 32, New Haven 1912, S.21-32; W.H.Ph. Römer, WO 4, 1967, S.12-28; **Ü:** de Liagre Böhl, JEOL 3, 1938, S.194-204.

10. **Ein Mann und sein Gott (Osttigris):**
AO 4462; **K+B:** J. Nougayrol, RB 59, 1952, S.239ff.; **B:** W.G. Lambert, AOS 67, 1987, S.187-202; W. von Soden, Or 26, 1957, S.315-319; **Ü:** R. Labat, Religions, 1970, S.237ff.; W. von Soden, MDOG 96, 1965, S.47-48; W. von Soden, TUAT III/1, Gütersloh 1990, S.135-140. **Ü s.a.:** B. Landsberger, AfO BH 17, S.11-13: Date palm 1970.

11. **Enki-Hymnus (Babylon):**
BE 13436; Ph. Bab. 1210; **K:** J. van Dijk, VS 24, 1987, Nr.27.

12. **Enlil-Hymnus (Nippur):**
K 87521; **K:** L.W. King, CT 15, 1902, pl.5-6. **B:** P. Dhorme, RA 7, Paris 1910, S.18-20; F.A. Vanderburgh, JAOS 32, New Haven 1912, S.29-32; W.H.Ph. Römer, JAOS 86, New Haven 1966, S.138-146; Alster - Walker, FS Å. Sjöberg, S.10ff. **Ü:** de Liagre Böhl, JEOL 3, 1938, S.198-204; **cf.:** Martin, OLZ 12, S.429.

13. **Ereškigal-Hymnus (Ur):**
K: J.C.Gadd-S.N.Kramer, UET 6/2, 1966, Nr.395; **B:** W.G. Lambert, FS Moran, 1990, S.289-300.

14. **Erzählende Texte (Babylon):**
VAT 17021 / BE 13513; VAT 17374; **K:** J. van Dijk, VS 24, 1987, Nr.90/94.

15. **Girra-Hymnus (Nippur):**
N 4026; **K:** M. deJ. Ellis, JCS 31, 1979, S.217.

16. **Girra-Hymnus:**
BM 78962; **K+B:** Chr. Walker, AnSt 33, 1984, S.145-152.

17. **Göttin(nen)-Hymnus (Babylon):**
VAT 17336b; **K:** J. van Dijk, VS 24, 1987, Nr.98.

18. **Historischer / historisch-epischer Text (Babylon):**
VAT 17286; **K:** J. van Dijk, VS 24, 1987, Nr.80/103

19. **Ištar-Hymnus (Nippur):**
K+B: D.W. Myhrmann, PBS (UM) 1/1, 1911, Nr.2. **cf.:** T. Jacobsen, PAPS 107, S.482f., W. von Soden, OLZ 61, S.359; **B:** B. Groneberg, Dissertation, 1971, S.105-128; W.G. Lambert, FS Å. Sjöberg, S.321-326; M. Dietrich, MARG 8, S.129-134; ***nach-altbabylonisch.***

20. **Ištar-Hymnus (Nippur?):**
IM 58424; **vgl.:** B. Groneberg, BBVO 6, 1986, S.99ff.

21. **Ištar-Hymnus:**
B: H. Zimmern, BSGW 65, 1913.

22. **Ištar-Hymnus (Kīš):**
K: H. de Genouillac, PRAK II, 1925, pl.9, c41.

23. **Ištar-Hymnus des Ammiditāna (Babylon):**
AO 4479; **K+B:** F. Thureau-Dangin, RA 22, Paris 1925, S.169-177. **Ü:** W. von Soden, SAHG 1953, Nr.1; R. Labat, Religions 1970, S.238-239; J.B. Pritchard, ANET 3, 1969, S.383; **B cf.:** E. Sievers, ZA 38, 1929, S.19-22; **Ü:** K. Hecker, TUAT II.5/2, S.721-724; **cf.:** Martin, OLZ 12, S.429f.

24. **Ištar/Bēlet-Nippuri-Hymnus (Sippar):**
Rm II 164 + 79-7-8,56/182/181; K 9955 + Rm 613; K 2552; K 10725 + Bu 89-4-26,105; K 6100 + 7491 + 10526 + 11734 + 13868 + 13916; [Si 9]; K 8697 + Sm 1356; Rm 939; K 18129; K 10661; K 141945; Si 9: **K+B:** V. Scheil, ZA 10, 1895, S.291-298; **Ph.:** Une Saison de fouilles, à Sippar, 1902, pl.2; *K 9955:* **B:** S.H. Langdon, AfK 1, 1923, S.20ff.; M. Sidersky, RA 26, Paris 1929, S.21-30; **K+B:** W.G. Lambert, FS Kraus, 1982, S.173-218; *nach-altbabylonisch.*

25. **Ištar-Hymnus/pārum-Hymnus (Nippur):**
HS 1879. **cf.:** W. von Soden, RA 52, Paris 1958, S.134.

26. **Klagelied (Babylon):**
VAT 17107; **K+B:** W.G. Lambert, MIO 12/2, 1966, S.52-56.

27. **Kodex Ḫammurapi: Prolog + Epilog (Babylon)** [25]

28. **Kultische Liebes-Lyrik (Babylon):**
VAT 17114 / BE 38632; **K:** J. van Dijk, VS 24, 1987, Nr.101/103.

29. **Literarischer Text (Sippar):**
CBS 1399; **K+B:** M. Stol, AOS 67, 1987, S.383-387.

30. **Liturgie von 6-Opferschaugebeten:**
HSM 7494; **K:** J. van Dijk, YOS 11, 1985, Nr.23; **cf.:** M.I. Hussey, JCS 2, 1948, S.21-32; I. Starr, The Rituals of the Deviner, 1983, Kap. III.

[25] Eine genaue Auflistung sämtlicher Publikationen und Bearbeitungen von 1902 (V. Scheil) bis 1979 (R. Borger) siehe bei R. Borger, Babylonisch-assyrische Lesestücke, 2. neubearbeitete Auflage, Heft I, AnOr 54,1, 1979, S.2-5.

31. Mami/Aruru von Kīš-Hymnus (Nippur?):
HS 1884; **vgl.:** W. von Soden, RA 52, Paris 1958, S.132, W.H.Ph. Römer, WO 4/1, 1967, S.12ff; J. Oelsner, AoF 9, 1982, S.260, Anm.10.

32. Marduk-Hymnus (Sippar):
BM 78278; Bu 88-5-12; unpubliziertes Duplikat: *BM 45618/45746;*
K: E. Sollberger, CT 44, 1963, Nr.21;
B: W. Sommerfeld, AOAT 213, 1982, S.129-134.

33. Marduk-Hymnen (Babylon):
VAT 17032 / BE 14487; VAT 17156; **Ph:** Bab. 1165; **K:** J. van Dijk, VS 24, 1987, Nr.22/97.

34. Nanaja-Hymnus des Samsu-Ilūna (Babylon):
VAT 5798; **K:** H. Zimmern, VS 10, 1913, Nr.215; **B:** W. von Soden, ZA 44, 1938, S.30-44; **Ü:** W. von Soden, SAHG 1953, Nr.2; M. Seux, Hymnes et prieres, 1970, S.42-45.

35. Nanaja-Hymnus (Ur):
K: C.J. Gadd - S.N. Kramer, UET 6/2, 1966, Nr.404.

36. Nanaja/Mu'āti-Dialog des Abī'ēšuḫ (Babylon):
VAT 17347; **K+B:** W.G. Lambert, MIO 12/2, 1966/67, S.41-51;
Ü: K. Hecker, TUAT II/5, 1989, S.741f.

37. Nanaja/Dagān-Hymnus (Kīš):
K: H. de Genouillac, PRAK I, 1924, pl.17 b185.

38. Nanna-Hymnus (Ur):
U 16900 F; **K:** C.J. Gadd - S.N. Kramer, UET 6/2, 1966, Nr.402; **B:** C.J. Gadd, Iraq 25, 1963, S.177-180; **B vgl.:** B. Landsberger, FS David, 1968, S.74-75; **vgl. Rez.:** D.O. Edzard, AfO 23, Graz 1970, S.95a; **Ü:** K. Hecker, TUAT II/5, 1989, S.750f.

39. Nārum-Brief (Māri):
B: G. Dossin, Syria 19, 1938, S.125-126; **vgl.:** B. Landsberger, WO 3/1-2, 1964, S.73; **Ü:** K. Hecker, TUAT II/5, 1989, S.752.

40. Nergal-Brief (Māri):
K: G. Dossin, TCL 22, 1946, Nr.3; **B:** G. Dossin, ARMT 1, 1950, Nr.3. **K+B+Ph:** D. Charpin/J.M. Durand, MARI 4, 1985, S.339-342.

41. Nergal-Hymnus (Kutha?):
BM 120003; **K+B:** W.G. Lambert, BiOr 30, 1973, S.355-363.

42. **Ninsianna-Hymnus (Tell ed-Dēr):**
IM 80213; **K+B:** L. de Meyer, FS Kraus, 1982, S.274-277.

43. **Ninsianna-Hymnus (Lagaš):**
L 10934 + AO 4318; **B: AO 4318:** A. Ungnad, VAB 6, 1914, Nr.89. **K:** F. Kraus, AbB 5, Nr.140; **cf. K:** F. Thureau-Dangin, TCL 1, Nr.9; **B:** F.R. Kraus, RA 65, Paris 1971, S.27-36; **Ü:** W. von Soden, SAHG 1953, Nr.16; J. van Dijk, SSA 1953, S.119-127.

44. **Papullegarra von Kīš-Hymnus (Kīš/Larsa):**
K+B: Th. Pinches JRAS CSpl., 1924, S.63-86. **Ü:** J.M. Seux, Hymnes et prieres, 1970, S.46-50; K. Hecker, TUAT II.5/2, S.728-731; **cf.:** G. Dossin, RHR 109, 1934, S.34f.; F.R. Kraus, WO 2, 1954-1959, S.136.

45. **Poetischer Bericht (Babylon):**
VAT 17440; **K:** J. van Dijk, VS 24, 1987, Nr.86.

46. **Preislied auf Ḫammurapi (Babylon):**
BM 90842; **Ph:** C.J. Ball, LE 69, 1899; **K:** CT 21, pl. 40-42; **K+B:** L.W. King, LIH I, 1898, Nr.60/LIH II, 1900, S.172-176; **B:** B.B. Sullivan, SASS, Nr.22, 1979; **Ü:** K. Hecker, TUAT II.5/2, S.726-728.

47. **Sargon/šar-tamḫāri-Epos (Assur):**
AO 6702; **K:** O. Schroeder, VS 12, Leipzig 1915, Nr.193. **K+B+Ph:** J. Nougayrol, RA 45, Paris 1951, S.169-183; **cf.:** W. von Soden, Or 26, 1957, S.319-320; J. van Dijk, Sumer 13, 1957, S.66/99-105 = TIM 9, 1976, Nr.48; **cf.:** *VAT 171665;* **K:** J. van Dijk, VS 24, 1987, Nr.75.

48. **Sîn-Hymnus (Babylon):**
CBS 473; **K:** H.V. Hilprecht, BE 6/2, 1909, S.111. **B:** C. Wilcke, ZA 73, 1983, S.48-54; **cf.:** F.R. Kraus, ZA 77, 1987, S.96-97.

49. **Šamaš-Hymnus (Kīš):**
K: H. de Genouillac, PRAK II, 1925, pl.4, C3.

50. **Šamaš?-Hymnus / Beschwörung (Sippar):**
CBS 574; **K+B:** M. Stol, AOS 67, 1987, S.383-387.

51. **Šamaš und Addu-Opferschaugebet:**
AO 7031; AO 7032; **K:** J. Nougayrol, RA 38, Paris 1941, S.85-87; **Ü:** W. von Soden, SAHG 1953, Nr.21; **cf.:** M.I. Hussey JCS 2, 1948, S.21-32; I. Starr, Rituals, 1983, S.30ff./S.122.

52. **Ṣarpanītu?-Gebet (Babylon):**
VAT 17414; **K:** J. van Dijk, VS 24, 1987, Nr.99.

53. **Šamaš-Opferschaugebet:**
YBC 5023; **K:** J. van Dijk, YOS 11, 1985, Nr.22; **B:** A. Goetze, JCS 22, 1968, S.25-29; **Ü:** K. Hecker, TUAT II/5, 1989, S.719f.

54. **Zwiegespräch:**
Um 29-16-663; **K:** M. deJ. Ellis, JCS 31, 1979, S.224, Nr.4.

55. **Zwiegespräch mit Fürbitte für Rīm-Sîn von Larsa (Larsa):**
YBC 4643; **K + Teilbearbeitung:** J. van Dijk/A. Goetze/M.I. Hussey, YOS 11, 1985, Nr.24, pl.34f.; **Ü:** K. Hecker, TUAT II/5, 1989, S.747-750.

56. **?-Hymnus (Kīš):**
K: H. de Genouillac, PRAK II, 1925, pl.8, C37.

57. **?-Hymnus (Kīš):**
K: H. de Genouillac, PRAK I, 1924, pl.11, B82.

1.3.2 Bilinguale, poetische Texte:

1. **Amanki und Asaluḫi-Hymnus:**
BM 77220; **K:** H.H. Figulla, CT 42, 1959, Nr.17, pl.30.

2. **An einen Freund (Nippur?):**
P 1596; **K+B:** H.F. Lutz, PBS (UM) 1/2, 1919, Nr.135, S.59-61.

3. **Enki-Hymnus (Babylon):**
K: R. Koldewey, WVDOG 15, 1911, S.31.

4. **Enki, Anu, Sîn, Enlil-Königsrituale:**
VAT 8382; **K+B:** GS A. Falkenstein, HSAO, 1967, S.267-268; **B:** B.B. Sullivan, SASS, 1979, Nr.19.

5. **Enlil/Nunamnir-Hymnus:**
VAT 1513; **K:** H. Zimmern, VS 2, 1912, Nr.89.

6. **Ištar-Hymnen (Tell Ḫarmal):**
IM 51293, 51529, 51530, 51543-51545, 51650, 51176; **K:** J. van Dijk, TIM 9, 1976, S.20-26, L.C. Nr.41, Sumer 13, 1957, S.69ff./Sumer 11, 1955, pl.6; **B+Ph:** Å. Sjöberg, ZA 65, 1975, S.161-253; **B:** B.B. Sullivan, SASS, 1979, Nr.1-6.

7. **Ištaran-Hymnus (Girsu):**
AO 8186; **K:** H. de Genouillac, TCL 16, 1930, Nr.85.

8. **Kultlied (Babylon):**
VAT 17229; **K:** J. van Dijk, VS 24, 1987, Nr.29.

9. **Kultlied / Klage? (Babylon):**
VAT 17177; **K:** J. van Dijk, VS 24, 1987, Nr.36.

10. **Lamma-šaga-Hymnus:**
CBS 10986; **B+Ph:** Å. Sjöberg, JCS 26, 1974, S.158-177; **B:** B.B. Sullivan, SASS, 1979, Nr.12.

11. **Marduk-Hymnus (Babylon):**
VAT 17222; **K:** J. van Dijk, VS 24, 1987, Nr.28.

12. **Mutter-Göttin-Hymnus:**
VAT 1421; **K:** H. Zimmern, VS 10, 1913, Nr.179.

13. **Nanâ-Hymnus:**
BM 78250; **K:** E. Sollberger, CT 44, 1963, Nr.24; **B:** B.B. Sullivan, SASS, 1979, Nr.14.

14. **Nininsina/Ninkarrak-Hymnus (Assur):**
VAT 9308+9304; **K:** E. Ebeling, KAR 1919, Nr.15+16.

15. **Ninšušinak-Hymnus (Sūsa):**
B: V. Scheil, MDP 2, 1900, pl.13b-e.

16. **Ninšubur-Hymnus (Ur):**
U 7836; **K:** C.J. Gadd, UET 6/1, 1963, Nr.117, Å. Sjöberg, CSTH 98, 1969; **B:** B.B. Sullivan, SASS, 1979, Nr.11.

17. **Nisaba-Hymnus (Ur):**
YBC 13523; **K:** C.J. Gadd-S.N. Kramer, UET 6/2, 1966, Nr.388/389; **cf.:** W.W. Hallo, CRRA 17, 1969, S.123-134.

18. **Nungal-Gottesbrief (Girsu):**
AO 4332; **B:** B.B. Sullivan, SASS, 1979, Nr.10; **cf.:** S. Langdon, RA 28, Paris 1931, S.22.

19. **Selbstlob einer Göttin (Babylon):**
VAT 19283 (BE 44925); **K:** J. van Dijk, VS 24, 1987, Nr.33.

20. **Sîn-Hymnus (Uruk):**
W 17259 w; **B:** A. Falkenstein, An.Bibl.12, 1959, S.69-77; **Å.** Sjöberg, Mondgott, 1960, Nr.11, B.B. Sullivan, SASS, 1979, Nr.18.

21. **Šakan-Beschwörung (Kīš):**
K: H. de Genouillac, PRAK II, 1925, pl.3, c1. **B:** B.B. Sullivan, SASS, 1979, Nr.15; **cf.:** HKL I 152; B. Groneberg, Dissertation, 1971, S.23.

22. **Šamaš-Hymnus (Babylon):**
VAT 17200; **K:** J. van Dijk, VS 24, 1987, Nr.31.

23. Šar ḫidāti-Hymnus (Ur):
K: J.C. Gadd, UET 1, 1928, Nr.146 + frg.a; **B:** B.B. Sullivan, SASS 1979, Nr.36.

24. Tempel-Hymnus (Babylon):
VAT 17224; **K:** J. van Dijk, VS 24, 1987, Nr.39.

25. ?-Hymnus?:
VAT 1332/1426; **K:** J. van Dijk, VS 17, 1971, Nr.46/49.

26. ?-Hymnus (Nippur?):
K+B: D.W. Myhrmann, PBS (UM) 1/1, 1911, Nr.11.

1.3.3 Einsprachige, episch-mythologische Texte:

1. Anzu-Epos:
2 Tafeln aus Sūsa; **K:** J. van Dijk, VS 24, 1987, Nr.72 = ab/mB; **B:** H.W.F. Saggs, AfO 33, Graz 1986, S.29; M.E. Vogelzang, *bin šar dadmē*, Groningen 1988, S.91-110 und S.119-132; V. Scheil, RA 35, Paris 1938, S.14-23; J. Nougayrol, RA 46, Paris 1952, S.87-97; **Ü:** K. Hecker, TUAT III/4, Gütersloh 1994, S.745-760.

2. Atramḫasīs:
B: A.T. Clay, YOSR V, 1922, pl.1-2; A. Boissier, RA 28, Paris 1931, S.91-97; *VAT 17099/BE 366695:* J. van Dijk, VS 24, 1987, Nr.93; **K+B:** W.G. Lambert-A.R. Millard, Atramhasis, 1969; W.G. Lambert, Three New Pieces of Atra-Ḫasīs: FS Garelli 1991, S.411-414; A.R. George - F.N.H. Al-Rawi, Tablets from the Sippar Library VI. Atra-ḫasīs, Iraq 58, 1996, S.147-190. **K:** CT 46, 1965, Nr.1-15; **B:** W. von Soden, ZA 68, 1978, S.50-94; J. Klein, Notes to Atram-Ḫasīs, Tablet II, NABU 4, 1990, S.76-79; **cf.:** W.G. Lambert, Or 38, 1969, S.533-538; R. Albertz, Die Kulturarbeit im Atramḫasīs-Epos im Vergleich zur biblischen Urgeschichte, FS Westermann, 1979, S.38-57. W. von Soden, „Als die Götter (auch noch) Menschen waren". Einige Grundgedanken des altbabylonischen *Atramḫasīs-Mythus*, OrNS 38, 1969, S.415-432. **Ü:** W. von Soden, TUAT III/4, Gütersloh 1994, S.612-646

3. Etana:
K+B: S. Langdon, Babyloniaca 12, 1931, S.1-56; J. Siegelová, Kritické zpracování mytu o Etanovi, Dissertation 1967; **B vgl.:** A.T. Clay, BRM 4, 1923, S.2; V. Scheil, RA 24, Paris 1927, S.103-107; C. Saporetti, Etana, Palermo 1990; J.V. Kinnier-Wilson, The Legend of Etana, A New Edition, Warminster 1985; s. D.O. Edzard, ZA 76, 1986, S.134ff.

4. **Frg. des Ninḫursaĝ-Mythos:**
Bu 91-5-9-269; **K:** Th. Pinches, CT 6, 1898/1959, Nr.5; **B:** E. Ebeling, Tod und Leben, 1931, S.172ff.

5. **Gilgameš-Epos:**
K: J. van Dijk, SUMER 13, 1957, pl.12, = TIM 9, 1976; VS 24, 1987, Nr.95, (VAT 17234); A.R. Millard, CT 46, 1965, pl.16; **K + B:** R.C. Thompson, The Epic of Gilgamesh, Oxford 1930; D.J. Wiseman, Iraq 37, 1975, S.157-163 (Photo); **B:** T. Bauer, JNES 16, 1957, S.254-262; C. Wilcke, ZA 67, 1977, S.200-211; **Ü:** W. von Soden, Das Gilgamesch-Epos, Stuttgart 1984; S. Dalley, Myths from Mesopotamia, Oxford - New York 1990, S.39-153; G. Pettinato, La saga die Gilgamesh, Milano 1992; **vgl.:** R. Borger, HKL, I, S.555; HKL, II, S.292; RLA 5, S.357-371; J.H. Tigay: The Evolution of the Gilgamesch Epic, 1982; K. Oberhuber, Das Gilgamesch-Epos, Darmstadt 1977; K. Hecker, Untersuchungen zur akkadischen Epik, AOAT/S 8, Neukirchen-Vluyn 1974.

1.4 jB Textmaterial: Publikationen und Bearbeitungen

1.4.1 Einsprachige, mythologische Texte:

1. **Enūma eliš:**
K: W.G. Lambert / S.B. Parker 1966; **K+B:** S. Langdon, Epic of creation, 1923; **B:** R. Labat, Le poème babylonien de la création 1935; B. Landsberger / J.V.Kinnier Wilson, JNES 20, 1961, S.154-179; W.L. Moran, Enūma elîš I, NABU 2, 1988, S.15-16; **Ü:** W.G. Lambert, TUAT III/4, Gütersloh 1994, S.565-603.

2. Die Syllabare der babylonischen Dichtung

2.1 Die Syllabare der altbabylonischen Dichtung aus Mesopotamien

In diesem jetzt folgenden Kapitel werden insgesamt dreizehn Syllabare einer Auswertung zugeführt. Es handelt sich dabei um 223 Zeichen mit 711 Lautwerten entsprechend dem Grundsyllabar von *Emār.* Sowohl die Lautwerte als auch die Graphen sind *elektronisch* gespeichert und mit geeigneten Programmen abrufbar und zu bewerten. Sie werden im Anhang dieser Studie von S.278 bis S.345 dokumentiert. Der analytische Vergleich dieser Lautwerte und Graphen mit denen der übrigen 12 Syllabare erfolgt elektronisch anhand der gespeicherten korrespondierenden Lautwerte und Graphen eben dieser 12 Syllabare. Darüberhinaus sind sämtliche *lokalisierbaren* Texte der *altbabylonischen Dichtung*, wie sie in dieser Arbeit behandelt werden, gespeichert und damit ihre Graphen und Lautwerte jederzeit abrufbar. Auf etwaige Besonderheiten wird in jedem einzelnen Unterkapitel eingegangen.

Zur Bewertung der Syllabare von *Ugarit* und *Emār* werden auch die *altbabylonisch-literarischen* Texte als *Vergleichsmaterial* herangezogen und gegenübergestellt. Dabei sollen aber nur die Syllabare solcher Dichtungen berücksichtigt werden, die *eindeutig* lokalisiert werden können. Dieses ist bislang nicht bei allen *literarischen* Werken aus *Mesopotamien* möglich, da eine Vielzahl von ihnen aus dem Handel stammen und - wenn überhaupt - nur aufgrund inhaltlicher Kriterien ein Versuch, sie *lokal* zuzuordnen, möglich ist. Mit derartigen Texten können keine *ortsspezifischen* Syllabare erstellt werden, wie dies bei *Ugarit, Emār* und *Tell el-'Amārna* geschehen ist. Sie mußten also unberücksichtigt bleiben. Für die *altbabylonische* Zeit kann man dabei von etwas mehr als 300 *poetischen* Texten ausgehen; davon ist bislang erst ca. $\frac{1}{3}$ zweifelsfrei zu *lokalisieren.*

2.2 Das Syllabar der mB Dichtung aus *Ugarit*

1989 erstellte J. Huehnergard für die *babylonischen* Texte aus *Ugarit* unter anderem ein Syllabar.[26] Dieses Syllabar umfaßt neben den *babylonisch-literarischen* Texten auch den babylonisch-*nicht-literarischen* Textcorpus. Eine Differenzierung zwischen beiden Textcorpora erfolgte nicht.

---

[26] J. Huehnergard, The Akkadian of Ugarit, Atlanta 1989, S.351-415.

1991 griff *W.H. van Soldt* dieses Problem wieder auf. Er unterschied jetzt nicht nur zwischen *literarischem* und *nicht-literarischem* Textmaterial, sondern bewertete nunmehr auch die einzelnen Text*gattungen*. In seinen Studien zur *Orthographie*[27] differenzierte er ausdrücklich zwischen „schooltexts" und „records". Zu den „schooltexts" gehören die Text*gattungen* „lex(ical texts)" und „lit(erary texts)" und zu den „records" die „legal texts, letters" und „economic texts".

Bei den *literarischen* Texten geht er in seinen Zusammenfassungen der Ergebnisse auf mögliche *traditionsabhängige* Vorgaben einzelner Werke (Reception mit Adaption - Reception ohne Adaption - syrische Tradition) nicht ein. *W.H. van Soldt* stellt aber immerhin heraus: „There is a difference according to *genre*. Thus, the lexical and literary texts use many more CVC-signs which have a variety of values."[28]

Diese Feststellung erschien so richtungsweisend, daß sie mit Anlaß war, analog zu den anderen bereits erstellten Syllabaren der *altbabylonischen* Dichtung auch ein Syllabar für *Ugarit* zu erarbeiten, das ausschließlich die dort gefundenen *poetischen* Texte berücksichtigt.

Neben der Verwendung des *Syllabars* von *Ugarit* als Vergleichsgrundlage zu dem *Syllabar* von *Emār* und zu anderen *altbabylonischen* Syllabaren soll hier außerdem der Versuch einer weiteren Aufschlüsselung der *poetischen* Texte von *Ugarit* und *Emār* gemacht werden. Wie *W.H. van Soldt* bereits zeigen konnte, ergibt sich ein Unterschied im Gebrauch von *KVK*-Silben zwischen den *literarischen*[29] und *nicht-literarischen* Texten. Es stellt sich die Frage, ob und inwieweit sich der Gebrauch von *KVK*-Silben auch innerhalb der *babylonischen* Dichtung unterscheidet, abhängig von ihrer Tradition. In späteren Kapiteln dieser Arbeit wird eine Differenzierung zwischen aus *Mesopotamien recipierten* Dichtungen und solchen, die in *Westsyrien* entstanden zu sein scheinen, bezüglich ihrer *Stilistik* getroffen. Da sich die *recipierten* Texte *inhaltlich* eng an die z.T. wesentlich *älteren* Vorlagen halten, mit den in *Westsyrien* entstandenen Dichtungen aber sogar neue Text*gattungen* überliefert sind, darf vermutet werden, daß sich auch die *Orthographie* innerhalb dieser Dichtung von *Gattung* zu *Gattung*, bzw. von *recipierten* zu *nicht-recipierten* Texten unterscheidet. In Anlehnung an *W.H. van Soldt* wurden in dieser Studie wiederum die *KVK*-Silben herangezogen. Ihr Gebrauch ändert sich bekanntermaßen von der *altbabylonischen* zur *mittelbabylonischen* Zeit. Während in der *altbabylonischen* Dichtung noch verhältnismäßig

---

[27] W.H. van Soldt, Studies in the Akkadian of Ugarit, Dating and Grammar, Neukirchen-Vluyn 1991, in AOAT 40, S.234-382.

[28] ders., ebd., S.375.

[29] zu den *lexikalischen* Texten vgl. *W.H. van Soldt.*

wenig KVK-Silben verwendet werden, vergrößert sich die Quantität der *KVK*-Silben in der *babylonischen Dichtung* nach 1600 v. Chr.:

A. Dichtungen *syrischer Tradition* aus *Ugarit* und *Emār:*

	Dichtungen	KVK	n	W_o
1.	Ein ungehorsamer Sohn	15	372	4,04
2.	Enlil und Namzitarra *und* Der Rat eines Vaters	10	210	4,77
3.	Literarischer Text RS 15.10	5	100	5,00
4.	*Marduk*-Klagehymnus	32	465	6,89
5.	Dialog zw. *Šūpē-amēli* u. s. 'Vater'[30]	42	561	7,49
6.	Segensgebet für einen Fürsten	23	277	8,31
7.	Dialog zw. *Šūpē-amēli* u. s. 'Vater'[31]	67	741	9,05
	insgesamt:	**194**	**2726**	**7,12**

B. In Westsyrien *recipierte* Dichtungen aus *Mesopotamien*:[32]

	Dichtungen	KVK	n	W_o
1.	Ein Leben ohne Freude[33]	5	201	2,49
2.	Lobpreis für eine Mutter	11	317	3,47
3.	Palme und Tamariske	24	693	3,47
4.	Ein Leben ohne Freude[34]	12	297	4,04
5.	Sintfluterzählung	6	127	4,73
6.	Gilgameš-Epos	8	168	4,77
	insgesamt:	**66**	**1803**	**3,66**

Legende:

KVK : Konsonant-Vokal-Konsonant,
n : Anzahl der untersuchten Silben,
W_o : Wahrscheinlichkeit der Verteilung von KVK-Silben auf 100 Silben.

---

[30] Emār-Version.

[31] Ugarit-Version.

[32] vgl. den „Nergal und Ereškigal"-Mythos, dessen Duktus zwar mA/mB (14. Jahrh.) datiert, der jedoch kaum KVK Silben aufweist. Bemerkenswert sind die zahlreichen Pleneschreibungen vor allem vor Pronominalsuffixen.

[33] Emār-Version.

[34] Ugarit-Version.

Das Ergebnis dieser Untersuchung trägt der eingangs vermuteten Überlegung Rechnung und bestätigt sie. Der Gebrauch von *KVK*-Silben in den aus *Mesopotamien recipierten* Dichtungen liegt *deutlich* unter dem in Dichtungen, die ihren Ursprung im *Westen* haben. Es zeigt sich daher schon jetzt, daß die *Dichtung* aus *Ugarit* und *Emār* in ihrer *Schreibtechnik* und ihrer *theologischen Intention* nicht einheitlich ist, sondern jeweils unter den Gesichtspunkten der *Reception* und eigenständigen *westsyrischen Tradition* (Induktion) gesehen werden muß.

Das Kapitel 5 über die *Morpho-Syntax* der *babylonisch-poetischen* Texte aus *Ugarit, Emār* und *Tell el-'Amārna* wird diesen Zusammenhang weiter verdeutlichen.

2.3 Das Syllabar der mB Dichtung aus *Tell el-'Amārna*

Für eine systematische Klassifizierung der Syllabare von *Ugarit* und *Emār* erschien es notwendig, neben den *altbabylonischen* Dichtungen die *poetischen* Texte aus *Tell el-'Amārna* ebenfalls als Vergleichsmaterial heranzuziehen. Auch sie dienen als Grundlage bei der *statistisch-numerischen* Aufarbeitung der *Syllabare*[35].

2.4 Das Syllabar der mB Dichtung von *Emār*

1966 stellte W. von Soden in seinem „akkadischen Syllabar" fest: „Ebenso ist gegenüber der aB Zeit (in der mB Periode) neu die reichliche Verwendung von KVK-Lautwerten aller Art, die nur teilweise schon aus der aAK Zeit bekannt sind." Dabei konnte er sich auf ca. 1000 veröffentlichte Texte aus Babylonien, Elam und Nūzi stützen einschließlich Texten, die aus Orten im Westen wie *Alalaḫ* und *Ugarit* und im Nordwesten aus Boğazkale stammen oder im Südwesten aus *Tell el-'Amārna*[36] überliefert sind. Zusätzlich werden Belege für Lautwerte aus „Randgebieten" genannt, deren genaue Herkunft im *einzelnen* jedoch nicht von ihm angegeben wurde.

Im Nachtrag seines Syllabars finden sich allerdings auch Belege aus den beiden Orten *Ebla* und *Emār* in Syrien, wo 1966 mit den Ausgrabungen der Archive und deren philologischer Aufarbeitung erst begonnen wurde. Berücksichtigt werden in dem *akkadischen* Syllabar W. von

---

[35] vgl. hierzu Kapitel 2.9.

[36] Ende 1887 wurde dort das Keilschrift-Archiv der beiden Pharaonen Amenophis III und Amenophis IV - Echnaton gefunden.

Sodens sowohl *literarische* als auch *nicht-literarische* Texte.

Das inzwischen bekanntgewordene Sprachmaterial hat die Voraussetzung geschaffen, die Sprache einzelner Orte gemeinsam mit ihrem Umfeld zu isolieren, um ihren philologischen Gehalt getrennt von einander möglichst genau aufarbeiten zu können. Dieses soll in Hinblick auf das Thema dieser Arbeit: „Die Reception der babylonischen Dichtung in *Ugarit, Emār* und *Tell el-'Amārna*" - wie oben dargelegt - mit der Erstellung eines eigenen Syllabars für die *poetische* Sprache des Ortes *Emār* versucht werden.

Ein Syllabar für die *babylonischen* Texte aus *Emār* existiert bisher weder für die *literarischen* Texte noch für die *nicht-literarischen*. Somit ist es für die Klassifizierung der *literarischen* Sprache von *Emār* notwendig, - bedingt durch die Thematik dieser Arbeit - überhaupt erstmals ein eigenständiges Syllabar für die *babylonisch-literarischen* Texte zu erstellen.[37]

Diesem Kapitel liegen somit ausschließlich *babylonisch-literarische* Texte aus der *zweiten* Hälfte des zweiten Jahrtausends v. Chr. aus *Emār/Meskene* zugrunde. Publiziert und erstmalig philologisch aufgearbeitet wurde dieses Material von D. Arnaud in Emar VI.1-4 (1975). Hierbei werden unter *babylonisch-literarisch* all diejenigen Texte verstanden, die sowohl in ihrer *„gebundenen"*, *bewußt geformtem* Sprache den Charakter von *Poesie* aufweisen, als auch solche *literarischen* Texte, die auf Grund ihrer *nicht-gebundenen* Sprache der Prosa-Dichtung zuzurechnen sind. Die Text-Gattungen *Rituale*, *Beschwörungen* und *Omina* werden, da sie zur sogenannten *„Gebrauchs-Literatur"* gehören, nicht in diesem Syllabar berücksichtigt. Sie sollen an anderer Stelle[38] gesondert in ihrem *Syllabar* ausgewertet werden, um sie anschließend mit den Syllabaren der *Dichtung* zu vergleichen. In gleicher Weise verhält es sich mit der Untersuchung der *Vokabulare*[39] und einer Sprachanalyse dieser Textgattungen.[40]

Dem philologischen Kommentar sei eine Ausarbeitung in tabellarischer Form vorangestellt, die sämtliche Silben, die in den bis jetzt bekannten *babylonisch-poetischen* Texten aus *Emār* belegt sind, erfaßt. Aufgenommen wurden in dieses Syllabar lediglich solche Belege, die

---

[37] s. Kapitel 9.1.1, S.278-345.

[38] Es ist geplant, sowohl diese Texte, als auch die *nicht-literarischen* Texte insgesamt aus *Emār* unter Einbeziehung der aus *Munbāqa, Ekalte* und *Azû* stammenden Texte hinsichtlich ihrer Syllabare *statistisch* auszuwerten.

[39] s. Kapitel 3.

[40] s. Kapitel 5.

tatsächlich in den Texten nachgewiesen sind. Es wurde auf Belege verzichtet, die ergänzt sind. So können hin und wieder Silben an abgebrochenen oder anderweitig zerstörten Stellen - gesichert durch Paralleltexte - phonetisch hinzugefügt werden. Jedoch ist es dabei oft nicht möglich, die Indizes ihrer Lautwerte an den betreffenden Stellen im Originaltext festzustellen.

2.5 Statistischer Vergleich von Syllabaren der *mittelbabylonisch-* und *altbabylonisch-poetischen* Texte

Auch in Bezug auf den Inhalt des nun folgenden Kapitels der *statistischen* Auswertung der *Syllabare* der *mittelbabylonischen* Dichtung *Ugarits, Emārs* und *Tell el-'Amārnas* sind die gleichen Vorgaben zu beachten, wie sie eingangs [41] bereits besprochen wurden. Sie gelten durchgehend für *alle* Teilaspekte dieser Arbeit, [42] da es sich um ein *einheitliches* Sprachmaterial handelt. Da für die *statistisch-numerische* Erfassung bestimmter Untersuchungseinheiten - hier diejenigen einzelner *lokalisierbarer* Syllabare - eine *mathematisch* definierte *representative* Grundmenge vorhanden sein muß, können bislang den für diese Studie erstellten Syllabaren *Ugarits, Emārs* und *Tell el-'Amārnas* ausschließlich Syllabare *altbabylonisch* datierender Dichtungen *Mesopotamiens* gegenübergestellt und mit einander verglichen werden. Aus *Westsyrien* ist bis heute überhaupt kein *altbabylonisches* Sprachmaterial überliefert, und die aus *Mesopotamien* erhaltene *mittelbabylonische* Dichtung ist in ihrem Umfang so gering, daß auch der Umfang der ihr zugrunde liegenden *Syllabare* einer *statistischen* Auswertung nicht genügt.

Zu einem möglichen *sprachgeschichtlichen* Zusammenhang zwischen *mittelbabylonischen* Urkunden aus *Ugarit* und *altbabylonischen* Texten aus *Māri* schrieb bereits 1960 *W. von Soden:* „Sie alle bezeugen die Existenz eines einheimischen Schreiberstandes, dessen Traditionen sich auf das altbabylonische *Māri* zurückführen lassen, dagegen sind Beziehungen zu Babylonien kaum erkennbar, eher noch da und dort zu Assyrien". [43]

W. von Soden postuliert damit für die *nicht-literarischen* Texte aus *Ugarit* eine Tradition, die ihren *unmittelbaren* Ursprung in den *nicht-literarischen* Texten aus dem an der Grenze zwischen *Syrien* und *Ba-*

---

[41] s. Kapitel 1.1.1.

[42] ebenso auch für die Untersuchung ausgewählter *Vokabulare,* der *Morpho-Syntax* und der *Stilistik* der *mittelbabylonischen* Dichtung *Ugarits, Emārs* und *Tell el-'Amārnas.*

[43] W. von Soden, Der nahe Osten im Altertum, in Propyläen Weltgeschichte, unv. Neuauflage, Frankfurt/Main 1991, S. 58.

bylonien liegenden Orte *Māri* haben soll. Texte aus *Emār* werden von ihm nicht behandelt, dieses schon deshalb nicht, da die systematischen Grabungen in *Emār* erst 1971 beginnen.

Wenn es auch Aufgabe dieser Studie ist, die *poetischen* Textcorpora aus *Ugarit, Emār* und *Tell el-'Amārna* hinsichtlich ihrer poetischen Tradition sprachgeschichtlich zu klassifizieren, so wird sich im gleichen Arbeitsgang eine Aussage darüber machen lassen, ob W. von Sodens Hypothese bestätigt werden kann, daß für *Ugarit* ein einheimischer Schreiberstand bezeugt ist, der kaum Beziehungen zu Babylonien hatte. Es wurde daher versucht, mittels *sprachstatistischer* Methoden diesem Problem näher zu kommen. Dabei wurden aber nicht nur die Syllabare *Ugarits* mit vornehmlich älteren und *ostbabylonischen* Syllabaren verglichen. Es wurde nunmehr auch das Syllabar *Emārs* miteinbezogen, soweit es heute bereits faßbar ist.

Greift man den oben von W. von Soden gegebenen Bezug auf *Māri* wieder auf, so muß das Syllabar von *Māri* eine besondere Rolle spielen. Auch wenn aus *Māri* bisher keine im engeren Sinne *babylonisch-poetischen* Texte überliefert sind, so wurden doch die drei unten genannten Texte für die *statistischen* Vergleiche zwischen dem *mittelbabylonischen* Textmaterial aus *Ugarit* und *Emār* und den *altbabylonisch-poetischen* Texten herangezogen. Dadurch sollte ermöglicht werden, auch eine *Schreibtradition* in die Untersuchung miteinzubeziehen, die wenigstens *geographisch* zwischen den *west-* und *ostbabylonischen* Dialekten anzusiedeln ist und darüberhinaus der *altbabylonischen* Sprachperiode entstammt:

1. **Kitītum-Brief: (Išqali)**
   B: M. de J. Ellis, MARI 5, 1987, S.235-266;
   B: J. Nougayrol, JCS 21, 1967, S.219-235

2. **Nārum-Brief (Māri):**
   B: G. Dossin, Syria 19, 1938, S.125-126;
   vgl.: B. Landsberger, WO 3/1-2, 1964, S.73;
   Ü: K. Hecker, TUAT 2/5, 1989, S.752

3. **Nergal-Brief (Māri):**
   K+B / Ph: D. Charpin/J.M. Durand, MARI 4, 1985, S.339-342;
   B: G. Dossin, ARMT 1, 1950, Nr.3.

Die oben gemachte Einschränkung, daß es sich bei diesen drei nur um *babylonisch-literarische* Texte im *weiteren* Sinne handelt, läßt sich daran erkennen, daß es Texte sind, die auf Grund ihrer *Semantik* und ihrem geistesgeschichtlichen Hintergrund deutlich *literarischen*, bzw. *religiösen* Charakter aufweisen, jedoch ihr Sprachstil der *Gottesbrief-Literatur* zuzuordnen ist. Es handelt sich somit bei diesen drei Texten um „Gebrauchsliteratur". Die drei Texte sind Briefe an die Götter *Nārum*, *Nergal* und *Kitītum*[44].

In den bislang ausgearbeiteten Syllabaren[45] wird nicht zwischen aB-*literarischen* und aB-*nicht-literarischen* Texten unterschieden. Dieses widerspricht einem ganz allgemeinen sprachwissenschaftlichen Befund. So unterscheidet sich z.B. das *Vokabular* und die *Morpho-Syntax* des *Dichters* von der des *Briefschreibers* selbst dann, wenn es ein und dieselbe Person ist.

Der *statistische* Vergleich von Syllabaren stellt eine Möglichkeit dar, *orthographische* Eigenarten bestimmter Schreiberschulen zu charakterisieren. Somit wurde für *jeden* Ort, aus dem *altbabylonisch-literarisches* Textmaterial überliefert ist, ein eigenständiges Syllabar erstellt und dieses dann mit den Syllabaren von *Emār* und *Ugarit* verglichen.

Es wurden folglich Syllabare erstellt auch für:

1. Babylon (B),
2. Kīš (K),
3. Lagaš (Lg),
4. Larsa (L),
5. Māri (M),
6. Nippur (N),
7. Sippar (S),
8. Tell ed-Dēr (TD),
9. Tell el-ʿAmārna (TA),[46]
10. Tell Ḫarmal (TḪ),
11. Ur (Ur).

Aus dem überaus reichhaltigen *poetischen* Sprachmaterial dieser Orte wurden ausschließlich solche Texte berücksichtigt, die *eindeutig* und zweifelsfrei den entsprechenden Orten zugewiesen werden konnten. Darüberhinaus sind zahlreiche *poetische* Texte aus der *altbabylonischen* Sprachperiode überliefert, bei denen nur auf Grund ihres *literarischen Kontextes* zu vermuten ist, welcher ursprünglichen Herkunft sie sind. Diese Texte entstammen in der Regel dem *Antiquitätenhandel*. Um die statistische Auswertung der entsprechenden Syllabare, aber auch der folgenden Untersuchungen hinsichtlich der *Vokabulare* und der *Morpho-Syntax* nicht zu verfälschen, wurden diese Texte außer Acht gelassen.

---

[44] vgl. hierzu noch die aB Gottesbriefe, AbB 5, Nr.140 (+) TCL 1, 9; UET 6/2, Nr.402; YOS 2, Nr.141.

[45] vgl. z.B. J. Huehnergard, Ugaritic Vocabulary in syllabic transcription, HSS 32, Atlanta 1987, S.351-415; E. Neu - C. Rüster, Hethitische Keilschrift-Paläographie II, in StBoT 21, Wiesbaden 1975 und C. Rüster, Hethitische Keilschrift-Paläographie, StBoT 20, Wiesbaden 1972.

[46] mittelbabylonisch.

2.6 Statistischer Vergleich der Graphen *mittelbabylonisch-* und *altbabylonisch-poetischer* Texte

Ziel der folgenden Detailuntersuchung ist es, Zusammenhänge bei der Verwendung beobachteter Schriftzeichen in verschiedenen Sprachperioden und an verschiedenen Fundorten zu ermitteln.

Dem Vergleich liegen 174 Schriftzeichen zugrunde, die in der Dichtung *Ugarits, Emārs* und *Tell el-'Amārnas* sowie *altbabylonischer* Stadtkulturen belegbar sind. Es sei noch einmal betont, daß bei dieser Auswertung nur die Graphen als solche berücksichtigt wurden und nicht deren einzelne Lautwerte und Ideogramme. Dieses bedeutet, daß in den z.T. umfangreicheren Vergleichssyllabaren Schriftzeichen mit ihren Lautwerten enthalten sind und statistisch ausgewertet wurden, die aber in dem Syllabar von *Emār* nicht vorkommen.[47]

Will man diese Graphen bezüglich ihres Auftretens an verschiedenen Orten vergleichen, so kommen dafür zunächst grundsätzlich Unabhängigkeitstests infrage, bei denen die Gleichheit der Häufigkeitsverteilungen der Graphen an den zu vergleichenden Orten geprüft wird. Diese Tests erscheinen hier jedoch fragwürdig, da die mit den beobachteten Häufigkeiten zu vergleichenden, geschätzten Erwartungswerte oft sehr klein sind. Das würde zu Zusammenfassungen von Zeichen führen,[48] die hier sachlich nicht zu begründen sind. Beim Vergleich von Zeichen, die jeweils an zwei Orten nachgewiesen werden konnten, wird daher eine andere Vorgehensweise gewählt:

Man stellt zunächst unter den 223 (323 Lautwerte) insgesamt in Emār[49] belegbaren Zeichen die Anzahl (n) der Zeichen fest, die mindestens an einem der beiden Orte beobachtet werden können.

Dann wird ausgezählt, wie viele dieser Zeichen an nur einem Ort auftreten (x_o). Die Wahrscheinlichkeit, daß Zeichen nur an einem Ort auftreten, ist unbekannt und wurde mit p_o bezeichnet.

Für die beiden Extremfälle gilt:

$p_o = 0$ d.h., alle Zeichen sind an beiden Orten beobachtet worden.
$p_o = 1$ d.h., kein Zeichen ist an beiden Orten beobachtet worden.

---

[47] Zu diesem Problem wird am Ende dieses Kapitels noch einmal Stellung genommen.

[48] H. Büning/G. Trenkler, Nichtparametrische statistische Methoden, Berlin 1978, S.238ff., 96.

[49] vgl. für Ugarit: 241 belegbare Zeichen mit 419 verschiedenen Lautwerten.

Die *Anzahl* der Zeichen, die nur an einem Ort auftreten, kann man als Zufallsvariable X auffassen. Das bedeutet hier: diese Anzahl X ist als Zufallsvariable eine Größe, die die Werte x = 0, 1, ..., n mit bestimmten Wahrscheinlichkeiten annehmen kann.

Wenn jetzt eine große Wahrscheinlichkeit (W) dafür besteht, daß die *Anzahl* der Zeichen, die nur an einem Ort beobachtet wurden, klein ist, würde man sagen: Es bestehen so gut wie keine Unterschiede.

Das statistische Interesse gilt bei der Untersuchung der 12 erfaßten Syllabare an dieser Stelle primär nicht dem konkreten Ergebnis der Untersuchung der zugrundegelegten Untersuchungseinheiten, sondern der *Gesamtmenge* der unter gleichen Bedingungen *möglichen* Untersuchungseinheiten, die nicht bekannt sind.

Ausschließlich unter Verwendung von Graphen war ein beurteilbares Ergebnis zu erwarten. Dabei wurden die Graphen und ihre Lautwerte jeweils von einander getrennt, zu einzelnen Untersuchungseinheiten zusammengefaßt und damit der Begriff „Untersuchungseinheit" hier eingeführt.

Die Verschiedenheit der möglichen Lautwerte einzelner Graphen in ihrer jeweiligen absoluten Häufigkeit mußte von vornherein unberücksichtigt bleiben, da bei der vorbereitenden Durchsicht der Syllabare festgestellt wurde, daß sich diese Untersuchungseinheiten wegen ihrer noch geringen absoluten Quantitäten nicht statistisch aufarbeiten lassen,

z.B.:

$Zeichen_{1-174}$	
Emār	ON_{1-11}
−	+
+	−
+	+

$Zeichen_{1-174}$	
Ugarit	ON_{1-11}
−	+
+	−
+	+

Man interpretiert in diesem Falle das Untersuchungsergebnis als zufällige Stichprobe[50] aus dieser Gesamtmenge[51]. Sei jetzt p_o ($0 \leq p_o \leq 1$) die unbekannte, konstante Wahrscheinlichkeit, daß ein Zeichen nur an einem Ort auftritt, dann ist die Zufallsvariable X binomial verteilt.

[50] Die „quantitative Linguistik" benötigt für die induktive Überprüfung einer deduktiv gewonnenen Hypothese große Mengen an Daten. Deshalb spricht man in der Linguistik von der „korpusorientierten Forschung", in der Statistik von der „Stichprobenerhebung", vgl. dazu G. Altmann/W. Lehfeldt, Einführung in die Quantitative Phonologie, Quantitative Linguistics, Vol.7, Bochum, 1980, S. 9.

[51] H. Schwarz, Stichprobenverfahren, München/Wien 1975, S.40.

(Bezeichnung $X \sim Bi(n,p_o)$)

mit $W(X = x) = f(x|n,p_o) = \binom{n}{x} p_o^x (1-p_o)^{n-x}$

und $W(X \leq x_o) = F(x_o|n,p_o) = \sum_{x=0}^{x_o} f(x|n,p_o)$.

In einem beobachteten konkreten Fall seien nun von n zu berücksichtigenden Zeichen x_o nur an einem der beiden Orte aufgetreten. Für die Wahrscheinlichkeit, daß maximal diese x_o beobachteten Zeichen unter n bei einem bestimmten (unbekannten) p_o auftreten, wird ein Mindestwert vorgegeben, der nahe an der Sicherheit liegt. Hierfür wird speziell die Wahrscheinlichkeit 0,95 verwendet.

$W(X \leq x_o) = F(x_o |n,p_o) \geq 0{,}95$

Aus dieser letzten Beziehung kann man das zugrundeliegende unbekannte p_o schätzen, dh. konkret, man berechnet dasjenige p_o, für das W möglichst nahe an 0,95 liegt und nicht kleiner als dieser Wert ist.

Das so geschätzte p_o ergibt einen Anhaltspunkt über den Zusammenhang im Gebrauch der Zeichen an verschiedenen Orten.

p_o ist *klein*, bedeutet: die Wahrscheinlichkeit, daß Zeichen nur an einem Ort auftreten, ist klein, und daher spricht viel für einen Zusammenhang im Gebrauch der Zeichen an den Orten.

p_o ist *groß*, bedeutet: die Wahrscheinlichkeit, daß Zeichen nur an einem Ort auftreten ist groß, und daher spricht viel gegen einen Zusammenhang im Gebrauch der Zeichen an den Orten.

Um von „Abhängigkeit" sprechen zu können, sollte, wie oben angegeben, nach allgemeiner Übereinkunft das p_o deutlich unter 0,5 liegen. Dabei ist zu beachten, daß der Wert p_o als Marke innerhalb eines fließenden Vorganges zu betrachten ist, in dem „Abhängigkeit" und „Nicht-Abhängigkeit" in einander übergehen.

Will man die Stärke der Zusammenhänge zwischen verschiedenen Paaren von Orten vergleichen, so vergleicht man die entsprechenden Werte p_o. Berechnet man somit für jedes interessierende Paar aus den beobachteten Werten x_o, n das p_o, so kann man aus diesen Werten p_o eine Rangfolge (RN) für die Stärke der Zusammenhänge angeben. Das Ergebnis dieser Berechnung zeigen die Tabellen 1 bis 4.

Legende der Tabellen 1 und 4:

n = *Anzahl* der Zeichen, die mindestens an einem der beiden Orte belegt sind,
p_o = *Wahrscheinlichkeit* der Zeichen, die nur an einem Orte auftreten,
x_o = *Anzahl* der Zeichen, die nur an einem Orte auftreten,
W = Wahrscheinlichkeit,
RN = Rangnummer.

Vergleichspaare	x_o	n	p_o[52]	$W(X \leq x_o)$[53]	RN
Emār - Ugarit	36	174	0,162	0,9527	
Emār - Babylon	54	172	0,261	0,9502	1
Emār - Kīš	121	172	0,646	0,9527	8
Emār - Larsa	138	172	0,751	0,9529	10
Emār - Lagaš	137	172	0,745	0,9521	9
Emār - Māri	77	172	0,389	0,9503	3
Emār - Nippur	95	172	0,492	0,9515	6
Emār - Sippar	85	172	0,434	0,9520	4
Emār - Tell ed-Dēr	115	172	0,610	0,9521	7
Emār - Tell Ḫarmal	86	172	0,440	0,9514	5
Emār - Ur	72	172	0,360	0,9524	2
Ugarit - Babylon	43	150	0,232	0,9511	1
Ugarit - Kīš	93	142	0,591	0,9501	7
Ugarit - Larsa	110	142	0,716	0,9525	9
Ugarit - Lagaš	107	141	0,699	0,9521	8
Ugarit - Māri	53	144	0,307	0,9516	2
Ugarit - Nippur	69	143	0,417	0,9523	5
Ugarit - Sippar	57	143	0,336	0,9514	3
Ugarit - Tell ed-Dēr	87	142	0,547	0,9518	6
Ugarit - Tell Ḫarmal	60	143	0,356	0,9518	4
Ugarit - Ur	54	147	0,307	0,9513	2

Tabelle 1: Statistische Abhängigkeits-Berechnung der Syllabare von *Ugarit* und *Emār*.

[52] Werte auf 3 Nachkommastellen gerundet.

[53] Werte auf 4 Nachkommastellen gerundet.

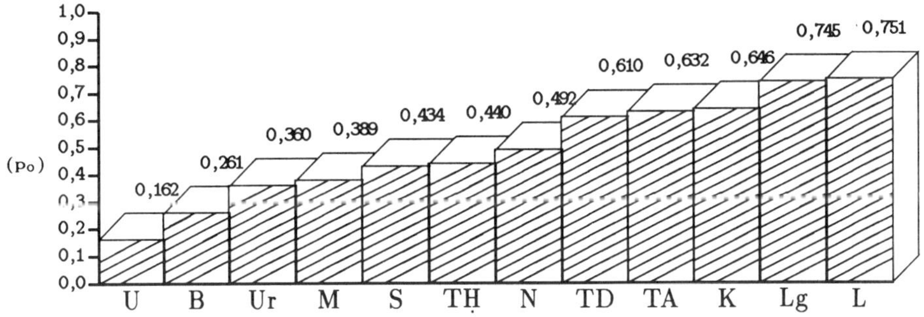

Tabelle 2. Das Syllabar von *Emār* im Vergleich zu dem von *Ugarit* und aB Syllabaren *Mesopotamiens.*

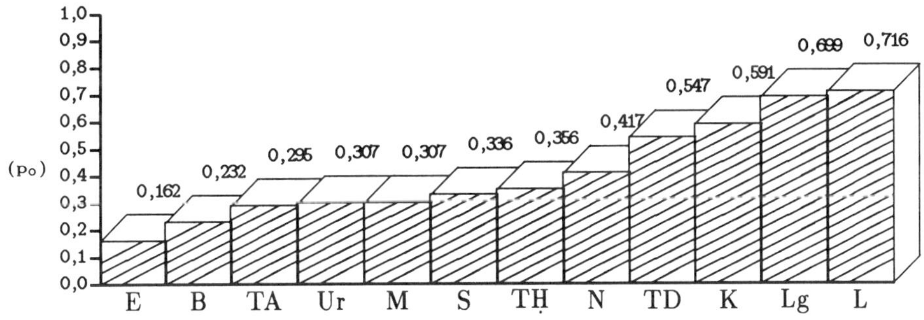

Tabelle 3. Das Syllabar von *Ugarit* im Vergleich zu dem von *Emar* und aB Syllabaren *Mesopotamiens.*

Sortiert man die Tabelle 1 nach der **Rangfolge** der Zusammenhangsstärke, so ergibt sich folgende neue Übersicht:

Vergleichspaare	**x_o**	**n**	**p_o[54]**	**$W(X \leq x_o)$[55]**	**RN**
Emār - Ugarit	36	174	0,162	0,9527	**1**
Ugarit - Babylon	43	150	0,232	0,9511	**2**
Emār - Babylon	54	172	0,261	0,9502	**3**
Ugarit - Tell el-ʿAmārna	65	186	0,295	0,9545	**4**
Ugarit - Māri	53	144	0,307	0,9516	**5**
Ugarit - Ur	54	147	0,307	0,9513	**5**
Ugarit - Sippar	57	143	0,336	0,9514	**6**
Ugarit - Tell Ḫarmal	60	143	0,356	0,9518	**7**
Emār - Ur	72	172	0,360	0,9524	**8**
Emār - Māri	77	172	0,389	0,9503	**9**
Ugarit - Nippur	69	143	0,417	0,9523	**10**
Emār - Sippar	85	172	0,434	0,9520	**11**
Emār - Tell Ḫarmal	86	172	0,440	0,9514	**12**
Emār - Nippur	95	172	0,492	0,9515	**13**
Ugarit - Tell ed-Dēr	87	142	0,547	0,9518	**14**
Ugarit - Kīš	93	142	0,591	0,9501	**15**
Emār - Tell ed-Dēr	115	172	0,610	0,9521	**16**
Emār - Tell el-ʿAmārna	121	175	0,632	0,9576	**17**
Emār - Kīš	121	172	0,646	0,9527	**18**
Ugarit - Lagaš	107	141	0,699	0,9521	**19**
Ugarit - Larsa	110	142	0,716	0,9525	**20**
Emār - Lagaš	137	172	0,745	0,9521	**21**
Emār - Larsa	138	172	0,751	0,9529	**22**

Tabelle 4: Tabelle 1 nach Rangfolge der Zusammenhangsstärke sortiert.

[54] Werte auf 3 Nachkommastellen gerundet.

[55] Werte auf 4 Nachkommastellen gerundet.

2.7 Zur Problematik der statistischen Erfassung der *babylonischen* Texte aus *Ugarit*, *Emār* und *Tell el-ʿAmārna*

Doch nicht nur die Syllabare von *Emār*, *Ugarit* und *Tell el-ʿAmārna* waren Grundlage für die *statistischen* Berechnungen, sondern auch der Vergleich zu anderen Syllabaren. In erster Linie wurden *altbabylonisch-literarische* Syllabare bedeutsam für eine sprachhistorische Einordnung beider hier zu untersuchenden Syllabare.

Vergleicht man die *Themen*, die in den einzelnen *akkadisch-literarischen* Texten aus *Ugarit* und *Emār* behandelt werden, so stellt man fest, daß diese gelegentlich übereinstimmen; dieses aber nicht auf Grund eigenständiger, literarischer Darbietung bestimmter, den einzelnen Schreiber interessierender Fragestellungen, sondern allein hinsichtlich der Tatsache, daß *zwei* umfangreiche Werke aus beiden Orten als *Paralleltexte* überliefert sind.

So lassen sich von 9 *poetischen* Texten aus *Ugarit* und 8 *poetischen* Texten aus *Emār* - dabei bleiben 6 kleine Fragmente aus *Emār* unberücksichtigt - *Synopsen* von 2 recht umfangreichen *poetischen* Paralleltexten zusammenzustellen.

Dieses hat zur Folge, daß diese beiden Texte (*RS 22.439* und *RS 25.130*) - bedingt durch ihren *Inhalt* - in ihrem *Vokabular*, ihrer *Morpho-Syntax* und letztendlich auch in ihrem *Syllabar* weitgehend übereinstimmen: Es finden sich z.B. von den 2239 Lautwert-*Belegen* der Texte aus *Emār* 712 Belege in Paralleltexten aus *Ugarit* wieder. Dieses ergibt ein Verhältnis von ca. 3:1.

Die *entsprechenden* hier untersuchten Graphen können daher nur *bedingt* für einen Vergleich beider Syllabare herangezogen werden, da eine *freie Auswahl* aus einem Spektrum mehr oder weniger zahlreicher *Synonyme* dem einzelnen Schreiber nicht möglich war.[56]

---

[56] vgl. Kapitel 3.7 bezüglich des Vokabulars.

2.8 Im Syllabar von *Emār* nicht vorkommende Lautwerte

Bei der Analyse derjenigen Lautwerte, die zwar als *Graphen* in die statistische Untersuchung miteingeflossen, jedoch *nicht* oder nur geringfügig in den Texten aus *Emār* belegt sind, stößt man bei einer kleinen *Gruppe* von Lautwerten sofort auf deren „Bedeutung". Diese kann *morpho-syntaktisch*, *orthographisch* oder *phonetisch* bestimmt sein. Es ist jedoch darauf hinzuweisen, daß diese Bedeutungsunterschiede bisher keinesfalls *geographisch* klassifiziert werden können, sondern im folgenden die Belegsituation dieser Lautwerte als *Einheit* betrachtet wird. Desweiteren liegt dieser Analyse nicht das *ausschließliche*, sondern nur das *gehäufte* Vorkommen dieser Lautwerte in einer Sprachschicht zu Grunde.

A. Morpho-syntaktisch:

Als *eine* Ursache für den vermehrten Gebrauch bestimmter Zeichen als Träger ausgewählter Lautwerte innerhalb *einer* Sprachstufe läßt sich die direkte Abhängigkeit dieser Lautwerte von *morpho-syntaktischen* Vorgaben anführen: z.B. verlangt die in der 1. Hälfte des 2. Jahrtausends v. Chr. gebräuchliche „Mimation" entsprechend ihrer Morphembildung *-m Graphen*, deren Lautwerte silbenschließendes *-m* aufweisen: Es lassen sich sowohl in den *babylonisch-literarischen*, als auch in den *nicht-literarischen* Texten der *altbabylonischen* Zeit vermehrt die Lautwerte *am, dam, im, lum, tam, tim, tum* und *um* belegen. So liegt z.B. die relative Häufigkeit dieser Lautwerte in den *mittelbabylonischen* Texten aus *Emār* um ca. 66 % unter der relativen Häufigkeit dieser Lautwerte in den *altbabylonischen* Texten aus *Babylon*.

Als *morpho-syntaktische* Vorgabe für den Gebrauch bestimmter Graphen dienen z.B. auch der *Nominativ*, der *Genitiv* und der *Akkusativ*, die sich ebenfalls in den oben genannten Lautwerten widerspiegeln.

B. Orthographisch:

Nach-altbabylonisch erfolgte ein vermehrter Gebrauch z.B. der Lautwerte *gil*, *luṭ* und *nak*. Der Lautwert *-šú* tritt nun immer öfter an die Stelle des „älteren" Lautwertes *-šu* jeweils für das Pronominalsuffix (3. m. Sg.). Folglich lassen sich auch in den *babylonisch-poetischen* Texten aus *Emār* und *Ugarit* 30 Belege für *-šú* gegenüber 0 Belegen in *aB-poetischen* Texten und 99 Belege für *-šu* gegenüber 368 Belegen in *aB-poetischen* Texten finden.

C. Phonetisch:

Schließlich ist der Gebrauch bestimmter Graphen z.T. auch *phonetisch* bedingt. Ab der 2. Hälfte des 2. Jahrtausends ist eine Lautverschiebung von *innervokalisch -w-* zu *innervokalisch -m-* zu beobachten:

Ableitung:	Glossar:	Übersetzung:	Beleg:
amātē-šunu	*awātē-šunu*	ihre Worte	UF 25, S.190, Z. 6
amīlutti	*awīlūti*	(Tage) der Menschheit	Emar VI.4, Nr.771, Z.19'
imâ	*ewû(m)*	wurde wie	AOAT 42, S.63, (I), Z.2
li-namēr-ka	*nawāru(m)*	er möge dich erleuchten	Emar VI.4, Nr.775, Z.10

In den *babylonisch-poetischen* Texten aus *Emār* z.B. sind daher die Lautwerte *wa*, *we*, *wi*, *wu* nicht nachweisbar. Lediglich die Dichtung „Ein Leben ohne Freude" aus *Ugarit* weist mit dem Lexem *awīlūtu* [57] den Lautwert *wi* auf. Somit entspricht die Belegsituation des Graphen PI in den *mittelbabylonischen* Texten im Vergleich mit Texten aus *Babylon* einem Verhältnis von 15,75 %. Gleiches gilt für den Graphen UL. Auch sein Gebrauch ist z.T. abhängig von dem *nach-altbabylonisch* erfolgten *št* / *lt*-Wechsel. Zu beobachten ist dieser bei den Lexemen: [58]

Ableitung:	Glossar:	Übersetzung:	Beleg:
[u]ltešir	*ešēru(m)*	ich ging voran	Emar VI.4, Nr.771, Z.39'
ultetešer	*ešēru(m)*	er half ... zu Recht	AOAT 42, S.65, (XII), Z.45
ultamṣil	*maṣālu(m)*	er hat untergetaucht	MARG 6, S.129, Z.53
ultu	*ištu*	aus ... heraus	AOAT 42, S.64, (XI), Z.40.41

2.9 Das Syllabar von *Tell el-'Amārna*

Als Beweis für die Richtigkeit der „Abhängigkeits-Wahrscheinlichkeit" bei den untersuchten Syllabaren von *Ugarit* und *Emār* soll ein weiteres *Syllabar* hinzugenommen werden. Dieses beruht auf den *babylonisch poetischen* Texten aus *Tell el-'Amārna* und datiert ebenfalls in die zweite Hälfte des zweiten Jahrtausends v. Chr. [59] Hinzu kommt, daß versucht werden soll, auch dieses Syllabar *sprachhistorisch* einzuordnen und ihm den entsprechenden Platz in der Rangfolge der untersuchten *mittel-* und *altbabylonischen* Syllabare zuzuweisen. Interessant ist eine derartige Untersuchung schon alleine deswegen, weil mit dem Syllabar von *Tell el-'Amārna* ein - statistisch gesehen - ausreichend großes Material zugrundeliegt, das ebenfalls *mittelbabylonisch* zu datieren und ebenfalls aus dem

---

[57] Ug. V, Nr.164, Rs. Z. 6'.8'.

[58] vgl. die Tabelle auf S.41.

[59] vgl. Kapitel 1.2.7.

Westen (Südpalästina) zu stammen scheint. Eine für statistische Berechnungen absolut notwendige Sicherheit der geographischen Zuordnung ist bei dem überwiegenden Teil der *mittelbabylonischen* Dichtung aus *Mesopotamien* allerdings noch nicht möglich.

Wie die Tabelle 2.6 zeigt, besteht auch unter den Syllabaren von *Tell el-'Amārna* und *Ugarit* eine geringe statistische Abweichung.

2.10 Ergebnis der statistischen Untersuchung

Mit dem hier benutzten statistischen Rechenverfahren wurden zunächst die beiden *westbabylonischen* Syllabare von *Ugarit* und *Emār* miteinander verglichen. Danach wurden diese zusammen mit zehn weiteren *altbabylonischen* Syllabaren, wie sie in den obigen Tabellen aufgeführt sind, in gleicher Weise *statistisch* ausgewertet. Die Kriterien für diese Auswertung sind im Kapitel 2.5 definiert. Die Stärke des Zusammenhanges zwischen den untersuchten Sprachgebieten wird mit Hilfe einer Rangfolge (RN) klassifiziert, wie sie auf Seite 38 angegeben wurde.

Es ergibt sich, daß der p_o-Wert als Indikator für die Zusammenhangswahrscheinlichkeit beim statistischen Vergleich der Syllabare von *Ugarit* und *Emār* 0,16 beträgt. Dieses heißt, daß die Wahrscheinlichkeit, daß ein Zeichen nur an einem dieser beiden Orte auftritt, klein ist. So spricht viel für eine sprachliche Übereinstimmung der Syllabare beider Orte. Dieses Ergebnis war zu erwarten. Beide Syllabare umfassen Textmaterial der *mittelbabylonischen* Sprachperiode. Der Fundort der Texte liegt jeweils in Westsyrien.

Wenn dieser erste statistische Untersuchungsschritt offensichtlich zunächst nur Bekanntes bestätigt, so dient dieser Befund der Bestätigung für die Richtigkeit des erfolgten *statistischen* Ansatzes. Wäre der errechnete p_o-Wert deutlich größer als 0,16 ausgefallen, dann hätte man die Richtigkeit des verwendeten *statistischen* Ansatzes nochmals überprüfen müssen.

Auch bei der Auswertung des Untersuchungsergebnisses der *ostbabylonischen* Syllabare im Vergleich mit *Emār* und *Ugarit* ist der Wert p_o richtungsweisend. Dabei sei noch einmal vergegenwärtigt: Ein steigendes p_o bedeutet Abnahme der „Abhängigkeit" und gleichzeitige Zunahme der „Nicht-Abhängigkeit".

Diese Aussage soll einprägen, daß es sich auch hier bei der Beurteilung von *orthographischen* „Abhängigkeiten" als *Träger* der schriftlich zu fixierenden „Sprache" nicht um einen *statischen Zustand*, sondern um einen *Prozeß* handelt.

Dieses zeigen dann auch die beiden folgenden Kurven:

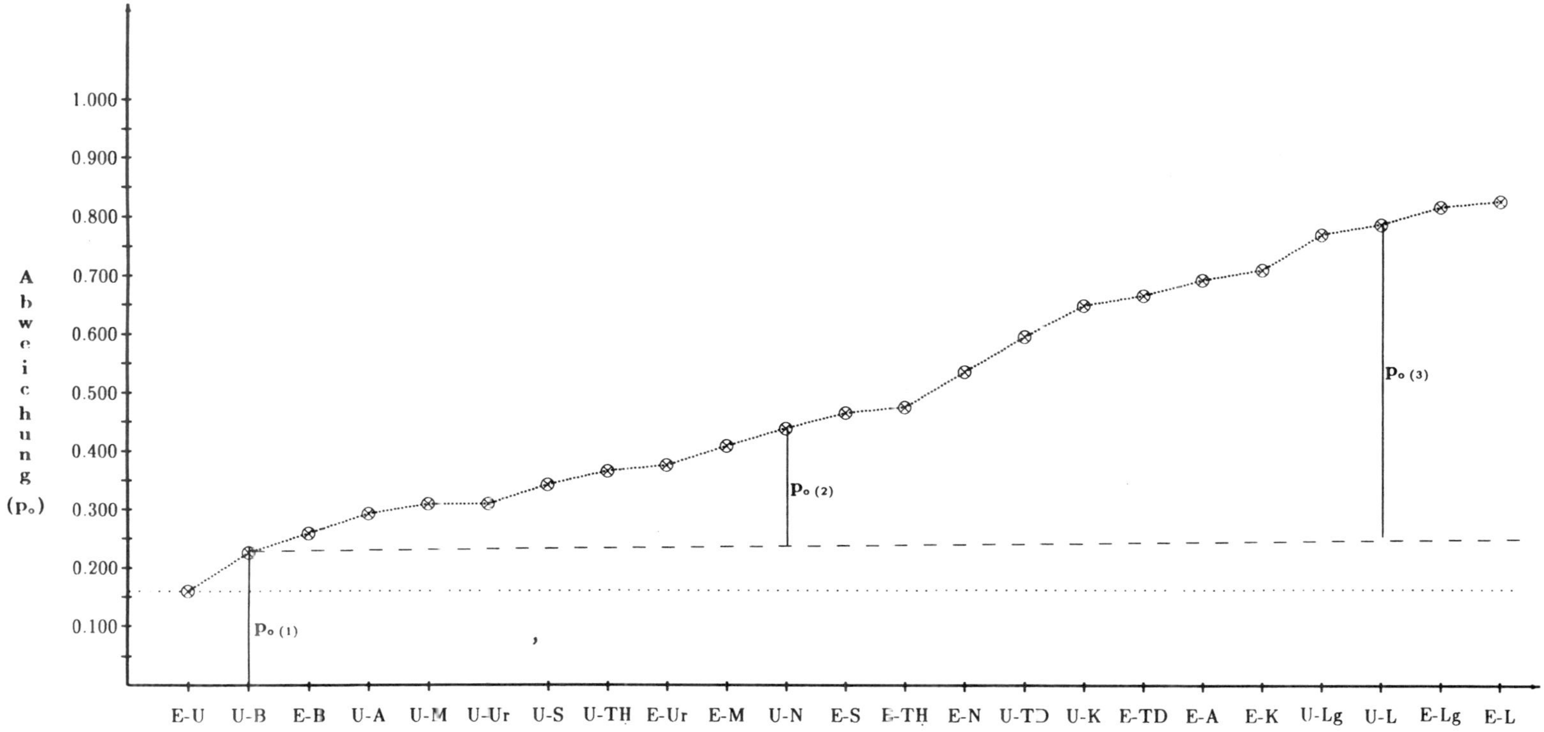

Tabelle 5: Untersuchte Vergleichspaare.

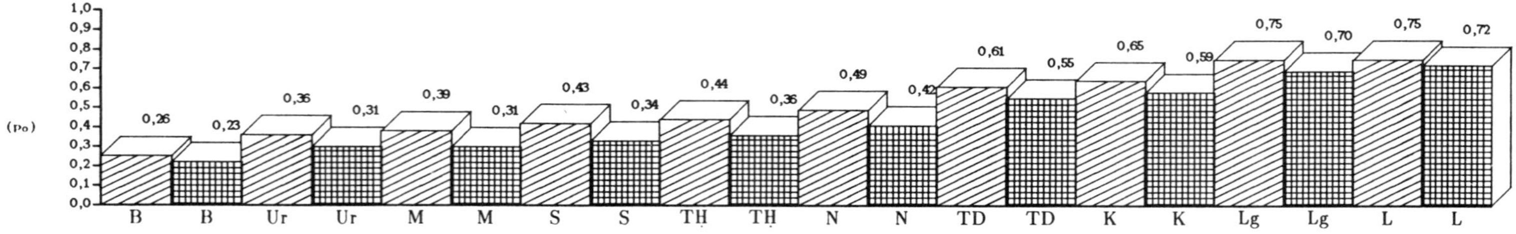

Tabelle 6: Die Syllabare von *Emār* und *Ugarit* im Vergleich zu aB Syllabaren *Mesopotamiens*.

Als Untersuchungseinheit ragen die beiden Vergleichspaare *Emār - Babylon* und *Ugarit - Babylon* hinsichtlich ihrer „Abhängigkeits-Wahrscheinlichkeit" p_o heraus. Rein statistisch gesehen, besteht zwischen den drei Syllabaren von *Emār*, *Ugarit* und *Babylon* eine weitgehende Übereinstimmung. Die Bewertung dieser Übereinstimmung erfolgt in Kapitel 2.11. In der Rangfolge (RN) schließen sich die Syllabare von *Ur* und *Māri* auch jeweils mit einer Abweichung von unter 0,5 direkt an. Dabei kommt der Wahrscheinlichkeit (W), daß die Zufallsvariable X $\leq$ der Anzahl der Zeichen x_o ist, die nur an einem Orte auftreten, jeweils ein Wert von über 0,95 zu.

Bei der Gegenüberstellung weiterer 7 Syllabare zeigte sich eine stetig abnehmende "'Abhängigkeit"', die bei den Syllabaren von *Kīš*, *Lagaš*, *Larsa* und *Tell ed-Dēr* sogar deutlich über der zugrundegelegten Grenze von 0,5 liegt. Dieses trifft sowohl im Vergleich mit *Emār* als auch mit *Ugarit* zu.

Auffallend ist, daß die Wahrscheinlichkeit, daß die in *Ugarit* zu beobachtenden Graphen nur in *Ugarit* auftreten, stets kleiner ist als die Wahrscheinlichkeit, daß die in *Emār* zu beobachtenden Graphen nur in *Emār* auftreten. So läßt sich hinsichtlich des Vergleiches mit *Ugarit* für p_o ein stets geringerer Wert ermitteln als für *Emār*. Dieses ist dadurch bedingt, daß für das Syllabar aus *Ugarit* mehr ***babylonisch-poetisches*** Textmaterial zur Verfügung steht als aus *Emār*. Lediglich der Ort *Ur* stellt in seinem Syllabar mit dessen ***statistischer*** Abweichung von ca. 0,360/0,307 bezüglich der Syllabare von *Emār* und *Ugarit* eine Ausnahme in einer möglichen geographischen Reihenfolge dar.

2.11 Sprachhistorische Bewertung der Ergebnisse

Die Untersuchung der Syllabare von *Ugarit, Emār* und *Tell el-'Amārna* ergab, daß diese nicht nur in eine *kontinuierlich* verlaufende Rangfolge mit *altbabylonischen* Syllabaren verschiedener Orte *Mesopotamiens* gebracht werden konnten, sondern ergab sogar eine - statistisch gesehen - nur geringe Abweichung zu den Syllabaren von *Babylon, Māri* und *Ur*. Dieses bedeutet für die sprachhistorische Einordnung der *poetischen* Sprache von *Ugarit* und *Emār*, daß diese sich in der *gleichen* Tradition der schriftlichen Fixierung von Keilschrift befindet, wie sie zumindest seit der *altbabylonischen* Sprachperiode aus Mesopotamien bekannt ist. Es zeigen sich zwischen den Syllabaren von *Ugarit/Emār* und verschiedenen Orten Mesopotamiens die gleichen statistischen Abweichungen, wie sie bei den Syllabaren *innerhalb* Mesopotamiens zu beobachten sind. Dieses veranschaulichen die beiden Balkendiagramme auf der S.37, die Kurve auf S.43 und das Balkendiagramm auf S.44.

Die p_o- Werte bezogen auf den Ausgangswert, der der Untersuchungseinheit *E - U* zuzuordnen ist (gepunktete Linie im Schaubild), zeigen für die einzelnen Untersuchungseinheiten *(U - B bis E - L)* im Bereich der Orthographie[60] deutlich bestehende Abhängigkeiten.

[60] vgl. S.40.

Zunächst weist die stetig steigende Kurve daraufhin, daß der orthographisch faßbare Zusammenhang zwischen den Untersuchungseinheiten vom Anfang der Kurve *(E - U; p_o = 0,162)* bis zu ihrem Ende *(E - L; p_o = 0,751)* kontinuierlich abnimmt. Das heißt, daß das Syllabar von *Larsa* von den Syllabaren von *Ugarit* und *Emār* orthographisch weit entfernt ist. Des weiteren zeigt der Kurvenverlauf, daß sich die Syllabare von *Ugarit* und *Emār* in Bezug auf das Syllabar von *Babylon* nur geringfügig unterscheiden. Was jedoch noch wichtiger zu sein scheint, ist, daß die Abhängigkeitswerte $p_{o\,(2)}$ und $p_{o\,(3)}$ entweder nahezu gleich groß oder größer sind als der für die Untersuchungseinheit *(U - B)* ermittelte Wert $p_{o\,(1)}$. Für die Syllabare der untersuchten Orte bedeutet dieses zweierlei: Entweder werden die offensichtlich vorhandenen orthographischen Besonderheiten als so wichtig angesehen, daß man gezwungen ist, die einzelnen Orte sprachlich gesondert zu behandeln, oder aber, man nimmt die Syllabare von *Ugarit, Emār* und *Tell el-'Amārna* in ein vergleichendes *babylonisches* Syllabar mit auf. Bedenkt man, daß eine unmittelbare Gebrauchs-Abhängigkeit - wenn auch nur einzelner - Graphen von *morpho-syntaktischen* Gegebenheiten besteht, so ist der nächste Schritt vorgegeben, die Bewertung dieses Ergebnisses im Zusammenhang mit einer Sprachanalyse der *babylonischen* Dichtung aus *Ugarit* und *Emār* zu betrachten.

Es wird sich schließlich zeigen, daß ein unmittelbarer *sprachgeschichtlicher* Zusammenhang zwischen *Syllabar* und *Sprache* besteht:[61] Denn in gleicher Weise, wie die *Bedeutung* der *Lexeme,* d.h. des Vokabulars einer Sprache oder eines Dialektes dem „sprachhistorischen", bzw. dem „kulturellen" Wandel unterliegt, so können auch an der *Lautgestalt,* der *Orthographie* und der *grammatischen Formenbildung* sprachliche Veränderungen beobachtet werden. Für die *altorientalischen* Sprachen[62] gewinnt zusätzlich die Analyse der *Syllabare* der entsprechenden Sprache oder des Dialektes an Bedeutung, einem Sprachbestandteil, der für die *altorientalischen* Sprachen oder Dialekte, deren „Hörbarkeit" mit Hilfe einer *Keilschrift* sichtbar gemacht werden konnte, die schriftliche Form der *Lautgestalt* ausmachen.[63]

Wenn man von einem gewissen *mathematisch - statistischen* Aufwand absieht, so gestaltete sich der Zugriff auf die Untersuchungseinheit „Syllabar" noch verhältnismäßig einfach. Für die Aufarbeitung des *Vokabulars* der *mittelbabylonischen* Dichtung *Ugarits, Emārs* und *Tell el-'Amārnas* in dem folgenden Kapitel bedurfte es dagegen einer umfangreichen Auswahl bestimmter Themenkreise, von denen man erwarten durfte, daß sie zu aussagekräftigen Ergebnissen hinsichtlich der *literatur-historischen* Klassifizierung der hier untersuchten Dichtung führen würden.

---

[61] vgl. S.91.

[62] *Hethitisch* und *Ḫurritisch* ebenso wie *Akkadisch* und *Sumerisch.*

[63] vgl. H. Paul, Prinzipien der Sprachgeschichte, 9. Aufl., Tübingen 1975, S.405.

3. Die Vokabulare der *babylonischen* Dichtung *Ugarits, Emārs* und *Tell el- 'Amārnas*

3.1 Quellen und Methode

Eine Analyse von Schreiber-Traditionen hat auch die *Vokabulare* zu berücksichtigen. Dieses gilt ebenso für die hier vorgenommene Untersuchung der „westbabylonischen" Schreiber-Traditionen von *Ugarit* und *Emār*. Die untersuchten Vokabulare umfassen sämtliche Lexeme, die in den *poetischen* Texten beider Orte belegt sind. Dabei wurden diese beiden *westbabylonischen* Vokabulare nicht nur untereinander, sondern auch mit den Vokabularen *ostbabylonischer* Texte verglichen. Neben dieser *geographisch* gut faßbaren Sprachgliederung stellt das unterschiedliche Alter der entsprechenden Textquellen ein gewisses Problem dar.[64] Aus der *mittelbabylonischen* Sprachschicht *Mesopotamiens* stehen bis jetzt nur wenige *poetische* Texte zur Verfügung, die für eine *representative* Bewertung eine ausreichende Länge besitzen:

1. *Gula*-Hymnus (W.G. Lambert, Or 36, 1967, S.105-132),
2. *Ištar*-Hymnus (W.G. Lambert, FS Kraus, 1982, S.173-218),
3. *Ištar*-Hymnus (H. de Genouillac, TCL 15, 1930, Nr.16),
4. *Ištar*-Hymnus (B. Groneberg, Diss., 1971, S.105-128),
5. *Ištar*-Hymnus (W.G. Lambert, AfO 19, 1959/60, S.50-55),
6. *Marduk*-Hymnus (W.G.Lambert, AfO 19, 1959/60, S.55-60),[65]
7. *Marduk*-Hymnus (W.G.Lambert, AfO 19, 1959/60, S.61-66),
8. *Nabû*-Hymnus (W. von Soden, ZA 61, 1971, S.44-71),
9. *Nanâ*-Hymnus (E. Sollberger, CT 44, 1963, Nr.24).

Ein engerer Vergleich der *mittelbabylonisch-poetischen* Texte unter Zugrundelegung ihrer Herkunftsorte ist nicht möglich, da nur *einer* dieser neun Texte bisher sicher zu lokalisieren ist. Dieser Text ist ein Fragment (Si. 9 = h, Col. iv, 1 - 93) des unter Nr. 2 genannten Hymnus und stammt aus *Sippar*.

Mithin muß auf *altbabylonisch*-poetische Texte zurückgegriffen werden.[66] Somit wird *poetisches* Textmaterial zweier *verschiedener* Sprachstufen einander gegenübergestellt. Dieses erscheint durchaus als berechtigt, da ein Zusammenhang beider Sprachstufen nicht von vornherein auszuschließen ist.[67] Man muß sich stets vergegenwärtigen, daß die Veränderungen in der Sprache kontinuierlich verlaufen. Zwischen dem ersten Erscheinen einer sprachlichen Entität und

---

[64] vgl. zur Erklärung dieser Methodik S.49.

[65] vgl. zur aB Vorlage: W. Sommerfeld, Der „Gottesbrief" YOS 2, 141, Der Aufstieg Marduks, AOAT 213, Neukirchen-Vluyn 1982, S.127-128.

[66] vgl. Kapitel 1.3.

[67] vgl. S. 4.

ihrer produktiven Ausnutzung oder aber auch ihrem völligen Verschwinden liegt eine lange Kette kleinster Veränderungen. Die sprachlichen Merkmale dieser Entität verschwinden dabei nicht etwa plötzlich, sondern allmählich, indem sich ihre Häufigkeit nach und nach verringert. Die Erfassung der Sprachentwicklung als stochastischer Prozeß, der sich aus den Gesetzen der Wahrscheinlichkeitsrechnung herleiten läßt, macht nicht nur ihre Beschreibung exakter, sondern bietet dann auch die Möglichkeit, in beide *zeitlichen* Richtungen zu *extrapolieren.*

3.2 Zur statistischen Erfassung der Vokabulare *Ugarits* und *Emārs*

Genauso wie dieses für die einzelnen Syllabare bereits geschehen ist und in Zukunft weiter ausgearbeitet werden muß, verlangen auch die einzelnen *Vokabulare* nach *statistischen* Erhebungen. Auch wenn, nach G. Altmann, die quantitative Linguistik anders als noch F. de Saussure heute unter „Sprache" ein *stochastisches* System versteht, das nicht von vornherein *deterministischer* Natur ist, so lassen sich dennoch - *diachron* gesehen - „Entwicklungstendenzen" innerhalb einer Sprachperiode erkennen. Dabei ist „jeder Zustand einer Sprache Übergangsstadium zwischen dem vorhergehenden und dem nachfolgenden Zustand." Wenn diese „Entwicklungstendenzen ihre Extremwerte erreichen", nehmen sie „dadurch den Status einer deterministischen synchronen Regel" an. Der Gesamtbereich zwischen diesen Extremwerten (0 und 1) obliegt „vorläufig nur (...) dem Apparat der Wahrscheinlichkeitsrechnung und der Statistik".[68] Wie schon in Kapitel 2.5 gezeigt, entstammt die Einführung quantitativer Methoden in die Linguistik unter anderem dem Bemühen, Problemstellungen und ihre Lösungen genauer zu erfassen und damit möglichst auch gesetzmäßige Verknüpfungen zwischen den verschiedenen Eigenschaften des untersuchten Gegenstandes aufzudecken. F. de Saussure hatte noch die Auffassung vertreten, Sprache sei ein deterministisch ausgerichtetes System, das von mehr oder weniger festen und verbindlichen Regeln geprägt wird. Dieses gelte besonders für die Grammatiktheorie. Inzwischen setzt sich jedoch mehr und mehr die Auffassung durch, daß Sprache stochastischen Prozessen, also Zufälligkeiten unterliegt. Dieses ist überhaupt die Vorraussetzung dafür, daß es zu Sprachveränderungen kommt. So ist jeder erkennbare Zustand einer Sprache Übergangsform zwischen zwei Zuständen, nämlich dem vorausgegangenen und dem nachfolgenden Zustand. Deterministische Regeln sind nur die Extrempunkte von Entwicklungstendenzen. Der gesamte Zwischenbereich zwischen diesen Extrempunkten ist dann vor allem mit den Mitteln der Wahrscheinlichkeitsrechnung und damit der Statistik zu erfassen. Beide stellen Instrumente zur Verfügung, mit denen man in einer vorher festgesetzten Zuverlässigkeit Aussagen treffen kann. „Zufällig" bedeu-

---

[68] G. Altmann/W. Lehfeldt, Einführung in die Quantitative Phonologie, Quantitative Linguistics, Vol.7, Bochum 1980, S.5f.

tet dabei nicht „nicht-gesetzmäßig", sondern, daß Gesetzen gefolgt wird, die es erlauben, für eine genügend große Zahl von bestimmten Fällen eine vorher berechenbare Auswahl von richtigen Vorraussagen abgeben zu können.

Bei der quantitativen Linguistik geht es nicht um eine endgültige Klärung des Wesens einer Sprache. Es geht vielmehr darum, „Erklärungen der Beschaffenheit, des Mechanismus, des Funktionierens, der Entwicklung der Sprache u.ä. zu gewinnen. Wegen des stochastischen Charakters der Sprache spielen hierbei „Metrisierung" und Wahrscheinlichkeitsrechnung eine entscheidende Rolle.[69]

Zur Verwirklichung ihres Gesamtzieles hat die quantitative Linguistik eine Reihe spezifischer Aufgaben zu erfüllen. Hierzu gehört in erster Linie die Ausprägung sprachlicher Größen in einer exakten, kurzgefaßten Form: quantitative Indizes, Vektoren, Funktionen und Graphen. Damit erlangt man die Möglichkeit, durch mathematische Operationen neue Erkenntnisse zu gewinnen. Besonders wichtig wird dabei der sogenannte genetisch-historische Vergleich. Hierbei setzt man zwei oder mehrere Sprachen zu einander in Beziehung, um den Grad ihrer Verwandtschaft zu messen. Es ist auch möglich, *zeitlich verschiedene Stufen ein und derselben Sprache* mit einander oder mit einer Rekonstruktion zu vergleichen.

Bei dem Vergleich der Vokabulare wird so vorgegangen, wie dieses bei den Syllabaren erfolgt ist.[70] Allerdings läßt der geringe Umfang des Stichprobenmaterials eine *mathematisch-statistische* Auswertung nicht zu, wie sie dort vorgenommen werden konnte. Die Anzahl der auswertbaren Lexeme ist wesentlich kleiner als die Anzahl der auswertbaren Silben. Dieser Sachverhalt macht es notwendig, den Mangel *statistischer* Untersuchungsmöglichkeiten durch eine Analyse spezifischer *Einzelfragen* zu ersetzen. Hierzu bieten sich Lexeme an, die nach *zeitlichen* und *gattungsspezifischen* Gesichtspunkten ausgewählt wurden.

3.3 Gattungsspezifische Überlieferung einzelner Lexeme, die in aB Dichtung und mB nicht-literarischen Texten aus *Ugarit* belegt werden können

Bei der Lektüre *nicht-literarischer* Texte aus *Ugarit* fallen bestimmte Lexeme auf, die in *altbabylonischer* Zeit überwiegend in der *Dichtung* verwendet werden. In der folgenden Tabelle sind diese Lexeme in zeitlicher Abfolge dargestellt:

---

[69] dies., ebd., S.13.

[70] vgl. Kapitel 2.5.

Glossar:	LL	SynL	aAK	aB	mB	m/jB	m/spB	jB	j/spB	nB	spB
ammatu	–	–	–	–	–	–	–	x	–	–	–
apâtu	–	+	–	x	*	–	–	x	–	*	–
bukru(m)	+	–	–	x	–	–	–	x	–	*	*
dadmū	+	–	–	x	*	–	–	x	–	–	*
kullatu(m)	+	–	*	o	o	–	–	o	–	*	*
namrā'u(m)	+	–	–	o	–	–	–	–	–	–	–
patāqu(m)	–	+	–	–	–	–	–	x	–	–	–
siqru(m)	+	–	–	o	*	–	–	o	*	*	*
šagapūru(m)	+	–	–	o	–	–	–	o	–	*	*
šūtuqu(m)	+	–	–	x	–	–	–	x	–	–	–

Glossar:	n/spB	aA	mA	nA	E	Ug	Bo	Am	M	WSem	FW/LW
ammatu	–	–	*	*	–	*	–	–	–	+	–
apâtu	–	–	–	–	–	*	–	–	–	–	–
bukru(m)	–	–	–	–	x	x	–	–	–	+	–
dadmū	–	–	–	–	–	*	–	–	–	–	–
kullatu(m)	–	–	–	–	–	*	*	–	–	+	–
namrā'u(m)	–	–	–	–	–	*	–	–	–	–	–
patāqu(m)	–	–	–	–	–	*	–	–	–	–	–
siqru(m)	–	–	–	*	–	*	–	–	–	–	–
šagapūru(m)	–	–	–	–	–	*	x	–	–	–	–
šūtuqu(m)	–	–	–	–	–	*	–	–	–	–	–

Tabelle 7: Lexeme der nicht-literarischen Texte *Ugarits*, die aB vorwiegend in der Dichtung verwendet wurden.

Glossar:	Übersetzung:	aB	mB	E	Ug	Bo	Am
ammatu	„Erde"	–	–	*	*	–	–
apâtu	Menschen	x	*	–	*	–	–
bukru(m)	erstgeborener	x	–	x	x	–	–
dadmū	Ortschaften	x	*	–	*	–	–
kullatu(m)	Gesamtheit	o	o	–	*	*	–
namrā'u(m)	Mastvieh	o	–	–	*	–	–
patāqu(m)	formen	–	–	–	*	–	–
siqru(m)	Befehl	o	*	–	*	–	–
šagapūru(m)	überaus kraftvoll	o	–	–	*	x	–
šūtuqu(m)	im Rang erhöht	x	–	–	*	–	–

Tabelle 8: Auszug aus der Tabelle 7 zur Verdeutlichung der Belegsituation.

Legende:

x = belegbar nur in poetischen Texten,
o = belegbar in poetischen und nicht-poetischen Texten,
$*$ = belegbar nur in nicht-poetischen Texten,
$+$ = belegbar in Listen, als Fremdwörter (FW), Lehnwörter (LW), als Wörter unbekannter Herkunft (u.H.) oder westsemitischer (WSem.) Verbreitung,
– = nicht belegbar.

Abkürzungsverzeichnis:

Am = Tell el-ʿAmārna,
Bo = Boğazkale,
E = Emār,
LL = lexikalische Listen,
N = Nūzi,
M = Māri,
SynL = Synonymen-Listen,
Ug = Ugarit,
u.H. = unbekannte Herkunft.

Für die Abkürzungen der einzelnen Sprachperioden wird auf die Seiten IX und XIII des ersten Bandes des „Akkadischen Handwörterbuches" von W. von Soden verwiesen.

In den ausgewerteten *mittelbabylonischen* Texten aus *Ugarit* sind insgesamt *neun* Lexeme in *nicht-literarischen* Schriftquellen aus *Ugarit* belegt, von denen *sieben* in *altbabylonischer* Zeit vor allem in der *Dichtung* verwendet wurden. In der dann zeitlich folgenden *mittelbabylonischen* Literatur *Mesopotamiens* sind von den acht Lexemen der *altbabylonischen* Dichtung dagegen nur *vier* nachweisbar, davon *drei* ausschließlich in *nicht-literarischen* Texten. Ähnliches trifft für *Boğazkale*, *Emār*, *Māri* und *Tell el-ʿAmārna* zu, wo diese Lexeme ebenfalls recht selten, oder wie in *Tell el-ʿAmārna*, überhaupt nicht verwendet worden zu sein scheinen.

In den auf das *Altbabylonische* folgenden Sprachperioden sind diese Lexeme entweder gar nicht, oder, wie in *Ugarit*, in der Regel nur in *nicht-literarischen* Texten nachzuweisen. Auch die mittelbabylonischen Quellen *Mesopotamiens* scheinen gegenüber der *altbabylonischen* Zeit größtenteils auf diese Lexeme zu verzichten.

Andererseits erfolgt auch dort ein Gattungswechsel im Gebrauch einzelner Lexeme, wobei *Nomina* in der Regel betroffen sind. Man könnte den Eindruck gewinnen, daß diese *Nomina* einer gemeinsamen „Wortfamilie" angehören, die zumindest nicht alltägliche Inhalte zusammenfaßt. Diese fanden keine Aufnahme in die *mittelbabylonische* Literatur *Ugarits*. Setzt man die Anzahl dieser *neun* in *Ugarit* belegbaren Lexeme in Relation zu der Gesamtzahl der vor allem in *altbabylonischer* Dichtung gebrauchter Lexeme, so ergibt sich ein Verhältnis von ca. 1.7.[71] Das heißt, daß ungefähr jedes *siebente* Lexem des von W. von Soden für die *altbabylonische* Dichtung erstellten Vokabulars Aufnahme findet in das *nicht-literarische* Schriftgut *Ugarits*.

Andererseits lassen sich diejenigen Lexeme, die in *altbabylonischer* Zeit vor-

[71] W. von Soden, Der hymnisch-epische Dialekt, ZA 41, 1933, S.162-173.

wiegend in der *Dichtung* verwendet wurden, in der *mittelbabylonischen* Dichtung *Ugarits* nicht mehr nachzuweisen. Diese Lexeme sind dort Bestandteil der *Umgangssprache*. Ob diese Lexeme allerdings schon früher zur *Umgangssprache* gehörten und was es bedeutet, wenn diese Lexeme vorwiegend in *altbabylonischer* Dichtung gebraucht werden und eben nicht in *altbabylonischen, nicht-literarischen* Texten, bleibt zu untersuchen.

Diese Belegsituation ist gleichbedeutend mit den *gattungsspezifischen* Veränderungen vom *Jungbabylonischen* z.B. des *enūma eliš*-Mythos zum *Neu-* bzw. *Spätbabylonischen*. So sind von den neun in *jungbabylonischer* Dichtung belegbaren Lexemen *sechs* Lexeme aus *nicht-literarischen* Texten dieser beiden *späten* Sprachperioden überliefert.

Dieses trifft auch für Lexeme zu, die überhaupt erst seit *mittelbabylonischer* Zeit in *babylonischen* Texten aus *Ugarit* und *Emār* belegt werden können. Dort lassen sich diese Lexeme aber z.T. *ausschließlich* in *nicht*-literarischen Texten nachweisen. Aufnahme in die *babylonische Dichtung* dieser Orte finden diese Lexeme hingegen nicht.

3.4 Zeitliche Überlieferung in mB Dichtung aus *Ugarit* belegbarer Lexeme

Wenn in Kapitel 3.3 untersucht wurde, welche Lexeme aus der *altbabylonischen* Dichtung in *mittelbabylonischen* Texten aus *Ugarit* verwendet wurden, so soll in diesem Kapitel überprüft werden, ob es in der *babylonischen* Dichtung von *Ugarit* Lexeme gibt, die *jünger* oder völlig *anderer* Herkunft sind, also frühestens der *mittelbabylonischen* Sprachperiode angehören.

Die Lektüre der *babylonisch-poetischen* Texte aus *Ugarit* zeigte, daß deren Vokabular auf den ersten Blick dem des *Ostbabylonischen* entspricht mit gelegentlich eingestreuten *Assyriasmen*[72].

Im einzelnen ist festzustellen, daß die überwiegende Mehrheit der in den *babylonisch-literarischen* Texten von *Ugarit* gebrauchten Lexeme schon *altakkadisch* oder *altbabylonisch* sehr gut belegt ist. Sie werden durch die *mittelbabylonische* Zeit hindurch tradiert und sind schließlich auch den Schreibern von *Ugarit* nicht unbekannt. Es sind aber auch Lexeme in der *mittelbabylonischen Dichtung* von *Ugarit* nachzuweisen, die dort *erstmalig* und *ausschließlich* auftreten, bzw. dort entweder *konsonantische* oder auch *vokalische* Lautverschiebungen aufweisen:

---

[72] vgl. assyr. *amīluttu* für babyl. *amīlūtu*, z.B. in Ug. V, Nr.165, A col. ii', Z.14'; W.H. van Soldt, Studies in the Akkadian of Ugarit, Dating and Grammar, AOAT 40, Neukirchen-Vluyn 1991, S.471-474, S.519-523.

Glossar:	Ableitung:	Übersetzung:	Beleg:
bu'āru(m)	*buḫāru(m)*	Heiterkeit	Ug. 5, Nr.168, Z.10'
ḫilṣu(m)	*gilṣu(m)*	ausgepresstes Öl	AOAT 42, S.63, (III), Z.12
kala	*kula*	alles	UF 23, S.48, II.vi Z.22.24
marāru(m)	*murrurtu(m)*	Bitterkeit	UF 23, S.48, II.vii Z.29/38'
napšuru	*napšāru(m)*	Verzeihung	UF 23, S.42, I.iv Z.25
šakirru(m)	*sakirru(m)*	Krug	Ug. 5, Nr.168, Z.52'
šaḫallû(m)	*saḫallû(m)*	Gefäß?	Ug. 5, Nr.168, Z.52'
šēṭūtu(m)	*šūṭētu(m)*	Intrige	UF 23, S.42, I.iv Z.25
isqu(m)	*usqu(m)*	Los	UF 24, S.14, Z. 2, 21'/3'/1'

Dabei ist zu beobachten, daß es sich bei diesen Lexemen u.a. um *Nomina* handelt, die mehrheitlich *vokalischen* Lautverschiebungen unterliegen.[73] Allerdings läßt sich bis jetzt keine *Vokalhäufung* erkennen. Außerdem sind in den überlieferten Texten aus Ugarit *drei* Lexeme belegt, die bis jetzt *erstmalig* in *Ugarit* auftreten und später in *jungbabylonischen* Texten *Mesopotamiens* nachzuweisen sind:

Glossar:	Übersetzung:	Beleg:
bi-ib-ru	Tier-Rhyton	Ug. V, Nr.169, Vs. col.ii, Z.20'
[n]a-mu-⌜ur⌝-ta	Geschenk	UF 23, S.46, II.vi Z.18
[ni!]-ki-il-tum	Hinterlist	UF 23, S.42, I.iv Z.25

Diese drei Lexeme finden sich damit in *ost-* wie in *westbabylonischer* Literatur *verschiedener* Epochen wieder. Der *geringe* Gebrauch derartiger, als *mittelbabylonisch* zu datierender *Lexeme* oder Lautverschiebungen in der *babylonischen* Dichtung *Ugarits* weist daraufhin, daß der Einfluß der *mittelbabylonischen* Sprachstufe des Akkadischen *Mesopotamiens* an sich auf die Dichtung *Westsyriens* nur sehr gering gewesen sein kann.

Auch wenn zukünftige Tafelfunde weitere Belege bringen sollten, so zeigt sich doch schon jetzt, daß die Vokabulare der *poetischen* Texte aus *Ugarit* und *Emār* in ihrem *Grundwortschatz* deutliche Übereinstimmungen mit dem Vokabular *altbabylonisch*-poetischer Texte *Mesopotamiens* aufweisen.[74]

Allerdings sind bei einigen Lexemen, die oben genannt wurden, ganz bestimmte Lautverschiebungen zu beobachten. Derartige Lautverschiebungen können bedingt sein durch den Übergang von der *altbabylonischen* zur *mittelbabylonischen* Sprachperiode. Sie können aber auch durch *dialektale* Gegebenheiten, d.h. durch *Substrateinwirkungen*[75] entstanden sein.

---

[73] z.T. Nomina der Gemütsbewegung.

[74] vgl. dagegen zu einzelnen „Wortfamilien" die Tabellen 10, 11 und 12.

[75] vgl. Kapitel 5.

Als *sprachperiodisch* bedingt, gelten heute in den *babylonisch-poetischen* Texten aus *Ugarit* und *Emār Lautverschiebungen* wie:

Glossar:	Ableitung:	Übersetzung:	Beleg:
awātē-šunu[76]	*amātē-šunu*	ihre Worte	UF 25, S.190, Z. 6
maṣālu(m) Š	*ultamṣil*	er hat untergetaucht	MARG 6, S.129, Z.53
ištu	*ultu*	aus ... heraus	AOAT 42, S.65, Z.40.41
ešēru(m) Š	[*u*]*ltešir*	ich ging voran	Emar VI.4, Nr.771, Z.39'
ešēru(m) Š	*ultetešer*	er half ... zu Recht	AOAT 42, XII, S.92, Z.45

3.5 Gattungsspezifische Überlieferung in aB Dichtung und mB nichtliterarischen Texten aus *Emār* belegbarer Lexeme

Auch bei der Durchsicht des *literarischen* Textmaterials aus *Emār*[77] lassen sich Lexeme erkennen, die in *altbabylonischer* Zeit überwiegend in der Dichtung verwendet werden. In der folgenden Tabelle sind diese Lexeme wiederum in zeitlicher Abfolge dargestellt:

Glossar:	LL	SynL	aAK	aB	mB	m/jB	m/spB	jB	j/spB	nB	spB
bukru(m)	+	–	–	x	–	–	–	x	–	*	*
anuntu	–	+	–	x	–	–	–	x	–	–	–

Glossar:	n/spB	aA	mA	nA	E	Ug	Bo	Am	M	WSem	FW/LW
bukru(m)	–	–	–	–	x	x	–	–	–	+	–
anuntu	–	–	–	o	x	–	–	–	–	+	–

Tabelle 9: Lexeme der mB Dichtung *Emārs*, die aB ebenfalls vorwiegend in der Dichtung verwendet wurden.

3.6 Zeitliche Überlieferung in mB Dichtung aus *Emār* belegbarer Lexeme

Auch aus dem Vokabular sämtlicher Lexeme, die in den *babylonisch-poetischen* Texten aus *Emār* belegbar sind, können Lexeme zusammengestellt werden, die selbst oder in ihrer *Vokallautung* erst seit der *mittelbabylonischen* Sprachperiode eindeutig nachzuweisen sind:

Glossar:	Ableitung:	Übersetzung:	Beleg:
nišūtu(m)	*nisūtu(m)*	Sippe	Emar VI.4, Nr.771, Z.39'
melemmu(m)	*melammu*	Schreckensglanz	Emar VI.4, Nr.772, Z.15'
napuštu	*napultu*	Leben	UF 24, S.17, Z.13
napšuru	*napšāru*[78]	Verzeihung	UF 23, S.42, I.iv Z.17'/25

[76] vgl. dagegen z.B. aB Belege für *amātu(m)*: *Ištar*-Hymnus des *Ammī-ditāna*: F. Thureau-Dangin, RA 22, 1925, S.169-177, Vs. Z. 28.

[77] vgl. zu Ugarit Kapitel 3.3.

ṣulūlu(m)	*ṣalūlu(m)*[79]	Schutzdach	UF 23, S.64, IV.vii Z.112/9'
šaššāru(m)	*šušāru(m)*[80]	Säge	ZA 79, S.177, Z.62'
ḫišiḫtu(m)	*ḫašiḫtu(m)*[81]	Verlangen	UF 23, S.48, II.vi Z.27

3.7 Semantische Erfassung ausgewählter, sinnverwandter Lexeme

Während das Textmaterial von *Emār* und *Ugarit* hinsichtlich seiner Syllabare *statistisch* vollständig ausgewertet werden konnte und sich deutliche Zusammenhänge mit *ostbabylonischen* Syllabaren der *altbabylonischen* Sprachperiode zeigten - der Zusammenhang mit *Babylon* wurde hervorgehoben[82] - bedarf es für die Aufarbeitung der Vokabulare von *Emār* und *Ugarit* einer *anderen* Methodik.

Das gegenüberzustellende Textmaterial der *altbabylonischen* sowie der *mittelbabylonischen* Sprachperiode ist für einen *umfassenden* und *vollständigen* Vergleich zu *umfangreich* und bedarf einer eigenen Aufgabenstellung. Es mußte sich daher zunächst damit begnügt werden nachzuprüfen, ob wenigstens *einzelne*, ausgewählte, sinnverwandte Lexemen ausreichend häufig auftreten, um *quantitativ* ausgewertet werden zu können. Es ist dieses eine ähnliche Verfahrensweise, wie sie bei dem *gattungsspezifischen* Nachweis der Überlieferung ausgewählter Lexeme angewandt wurde.[83] Während dort Lexeme in der *Dichtung* und in den *nicht-literarischen* Texten *unterschiedlicher* Sprachperioden gegenübergestellt wurden,[84] geht es hier nur um einen Vergleich innerhalb der Dichtung selbst.

Dabei stellt sich unter anderem das Problem der *Metrisierung* sprachlicher Eigenschaften in besonderem Maße. Hierauf wurde schon auf S.49 hingewiesen. Die Metrisierung unterscheidet sich von der Messung dadurch, daß sie die definitorische Einführung eines Begriffes darstellt, während die Messung ein Vorgang ist, mit dem man numerische Informationen über bestimmte Eigenschaften der Untersuchungsgegenstände gewinnt. Von Quantitäten kann man sprechen, wenn zwei Gegenstände mit Rücksicht auf mindestens *eine* Eigenschaft vergleichbar sind und man sagen kann, daß einer der beiden Gegenstände mehr oder weniger von der betreffenden Eigenschaft besitzt als der andere oder

[78] vgl. AOS 37, 4, 10 *nap-ša-ru.*

[79] vgl. nA: *ṣalūlu.*

[80] vgl. aB: MSL 9, 207 : 2 *šu-[uš]-ša-a-rum.*

[81] vgl. PRU 4, 196, 10 *ḫa-ši-iḫ-ta-šú.*

[82] vgl. S. 45.

[83] vgl. die Kapitel 3.3 und 3.5.

[84] vgl. zur Erklärung dieser Methodik S.49.

daß diese Eigenschaft bei beiden Gegenständen in gleicher Ausprägung auftritt. Ist die Zuordnung definitorischer Charakteristika für einzelne Lexeme schon schwierig, so nimmt dieses mit dem Umfang zusammenfassender „Wortfächerung" [85] oder einer Bestimmung einzelner „Wortfelder" noch zu. Zwar bildet für eine notwendige Analyse des „Sprachfeldes" auch der „mittelbabylonisch" überlieferten Dichtung *Syriens* die Untersuchung einzelner „Sinnbezirke" und „Wortfelder" die Grundlage. Doch hat es sich als „geradezu unmöglich erwiesen auszumachen, wo genau die Grenzen eines Feldes liegen und ob man alle zugehörigen Wörter erfaßt hat." [86] Daher wurden für eine derartige Analyse exemplarisch *drei* „Sinnbezirke" bzw. „Wortfelder" ausgewählt und diese anhand ihrer „Einzelwörter" zusammengestellt, wobei noch einmal daraufhingewiesen sei, daß diese „Einzelwörter" hier nicht *vollständig* erfaßt werden konnten. Aus einer Vielzahl von Möglichkeiten wurden folgende „Sinnbezirke" untersucht:

1. Gemütsbewegung (A.),
2. Kult/Religion/Weisheit (B.),
3. Aggression (C.).

Hinzu kommen die in der Dichtung von *Ugarit, Emār* und *Tell el-'Amārna* belegbaren *Götternamen* mit ihren *Epitheta ornantia.*

---

[85] vgl. L. Weisgerber, Grundzüge der inhaltbezogenen Grammatik, Düsseldorf 1962, S.255-260.

[86] vgl. H. Gipper, Die Gliederung des Wortschatzes, Duden, Grammatik der deutschen Gegenwartssprache, 3. Auflage, Mannheim 1973, S.443.

A.

Übersetzung	mittelbabylonisch			altbabylonisch		
	Emār	Ugarit	'Amārna	Babylon	Kiš	Larsa
Arglist	*nikiltu*	x	—	—	—	—
sich ärgern	*nazāqu*	x	—	—	—	—
Bitterkeit	*murrurtu*	x	—	—	—	—
sich erschrecken	*piritta rašû* I	—	—	—	—	—
ein Fest feiern	*isinna epēšu* II	—	—	—	—	—
sich freuen	*ḫadû* III, *riāšu*	*riāšu*	*ḫadû* III	(*ḫadû* III)	—	—
Frieden	—	SA.DUG$_4$	—	*šulmānu*	—	—
	—	—	—	—	—	—
sich fürchten	*palāḫu*	x	—	x, *adāru(m)*	—	—
zu Gefallen sein	*dummuqu*	—	—	—	—	—
ohne Glanz	*lā namāri*	x	—	x	—	—
Heiterkeit	*buḫāru*	x	—	*bu'āru(m)* I	—	—
Herzensfreude	*ḫūd libbi*	x	—	—	—	—
Hilfe	*rēṣūtu*	*tiklu*	*nārāru*	—	—	*na'rārum*
Inneres (Gemüt)	*kabtatu*	x	—	—	—	—
jammernd	*dēmemētu*	—	—	—	—	—
Klage	*nissatu*	x	—	*dimmatu(m)*	—	*tabbītu(m)*
kränken	*marāṣu*[87]	x	—	—	—	—
lieben	*râmu* II	x	—	*râmu(m)* II	—	—
Mißachtung	*šēṭūtu*	x	—	—	—	—
Mitleid	*ḫumālu*	ARḪUŠ	—	—	—	—
preisen	*dalālu* II,	x	—	x	x	—
	nâdu	x	—	x	—	—
Schmähung	*ṭuplu*	x	—	—	—	—
Schuld	*arnu*	x	—	x	—	*i'iltum*
Schweigen	*qūlu* I	x	—	—	—	—
Stille	*qūltu*	—	—	—	—	—
Tränenfluß	*biṣṣu*	*dimtu* II	*dimtu* II	—	—	—
Verhöhnung	*namūtu*	x	—	—	—	—
Verzeihung	*napšā/ūru*	x	—	—	—	—
Wunsch	*ḫišiḫtu*	x, *libbu*	—	*nizmatu(m)*	—	—
	—	—	—	—	—	—
	—	—	—	—	—	—
zornig abgewandt	*šabsu*[88]	x	—	—	—	—

B.

Übersetzung	mittelbabylonisch		
	E	U	TA
Beschwörungspriester	*mašmaššu*	—	—
Entscheidung	*parṣu*	x	—
Fähigkeit zum Gebet	*taslītu*	*teslītu*	—
Fürst der großen Götter	*etel ilānī rabûti*	—	—
auf Geheiß (eines Gottes)	*ana ṭēm ili*	*ina ṭēm ili*	—
	—	—	—
	—	—	—
	—	—	—
Geschicke	—	*uṣurātu*	—
Gott/Götter	*ilu/ilū/ilānū*	x	x
Gott/Götter des Landes	*ilānū ša māti*	—	—
göttliche Vorzeichnung	—	*iṣurtu, têrētu*	*têrētu*
Herr der Grundwassertiefe	*bēl nagbi*	—	—
Herr des Himmels	*bēl šamê (Šamaš)*	—	*Ea ša šamê*
Herr des Schreibrohres	*bēl qan-ṭuppi*	—	—
Herr der Sintflut	*bēl abūbi*	—	—
Herrin der Götter	*bēlet ilī*	—	—
Himmel	*šamû*	x	x
Hirte der Länder	*rē'i matāti*	—	—
künftige Tage	—	*umū darātu/ruqūtu*	—
	—	*umū darātu/ruqūtu*	—
künftige Tage aufschreiben	*ūmī arkūti šaṭāru*	—	—
Opfer	*niqû*	x	—
Opferschaupriester	*bārû*	x	—
Opferstätte	*kisinakku*	—	—
opfern	*naqû*	—	—
Priester	*sangû*	—	—
Priesterin	*qadištu*	*ragentu*	—
Räucheropfer	—	*muššakku*	—
Reinigungsritus	*šulluḫu*	—	—
Schicksal bestimmen	*šīma šiāmu*	—	—
Schreckensglanz	*melammu*	—	—
segnen	*karābu*	—	—
Unterwelt	—	*erṣetu*	x
Verbotenes der Menschheit	*ikkib amīlutti*	—	—
Vergehen des Körpers	*ḫiṭīme šīri*	—	—

altbabylonisch[89]					Synonyme
Māri	Nippur	Sippar	Dēr	Ḫarmal	
—	—	—	—	—	*niklu*
—	—	—	—	—	—
—	—	—	—	—	*murru* I
—	—	—	—	—	—
—	—	—	—	—	—
—	—	—	—	(*ḫadû* III)	*ḫašāšu(m)* I, *pesû* I
x, *salīmu(m)*	—	*salīmu(m)*	x	—	*silmu*
—	—	—	—	—	*šalāmu* I, *ṭābtu(m)*
—	—	x	x	—	*galātu(m)*, *ḫâpu(m)* II
—	—	—	—	—	—
—	—	—	—	—	—
—	—	—	—	—	*numru*
—	—	—	—	—	—
—	—	—	—	—	*rīṣu(m)*, *tillatu(m)* I, *tuklu*
—	—	—	—	—	*nupāru(m)* II, *ṣurru(m)* II
—	—	—	—	—	*nassu*
—	—	*nissatu(m)*	—	—	*qubû(m)*, *zimmatu(m)*,
—	—	—	—	—	—
—	—	*râmu(m)* II	*râmu(m)* II	*râmu(m)* II	*menû(m)*
—	—	*qullulu(m)* I	—	—	—
—	—	—	—	—	vgl. *gamālu(m)*
—	—	—	—	*alālu* III	*šamāru(m)* II,[90]
—	—	x	—	—	*šanû(m)* III[91]
—	—	—	—	—	*ṭapultu(m)*, *ṭiplu*, *ṭupullû(m)*
	—	*šertu(m)* I	—	—	—
—	—	—	—	—	—
—	—	—	—	—	*šaqummatu*, *šiššu(m)* I
—	—	—	—	—	—
—	—	—	—	*epeš namūtim*	—
—	—	—	—	—	—
—	*nizmatu(m)*	—	—	—	*mēreštu* II, *ṣibûtu(m)*,
—	—	—	—	—	*taṣmertu*, *erištu(m)* II,
					[illegible]
—	—	—	—	—	—

altbabylonisch[92]							
B	K	L	M	N	TD	TḪ	Ur
purussû(m)	—	—	—	—	—	x	—
—	—	—	—	—	—	x	—
—	—	—	—	—	—	—	—
ana terēti	—	—	—	—	—	*ana têrēti*	—
ina awāt	—	—	—	—	—	—	—
(*nanûm*) (Lok.)	—	—	—	—	—	—	—
ina qibīt	—	—	—	—	—	—	—
x	—	—	—	—	x	—	—
x	x	x	—	x	x	x	—
—	—	—	—	—	—	—	—
uṣurtu(m)	—	—	x	*bēlum ša šamā'ī*	*uṣurtu(m)*	x	—
—	—	—	—	—	—	—	—
x, (*Enlil*, *Sîn*)	—	—	—	—	—	*šamê bēl-šunu*	—
—	—	—	—	—	—	—	—
—	—	—	—	—	—		—
x	—	—	—	—	—	—	—
x	x	x	—	—	—	x	x
—	—	—	—	—	—	—	—
aḫriat ūmi	—	—	—	—	—	—	—
warkiāt ūmi	—	—	—	—	—	—	—
—	—	—	—	—	—	—	—
x, *ginû(m)*, *zību(m)*	—	—	—	—	—	—	—
—	—	—	—	—	—	—	—
—	—	—	—	—	—	—	—
x		—	—	—	—	x	—
—	—	—	—	—	—	—	—
—	—	—	—	—	—	—	—
—	—	—	—	—	x	—	—
x	—	—	—	—	—	x	—
—	—	*nabû šimāt-*	—	—	—	—	—
melemmu	—	—	—	—	—	—	—
x	—	—	—	—	—	x	—
—	—	—	—	—	—	—	x
—	—	—	—	—	—	—	—
—	—	—	—	—	—	—	—

C.

Übersetzung	mittelbabylonisch			altbabylonisch [93]			Synonyme
	E	U	TA	B	TD	TH̩	
abweisen	—	*sakāpu*	—	—	—	—	*nasāḫu(m)*
arm machen	—	*lupna epēšu*	—	—	—	—	*lapānu(m)*
argwöhnisch	—	*turti inim*	—	—	—	—	—
zu Fall	—	*qiālu*	—	—	—	—	—
bringen	—	—	—	—	—	—	—
fallen lassen	—	*nadû*	—	—	—	—	—
feindlich	*nakru*	*ajjābiš*, x	—	—	—	—	*nakriš*, *šāru(m)*
Feindschaft	*nukurtu*	x	—	—	—	—	—
hinwerfen	*tabāku*	x	—	—	—	—	*labānu(m)*, *nakāšu(m)*
kämpfen	—	*qitbulu*	*maḫāṣu*	—	—	x	*šanānu(m)*
kränken	—	*tušša marāṣu*	—	—	—	—	*marāṣu(m)*
niederwalzen	*raḫāṣu*	x	—	—	—	—	*samāšu(m)*
plündern	—	* *malālu*	—	—	—	—	*ḫabātu(m)*, *šalālu(m)*
schlagen	*maḫāṣu*	x	*dâku*	—	x	x	*lapātu(m)*, *nêru(m)*
schmähen	—	*ṭupla/*	—	—	—	—	*ṭapālu(m)*
	—	*ṭapiltī qabû*	—	—	—	—	—
schwächen	—	*parāru*	—	—	—	—	*enēšu(m)*, *lakû(m)*
verachten	*šēṭūt(a) leqû*	—	—	—	—	—	—
verhöhnen	*namūtī qabû*	x	—	—	—	—	—
vertreiben	*kašādu*[94]	x	—	—	—	—	*akāsu(m)*, *ṭapāru(m)*
wegstoßen	*napāṣu*	x	—	—	—	—	*da'āpu(m)*
zerbrechen	*šebēru*	x	x	x	—	—	—
zerschlagen	—	*ḫepû*	—	—	—	—	*ḫašālu(m)*, *pa'āṣu(m)*
zerstören	*abātu*	x	—	—	—	—	*saḫāru(m)*, *ḫepû(m)*

3.8 Auswertung der drei Vokabulare

Die Untersuchung der *Vokabulare* der *babylonischen* Dichtung von *Ugarit*, *Emār* und *Tell el-'Amārna* mit Hilfe der hier ausgewählten Kapitel „Gattungsspezifische Überlieferung" [95], „Wortfamilien" [96] hat für die Darstellung [97] des Themas „Induktion und Reception der babylonischen Dichtung von *Ugarit*, *Emār* und *Tell el-'Amārna*" ergeben:

Die in der *babylonischen* Dichtung *Ugarits* und *Emārs* [98] für einige Lexeme zu beobachtende Belegsituation verdeutlicht den *dynamischen* Wandel innerhalb des *Babylonischen.* [99] Da der *Grundwortschatz* der *babylonischen* Dichtung

[87] *marāṣu* im Š-Stamm.

[88] aB bisher nur in Omina belegt.

[89] es finden sich bisher keine Belege für *Lagaš* und *Ur*.

[90] aB bisher nur in PN belegt.

[91] s. AHW *šanû(m)* Št 2b.

[92] es finden sich bisher keine Belege für *Lagaš* und *Sippar*.

[93] es finden sich bisher keine Belege für *Kīš*, *Larsa*, *Lagaš*, *Māri*, *Nippur*, *Sippar* und *Ur*.

[94] *kašādu* im D-Stamm.

[95] vgl. die Kapitel 3.3 und 3.5.

[96] vgl. Kapitel 3.7.

[97] vgl. Kapitel 4.

[98] zu *Tell el-'Amārna* und *Boğazkale* s. die Kapitel 3.3 und 3.5.

[99] vgl. hierzu S.48.

Ugarits, *Emārs* und *Tell el-ʿAmārnas* auch in seiner *Vokal-* und *Konsonantenlautung* große Übereinstimmung mit der *altbabylonischen* Dichtung *Mesopotamiens* zeigt, beweist, daß der Sprachraum *Westsyriens* keineswegs isoliert war und sich von den kulturellen Bindungen *Babyloniens*[100] nicht abgekoppelt hat. Er war vielmehr fähig, sich *sprachlich* auf *gleichem* Niveau wie *Mesopotamien* weiterzuentwickeln, will man hier einmal den Gesichtspunkt der „Qualität" ansprechen. Dieses spricht gegen eine *sprachliche* Sonderentwicklung oder gar gegen ein sprachkulturelles Zurückbleiben der *babylonischen* Dichtung *Westsyriens*.

Die Tabellen 10, 11 und 12 zeigen, daß für *diese* nach dem *Zufallsprinzip* ausgesuchten *Lexeme* (Gemütsbewegung, Religion/Weisheit, Agression) weitaus mehr Belege in der Dichtung *Westsyriens* zu finden sind als in der *altbabylonischen* Sprachperiode *Babyloniens*. Lediglich die Lexeme und Phrasen *bēl šamê, bēltu(m), erṣetu(m), ilu(m), karābu(m), naqû(m), niqû(m), šamû(m), šuluḫḫu(m), uṣurātu(m)* lassen sich auch in der *altbabylonischen* Dichtung belegen. Auch finden sich in den *altbabylonisch-poetischen* Werken zu den hier ausgewählten Lexemen kaum „Synonyme", also *Lexeme* der gleichen oder einer ähnlichen Bedeutung. *Statistisch* ist dieses aber wegen des mehrfach erwähnten *extremen* Mengenunterschiedes an Textmaterial bisher nicht auszuwerten und zwingt dazu, die wenigen vorhandenen Belege nur mit Zurückhaltung zu bewerten.

---

[100] Die Bedeutung *Babylons* wurde in diesem Zusammenhang bereits bei der Untersuchung der Syllabare *Ugarits* und *Emārs* auf S.45 hervorgehoben.

4. Das Pantheon in der Dichtung *Ugarits*, *Emārs* und *Tell el-'Amārnas*

Zu einem weiteren Vergleich zwischen *babylonisch-poetischen* Texten aus *Westsyrien* und solchen aus *Mesopotamien* sollen hier die in der *Dichtung* belegten *Götternamen* herangezogen und das *mittelbabylonische* Textmaterial aus *Ugarit* und *Emār literaturhistorisch* eingeordnet werden. **Welche Gottheiten wurden in diesen Texten erwähnt oder gar angesprochen?** Sind es die Gottheiten, die in *Westsyrien* als einem geographisch begrenzten Gebiet bereits verehrt wurden oder handelt es sich in der Regel um „fremde" Götter? Mit anderen Worten: **Begegnen wir in den *babylonisch-poetischen* Texten aus *Ugarit* und *Emār* den „phönizisch-kanaanäischen" Gottheiten, wie sie z.B. aus der *ugaritischen* Literatur bekannt sind, oder den *mesopotamischen*?**

Zu *Ugarit* und *Ebla* hat P. Xella dargelegt, daß „vom religionsgeschichtlichen Standtpunkt aus (...) eine gemeinsame traditionelle Grundlage in den religiösen Vorstellungen Syriens, die teilweise aus einer Gegenüberstellung analoger GNN in beiden Quellen gewonnen wird, festzustellen" ist.[101] Dabei bezieht er sich auschließlich auf die *keilalphabetische* Literatur *Ugarits* und die aus *Ebla* erhaltenen *keilsyllabischen* Wirtschaftstexte, in denen er 271 Götternamen und Epitheta belegen konnte.[102] 50 davon sind auch in der *ugaritischen* Dichtung belegt, wobei lediglich 16 Gottheiten jeweils einem bestimmten Kult zugewiesen werden können und eine führende Stellung im *ugaritischen* Pantheon innehatten. Aus den diese Gottheiten belegenden Texten *Ugarits* und *Eblas* meinte er Hinweise zu erhalten auf einen diese beiden Orte verbindenden Glauben an „phönizisch-kanaanäische" Gottheiten. Die *babylonische* Dichtung *Ugarits* und *Emārs* ließ *P. Xella* bei seiner Untersuchung unberücksichtigt, da er meinte, die *babylonische* Dichtung nicht als Quelle für seine „Aspekte religiöser Vorstellungen in Syrien" nutzen zu können. Mit seiner Untersuchung gab er eine, wenn auch nicht explizite, „Vorbewertung" der *babylonischen* Dichtung *Westsyriens*. Ob diese „Vorbewertung" als stichhaltig angesehen werden kann, soll anhand des *archäologischen* Befundes *Ugarits* und *Emārs* überprüft werden. Dem *archäologischen* Befund sollen die *schriftlichen* Zeugnisse beider Orte gegenübergestellt werden. Es wird danach gefragt, inwieweit sich diese *archäologischen* und *schriftlichen* Befunde entsprechen, ähnlich wie die-

[101] P. Xella, Aspekte religiöser Vorstellungen in Syrien nach den Ebla- und Ugarit-Texten, UF 15, Neukirchen-Vluyn 1983, S.280.

[102] vgl. F. Gröndahl, Die Personennamen der Texte aus Ugarit, Studia Pohl 1, Rom 1967.

schriftlichen Zeugnisse beider Orte [103] auch eine völlig andere religiöse Tradition erkennen.

4.1 Archäologische Zeugnisse

a. Im Frühjahr 1929 begannen die Ausgrabungen in *Ugarit* unter der Leitung *C. Schaeffers* in Zusammenarbeit mit den Epigraphikern *H. Bauer, É. Dhorme, C. Virolleaud* und *G. Chenet.* Die *archäologischen* Grabungsergebnisse *Ugarits* lieferten dabei folgendes Bild:

Es finden in dem *Kult* von *Ugarit,* ebenso wie in demjenigen *Emārs,* vorwiegend die „phönizisch-kanaanäischen" Gottheiten *'Anat, 'Astarte, Ašera, Ba'al, Dagān* und *El* eine herausragende Verehrung. Dieses spiegelt sich annähernd wieder in den zahlreichen *nicht-literarischen* Texten, die vor allem in den Tempeln M_1 und M_2 gefunden wurden. Die *Prosopographie* beider Orte entspricht diesem Befund.

In *Ugarit* wurde durch *C. Schaeffer* ein Tempel freigelegt, dessen Datierung in das zwölfte Jahrhundert reicht. Die Entstehungszeit seines Fundamentes kann für den Anfang des zweiten Jahrtausends angesetzt werden. Dieser Tempel wurde eindeutig auf Grund der in seinem Inneren gefundenen *Mami*-Stele als *Ba'al*-Tempel identifiziert. Diese Stele stellt eine Votivgabe an den Gott *Seth Ṣapuna* (Ba'al Ṣaphon) dar. [104] Außerdem weisen die im Temenos dieses Tempels gefundenen Stelen des „Ba'al au foudre" und der *Anat* und die westlich des Tempels freigelegte Stele des „dieu à la plume" auf einen Zusammenhang dieses Tempels mit dem Ba'al-Kult hin.

Es finden sich des weiteren folgende inzwischen freigelegte Tempel oder Heiligtümer: Der „ḫurritische" Tempel im nordwestlichen Palast, das „sanctuaire aux rhytons" in einem Wohnviertel des Stadtzentrums, die „maison du prêtre aux modèles de poumon et de foies" innerhalb eines Wohnviertels auf der Südakropolis. [105]

Auf der Akropolis wurde in fünfzig Meter Entfernung von dem bereits erwähnten *Ba'al*-Tempel auf demselben stratigraphischen Niveau ein weiterer Tempel freigelegt. Dieser Tempel wird vielfach dem *Dagān*-Kult zugewiesen, was von anderer Seite jedoch wieder bestritten wird. *H. Niehr* diskutiert in seiner diesem Problem gewidmeten Studie die unterschiedlichen Argumentationen.

---

[103] Dabei handelt es sich um die *babylonische* Dichtung *Ugarits* und *Emārs.*

[104] H. Niehr, Überlegungen zum El-Tempel in Ugarit, UF 26, Neukirchen-Vluyn 1994, S.420; M. Yon, Stèles de pierre, Arts et industries de la pierre, RSOu 6, Paris 1991, S.278.

[105] H. Niehr, Überlegungen zum El-Tempel in Ugarit, UF 26, S.420.

Für die Zuweisung dieses Tempels zum *Dagān*-Kult spricht, daß „Two limestone stelae [106] are dedicated to the god Dagan (...) and the second temple can therefore be attributed to this deity, who appears to have been as important as Baal". [107]

Die Verbindung dieses Tempels mit dem *Dagān*-Kult wird allerdings von M. Yon wieder relativiert: „En définitive, la solution 'temple de Dagan' reste pourtant la meilleure proposition pour l'attribution de ce monument." „Aussi convient - il de conserver à ce bâtiment le nom de 'temple de Dagan' généralement admis, comme le plus vrais emblable dans l'état actuel des recherches". [108] Und auch J.F. Healey weist daraufhin, daß diese Zuordnung sehr zweifelhaft ist, da „the absence of other such steles and the lack of the socketed stone bases into which the steles originally slotted lead one to suspect that they were not found in their original place." [109]

H. Niehr lehnt eine derartige Zuweisung vollständig ab. Er sieht auf Grund des Textmaterials aus *Ugarit* vielmehr den kultischen Zusammenhang dieses Tempels mit der Verehrung des Gottes *El*, da sowohl in den *Ritualtexten*, als auch in der *Dichtung* aus *Ugarit* bislang zwar kein *Dagān*-Tempel in *Ugarit* eindeutig nachgewiesen werden kann, dafür aber ein *El*-Tempel [110].

So bietet - nach *H. Niehr* - auch der Ritualtext KTU 1.104, der für eine derartige Zuweisung dieses Tempels mit einer *Dagān*-Verehrung herangezogen werden könnte, entgegen früherer Lesung in Z.13 nicht *bt dgn*, sondern *bt dpn*. [111]

Dieser Befund bedeutet allerdings nicht, daß für *Ugarit* eine *Dagān*-Verehrung völlig auszuschließen ist. *El* und *Dagān* wurden in *Ugarit* „in den hurritischen Traditionen der Stadt beide mit dem Gott Kumarbi identifiziert. So kommt *H. Niehr* zu der Auffassung, daß „Dagan zumindest indirekt über das Bindeglied Kumarbi mit El identifiziert wurde und deshalb auch im El-Tempel ein Gastrecht (...) besaß." [112]

---

[106] s. KTU 6.13 und KTU 6.14.

[107] A. Caquot - M. Sznycer, Ugaritic Religion, IoR XV, 8, Leiden 1980, S. 3.; vgl. G. del Olmo Lete, Interpretación de la mitología cananea, Valencia 1984, S.61, Anm.109a: en Ugarit sólo *Dagānu / Ilu y Ba'lu* tenían templo; vgl. zu den Inschriften A. Caquot - M. Sznycer - A. Herdner, Textes ougaritiques: Myths et légendes, Paris 1974, S.289; P. Bordreuil - D. Pardee, Textes ougaritiques oubliés et << transfuges >>, Sem 41/42, 1993, S.24-32.

[108] M. Yon, Stèles de pierre, S.280.

[109] J.F.Healey, The 'Pantheon' of Ugarit, FS O. Loretz, SEL 5, Rom 1988, S.103-112.

[110] s. KTU 1.41, Z.38-45 // KTU 1.87, Z.41-49; KTU 1.119, Z.13f. und das Aqhat-Epos KTU 1.17 I Z.32f., II Z.4f., II Z.21f.

[111] H. Niehr, Überlegungen zum El-Tempel in Ugarit, UF 26, S.422.

[112] ders., ebd., S.426.

b. In *Emār* begannen die Grabungen 1971 mit der ersten Kampagne unter der Leitung von *J. Margueron*. Zum Grabungsteam gehörten als Epigraphiker *D. Arnaud*, als Architekt *O. Callot* und als zweiter Archäologe *J.-B. Metz*. Die Grabungen standen im Auftrag des „Institut d'Français d'Etudes Arabes de Damas".[113] Bei diesen Ausgrabungen wurden Tempel freigelegt, die den Gottheiten *'Astarte*, *Ba'al*, *Gaddu* und *Ninūrta* geweiht waren. Darüberhinaus fanden Opferdarbringungen u.a. für *Alal, Dagān, Damkina, Ea, Ḫalma, Ḫebat, Ištar, Išḫara, Nergal, Nin-é-gal, Ninkur, Ninlil, Ninūrta, Sebittu, Sîn, Šaggar, Šamaš, Udḫa* und den *Wettergott* statt. Die *nicht-literarischen* Texte aus *Emār* geben Aufschluß darüber, daß es zumindest in der Umgebung von *Emār* weitere *Tempel* oder *Heiligtümer* gegeben haben muß, so z.B. auch hier einen *Tempel/Heiligtum* des Gottes *Dagān*. Damit wird auch die Nennung des *Dagān*-Priesters Tuku-diĝir-é-ḫur-saĝ im Kolophon zu der Dichtung „Segensgebet für einen Fürsten"[114] verständlich, will man den Entstehungsort der Tafel *Msk 74243* nicht anders lokalisieren.[115]

Immerhin ist zur Kenntnis zu nehmen, daß im engeren Stadtgebiet von *Emār* ein dem Gott *Dagān* geweihter Tempel bislang nicht gefunden wurde, wenn die Identifikationen der freigelegten Tempel richtig sind. Einige *nicht-literarische* Texte[116] sprechen allerdings von einem *Dagān*-Tempel. Dieser muß sich in der unmittelbaren Umgebung von *Emār* befunden haben.

A. Caquot interpretiert die Bedeutung der verschiedenen Kulte von *Ugarit* und *Emār* folgendermaßen: „These small data, more of which could be found without difficulty, show that each Bronze Age city in Syria had its own religion."[117] Damit meint er die Vielfalt in der Einheit.

Die in *Babylonien* heimischen Gottheiten - ihre *literarischen* Belege sind in Tabelle 13 zusammengefaßt - spielten dagegen im *offiziellen* Kult von *Ugarit* und *Emār* keine oder nur eine untergeordnete Rolle.

---

[113] J. Margueron, A l'occasion d'une exposition, Meskéné - Emar, Paris 1982, S.11.

[114] zur Bibliographie s. Kapitel 1.2.2, Nr. 6.

[115] vgl. Kapitel 4.4.

[116] s. die Ritualtexte Nr.386, *Msk 74286b + ...; Msk 74281 + ...; Msk 74280c*, Z.20'; Nr.387; *Msk 74286b + ...; Msk 731035 + ...; Msk 74102f.*, Z.25; Nr.392, *Msk 74132j + ...*, Z. 3; Nr.394, *Msk 731031*, Z.37 und die liturgischen Texte Nr.446, *Msk 74280a + ...*, Z.96'; Nr.447, *Msk 74303j*, Z. 8' und Nr.448, *Msk 74298b + ...*, Z.18'.

[117] A. Caquot - M. Sznycer, Ugaritic Religion, IoR XV, 8, Leiden 1980, S. 7.

4.2 Schriftliche Zeugnisse

4.2.1 In nicht-literarischen Texten

Die Götter, die in *Ugarit* in der zweiten Hälfte des 2. Jahrtausends verehrt wurden, sind aus zahlreichen keilalphabetischen und keilsyllabischen *Götterlisten, Opfertexten, Ritualen* aber auch „profanen" Texten, wie Briefen und Wirtschaftstexten, bekannt, die in dieser Zeit entstanden sind. In ihnen werden vor allem die Gottheiten *'Anat, 'Aṯtar, 'Aṯtart, Aṯirat, Ba'al, Dagān, El, Katarāt, Koṯar-wa-ḫasis, Nikkal, Rašap, Safon, Yam, Yarḫ, Šalim* und *Šapaš* genannt.[118] Diese können den ihnen eigenen Kulten zugeordnet werden. Mithin ist hinlänglich gesichert, welche Gottheiten in *Ugarit* verehrt wurden.

In der Briefliteratur aus *Ugarit* und *Emār* ist anders als in derjenigen aus *Babylonien*[119] eine Unterwerfung des Absenders mit guten Wünschen völlig ausreichend.[120] So geben nur die in diesen Texten enthaltenen *Personennamen* mit ihren *theophoren* Elementen einen gewissen Aufschluß über die im Kult verehrten Gottheiten. Bei einer derartigen Zuordnung unterliegt man aber nach *J.Ç. de Moor* stets der Gefahr einer Fehlinterpretation. Da speziell *Ugarit* als Hafenstadt und Handelszentrum einen hohen Ausländeranteil aufwies, geben die dort in den *nicht-literarischen* Texten belegbaren *Personennamen* mit ihren *theophoren* Elementen ein nur ungenaues Bild der spezifischen „Volksfrömmigkeit" wieder.[121]

Eine ähnliche Situation ergibt sich für *Emār*. Wenn dort die in den Testamenten und Kaufurkunden bezeugten *theophoren* Elemente der Personennamen *Abī-^{d}Šamaš* (Msk 7534), *^{d}Sîn-abu* (Msk 74766) und *^{d}Nergal-bēl-idri* (Msk 731007) - um nur einige zu nennen - es auch nicht erlauben, allein aus ihnen für den *offiziellen* Kult von *Emār* Verehrungen der Götter *Nergal, Sîn* und *Šamaš* abzuleiten,[122] so enthalten doch die *nicht-literarischen* Textgattungen, wie z.B. Opferlisten und Rituale, namentliche Angaben zu den tatsächlich verehrten Gottheiten.

So kann sowohl für *Ugarit* als auch für *Emār* auf Grund von *nicht-literarischen* Textzeugen das jeweilige Pantheon rekonstruiert werden. Dieses *literarisch* gefaßte Pantheon stimmt mit dem Pantheon, das die *archäologischen*

---

[118] J.C. Moor, The Semitic Pantheon of Ugarit, UF 2, Neukirchen-Vluyn 1970, S.282.

[119] In ostbabylonischen Briefen werden für die Grußformel den einzelnen Stadtkulten entsprechend verschiedene Gottheiten verpflichtet; vgl. hierzu Kapitel 4.4.1.

[120] s. S. 75.

[121] J.C. Moor, The Semitic Pantheon of Ugarit, UF 2, Neukirchen-Vluyn 1970, General Conclusions S.216-228.

[122] vgl. *Šamaš*-Verehrung in *Assur, Larsa* und *Sippar; Sîn*-Verehrung in *Assur, Ḫarran* und *Ur; Nergal*-Verehrung in *Kutha*.

Zeugnisse vermitteln, überein. So haben die Grabungen in *Ugarit* und *Emār* wie auch in anderen *westsyrischen* Orten bisher keine eindeutigen Nachweise für die Verehrung z.B. *ostbabylonischer,* oder anders gesagt, *nicht-kanaanäischer* Gottheiten erbracht.[123] Universalisierungstendenzen einzelner Gottheiten, wie sie F. Stolz annimmt[124] sind ebenfalls für *Ugarit* und *Emār archäologisch* nicht auszumachen.

4.2.2 In der Dichtung

a. Ugaritische Dichtung:

Die *religiöse* Dichtung aus *Ugarit* ist überliefert in zahlreichen *Mythen* und *Epen,* die in „keilalphabetischer" Schrift verfaßt sind.[125] Allein die Besonderheit dieser Schrift weist auf die herausragende Rolle dieser urbanen Sprachinsel hin. Ihre Sprache steht auf Grund spezifischer *morpho-syntaktischer* Strukturen[126] der Sprache einiger Texte des *Alten Testamentes*[127] sehr nahe.

In einem dieser *ugaritischen* Mythen werden den *kanaanäischen* Göttern *Alijan Ba'al, 'Anat, El,* und *Mot*[128], in einem *erzählenden Hymnus* den Göttern *Ḫarḫab, Jarḫ* und *Nikkal*[129] führende Rollen zugewiesen.[130] Hier mag zumindest erstaunen, daß „the religion practised at Ugarit was not the one that one would believe was practised from a simple reading of the myths, in which Dagan plays no part at all."[131] Dort wird ihm lediglich die Rolle des „Vaters von *Ba'al* und des Sohnes von *El*" zugeschrieben.[132] „Le cas de Dagan est plus irritant. Dans les poèmes, son nom apparaît surtout dans l'epithète de Ba'al *bn dgn,* 'fils de Dagan'."[133] Zu *kultischen* Zwecken allerdings waren ihm,

---

[123] vgl. Kapitel 4.1.

[124] vgl. Kapitel 4.4.1.

[125] s. u.a. „*Anat* und *Ba'al*", *Keret, Dan'el/Aqhat,* „*Šaḫar* und *Šalim*".

[126] vgl. z.B. den *parallelismus membrorum.*

[127] vgl. O. Loretz, Die Psalmen II, AOAT 207/2, Neukirchen-Vluyn 1979, S.415-503; ders., Altorientalische und kanaanäische Topoi im Buche Kohelet, UF 12, Neukirchen-Vluyn 1981, S.207-278.

[128] Mythos von *Alijan Ba'al* und *'Anat.*

[129] sumerischer GN in ugaritischer Dichtung.

[130] P. Xella, Aspekte religiöser Vorstellungen in Syrien nach den Ebla- und Ugarit-Texten, UF 15, Neukirchen-Vluyn 1983, S.280-290; vgl. zum ugar. Pantheon: RS 1.017; RS 24.264; RS 20.024; vgl. zum akk. Pantheon in Ugarit: J.F. Healey, SEL 2, Rom 1985. S.114-125.

[131] A. Caquot - M. Sznycer, Ugaritic Religion, IoR XV, 8, Leiden 1980, S. 3.

[132] vgl. H. Niehr, Zur Frage der Filation des Gottes Ba'al in Ugarit, JNSL 20/2, 1994, S.165-177.

[133] vgl. A. Caquot - M. Sznycer - A. Herdner, Textes Ougaritiques, Baal et la génisse,

wie auch dem Gott *Ba'al* in *Ugarit* mehrere Stelen geweiht.[134]

Ostbabylonisch beheimatete Gottheiten,[135] wie sie vor allem aus der *ostbabylonischen* Dichtung bekannt sind, finden sich in der *einheimischen* Dichtung aus *Ugarit* nicht. Dieses entspricht der *allgemeinen* Traditionsgeschichte der *ugaritischen* Dichtung *Ugarits,* die darüberhinaus eine *Reception* bestimmter, in *ostbabylonischer* Dichtung gebräuchlicher *Motive* nicht aufzeigt. So fehlt z.B. bislang auch eine in *ugaritischer* „Keilalphabetschrift" verfaßte *Schöpfungsgeschichte.* Darin unterscheidet sie sich u.a. von der *babylonischen* Dichtung *Ugarits,* die mit dem kleinen Fragment der *Sintfluterzählung*[136] einen bedeutendes Werk der *babylonischen* Dichtung tradiert.

b. Babylonische Dichtung:

Ganz anders verhält es sich mit den *babylonisch-poetischen* Texten aus *Ugarit, Emār* und *Tell el-'Amārna.* Im Unterschied zu der *Dichtung,* die speziell in *Ugarit* in „keilalphabetischer" Schrift verfaßt ist, lassen sich in der für das *Akkadische* üblichen „keilsyllabischen" Schrift, in der die *babylonische* Dichtung dieser drei Orte überliefert ist, lediglich die bekannten „ostbabylonischen" Gottheiten *lexikalisch* belegen. Dagegen findet sich keiner der eingangs genannten 16 in *ugaritischen* Texten belegbaren Hauptgottheiten aus *Ugarit.*[137] Die folgende Tabelle gibt über diese Situation der schriftlichen Zeugnisse Aufschluß.

LAPO 7, Paris 1974, S.52. Baal – *bn dgn, ḥlk dgn.*

[134] s. M. Yon, Stèles de pierre, Arts et industries de la pierre, RSOu 6, Paris 1991, S.327, Nr. 7 + Nr. 8. und C.F.A. Schaeffer, Ch. Virolleaud - R. Dussand, Vorberichte der Ausgrabungen von Ras Shamra, Paris 1935, pl.31.

[135] vgl. hierzu die Tabelle 13.

[136] Th. Kämmerer, Das Sintflut-Fragment aus Ugarit, RS 22.421, UF 25, Neukirchen-Vluyn 1993, S.189-200, vgl. auch Kapitel 7.3.

[137] vgl. allerdings die Belege für *Dagān* im *Bēlet Nippuri*-Hymnus (FS Kraus, S.173-218, iii Z.68; iv 28) aus *Sippar* und im *Kodex-Hammurapi* (AnOr 54/1,5-10, iv 27) aus *Babylon.* Dazu der in der *altbabylonischen* Dichtung belegte Königsname *Iddin-Dagān* (UET 6/1,84, i 1. ii 6). Weiterhin sind folgende *historische* Königsnamen belegt: *Jisma'-Dagān* und *Tūra-Dagān* von *Māri* (beide ca. 19. Jahrh.), *Iddin-Dagān* (1910-1890) und *Išme-Dagān* (1889-1871) von *Isin, Jaṣi-Dagān* und *Pilsu-Dagān* von *Emār* (beide ca. 13. Jahrhundert).

GN:	mittelbabylonisch			altbabylonisch									
	U	E	A	B	K	L	Lg	M	N	S	TD	TH	Ur
ᵈAa	—	—	—	x	—	—	—	—	—	—	—	—	—
ᵈAddu	—	Kol x	—	x	—	PN x	—	PN x	—	—	—	—	—
ᵈAnu	—	x	x	x	—	—	—	x	—	—	—	x	—
ᵈBēlet-ilī	—	x	—	x	—	—	—	—	—	—	—	—	—
ᵈDämone	—	—	x	—	—	—	—	—	—	—	—	—	—
ᵈDagān	—	Kol xo	—	x	x	—	—	—	—	—	—	—	PN x
ᵈDumuzi	—	—	x	—	—	—	—	—	—	—	—	—	—
ᵈEa	x	x	x	x	—	—	—	—	—	—	—	—	x
ᵈEllil	—	x	x	x	x	—	—	—	—	—	—	—	x
ᵈEreškigal	x	x	x	—	—	—	—	—	—	—	—	—	x
ᵈGirra	—	—	—	—	x	x	—	—	x	—	—	—	—
ᵈGišzida	—	—	x	—	—	—	—	—	—	—	—	—	—
ᵈGula	—	Kol x	—	x	—	—	—	—	—	—	—	—	—
ᵈIštar	x	x	x	x	x	—	—	—	x	x	x	x	—
ᵈLamassu	x	—	—	x	—	—	—	—	—	x	—	—	—
ᵈMarduk	x	x	—	x	—	x	—	—	—	x	—	—	—
ᵈMullil	—	x	—	x	—	—	—	—	x	—	—	—	—
ᵈNabû	Kol x	x	—	x	—	—	—	—	—	—	—	—	—
ᵈNamtar	—	—	x	—	—	—	—	—	—	—	—	—	—
ᵈNanâ	—	—	—	x	x	—	—	—	—	x	—	—	x
ᵈNārum	—	—	—	—	—	—	—	x	—	—	—	—	—
ᵈNergal	—	x	x	x	—	—	—	x	—	—	—	—	—
ᵈNingal	—	—	—	—	—	—	—	—	x	x	—	—	x
ᵈNinsianna	—	—	—	—	—	—	x	—	—	—	x	—	—
ᵈNinūrta	—	x	—	x	—	—	—	—	—	—	—	—	—
ᵈNisaba	Kol x	Kol x	—	—	—	—	—	—	—	—	—	—	x
ᵈSîn	—	x	—	x	—	—	—	PN x	x	—	—	—	x
ᵈṢaltum	—	—	—	—	—	—	—	—	—	x	—	—	—
ᵈṢarpānītum	Kol x	Kol x	—	x	—	—	—	—	—	—	—	—	—
ᵈŠamaš	x	x	x	x	x	—	—	PN x	x	—	x	—	x
ᵈZababa	—	—	x	x	—	—	—	—	—	—	—	—	—

Tabelle 13: Das Pantheon in mB Dichtung aus *Ugarit*, *Emār* und *'Amārna* im Vergleich zur aB Dichtung *Mesopotamiens*.

Legende:

Kol = Kolophon als *nicht-literarischer* Bestandteil der Dichtung,
PN = Personenname,
x = ein oder mehr Belege,
o = sumerisches Kolophon als *nicht-literarischer* Bestandteil der Dichtung.

4.3 Auswertung und Interpretation

In der Tabelle 13 sind die schriftlich am häufigsten belegten 30 [138] Götternamen aus *Ugarit*, *Emār*, *Tell el-'Amārna* und *Mesopotamien* aufgelistet. Die Belege aus *Ugarit*, *Emār* und *Tell el-'Amārna* sind *mittelbabylonisch*, die aus Mesopotamien *altbabylonisch*. Die Gründe für den Vergleich zweier *zeitlich getrennter* Sprachperioden wurden bereits in Kapitel 2.5 erörtert. Der Umfang des bekannten und verwendbaren Textmaterials ist dabei für eine *quantitativ-metrische* Untersuchung zu gering.

Die Erwähnung eines Gottes in der Dichtung ist *in der Regel abhängig* von der örtlichen, *kulturell* bestimmten Verehrung. So liegt es z.B. nahe, in der aus *Babylon* überlieferten Dichtung des zweiten Jahrtausends die *Erwähnung* des Götternamens *Marduk*, des Stadtgottes Babylons, zu erwarten. Die obige Tabelle bestätigt diese Hypothese. Überträgt man diesen Denkansatz, daß sich örtlich verehrte Gottheiten in der ortsbezogenen Dichtung wiederfinden sollten, so gilt für *Ugarit* und *Emār*, daß hier *ausschließlich* Götternamen erwähnt werden, die vor allem aus der Literatur *Babyloniens* bekannt sind. Lediglich die Gottheiten *Dumuzi, Gišzida, Namtar* und die in der *babylonischen* Dichtung aus *Tell el-'Amārna* belegten 14 Dämonen [139] finden sich bisher nicht in der *altbabylonischen* Dichtung *Mesopotamiens*. Diese Belegsituation darf allerdings eher als *kulturhistorisch* bedingt angesehen werden und ist weniger von *kulturgeographischer* Bedeutung.

Dagegen werden Götter, die gerade in *Ugarit* und *Emār* einen *festen* Bestandteil des kulturellen/religiösen Lebens bildeten, somit ihren „festen Sitz im Leben" der Menschen hatten, in der dortigen *babylonischen* Dichtung *schriftlich* nicht erwähnt. Der Gott *Dagān* z.B., dessen *kultische* Bedeutung in *Westsyrien* schon *M.H. Pope* und *W. Röllig* [140] herausgestellt haben, spielt sogar in der *einheimischen, ugaritischen* Dichtung *explizit* nur eine untergeordnete Rolle. Dementsprechend wird *Dagān* auch in der *Dichtung* aus *Emār* lediglich in dem *sumerischen Kolophon* zu dem „Segensgebet für einen Fürsten" [141] erwähnt. Dieses verwundert um so mehr, als daß *Dagān* als einer der „frühesten semitischen Götter" [142] seit der *Akkad*-Zeit seine kultische Verehrung am mittleren Euphrat zwischen *Māri* und *Terqa* erfahren hatte.

---

[138] Die in der Dichtung „*Nergal* und *Ereškigal*" aus *Tell el-'Amārna* belegten 14/11 Dämonen sind hier zusammengefaßt.

[139] 11 Dämone sind mit Namen bekannt: *Bennu, Bēl-ūri, Idibtu, Lību, Mikit, Mutabriqu, Rābiṣu, Ummu, Šarabtû, Ṣidānu,* und *Ṭirid.*

[140] M.H. Pope/W. Röllig, Götter und Mythen im Vorderen Orient, Bd. I, Stuttgart 1965, S. 49f.

[141] D. Arnaud, *Msk 74243*, Emar VI.4, 1975, S.371-374, Nr.775.

[142] A. Caquot - M. Sznycer, Ugaritic Religion, IoR XV, 8, Leiden 1980, S.13.

Interessant ist weiterhin, daß sich in der *babylonischen* Dichtung aus *Emār* und *Ugarit* - anders als in den *nicht-literarischen* Texten aus *Emār* und der *ugaritischen* Dichtung aus *Ugarit* - keine Hinweise finden lassen für eine Lesung *Šaggar* des Mondgottes *ᵈ30*. Den bisher einzigen Beleg, der in der Dichtung aus *Emār* in erhaltenem Kontext für den *Mondgott* überliefert ist, bietet *Msk 74243*, das „Segensgebet für einen Fürsten", in Zeile 9, mit der Schreibung EN.ZU.

Was jedoch die *mittelbabylonische* Dichtung *Ugarits, Emārs* und *Tell el-ʿAmārnas* angeht, so sind ihr die oben erwähnten „phönizisch-kanaanäischen" Gottheiten in der schriftlichen Darstellung völlig fremd. Obgleich poetische Kompositionen überliefert sind, deren *Stil*[143] seinen Ursprung in *Syrien* zu haben scheint,[144] liegt diesen Texten ein *Pantheon* zugrunde, das eindeutig eine *ostbabylonische* Tradition aufweist.

In diesem Zusammenhang stellt sich die Frage nach einer möglicherweise erfolgten *hypostatischen* Umwidmung der erwähnten Gottheiten. Wenn bisher festgestellt wurde, daß ausschließlich *ostbabylonische* Götter Aufnahme fanden in die *babylonische Dichtung* aus *Ugarit, Emār* und *Tell el-ʿAmārna*, so bezieht sich dieses zuerst *nur* auf ihre *schriftliche Erwähnung* in dieser *Dichtung*. Diese Erwähnung an sich sagt nichts aus über eine mögliche *Adaption* westsemitischer theophorer „Aspekte" für einzelne in Mesopotamien beheimatete Gottheiten. Dieses Phänomen ist nicht zuletzt von den Griechen bekannt, die, als sie in Syrien mit den dort heimischen Gottheiten in Berührung kamen, diese ihren eigenen gleichsetzten. So wurden z.B. *El* als *Kronos* und *ʿAstarte* als *Aphrodite* identifiziert. Auch für *Ugarit* scheint dieses Phänomen zu beobachten zu sein: *El* und *Dagān* wurden in *Ugarit* nach *ḫurritischer* Tradition beide mit dem Gott *Kumarbi* identifiziert. Inwieweit die in der untersuchten Dichtung erwähnten vornehmlich in *Mesopotamien* beheimateten Gottheiten auch diese *theophoren* „Aspekte" *westsemitischer* Götter übernommen haben, bzw. von den Dichtern übertragen bekamen, läßt sich aus der Tabelle 13 nicht entnehmen. Es erscheint aber äußerst zweifelhaft, ob dieses tatsächlich *auch* für die *babylonische* Dichtung aus *Ugarit, Emār* und *Tell el-ʿAmārna* gilt, oder ob nicht vielmehr *gerade* mit der Übernahme der *babylonischen* Sprache und der damit verbundenen Themen auch das *Pantheon* Mesopotamiens - zumindest *nominell* - mit übernommen wurde. Betrachtet man hierzu die Bedeutung z.B. des Gottes *Marduk* in *Syrien*, so stellt W. Sommerfeld dazu fest: „Marduk galt bereits in altbab. Zeit als ein besonders menschenfreundlicher, barmherziger und hilfsbereiter Gott (...); es lag daher sehr nahe, daß auch in der Dichtung gerade er als Helfer des Bedrängten erscheint." Er bezieht sich dabei auf den *Marduk-Klagehymnus R.S. 25.460* aus *Ugarit*,[145] fühlt sich aber in dieser Ansicht auch

[143] vgl. Kapitel 5.3.

[144] vgl. z.B. den *Marduk*-Klagehymnus aus *Ugarit* und den „Dialog zwischen *Šūpē-amēli* und seinem 'Vater'".

[145] s. zuletzt M. Dietrich, AOAT 42, S.62-67.

bestärkt durch die aus *Ugarit* überlieferten *Beschwörungen* und *Götterlisten.*[146]

Wie W. Sommerfeld in der Erwähnung des Gottesnamens *Marduk* in babylonischer Dichtung aus *Ugarit* deutlich Hinweise auf eine *mesopotamische* Tradition sieht, so beschränkt F. Pomponio[147] den literarischen Gebrauch des Gottesnamens *Nabû* nur auf das Umfeld des Schreibers. Einen *hypostatischen* Bezug zu westsemitischen Göttern sieht er nicht: „Naturalmente non si può parlare di un culto di Nabû ad Ugarit, ma anche qui, come a Nuzi, il dio e la sua caratteristica di patrono della scrittura dovevano essere in ambiente scribale". Da weder in *Ugarit* noch in *Emār* Kulte dieser beiden Götter existierten, liegt es auch in diesem Falle wieder nahe, in Richtung *Osten* zu schauen.

Eine Adaption *westsemitischer* theophorer Charakteristika durch ostbabylonische Götter ist in der babylonischen Dichtung *Ugarits* und *Emārs* bisher nicht zu erkennen; wären diese dann auch fast die einzigen Anzeichen für *westsemitischen* Einfluß auf diese Dichtung. Somit ist diese Dichtung als *komplexe Einheit* zu betrachten, die neben eigenen Elementen z.B. *phonetischer* Art wie *Sandhi*-Schreibung und *graphischer* Art wie *Feldereinteilung*[148] auch eine *Tradition* recipiert, die deutlich in *Mesopotamien* beheimatet ist. Schon J. Nougayrol erkannte diesen *babylonischen* Einfluß auf die Literatur *Ugarits*:[149]

Die *nicht-literarischen* Texte dieser beiden Orte hingegen können *nicht* als weiteres Material für diese Problematik dienen. Sie spiegeln sowohl eine *andere* Kultur als auch *andere* religiöse Vorstellungen wider.

Wenn nun auch nicht wie bei der *statistischen* Untersuchung der *Syllabare* der *babylonischen* Dichtung von *Ugarit* und *Emār* ein deutlicher Nachweis für eine enge sprachhistorische Verwandschaft mit *Babylonien* und dort speziell mit *Babylon* erbracht werden konnte, so kann doch auch für diesen Bereich wenigstens eine nicht zu übersehende Übereinstimmung der *westbabylonischen* Dichtung in ihren dort handelnden *Göttern* mit *ostbabylonischer* Dichtung gezeigt werden. Auch *Personennamen* wie der des *Atramḫasis* sind sprachlich, wenn nicht sogar auch literaturhistorisch, als *ostbabylonisch* zu bestimmen.

Sehr aufschlußreich wäre die Bestätigung, ob sich das in der untersuchten *westbabylonischen* Dichtung aus *Ugarit* und *Emār* erscheinende *Pantheon* auf Grund von Vergleichsstudien in Einklang bringen läßt mit einem Pantheon *lokalisierbarer* Dichtung aus *Mesopotamien*. Als Vergleichsmaterial dient auch hier wieder die für *statistische* Untersuchungen *ausreichende* Menge an *lokali-*

---

146 W. Sommerfeld, Der Aufstieg Marduks, AOAT 213, Neukirchen-Vluyn 1982, S.201.

147 F. Pomponio, Nabû, Studi Semitici 51, Rom 1978, S. 59.

148 Th. Kämmerer, Das Sintflutfragment, in UF 25, S.193f.

149 J. Nougayrol, L'influence babylonienne a Ugarit, d'après les textes en cunéiformes classiques, Syria 39, S.28-35.

sierbarem Textmaterial *altbabylonischer* Dichtung.

Für diese Zwecke wurde die Tabelle 13 erstellt, mit ihr wird allerdings kein Anspruch auf Vollständigkeit erhoben. Götternamen, die - wenn auch in *lokalisierbarer* Dichtung - insgesamt *hapax legomena* sind, können hier nicht *statistisch* erfaßt werden. So kann letztendlich auch derart geringes *poetisches* Textmaterial, wie es z.B. aus *Larsa* und *Lagaš* überliefert ist, kaum Aufschluß geben über ein Pantheon, das dort im Kult Verehrung fand.

Vielmehr *scheint* sich auch hier wieder die *altbabylonische* Dichtung als brauchbares Vergleichsmaterial zu erweisen; läßt doch diese zu *lokalisierende* altbabylonische Dichtung wiederum deutliche Übereinstimmungen mit den *poetischen* Texten aus *Ugarit* und *Emār* erkennen. So finden sich von 15 in *Babylon* belegbaren Götternamen immerhin 13 in der Dichtung *Emārs* wieder. In *Ugarit* sind es dagegen nur 5 und in *Tell el-'Amārna* 7. Darüberhinaus lassen sich aber zusätzlich in der *babylonischen* Dichtung *Ugarits* und *Emārs* weitere Götter belegen, die aus anderen als aus *Babylon* erhaltenen *altbabylonischen* Dichtungen *Mesopotamiens* bekannt sind.

<table>
<tr><td>Archäologie</td><td colspan="4">Philologie</td></tr>
<tr><td>Tempelkult</td><td colspan="2">nicht-lit. Texte</td><td colspan="2">Dichtung</td></tr>
<tr><td rowspan="2">kanaanäisch</td><td>ugaritisch</td><td>babylonisch</td><td>ugaritisch</td><td>babylonisch</td></tr>
<tr><td>kanaanäisch</td><td>kanaanäisch</td><td>kanaanäisch</td><td>babylonisch</td></tr>
</table>

Tabelle 14: Das Pantheon in *ugaritischem* Kontext, archäologische und philologische Befunde.

4.4 Zum Gebrauch von Götternamen in der babylonischen Dichtung *Ugarits, Emārs* und *Tell el-'Amārnas* und deren Bedeutung, erläutert anhand des Segensgebetes für einen Fürsten

Zunächst muß man sich vergegenwärtigen, daß auch noch am Ende des zweiten Jahrtausends in *Syrien* die einzelnen Kulturen vom *Polytheismus* geprägt sind. Dabei ist es nicht verwunderlich, wenn sich auch in der Dichtung *Ugarits, Emārs* und *Tell el-'Amārnas* Götternamen wiederfinden, die mit Götternamen aus *ostbabylonischer* Dichtung identisch sind. Das allein besagt aber noch nicht, daß auch deren *theologischer Gehalt* übereinstimmen muß. Vielmehr ist die *Möglichkeit* eines *hypostatischen* Verständnisses der entsprechenden Gottheiten zu bedenken. Eine Reihe von Gesichtspunkten, die zum Teil anderen Kulturkreisen entnommen wurden, verdeutlichen dieses und sollen anhand des „Segensgebetes für einen Fürsten" überprüft werden. Diesen erwähnten Gesichtspunkten liegt eine Reihe bestimmter Leitlinien zugrunde:

1. Unmittelbar kultisch-religiöse Verehrung,
2. Synkretismus,
3. Lexikalische Verwendung.

4.4.1 Unmittelbar kultisch-religiöse Verehrung

Soweit *kultisch-religiöse* Belange angesprochen werden, sind die Bezüge der Götternamen am leichtesten aufzuzeigen und dann meist eindeutig. So kennt man aus den verschiedensten *Präambeln* der *babylonischen Briefliteratur* unterschiedlicher Epochen die Anführung frommer Segenswünsche von seiten des *Absenders* in der Form:

GN *ù* GN *aš-šum-ia da-ri-iš* u_4*-mi-im li-ba-al-li-ṭù-ka*[150]
GN und GN mögen Dich um meinetwillen auf ewig am Leben erhalten!

Hier werden vom *Absender* der Briefe die vom *Adressaten* verehrten Götter bemüht. In einer *polytheistisch* ausgerichteten Gesellschaft dürfte dieses als normal und sinnvoll empfunden worden sein.[151]

So kann als Textzeuge für eine *polytheistisch* verstandene Weltordnung beispielhaft auch die *Weisheits*-Literatur *Westsyriens* herangezogen werden:

1 *šu-ku-un kaspī*(KÙ.BABBAR.MEŠ) *ša ma-mi-ti it-ti ilāni*(DINGIR.MEŠ)
10 ⌜*la*⌝ *mu-du-ú ar-na a-na ilī*(DINGIR.MEŠ)*-šu ḫé-*⌜*mu*⌝*-uṭ*
11 *la-*⌜*a*⌝*-am-tal-la-ak ḫa-am-ṭì-iš a-na ilī*(DINGIR.MEŠ)
i-na-aš-ši qātī(⌜ŠU.MEŠ)*-šu*⌝
13 *la i-de*$_4$*-m*⌜*a*⌝ *amēlu*(LÚ) *a-na ilī*(DINGIR.MEŠ)-⌜*šu*⌝ *ḫé-mu-uṭ*[152]

1 Hinterlege das Geld für den Eid bei den Göttern!
10 Derjenige, der keine Schuld kennt, eilt zu seinen Göttern.
11 Ohne mit sich zu Rate zu gehen, hebt er eilig seine Hände zu den Göttern.
13 Ein unwissender Mensch eilt zu seinen Göttern.

Dieses „polytheistische Gotteskonzept" ist für den *sumerisch-babylonischen* Raum als bisher *ältestes* Prinzip einer „Weltordnung" *archäologisch* und *philologisch* nachgewiesen worden. Die *babylonische* Dichtung *Ugarits, Emārs* und *Tell el-ʿAmārnas* zeigt, daß dieses Konzept *auch* für den Raum *Westsyriens* anzusetzen ist. Dabei dürfen allerdings Erscheinungen einer *Monolatrie*[153] und

---

[150] Segenswunsch in Briefen aus *Nippur*: z.B. in AbB 11, CBS 4704, Vs. 5-7; CBS 4706, Vs. 4-6; CBS 4709, Vs. 4-7; CBS 4710, Vs. 4-6; CBS 4712, Vs. 4-5.

[151] vgl. S.67.

[152] M. Dijkstra, The Akkado-Hurrian Bilingual Wisdom-Text RS 15.010 Reconsidered, UF 25, S.164-171.

[153] „*Monolatrie* (Verehrung eines Einzigen) bedeutet, daß nur einem Gott gedient wird, ohne daß damit die Existenz anderer Götter geleugnet würde", s. A. Bertholet,

des *Henotheismus*[154] keineswegs mit solchen eines *Monotheismus*[155] verwechselt werden. Man solle sogar, so W. von Soden, auch „von monotheistischen Tendenzen in Babylonien besser nicht sprechen, eher schon mit Benno Landsberger von monotheiotetistischen Tendenzen, die auf die Lehre von nur einer, durch Gott und Göttin repräsentierten Göttlichkeit hinausliefen." [156] B. Hartmann dagegen entscheidet sich für die beiden Begriffe *Henotheismus* und *Henolatrie* bezüglich der *babylonischen, polytheistisch verstandenen* Gottesvorstellung. „Monotheismus und Monolatrie" dagegen „sind auszuschließen, weil die mesopotamische Religion immer polytheistisch geblieben ist." [157]

Selbst wenn die überlieferten *sumerisch-babylonischen Hymnen* sowohl *Westsyriens,* als auch *Babyloniens* in überwiegendem Maße als *Adressaten* jeweils nur *eine* Gottheit nennen und deren „Größe" herausstellen,[158] beweist dieser Umstand noch nicht die Vorstellung einer *monotheistischen* Weltordnung[159], der der Schreiber oder sein Auftraggeber ergeben waren.

So spiegelt sich zwar eine *polytheistische* Weltordnung wieder z.B. in einigen *babylonischen Gebetsbeschwörungen* des ersten Jahrtausends, die an *mehrere* Gottheiten *gleichzeitig* gerichtet sind,[160]

Im übrigen nennt die *babylonische Briefliteratur* des 2. und 1. Jahrtausends in ihren Grußformeln jeweils *mehrere* Gottheiten, die den entsprechenden Stadtkulten zuzurechnen sind.[161] Sie verkörpert gerade diejenige Textgattung, die gerade den *unmittelbaren* Bezug zum alltäglichen Geschehen sowohl *wirtschaftlich-sozialer,* als auch *religiös-kultischer* Natur herstellt.

Wirkliche *monotheistische* Tendenzen sind dort bislang nicht zu erkennen. So wäre es überaus erstaunlich, wenn *verschiedene* Textgattungen *ein und der-*

Wörterbuch der Religionen, 2. Aufl., Stuttgart 1962, S.369.

[154] zur Begriffsbestimmung s. B. Hartmann, Monotheismus in Mesopotamien, Monotheismus im Alten Israel und seiner Umwelt, Biblische Beiträge 14, Fribourg 1980, S.78.

[155] Monotheismus bedeutet „der Glaube an einen einzigen Gott, der im Unterschied zu Monolatrie und Henotheismus den Glauben an die Existenz anderer Götter grundsätzlich ausschließt", s. dens., ebd., S.369.

[156] vgl. W. von Soden, Einführung in die Altorientalistik, Darmstadt 2., unv. Auflage, 1992, S.173.

[157] B. Hartmann, Biblische Beiträge 14, S.79.

[158] vgl. z.B. den *Marduk*-Klagehymnus aus *Ugarit.*

[159] vgl. dagegen F. Stolz, Einführung in den biblischen Monotheismus, Darmstadt 1996, S.45: F. Stolz billigt zwar dem *Hymnus* einen „polytheistischen Hintergrund" zu, spricht aber weiterhin von einer „Art von 'Monotheismus'".

[160] s. W. von Soden, SAHG, Zürich 1953, Nr.65-69; vgl. dazu dens., Monotheiotetistische Tendenzen und Traditionalismus im Kult in Babylonien im 1. Jahrtausend v. Chr., SMSR 51, S. 5-19.

[161] vgl. bereits S.67 und S.75.

selben Epoche und Kultur, *unterschiedliche* „Weltordnungen" wiederspiegeln würden. Im Gegenteil: Eine in sich einheitliche Geistesströmung neigt vielmehr dazu *verschiedene* Kulturträger zu beeinflussen, seien diese nun *philologisch* oder *archäologisch* zu erfassen. Die *babylonische Weisheitsliteratur* und *Epik* aus *Ugarit, Emār* und *Tell el-'Amārna* stellt in ihrer *geistesgeschichtlichen* Prägung hierin jedenfalls keine Ausnahme dar. Sie ist zumindest *lexikalisch* deutlich *polytheistisch* geprägt, wobei *henotheistische*, bzw. *henolatrische* Tendenzen nicht zu übersehen sind. Im folgenden sollen drei weitere Beispiele genannt werden:

1. Marduk-Klagehymnus (Ugarit, 7.1):

Rs.7′ [*sa*] ^{d}*Marduk a-da-lal*
Rs.9′ [*ša*] ^{d}*Iš-tar ze-ni-ti a-da-lal*$_4^{?}$

Rs.7′ [die (Größe)] *Marduks* preise ich,
Rs.9′ [die (Größe)] der zürnenden Ištar preise ich.

2. Segensgebet für einen Fürsten (Emār, 8.1):

Vs.11 ^{d}*Na-bi-um be-el qa-an-tup-pí ūmī-ka arkūti*$^{ku\text{-}ti}$ *liš-ṭur*
Vs.12 *qar-ra-du*$_4$ ^{d}*Nin-urta e-mu-qí-ka lid-den-nin*$^{!}$
Vs.13 ^{d}*Né-iri*$_{11}$*-gal e-til*$^{!}$ *ilāni ra-bu-ti ka-ak-kà den-na li-din-ku*
Vs.14 ^{d}*Iš-tar be-el-tu*$_4$ *šu-lum-ma-ta en-zi-ta li-ir-mi-ku*

Vs.11 *Nabû*, der Herr des Schreibrohrs, möge Deine künftigen Tage (auf)schreiben.
Vs.12 Der Held *Ninūrta* möge Deine Kraft stark machen.
Vs.13 *Nergal*, der Fürst der großen Götter, möge Dir eine mächtige Waffe geben.
Vs.14 *Ištar*, die Herrin, möge Dich mit einem alles durchdringenden, gleißendem Glanz belegen.

3. Adapa und der Südwind (Tell el Amārna, 9.1):

Rs.3 *i-na ba-a-bu* ^{d}*A-ni* ^{d}*Dumu-zi* ^{d}*Giz-zi-da iz-za-az-zu*
Rs.4 *i-mu-ru-šu-ma* ^{m}*A-da-pa il-sú-ú*

Rs.3 da standen im Tore *Anus Dumuzi* (und) *Gizzida*.
Rs.4 Sie sahen *Adapa* und riefen.

Nicht nur, daß diese verschiedenen Dichtungen unterschiedlicher Orte mehrere *Gottheiten* nennen, auch *innerhalb* der einzelnen Texte wird zumindest *lexikalisch* ein *polytheistisches* Gotteskonzept sichtbar.

Hier ist auf die Interpretation *babylonischer* Literatur aus *Ugarit* durch *F.*

Stolz hinzuweisen:[162]
„Besonders gut zu beobachten ist die Verehrung mesopotamischer und ägyptischer Götter in Ugarit. Hier genießt etwa Marduk vielfach Verehrung; von ihm heißt es an einer Stelle: 'Vater, einziger, der die Menschen geschaffen hat'".

Zum einen erkennt F. Stolz den Umstand unterschiedlicher, zeitgleicher Kulte in *Ugarit,* stellt andererseits aber die Verehrung *Marduks* in den Vordergrund und leitetdamit über zu einem eher *monotheistischen* Gottesverständnis.

F. Stolz bezieht sich bei seiner Argumentation auf die Untersuchung des *babylonischen* „Marduk-Klagehymnus" (RS 25.460) aus *Ugarit* durch *M. Dietrich.*[163]

Tatsächlich bilden die Handlungen des Gottes *Marduk* in den dort behandelten Texten das Hauptmotiv, so daß die Interpretation, *Marduk* sei derjenige, der mit diesem Hymnus auch wirklich verehrt wurde, naheliegt. Es bleibt vorerst offen, *wo* und von *wem Marduk* verehrt wurde. Die verallgemeinernde Behauptung *F. Stolz* in *Ugarit* wäre neben *ägyptischen* Göttern auch *Marduk* verehrt worden, läßt sich durch die Studie *M. Dietrichs* nicht stützen. Mit *M. Dietrich* ist die Bedeutung *Marduks* in zweierlei Hinsicht zu verstehen: erstens, aus einer *sumerisch-babylonischen* „Gelehrtentradition" heraus, die in „direkter Abhängigkeit von Babylon(ien)" steht und zweitens als Bestandteil einer Volksfrömmigkeit, wie sie hier, so *M. Dietrich,* ansatzweise aus *babylonischen Beschwörungen* und *Hymnen* ersichtlich wird.[164] M. Dietrich schließt seine Studie mit der Feststellung: „Der babylonische Hochgott Marduk fand in der Volksfrömmigkeit Ugarits, aus welchen Gründen auch immer, keine Verbreitung.[165]

Es wurde allem Anschein nach *Marduk* eben *nicht* von der *ugaritischen* Bevölkerung *kultisch* verehrt. Eine generelle *Marduk*-Verehrung in *Ugarit* ist weder anhand der *ugaritischen* Literatur, noch der *archäologischen* Quellen nachweisbar - so daß *Universalisierungs-* bzw. *Internationalisierungstendenzen,* wie *F. Stolz* vermutet,[166] - mit der Gottheit *Marduk* anhand der in *Ugarit* gefundenen Textzeugnisse nicht nachgewiesen werden können.

Das gleiche gilt auch für die anderen Gottheiten, die in *babylonischer* Dichtung aus *Ugarit, Emār* und *Tell el-'Amārna* belegt sind. Eine *generelle, universalisierende* Verehrung dieser Gottheiten in *Syrien* oder *Ägypten* ist bisher

---

[162] F. Stolz, Einführung in den biblischen Monotheismus, Darmstadt 1996, S.58; vgl. andererseits B. Hartmann, Biblische Beiträge 14, Fribourg 1980, S.49-81; auf den S.52-55 befindet sich eine Literaturübersicht zu diesem Thema.

[163] vgl. M. Dietrich, Marduk in Ugarit, SEL 5, Rom 1988, S.79-101.

[164] M. Dietrich, ebd., S.94-96.

[165] ders., ebd. S.96.

[166] F. Stolz, Einführung in den biblischen Monotheismus, S.59.

nicht greifbar.

Die *religionshistorische* Interpretation z.B. des aus *Emār* überlieferten „Segensgebetes für einen Fürsten" verdeutlicht noch einmal den in diesem Kapitel zu erläuternden Sachverhalt:

Dieses „Segensgebet für einen Fürsten" [167] enthält Segenswünsche , deren Ausführungen sich der Fürbitter von den Gottheiten *Anum, Ellil, Ištar, Marduk, Mullil, Nabû, Nergal, Ninūrta, Šamaš* und *Sîn* erbittet. Da der Kolophon dieser Tafel besagt, daß die Tafel von *Tuku-diĝir-é-ḫur-saĝ,* einem *Dagān*-Priester, beschrieben wurde, fällt auf, daß gerade der Gott *Dagān* in dieser Dichtung weder indirekt angesprochen, noch überhaupt erwähnt wird. Unerwähnt zu bleiben, hat dieser Gott gemein mit *sämtlichen* anderen oben genannten Gottheiten, die in der *zweiten* Hälfte des *zweiten* Jahrtausends in *Westsyrien* verehrt wurden. Obwohl in *Emār* Tempel des *Ba'al,* des *Gaddu* [168], des *Ninūrta* und der *'Astarte* freigelegt wurden und damit verbundene Kulte für die jeweiligen Gottheiten vorausgesetzt werden können, fehlen diese Gottheiten bis auf *Ninūrta* bei dieser Fürbitte.

Es wäre noch verständlich, obschon unüblich, wenn der *Dagān*-Priester analog zu der oben beschriebenen Segensformel der babylonischen Briefliteratur *fremde,* also *ostbabylonische* Gottheiten anruft, sofern sie der *Adressat* dieses Segensgebetes verehrt.

Damit hätte dann der mit den Segenswünschen bedachte Fürst, würde dieser Text die *tatsächliche, unmittelbar kultisch-religiöse* [169] Verehrung widerspiegeln, zumindest keinen Bezug zu dem Gott *Dagān* oder den anderen ebenfalls in *Syrien* beheimateten Göttern *'Astarte, Ba'al, Gaddu* und *Ninūrta.*

Mehr noch: analog zu den anderen *ostbabylonisch* beheimateten Gottheiten, die in diesem Text genannt werden, ist auch der Vers, Vs. 5: *ilānu* (DINGIR.MEŠ) (KALAM.MA) (:) *ša ma-ti li-ik-ru-ba-ak-ku*$_8$ „die Götter des Landes mögen Dich segnen" so zu interpretieren, daß mit ihm nicht die *kanaanäischen* Gottheiten *Westsyriens* gemeint sind, sondern ebenfalls die Götter *Mesopotamiens.* Aus *Ugarit* ist eine *sumerisch-syllabische* Version dieses Textes erhalten, die in der Zeile 6 ^{d}*A-ru-ru* für *bēlet ilī,* in Zeile 7 *Asal* für *Marduk* und in Zeile 9 GIŠ.ŠIR für *Sîn* überliefert.

Nicht nur diese unterschiedliche Überlieferung einzelner Textstellen, sondern auch die Tatsache, daß dieses Segensgebet in Parallel-Versionen aus *Ugarit* bzw. *Emār* überliefert ist, erinnert an eine ähnliche Situation, die durch

---

[167] zur Bibliographie s. Kapitel 1.2.2, Nr. 6.

[168] Zur Identifikation dieses Tempels, vgl. M. Dietrich, Die akkadischen Texte der Archive und Bibliotheken von Emar, UF 22, Neukirchen-Vluyn 1990, S.36.

[169] vgl. S.67 und S.75.

die schon erwähnte Überlieferung der Dichtung „Ein Leben ohne Freude" [170] gegeben ist. Für sie konnte M. Dietrich die Bedeutung der Orte *Sippar, Emār* und *Ugarit* und ihren *kulturhistorischen* Zusammenhang nachweisen. [171] Insgesamt ergeben sich deutliche Hinweise auf Art und Umfang der *geographischen* Verbreitung und die Bedeutung des *Dagān* Kultes seit der *Akkad*-Zeit. [172]

Da der in diesem Segensgebet angeredete „Fürst" ein in *Westsyrien* residierender Herrscher gewesen zu sein scheint, ist die oben aufgezeigte Hypothese, es handle sich um Gottheiten, die der Adressat auch wirklich *kultisch* verehrt, eher unwahrscheinlich. Andererseits ergibt die *Nicht*-Erwähnung des Gottes *Dagān* aus *kultisch-religiöser* Sicht keinen Sinn.

Es bleibt zu überlegen, ob der im Kolophon genannte *Dagān*-Priester selber der Fürbitter dieser Segenswünsche gewesen ist oder eine andere nicht näher erwähnte Person.

In dem letztgenannten Fall hätte der *Dagān*-Priester diesen Text lediglich *geschrieben,* aber nicht selber *formuliert.* Es ergäbe sich somit keine Diskrepanz zwischen der Nennung *ostbabylonischer* Gottheiten und dem *unbekannten* Fürbitter.

Nun zeigen aber sämtliche anderen *babylonischen* Dichtungen aus *Ugarit, Emār* und *Tell el-'Amārna* den gleichen Sachverhalt, daß sie ausschließlich *ostbabylonische* Gottheiten nennen und auf die Erwähnung *kanaanäischer* Gottheiten völlig verzichten, selbst in solchen Texten, die nicht aus dem Osten *recipiert* wurden, sondern einer eigenständigen *westsyrischen* Tradition entstammen.

Dieses legt die Schlußfolgerung nahe, daß im „Segensgebet für einen Fürsten" der *Dagān*-Priester selber der Fürbitter ist, somit dieses Segensgebet ähnlich den anderen *babylonischen* Dichtungen aus *Ugarit, Emār* und *Tell el-'Amārna* nicht die *unmittelbar kultisch-religiöse Verehrung* wiederspiegeln kann. [173] Vielmehr stellt sich die Frage, ob die Erwähnung ausschließlich *ostbabylonischer* Gottheiten in diesen Dichtungen *Westsyriens* nicht vielleicht einem *synkretischen* Gebrauch entspricht: [174]

---

170 vgl. hierzu S.83.

171 M. Dietrich, Ein Leben ohne Freude, UF 24, S.27.

172 *Akkad*-Zeit: *Māri - Terqa; Ur III*-Zeit: *Puzriš-Dagān* (bei *Nippur*) durch *kanaanäische* Semitenschicht; *neusumerisch:* 1. Dynastie von *Isin*.

173 vgl. hierzu Kapitel 4.4.1.

174 vgl. hierzu S.72.

4.4.2 Synkretismus (Hypostasen)

Aufbauend auf ein ontologisches Schema, das bereits im 3. Jahrhundert n. Chr. *Plotin* (204-269 n. Chr.) mit seiner *Emanationslehre* entwickelte, verwendet auch die moderne Religionswissenschaft den Begriff „Hypostase". Dieser Terminus steht sowohl dieser *neuplatonischen,* als auch der *trinitätstheologischen* Terminologie nahe. B. Lang definiert den Begriff der *Hypostase* als „Eigenschaft, Seite oder Erscheinungsform eines Gottes, die als selbständiges Wesen aufgefaßt wird, wobei der enge Bezug zur Gottheit, wenn nicht sogar die Identität mit ihr erhalten bleibt."[175] Dem entsprechend unterteilt er *vier* verschiedene Arten von *Hypostasen.*

1. Personifikationen göttlicher Eigenschaften oder Taten.[176]

2. Kulthypostasen:

Bereits aus der *sumerisch-babylonischen* Antike ist eine Vielzahl von Gleichsetzungen von Gottheiten mit *ähnlichem Erscheinungsbild* bekannt. So wurden z.B. die Göttin *Anunītu*[177] als Erscheinungsform der „kriegerischen Ištar" und Meslamta'ea als die des Unterweltsgottes *Nergal*[178] verehrt. Auch *Ningirsu* und *Ninūrta* galten in ihrer *Erscheinungsform* als einander gleich.[179]

Auch für *Nord- und Zentralarabien* findet sich ein Beispiel: Dort wurden *Manāt* und *al-'Uzzā* als Erscheinungsformen der Göttin *Allāt* als „Abend- und Morgenstern" verehrt.[180] Derartige *Hypostasen* lassen sich desweiteren auch für *Kleinasien*[181], *Syrien*[182] und *Ägypten*[183] belegen.

Schließlich wurden im 9. Jahrh. v. Chr. *Aššur* mit *Anšar,* dem Vater des *Anu,* gleichgesetzt. In der *Assur*-Rezension des *enūma eliš*-Mythos (Tafel I, Z.81)[184] wird auf Betreiben der assyrischen Priesterschaft, die *Aššur* als ober-

---

[175] B. Lang, Hypostase, Handbuch religionswissenschaftlicher Grundbegriffe, Stuttgart 1993, S.188, vgl. M. Weippert, Synkretismus und Monotheismus. Religionsinterne Konfliktbewältigungen im Alten Testament, in: Kultur und Konflikt, Bd.612, Frankfurt 1990, S.143-179.

[176] vgl. z.B. die *Schechina* (die göttliche Präsenz) und der *Memra* (das göttliche Wort) in der rabbinischen Literatur.

[177] D.O. Edzard, Mesopotamien, in: Götter und Mythen im Vorderen Orient, Stuttgart 1965, S.42.

[178] ders., ebd., S.99.

[179] ders., ebd., S.111.

[180] M. Höfner, ebd., S.423.

[181] E. von Schuler, ebd., S.141-S.215.

[182] M.H. Pope - W. Röllig, ebd., S.217-S.312.

[183] W. Helck, ebd., S.313-S.406.

[184] vgl. VAT 9677 (KAR 117, Rs. 3).

sten Gott verehrte, der Name *Marduks* durch den des Gottes *Aššur* ersetzt. Dieses war nur möglich, da *Marduk* in seiner Erscheinungsform mit *Aššur* gleichgesetzt werden konnte.[185]

3. Hypostasen der inneren Differenzierung und Pluralisierung des *monotheistischen* Gottes,[186]

4. Hypostasen der Einheit einer Vielzahl von Göttern.[187]

Diese vier Arten von Hypostasen lassen sich zu zwei Kategorien zusammenfassen: 1. Hypostasen mit der Tendenz zur Pluralisierung (1 und 2) und 2. Hypostasen mit der Tendenz zur Vereinheitlichung (4), wobei z.B. die *christliche Trinitätslehre* (3) beide Tendenzen verbindet.

Auch auf keine der anderen hier zusammengestellten vier *Hypostasen*-Arten läßt sich auf die *babylonische* Dichtung *Ugarits, Emārs* und *Tell el-'Amārnas* anwenden. Ebensowenig ist in dem „Segensgebet für einen Fürsten" ein derartiger *hypostatischer* Gebrauch der dort erwähnten Götternamen zu erkennen. Daher bleibt als letzte Möglichkeit die rein *lexikalische* Verwendung der belegten Götternamen:

4.4.3 Lexikalische Verwendung

Versucht man schließlich am Beispiel des „Segensgebetes für einen Fürsten" dem Problem der unterschiedlichen Verwendung von *Götternamen* näherzukommen - diesesmal hinsichtlich des *hypostatischen* Gebrauches der *Götternamen,* so müßte man versuchen, bestimmte „Aspekte" des Gottes *Dagān* in der Nennung *ostbabylonischer* Gottheiten wiederzufinden. Dieses wird allerdings dadurch erschwert, daß die in diesem Text gebrauchten Götternamen korrekt in ihrem kultischen Bezug wiedergegeben werden. So heißt es z.B. in Vers 11 der Vorderseite:

^{d}*Na-bi-um be-el qa-an-ṭup-pí ūmī*(UD.MEŠ)*-ka arkūti*EGIR-*ku-ti*) *liš-ṭur*
Nabû, der Herr des Schreibrohrs, möge Deine künftigen Tage (auf)schreiben.

Sowohl das Epitheton *Nabûs* „Herr des Schreibrohrs" als auch die folgende Bitte an diesen Gott entsprechen der *kultisch-religiösen* Bedeutung dieses Gottes. Ein *hypostatischer* Gebrauch dieses und der anderen Götternamen in

---

[185] vgl. aus der christlichen Theologie z.B. die Verehrung von „Nossa Senhora da Fatima", „Our Lady of Knock" und „Unsere Liebe Frau von Altötting" als *Hypostasen* der *Jungfrau Maria.*

[186] vgl. hierzu die christliche Trinitätslehre: „Sohn" und „Heiliger Geist" als *Hypostasen* Gottes.

[187] vgl. R. Labat, Les religions du Proche-Orient asiatique, 1970, S.70-74; O. Keel (Hrsg.), Monotheismus im Alten Israel und seiner Umwelt, 1980, S.61-65.

diesem Segensgebet ist daher kaum anzunehmen. Ein *theologischer* Bezug dieses *Dagān*-Priesters zu einzelnen *ostbabylonischen* Gottheiten erhält aber in diesem Text dadurch eine andere Bedeutung, wenn man hier eine *lexikalische* Übernahnme auch der *Götternamen* annimmt. Es macht wenig Sinn - wie oben gezeigt -, daß ein ausgewiesener *Dagān*-Priester ausschließlich *ostbabylonische* Gottheiten nennt, geschweige denn verehrt. Dieses bedeutet, daß der Schreiber dieses Textes zusammen mit den verwendeten Vokabeln auch die *Götternamen* als *lexikalische* Elemente dieses Segensgebetes mit übernommen hat.

4.5 Ergebnis

Daß nicht nur in der Hafenstadt *Ugarit* neben der einheimischen - hier *ugaritischen* Literatur - auch *babylonische* Dichtung überliefert wurde, sondern auch in *Emār* das Interesse für die damals bekannte *babylonische* Dichtung groß war, deutet daraufhin, daß - nicht ungeachtet der vielfach schon angesprochenen eigenständigen Traditionen[188] - die *kulturelle Verbindung* zwischen *Syrien* und *Babylonien* sehr groß gewesen sein muß. Auf die *kulturelle* Beziehung zwischen *Mesopotamien, Emār* und *Ugarit* als „Weg einer literarischen Tradition" wies *M. Dietrich* in seiner Bearbeitung der Dichtung „Ein Leben ohne Freude" hin.[189] Die Zukunft wird vielleicht zeigen, ob ausschließlich *auf diesem Weg* von *Babylonien* in Richtung *Mittelmeerküste* in *Emār* und *Ugarit* babylonische *Dichtung* verbreitet wurde, oder ob die damalige Literatur auch über andere Orte *Syriens* ihren Weg genommen hat.

Welche Bedeutung die *babylonische* Dichtung am Ende des zweiten Jahrtausends im *gesamten Vorderen Orient* besaß, beweisen die bisherigen Fundorte *Tell el-Mutesellim* (Megiddo) in *Palästina*[190] und *Tell el-'Amārna* in *Ägypten*[191]. In ihnen kamen ebenfalls Tafeln mit *babylonischer* Dichtung zu Tage. *Syrien* bekommt aber bereits mit den beiden bedeutenden Fundorten *babylonischer* Dichtung, *Ugarit* und *Emār*, für *den Einfluß und die Verbreitung babylonischer Dichtung* einen eigenen Stellenwert.

So tradiert das in der *babylonischen* Dichtung aus *Ugarit*, *Emār* und *Tell el-'Amārna* erkennbare *Pantheon* ausschließlich *ostbabylonische* Götternamen. Allerdings werden diese Namen nicht nur in Textgattungen bezeugt, die auch der *ostbabylonischen* Textüberlieferung[192] entsprechen. Das „Segensgebet für einen Fürsten" mit seinem *hymnischen* Charakter und der *„Marduk*-Klagehymnus" sind hier zu nennen. Auch in Textgattungen, die besonders in *Westsyrien* tra-

---

[188] vgl. Kapitel 5.

[189] M. Dietrich, Ein Leben ohne Freude, UF 24, Neukirchen-Vluyn 1993, S.27.

[190] s. *Gilgameš*-Fragment: A. Goetze - Levy, Atiqôt 2, 1959, S.121-128.

[191] Aus *Tell el-'Amārna* ist Dichtung überliefert, die ihren Ursprung wahrscheinlich im *Südwesten Syriens* findet. Gerade dieser Teil *Syriens* ist - geistesgeschichtlich gesehen - geprägt durch ein *Spannungsverhältnis* zwischen *hethitischer* und *syrisch-mesopotamischer* Kultur, vgl. hierzu S.120.

[192] vgl. die Textgattung der *Hymnen*.

diert worden zu sein scheinen, wie z.B. das „Klagelied des Einzelnen", werden ausschließlich *ostbabylonische* Götternamen genannt.

Dieses ist für eine *Literaturgeschichte* insofern interessant, als daß die *syrischen* Dichter gerade bei denjenigen Werken, die sie *nicht* aus dem *Osten* recipierten, [193] sondern einer westlichen Tradition entsprechend tradierten, [194] dennoch das *ostbabylonische* Pantheon derart bemühten, daß sie die gewählten Götternamen *korrekt* mit *Epitheta* und *kultisch-theologischen* Aussagen versehen. [195]

Aus dieser Belegsituation ergibt sich die Schlußfolgerung, daß das in der *babylonischen* Dichtung *Ugarits, Emārs* und *Tell el-'Amārnas* gebrauchte *Pantheon* als „Bestandteil der *sumerisch-babylonischen* Sprache als *Koinè*" beschrieben werden kann. [196] Diese wurde bis auf einige wenige *orthographische* Besonderheiten [197] für die *babylonische* Dichtung *Westsyriens* und *Südpalästinas* gebraucht. [198] Da die Dichter *Westsyriens* und *Südpalästinas* die *ostbabylonische* Sprache mit *Syllabar, Vokabular* und letztendlich auch der *Morpho-Syntax* [199] zumindest als Lernstoff für ihre Schulen am *geeignetsten* hielten, übernahmen sie auch das mit dem *Vokabular* auf das engste verbundene *Pantheon.* Hätten diese Schreiber ein anderes *Vokabular* zugrundegelegt, so wären wohl auch die *Götternamen* ausgetauscht worden.

Daß bei der Überlieferung der hier untersuchten *babylonischen* Dichtungen auch *westsemitische* Traditionen verfolgt wurden, die sich von der *sumerisch-babylonischen* Kultur *Mesopotamiens* unterscheiden, soll im nächsten Kapitel erarbeitet werden. Hatten die Untersuchungen zum *Syllabar* und *Vokabular* mit *Pantheon* der *babylonischen* Dichtung *Ugarits, Emārs* und *Tell el-'Amārnas* noch viele Gemeinsamkeiten zur *babylonischen* Dichtung *Mesopotamiens* aufgezeigt, weist der *Sprachstil* der *babylonischen* Dichtung dieser Orte mit ihrem *theologischen* Hintergrund in eine ganz andere Richtung. Die Textgattung des „Klageliedes des Einzelnen" beginnt sich parallel zum wachsenden Einfluß der *Westsemiten* zu formen.

---

[193] z.B.: „Segensgebet für einen Fürsten" aus *Emār* und „Marduk-Klagehymnus" und literarischer Text *RS 22.219 + 22.398* aus *Ugarit*.

[194] „Klagelied des Einzelnen", Individuallyrik.

[195] zu einem möglichen *hypostatischen* Gebrauch dieser Götternamen vgl. die Kapitel 4.3 und 5.3.5.

[196] vgl. hierzu den von „Archaismen".

[197] vgl. den Gebrauch von Sandhi-Schreibungen (Kapitel 5.6.1).

[198] vgl. z.B. die Kapitel 2.6 und 3.7.

[199] vgl. z.B. den Gebrauch der *syntaktischen* Markierung des *Subjunktivs* in der in dieser Studie untersuchten Dichtung, der in *ugaritischer* Dichtung und den *babylonischen, nicht-literarischen* Texten *Ugarits, Emārs* und *Tell el-'Amārnas* keine Anwendung findet.

5. Induktion und Reception der mittelbabylonischen Dichtung *Westsyriens* aufgrund *stilistischer, gattungsspezifischer* und *morpho-syntaktischer* Untersuchungen

5.1 Zur linguistischen Abgrenzung von Syntax, Semantik und Stilistik

Der dritte Teil dieser Studie stellt im wesentlichen eine *stilistische* und *gattungsspezifische* Sprachanalyse der Dichtung aus *Ugarit, Emār* und *Tell el-'Amārna* dar, wobei sie sich *morpho-syntaktischer* Kriterien bedient.

Wie bereits für die *Syllabare* und *Vokabulare* dieser drei Kulturbereiche ein enger Zusammenhang mit verschiedenen *altbabylonischen* Dialekten[200] aufgezeigt werden konnte, soll jetzt anhand der *Stilistik* versucht werden, die Dialekte von *Ugarit, Emār* und *Tell el-'Amārna* sprachhistorisch gegenüber *alt-* und - wenn möglich - auch *mittelbabylonischen* Dialekten *Mesopotamiens* zu klassifizieren. Dabei beruht der Schwerpunkt dieser Untersuchung auf der Erkenntnis, daß jede Sprachanalyse dieser Art eng verbunden ist mit einer Untersuchung des *Sprachstils* des herangezogenen Textmaterials. Dabei ist es notwendig, nach den sinnsteuernden Faktoren zu fragen, wobei die Verbindung zu *Syntax* und *Semantik* vorgegeben ist. Diese wiederum beeinflussen sich gegenseitig. Die moderne Linguistik hat diesen Zusammenhang seit langem erkannt und die Stellung der *Syntax* zur *Semantik* in umfangreichen Studien bearbeitet:

Diese Differenzierung von *Syntax* und *Semantik* geschieht aber lediglich aus *definitorischen* Gesichtspunkten.[201] P. Grebe und M. Immler gehen noch weiter und lehnen eine *faktische* Trennung von *Syntax* und *Semantik* sogar ab. Ihnen erscheint es zweifelhaft, ob man diese beiden Bereiche *theoretisch* und *praktisch* überhaupt getrennt behandeln kann. Allein aus der Annahme, daß es *per definitionem* einen Unterschied gäbe zwischen *Syntax* und *Semantik*, könne nicht der Schluß abgeleitet werden, daß es „eine scharfe Grenze zwischen diesen beiden Bereichen der Sprache geben muß".[202] So ist nicht nur der *syntaktische* Aufbau eines Satzes häufig sinngebend, sondern auch die *Syntax* erscheint selbst oftmals *semantisch* motiviert. Ändert sich die Anordnung der Wortfolge eines Satzes, ändert sich mehr oder weniger auch der Sinn und damit die Information, die dieser Satz vermitteln soll.

a. Der Terminus *Syntax* wird in der Linguistik folgendermaßen definiert:

---

200 Dialekt ist definiert als „schriftlich fixierter Ausdruck der Sprache einzelner Orte".

201 vgl. G. Klaus, Semiotik und Erkenntnistheorie, S.56-60.

202 M. Immler, Zur Frage der Autonomie der Syntax in Syntactic Structures, 1974, S.64.

„Die Syntax beschreibt die Regeln, denen die Distribution - die lineare Aufeinanderfolge und das Miteinandervorkommen (Kookkurrenz) - von Morphemen und Morphemklassen folgt". [203] Eine Darstellung, die dieser Forderung gerecht wird, bietet für den *babylonischen* Dialekt von *Ugarit* J. Huehnergard mit seiner 1989 veröffentlichten Monographie „The Akkadian of Ugarit". [204] Er widmet der *Syntax* entsprechend der obigen Definition ein ausführliches Kapitel. [205]

b. Die *Semantik* dagegen analysiert die „Bedeutung der Morpheme, ihre Beziehung zu den Begriffen und Vorstellungen, zu den Aspekten der außersprachlichen Realität, auf die mit Hilfe dieser Morpheme Bezug genommen wird." [206]

Die gleiche Überlegung *M. Immlers* gilt umsomehr für die *Morpheme* eines Satzes, da „(vermutlich) viele Morpheme, die sich syntaktisch ähnlich verhalten, auch durch gemeinsame semantische Eigenschaften ausgezeichnet sind". [207] So beeinflußt die Auswahl bestimmter *Morpheme* ebenfalls den Sinn eines Satzes und damit gleichermaßen seine Aussage.

M. Immler geht soweit zu sagen, daß „eine rein syntaktische Beschreibung eine willkürliche und unzulässige Reduktion des Gegenstandsbereiches ist, daß eine explanative Sprachbeschreibung notwendigerweise semantisch zentriert sein muß." [208]

Bei der Bearbeitung dieses Fragenkomplexes wurde deutlich, daß für diesen engen *linguistischen* Sachbereich für die Untersuchung *babylonischer* Dialekte ein großer Bearbeitungsbedarf besteht. Hier eine Lücke zu schließen, erscheint zwar notwendig, kann aber nicht mehr Aufgabe dieser Studie sein.

c. Da die *Stilistik* aus den dargestellten Gründen bei jeder Sprachanalyse berücksichtigt werden sollte, gibt es immer wieder Fragestellungen, die ohne die Beachtung von sprachlichen *Bedeutungsinhalten* zu beantworten sind. Wenn die *Syllabare* der *babylonischen* Dichtung *Westsyriens, Südpalästinas* und *Mesopotamiens* statistisch ausgewertet werden konnten, war dieses bereits bei den *Vokabularen* nicht mehr möglich. Noch weniger ist *Statistik* dazu geeignet, die Sprachstrukturen *babylonischer* Dichtung zu erfassen.

---

[203] ders., ebd., S.63.

[204] J. Huehnergard, The Akkadian of Ugarit, HSS 34, Atlanta 1989, S.211-269.

[205] vgl. dazu J. Huehnergards Kapitel über die Morphologie des „Akkadian of Ugarit", ebd., S.123-210.

[206] M. Immler, Zur Frage der Autonomie der Syntax in Syntactic Structures, 1974, S.63.

[207] M. Immler, ebd., S.65.

[208] ders., ebd., S.65.

5.2 Die babylonische Dichtung *Westsyriens* und *Südpalästinas* aus Sicht der *Stilistik*

J. Huehnergard differenziert wie bei seiner Untersuchung zum *Syllabar* und *Vokabular* von *Ugarit* ebenfalls nicht zwischen Texten der *babylonischen Dichtung* und den *babylonischen, nicht-literarischen* Texten *Ugarits.*[209] Gerade aber eine gesonderte Bewertung der *literarischen* Texte *Ugarits, Emārs* und *Tell el-'Amārnas* ist das eigentliche Anliegen der vorgelegten Studie. In ihr unterscheidet sich jedoch die Methodik der *stilistischen* Sprachanalyse *dieses* Kapitels gegenüber der Untersuchung der *mittelbabylonisch-literarischen Syllabare* Westsyriens in Kapitel 2.5. Anders als bei den *Syllabaren* kann bei der *Stilistik* nur auf Einzelfragen Bezug genommen werden. Anhand exemplarischer Darstellungen wird gezeigt werden, in welchem Verhältnis *stilistische* Spracheinheiten *babylonischer* Dichtung *Westsyriens/Südpalästinas* und *Mesopotamiens* zu einander stehen. Dabei wird diese Strukturanalyse zunächst das vorhandene Textmaterial erfassen, um es nach *Inhalt* und *Sinn* zu gliedern, d.h. zu fragen, ob und welchen eventuellen spezifischen Gesetzen z.B. der *Phraseologie* der antike Dichter gefolgt ist. Die Antwort auf diese Frage stellt allein schon ein Ergebnis dar, das seinen *eigenen* Wert besitzt. Gelingt es dann sachübergreifend zu anderen, verwandten oder auch ferner liegenden Dialekten oder Sprachen, bzw. *Sprachentitäten,* eine Beziehung herzustellen, schafft man die Voraussetzung, die *Stilistik* der zu untersuchenden Dialekte überhaupt erst zu begreifen und damit das Wesen dieser Dialekte zu erfassen.

Die *Stilistik* ist bei einem Dialektvergleich nicht nur *Instrument,* sondern auch *Objekt* der Untersuchung selbst. Es zeigt sich dabei auch, daß der *stilistische* Vergleich einzelner Dialekte in einem noch höheren Maße Bestandteil einer sprachlichen *Strukturanalyse* ist. So sind als Vergleichsmaterial für die *babylonisch-literarischen* Texte aus *Ugarit, Emār* und *Tell el-'Amārna* die *literarischen* Texte aus *Mesopotamien* heranzuziehen. Diese in *Mesopotamien* verfaßten Texte zeichnen sich durch ein sich wiederholendes Grundschema aus, in dem das Verhältnis *Mensch - Gott* thematisiert wird.

Die zahlreichen *altbabylonischen* aber auch *mittelbabylonischen* Hymnen und Lieder - sei es, daß sie lokalisiert werden können oder nicht - zeigen die gesamte Variationsbreite der damaligen Götterverehrung, aber eben auch überwiegend nur diese. Der Mensch spielt in diesen Werken nur insoweit eine Rolle, daß er als *erleidendes Objekt* den Göttern gegenübersteht. Eine *literarische* Auseinandersetzung mit Erfahrungen des alltäglichen Lebens findet sich bei ihnen dagegen nicht, ja sie werden sehr oft nicht einmal eingebracht. So ist es auch durchaus verständlich, wenn sich zu der *babylonischen* Version des Werkes

[209] Diese Problematik wurde bereits in Kapitel 2.2 angesprochen.

„Ein Leben ohne Freude" [210] aus *Ugarit* bislang keine *babylonische* Parallele aus *Mesopotamien* nachweisen läßt, sieht man von der *Siduri*-Perikope des *Gilgameš*-Epos [211] einmal ab.

Anders verhält es sich mit den hier untersuchten Werken aus *Ugarit* und *Emār*, die bislang, wenn überhaupt, *insgesamt* nur in ihrer bloßen Abhängigkeit von der Literatur *Mesopotamiens* gesehen werden. [212] Genauso wie einzelne Bereiche der Sprache - *Syllabar* und *Vokabular* - unmittelbar mit denen *Babyloniens* zusammenhängen, ergibt sich für die *stilistische* Aussage eine Tradition, die ihren Ursprung zunehmend in *Syrien* findet. [213]

Dieses spiegelt sich unmittelbar wider in der *Dichtung* Westsyriens. Dort beherrscht das *reale Leben* in *Einzelthemen* verbunden mit einer spezifischen *Religiosität* als weiterer Schwerpunkt den Inhalt der Texte. Erst in diesem *Wechselspiel* kommt die Gottesverehrung in *Ugarit* und *Emār* literarisch zum Ausdruck. Diese *Individuallyrik*[214] stellt somit auch den Schwerpunkt dieser Studie dar. In dieser Textgattung werden u.a. die für das *irdische* Leben wichtigen Bereiche von **a.** Astronomie, **b.** Ethik/Religion[215], **c.** Gesellschaft, **d.** Historie, **e.** Landwirtschaft, **f.** Medizin, **g.** Natur, **h.** Politik, **i.** Recht und **j.** Wirtschaft angesprochen.

Zu **a. Astronomie:** Es findet sich in dem Lobpreis des Lú-diğir-ra auf seine Mutter *Šāt-Ištar* der Vergleich ihrer Eigenschaften mit dem „Licht des Horizontes" [216] oder dem „Morgenstern, der mittags noch scheint". [217] Diese Bemerkungen setzen die Beobachtung des Himmels/
Sternenhimmels voraus, [218] die schließlich in die literarische Umsetzung eingehen. Wenn in diesem Zusammenhang der „Lobpreis für eine Mutter" als Quelle herangezogen wird, so ist bekannt, daß große Teile - zumal der Anfang - nur in einer *sumerischen* Fassung erhalten sind. Die *babylonische* Version entspricht jedoch weitgehend der *sumerischen* Version, ohne daß aber dem *babylonischen* Dichter ein eigenes gestalterisches Bemühen um Verständnis der Vorlage abgesprochen werden könnte.

---

[210] M. Dietrich, Ein Leben ohne Freude, UF 24, Neukirchen-Vluyn 1992, S. 9-29.

[211] vgl. *Gilg.* X, iii 1-5.

[212] vgl. hierzu die Einführung, S. 3.

[213] vgl. Th. Kämmerer, Das Sintflutfragment aus Ugarit, UF 25, Neukirchen-Vluyn 1993, S.189-200.

[214] s. S.100.

[215] vgl. hierzu den religiösen Hintergrund der „persönlichen Frömmigkeit".

[216] RS 25.421, Vs. Z.11f'.

[217] ebd., Vs. Z.13f'.

[218] Mit der Erwähnung des „Morgensternes" wird auf die Göttin *Ištar* als *Venus* angespielt.

Zu **b. Ethik/Religion:** Mit der Heldenballade des Arztes *Anšur-qadad* liegt eine *babylonische* Dichtung aus *Ugarit* vor, dessen Dichter auch *ethische* Grundsätze anspricht: Vs. 10' *ši-ṭu-ut en-ši mâm-ma la i-leq-qé* „Niemand soll schwache Menschen verachten!" Dieser Passus ist in der Version aus *Emār* allerdings nicht überliefert.

Zu **c. Gesellschaft:** s. unter Punkt *h. Politik.*

Zu **d. Historie:** Vor allem in der Heldenballade des *Anšur-qadad* beschäftigt sich der Dichter mit „seiner" Historie, indem er sehnsuchtsvoll nach den bereits seit langem verstorbenen Königen fragt: Vers 17: *a-li-šu-nu-ti šarrānu* (LUGAL.MEŠ) *rabûtu* ([GAL.MEŠ]) „Wo sind sie, die großen Könige, (...)?" In der Auseinandersetzung mit seiner *eigenen* Geschichte und im Hinsehen auf seine *eigene* Zukunft entstand dieses Werk. Eng damit verbunden scheint auch ein *politischer* Hintergrund dieser Motivwahl, bzw. des Verzichts dieses literarischen Motives in der Version aus *Ugarit* zu sein.[219] Eine mögliche, mehr oder weniger dem damaligen Überarbeiter dieser Textstelle bewußte Un-/Zufriedenheit mit der *politischen* Situation, in der er sich befand, scheint durchaus eine Rolle gespielt zu haben.

Zu **e. Landwirtschaft** und **g. Natur:** Der Bereich von *Natur* und *Landwirtschaft* wird ebenfalls in dem „Lobpreis für eine Mutter" literarisch umgesetzt, indem es in den Versen Vs. col.iii, Z.32f. heißt: *ummī* (AMA-*mi*) *sa-mu-tù si-ma-an me-e zēri* (NUMUN) *m[a]ḫ-ru-ú* „Meine Mutter ist (wie) der Regen im richtigen Augenblick, (wie) das erste Wasser der Aussaat." Essentiell notwendige Bedingungen für eine gute Ernte werden hier genannt. Sie betreffen somit unmittelbar die menschliche Existenz und zeigen gleichzeitig ein gewisses Maß an Naturbeobachtung und -beschreibung.

Zu **f. Medizin:** Auch der Ratschlag, *seinen Körper gesund zu halten: pagàr-ka*! *šul-lim*,[220] läßt sich einer aus *Ugarit* überlieferten Bilingue[221] entnehmen und steht hier in unmittelbarem Zusammenhang mit der *juristisch-religiösen* Aufforderung *ma-mi-t⌜á⌝ pí-la*!*-ḫé-ma*, „fürchte den Eid!"[222]

Zu **g. Natur:** Das Sargon-Epos *šar tamḫāri* enthält - bedingt durch seine Konzeption als Epos[223] - zahlreiche *Naturbeobachtungen:* Vs.28: „[...] ein massives Gebirge, (kleine) Steinblöcke aus Lapislazuli, aber (auch) Gold befindet sich in seinem Umkreis." Vs.29: „[...] Apfelbaum, Feigenbaum, Buchsbaum, Sykomore."

---

[219] vgl. Punkt h.

[220] s. S.174, Z. 2.

[221] zur Bibliographie s. Kapitel 1.2.5, Nr. 3, *babylonisch - ḫurritisch.*

[222] s. S.174, Z. 3.

[223] vgl. das folgerichtige Fehlen derartiger Beschreibungen in *Mythen.*

Zu **h. Politik:** Der Suche nach Belegen von *politischen* oder *gesellschaftlichen* Motiven in der *babylonischen* Dichtung *Ugarits* und *Emārs* war von vornherein wenig Erfolg beschieden. Beide Bereiche unterlagen damals - nach heutigem Verständnis - keiner *eigenständigen* Betrachtungsweise und begegnen daher stets eingebettet und aufgelöst in Verbindung mit der *theokratischen* Ausrichtung des Alltagslebens und den Beziehungen zwischen den Menschen. Die Allgemeingültigkeit dieser Aussage erkennt man auch daran, daß dieses Aufgehen von *gesellschaftlichen* und *politischen* Kategorien im *Religiösen* genauso wie für *Ugarit* und *Emār* auch - und gerade - für die *altbabylonische* Dichtung *Mesopotamiens* gilt. Somit gab es wenigstens von *altbabylonischer* zu *mittelbabylonischer* Dichtung in *diesem* Bereich[224] - anders als bei den Kategorien *a, b, d, e, f, g, i, j* - analog zur *politischen* Struktur des *Vorderen Orients* der damaligen Zeit eine kaum *merkbare* Weiterentwicklung. *Politische* Inhalte innerhalb der Dichtung werden durch das *religiöse* Umfeld unkenntlich. Diese Unkenntlichkeit bedeutet, daß die gewollte, *theologisch* chiffrierte Aussage heute noch nicht, bzw. nicht mehr entschlüsselt werden kann. Sie wird vorhanden gewesen sein, kann bislang jedoch nicht dechiffriert werden.

Zu **i. Recht:** Das damalige *Recht* und speziell das *Erbrecht* werden in dem „Dialog zwischen *Šūpê-amēli* und seinem 'Vater'" aus *Ugarit* und *Emār* gleichermaßen angesprochen: Ugarit: *lu kunuk* (⌜NA$_4$⌝.KIŠIB)-*ka* „Ob durch dein Siegel ...";[225] Emār: *ap-lu u*[*p*]-*pu-lu i-bi*$_5$-*su bītī*(É)-[*šu*] „ein verspäteter Erbsohn ist ein (Geld)verlust für [sein] Haus."[226]

Zu **j. Wirtschaft:** Daß auch *wirtschaftliche* Normen als Aphorismen in die babylonische Dichtung aus *Ugarit* und *Emār* aufgenommen werden, zeigt der literarische Text *RS 22.129 + 22.398*: Auch wenn die Textstelle *Rs. Z.12'f.* schlecht erhalten ist, so lassen die Schlüsselwörter *gišrinnu(m)*: Waage, *uṭṭatu(m)*: Gerste, *sakirru*: Krug, *saḫallu*: Gefäß, *tamkāru(m)*: Kaufmann und *ṣibtu(m)*: Zins ein *zusammenhängendes* Textmotiv erkennen. Dieses *literarische* Motiv übernimmt deutlich Aspekte *ökonomischen* Verhaltens, wobei der *Kontext* zu anderen Motiven dieses Textes bislang unklar ist.

Diese Beispiele sind eine Auswahl, die zeigen, welche *Variationsbreite* an *literarischen Motiven* in die *babylonische* Dichtung von *Ugarit* und *Emār* direkt eingeflossen ist und dort die *Lebensumstände* des Menschen beschreiben. Die Aufzählung solcher Entsprechungen könnte durchaus noch weitergeführt werden.

Die Dichtung *Ugarits* und *Emārs* erhält dank dieser *literarischen*, den Men-

---

[224] vgl. Punkt c.

[225] M. Dietrich, UF 23, S.49, Spruch II.vi; s. Bibliographie für die Version aus *Emār* in Kapitel 1.2.1, Nr. 2; für die Version aus *Ugarit* in Kapitel 1.2.4, Nr. 2.

[226] ders., ebd., S.45, Spruch II.i; vgl. auch Psalm 127, Verse 4-5.

schen unmittelbar berührenden Bezüge einen anderen Charakter als ihn die vergleichbaren Werke *Mesopotamiens* bisher erkennen lassen. Sie vermittelt einen *ausgereifteren* und *religionsgeschichtlich* jüngeren Umgang mit semantischen Bedeutungsinhalten. Die *literarischen* Texte aus *Mesopotamien* zeigen den Menschen in der Regel in einer demütigen Gottesbezogenheit und sind in ihrer Thematik fast ausschließlich *theokratisch* ausgerichtet. Hierzu diente dem Schreiber die Gattung der *Hymnen,* die in *Mesopotamien* weit verbreitet war. So *entsprechen* die wenigen *mittelbabylonischen* und wieder zahlreicheren aus dem ersten Jahrtausend überlieferten *literarischen* Texte *Mesopotamiens* ebenfalls diesem Bild. Auch sie betonen *literarisch* die *Religiosität* des Menschen durch den Gebrauch von *Hymnen* und rücken ihn bei der *literarischen* Gestaltung und der Auswahl bestimmter, diese *Religiosität* beschreibenden *Motive* weit ab von den *alltäglich zu bewältigenden* Lebensumständen.

Das *archäologische* und *literarische* Umfeld der *babylonischen* Dichtung *Ugarits, Emārs* und *Tell el-'Amārnas* zeigt somit, daß mit der dort tradierten Dichtung ein *literarisches* Textcorpus vorliegt, dessen einzelne Untersuchungseinheiten wie *Syllabar, Vokabular, Onomastikon, Morpho-Syntax* und *Stilistik* differenziert bewertet werden müssen:

In *Ugarit, Emār* und *Tell el-'Amārna* werden zum Teil Traditionen verfolgt, die ihren unmittelbaren Ursprung in *Mesopotamien* haben. Der Nachweis für einen derartigen Zusammenhang gelang mit Hilfe *statistisch-numerischer* Methoden, die auf die betreffenden *Syllabare* angewandt werden konnten. Aber auch die Betrachtung des *Pantheons* und damit ein Teil des *Sprachstils* der Texte verdeutlichte die enge Verwandtschaft mit der Kultur *Babyloniens.* So unterliegt die Sprachkultur *Ugarits, Emārs* und *Tell el-'Amārnas* in diesen Bereichen durchaus *ostbabylonischen* Einflüssen. Ein nicht unbedeutender Teil dieser Kultur wurde von *dort* übernommen. Substanziell ist dieser aufgenommene Teil der Sprache für die *eigene* Kultur als „fremd" zu bezeichnen. Daher stellt sich die Frage, ob dieses damals vom jeweiligen Leser auch so *empfunden* wurde. Welche *kulturelle* Bedeutung besaß die *babylonische* Dichtung sowohl für den *Dichter,* wie auch für den Leser, und an wen war diese Dichtung überhaupt gerichtet?

Diese Problematik wurde ähnlich schon von M. Dietrich im Zusammenhang mit seiner Bearbeitung der Dichtung „Ein Leben ohne Freude" [227] formuliert. Zusammen mit *B. Alster* sieht er den *traditionsgeschichtlichen* Ursprung speziell *dieses* Schultextes in *Babylonien,* vielleicht sogar direkt in *Sippar* zur Zeit *Abi'ešuḫs* (1647-1620 v. Chr.). Wenn diese *literarische* „Abhängigkeit" bereits durch B. Alster für die *sumerische* Version des Weisheitstextes „Ein Leben ohne Freude" erarbeitet wurde, so legt dieses M. Dietrich für die *babylonischen* Versionen dieser Dichtung aus *thematischer* Sicht dar. [228] Dabei kommt er zu einem

[227] ders., UF 24, S.25-27.

[228] ders., ebd., S. 9-29.

Ergebnis, das auch auf die anderen *babylonischen* Dichtungen aus *Ugarit, Emār* und *Tell el-'Amārna* zu übertragen ist.[229] Diese Feststellung M. Dietrichs gilt nunmehr auch für die einzelnen, *oben genannten* Untersuchungeinheiten.

Bei der *babylonischen* Dichtung *Westsyriens,* soweit sie mit *Ugarit, Emār* und *Tell el-'Amārna* greifbar geworden ist, handelt es sich - die *Syllabare,* die *Vokabulare* und den *Sprachstil* betrachtet - um ein *literarisches* Babylonisch mit nur wenigen *dialektalen* Einfärbungen.[230]

Versteht man z.B. *apokopierte* Pronominalsuffixe[231] als derartige Einfärbungen, so ist es bemerkenswert, daß sich zumindest für *Ugarit* zwei Belege für das *apokopierte* Pronominalsuffix der 3. Pers. m. Sg. finden:

a. *šá uzna* (GEŠTU-*na*) *eš-ru-ku-uš* ^{d}*En-[líl-bàn]-⌜da⌝*[232]
Dem Verstand geschenkt hat Enlilbanda.

b. *⌜i⌝-<ša->ak-ka-nu-uš ar-na*[233]
Ihm wiesen sie die Schuld zu.

Verkürzte Pronominalsuffixe finden sich ansonsten in *poetischen* Texten der *altbabylonischen* Zeit, wie z.B. dem *Ištar*-Hymnus des *Ammī-ditāna* aus *Babylon:*

a. *-š* (RA 22, S.169-177, Vs., Verse 21.23.25.27; Rs., Vers 4),
b. *-šu-un* (RA 22, S.169-177, Vs., Vers 29; Rs., Verse 1.7.8.9.12),
c. *-šu-nu-ut* (RA 22, S.169-177, Rs., Vers 10)

und dem *Kodex Ešnunna,* wo in *prädikativem* Gebrauch das *apokopierte* Pronominalsuffix *-š* in *ušakmisuš*[234] zu finden ist. Ebenso liefert eine *altbabylonische* Königsinschrift *Išme-Dagāns* von *Isin* einen weiteren Beleg für das verkürzte Pronominalsuffix im Plural *-šu-un*[235] Dazu kommen in *altbabylonischen, nicht-literarischen* Texten noch folgende Belege für die apokopierten Pronominalsuffixe *-ku-nu-ut*[236] und *-ši-na-at.*[237]

---

[229] ders., ebd., S.27.

[230] vgl. z.B. *Sandhi*-Schreibungen.

[231] Eine detaillierte Untersuchung zur dialektologischen Bedeutung einzelner Morpheme steht noch aus.

[232] M. Dietrich, UF 23, S.38, Spruch I.i.3f.

[233] J. Nougayrol, Ug. V, Nr.168, Vs.36'.

[234] Beleg s. AfO 23, 1970, S.66-68.

[235] RIM V, 1.4.9, iii' 5'.

[236] J.B. Alexander, Early babylonian letters and economic texts, BIN VII, New Haven 1943, Nr.49, Z.21; vgl. W. von Soden, Grundriss der akkadischen Grammatik, ANOR 33, Rom 1952, S.44, Anm. 20.

[237] BIN VII, Nr.54, Z.12 .

In *anderen* altbabylonischen *Briefen,* deren Herkunft zum Teil jedoch unbekannt ist, lassen sich dagegen bisher *keine* Belege für *apokopierte* Pronominalsuffixe finden. Es hat sich gezeigt, daß derartige Verkürzungen, weil sie offenbar einem anzunehmenden Gesetz der *gebundenen* [238] Sprache entsprechen, den *nicht-literarischen* Texten in der Regel fremd sind. So weisen auch die *nicht-literarischen* Texte aus *Emār* keine Belege für *apokopierte* Pronominalsuffixe auf. Wenn diese Verkürzungen auch bisher vorwiegend nur in *literarischen* Texten *Babyloniens* zu belegen sind, so werden dialektologische Studien ergeben, daß derartige Verkürzungen als *phonologische* Schreibungen *mundartlich* bedingt sind.

J. Huehnergard klassifizierte die *babylonisch-literarischen* Texte aus *Ugarit* folgendermaßen: „Most of the literary texts exhibit few peripheral Akkadian features, other than in their orthography and phonology, (...), even those elements show few deviations from standard practice in contemporary Mesopotamien texts". [239] Daß dieses teilweise nicht nur für die *zeitgleichen* Texte aus Mesopotamien zu gelten hat, sondern auch hinsichtlich der untersuchten *altbabylonisch-literarischen* Werke, wurde für die *Syllabare* Ugarits und Emārs *statistisch-numerisch* belegt.

Die *babylonische* Dichtung aus *Ugarit, Emār* und *Tell el-'Amārna* entspricht einer „Literatursprache", wie sie auch aus *Mesopotamien* bekannt ist. Dabei ist jedoch zu bedenken, daß die einzelnen Literatur*gattungen* des *Mittelbabylonischen* genauso wenig wie die des *Altbabylonischen* eine *normierte* „Schriftsprache" kennen, auch wenn in ihnen ansatzweise z.B. *phraseologischer* und *strophischer* Aufbau zu beobachten ist. Abstrahiert man jedoch den Begriff „Schriftsprache" auf eine in „Wortschatz und grammatikalischen Regeln als *vorbildlich* angesehene Sprachform einer Kultursprache" [240], so findet man damit den Übergang zu der *babylonischen* Schriftsprache *Mesopotamiens.* Dabei unterliegt jede Kultursprache - auch das „Babylonische" - den unterschiedlichsten sprachlichen Einflüssen. So sind auch in der Dichtung *Mesopotamiens,* wie beinahe in *jeder* Dichtung derartige *lokale* Einflüße zu beobachten - sei diese Dichtung in *semitischen* oder *indogermanischen* Sprachen verfaßt. [241]

So vermittelt dagegen z.B. die deutsche „Bühnenaussprache" zumindest den Eindruck einer einigermaßen *normierten* „Hochsprache". Auch wenn bereits *J.W. von Goethe* 1803 in seinen „Regeln für Schauspieler" den Versuch

[238] Da die *babylonischen* Dialekte *nicht* die Voraussetzungen erfüllen, die die *klassische Philologie* für die Anwendung des Begriffes „Metrik" fordert, wird in diesem Zusammenhang bewußt darauf verzichtet, die Verwendung von *apokopierten Pronominalsuffixen* in der *babylonischen* Dichtung als *metrisch* bedingt zu bezeichnen.

[239] J. Huehnergard, The Akkadian of Ugarit, HSS 34, Atlanta 1989, S.14.

[240] R. Grosse, Hochsprache und Mundart in Gebieten mit fremdsprachigen Bevölkerungsteilen, Berlin 1961.

[241] vgl. Kapitel 5.5.

unternahm, eine *einheitliche Regelung* der deutschen Bühnenaussprache zu treffen, so kann bei der deutschen „Bühnenaussprache" auch heute noch nicht in letzter Konsequenz von einer *normierten* Sprache gesprochen werden. Dafür notwendig wäre ein *ständiger* und *umfassender* Austausch sämtlicher Bühnensprecher, um eine Überprüfung der tatsächlich gesprochnenen Sprache anhand dieser „Norm" zu gewährleisten.[242]

Andererseits haben sich gerade in den *mittelbabylonisch-poetischen* Texten *Westsyriens* diejenigen Sprach-Traditionen gehalten, die *typisch* sind für die *jeweilige* Kulturschicht, in der sie entstanden sind. Da es sich speziell bei der *Thematik* der hier untersuchten Dichtung aus *Ugarit, Emār* und *Tell el-'Amārna* u.a. um die *Reception* älterer, traditionsreicher religiöser, aber auch politischer Inhalte handelt,[243] ergibt sich daraus notwendigerweise eine *Anlehnung* an die zugrundeliegenden Vorbilder. Diese in *Ugarit, Emār* und *Tell el-'Amārna* schriftlich fixierte Dichtung behandelt somit *überregional* interessante Themen, die *bisher* lediglich aus *Mesopotamien* bekannt sind.

Dieses mag einerseits an dem Stand der Überlieferung liegen, andererseits aber auch daran, daß als Schriftträger für die *vor-mittelbabylonische* Zeit *Syriens* auch *Wachstafeln/Papyrus* in Frage kommen, die sich jedoch materialbedingt nicht erhalten haben. Es stellt sich aber die Frage, ob diese *auch* für *babylonisches* Sprachgut gedient haben, oder nur für die *ugaritische* Alphabetschrift. Spezifisch *westsemitische* Inhalte werden in *babylonischer* Sprache dagegen *literarisch* nicht umgesetzt, geschweige denn aktualisiert. Dieses wird im folgenden Schaubild verdeutlicht:

[242] vgl. H. Paul, Prinzipien der Sprachgeschichte, 9. Aufl., Tübingen 1975, S.405ff.

[243] vgl. das *Sargon/šar-tamḫāri*-Epos, J. van Dijk, VS 24, Nr.75, 1987.

	Ugarit					Emār			ʻAmārna	
Sprache	ugaritisch		babylonisch							
Gattung	literarisch	nicht-literarisch	literarisch		nicht-literarisch	literarisch		nicht-literarisch	literarisch	nicht-literarisch
Thematik	*regional*	*regional*	*überregional*	*regional*	*regional*	*überregional*	*regional*	*regional*	*überregional*	*regional*
Stil			*n.-empirisch*	*empirisch*	*empirisch*	*n.-empirisch*	*empirisch*	*empirisch*	*n.-empirisch*	*empirisch*
Schrift	*Alphabetschrift*		*Silbenschrift*							

Tabelle 15: Der Sprachstil der babylonischen Dichtung von *Ugarit*, *Emār* und *Tell el-ʻAmārna*.

	Mesopotamien	
Sprache	babylonisch	
Gattung	literarisch	nicht-literarisch
Thematik	*überregional*	*regional*
Stil	metaphysisch	*empirisch*
Schrift	*Silbenschrift*	

Tabelle 16: Der Sprachstil der babylonischen Dichtung aus *Mesopotamien*.

Die Tabellen 15 und 16 zeigen, daß alle *babylonischen, nicht-literarischen* Texte, wie z.B. Briefe, Kaufverträge, Testamente und Listen, ausschließlich *regionale* Themen behandeln. Diese erfassen also Themen des *alltäglichen* Lebens.

Die mit „überregional" bezeichnete Thematik deckt den *poetischen* Bereich der babylonischen Dialekte ab. Die einzelnen Themen, die literarisch *aktualisiert* werden, entstammen einer gemeinsamen Tradition[244] in Form von diktierten Niederschriften, Abschriften oder Nachdichtungen.

Die Bezeichnungen „empirisch" und „metaphysisch" weisen auf den Bedeutungsinhalt hin. Dabei bedeutet „empirisch", daß die semantische Ausgestaltung der Thematik an allgemeiner Lebenserfahrung orientiert ist. Die mit „metaphysisch" gekennzeichneten Texte verzichten auf diesen *unmittelbaren* Lebensbezug. Dieses wird schon alleine dadurch deutlich, daß in dieser Dichtung vorwiegend entweder *Götter* handelndes Subjekt (NP_0) sind oder doch zumindest stets in Hinsicht auf diese (NP_0) von Menschen gehandelt wird.

Soweit die Tabelle 15 Aussagen zu den *babylonisch-poetischen* Texten macht, sind diese Aussagen noch einmal gesondert in einer Übersicht herausgestellt und anhand der aus *Ugarit, Emār* und *Tell el-'Amārna* überlieferten *literarischen* Texte überprüft. Stellt man dieser Dichtung aus *Westsyrien* die Dichtung *Mesopotamien* gegenüber, so ergibt sich bis jetzt folgendes Bild:

[244] zur sumerischen Tradition vgl. z.B. die S.91,101,104,113 und 132.

Dichtung aus Ugarit	Gültigkeit		Verbreitung		geographischer Bezug[245]
	episch	*archetypisch*	*regional*	*überregional*	
Marduk-Klagehymnus	—	+	—	+	—
Ein Leben ohne Freude	—	+	—	+	Emār, *Sippar*,[246] *Nippur*[246]
Asalluḫi-Beschwörung	—	+	—	+	*Babylonien*
Lobpreis für eine Mutter	—	+	—	+	*Nippur*
Frg. d. Sintfluterzählung	+	—	—	+	*Babylonien*
Ein ungehorsamer Sohn	—	+	+	—	—
Segensgebet f. e. Fürsten[247]	—	+	+	—	Emār
Dialog Šūpē-amēli/Vater	—	+	+	—	Emār

Dichtung aus Emār	Gültigkeit		Verbreitung		geographischer Bezug[245]
	episch	*archetypisch*	*regional*	*überregional*	
Ein Leben ohne Freude	—	+	—	+	Ugarit, *Sippar*[246] *Nippur*[246]
Segensgebet f. e. Fürsten[248]	—	+	—	+	Emār
Palme und Tamariske	—	+	—	+	*Assur*, *Ḫarmal*,[249] *Šaduppum*
Enlil und Namzitarra *und* Der Rat eines Vaters	—	+	—	+	Emār, *Nippur*[246]
Frg. eines lit. Textes	—	+	+	—	Emār
Dialog Šūpē-amēli/Vater	—	+	+	—	Ugarit
Frg. des Gilgameš-Epos	+	—	—	+	*Babylonien*
Frg. des Gilgameš-Epos	+	—	—	+	*Babylonien*

Dichtung aus ʻAmārna	Gültigkeit		Verbreitung		geographischer Bezug[245]
	episch	*archetypisch*	*regional*	*überregional*	
Sargon-Epos	+	—	—	+	*Syrien/Kleinasien*[250]
Adapa und der Südwind	+	—	—	+	*Ninive*[251]
Ereškigal und Nergal	+	—	—	+	*Ninive*[251] *Sultantepe*[252], *Uruk*[253]
Frg. e. lit. Textes	+	—	—	+	*Syrien*? /*Kleinasien*?

Tabelle 17: Die literarischen Texte aus *Ugarit, Emār* und *ʻAmārna.*

Wie aus den Tabellen deutlich zu erkennen ist, behandeln die genannten *poetischen* Texte[254] *überregionale* Themen, d.h. Themen, die weit über die Grenzen *Syriens* hinaus von Interesse waren. So waren diese Themen vor allem

245 über den Fundort hinaus.

246 aB-sumerisch.

247 sumerisch.

248 geschrieben von einem *Dagān*-Priester, dessen Tempel sich wahrscheinlich *nicht* im Stadtgebiet von *Emār* befand.

249 altbabylonisch.

250 s. H.G. Güterbock, Die historische Tradition und ihre literarische Gestaltung bei Babyloniern und Hethitern bis 1200, ZA 42, Berlin 1934.

251 Bibliothek *Assurbanipals* in Ninive.

252 neuassyrisch; O.R. Gurney - J.J. Finkelstein, STT 1, 1957, 28; O.R. Gurney - P. Hulin, STT II, 1964, 113.114; Übersetzung bei M. Hutter, Altorientalische Vorstellungen von der Umwelt. Literar- und religionsgeschichtliche Überlegung zu „Nergal und Ereškigal", Orbis Biblicus et Orientalis 63, Freiburg 1985.

253 spätbabylonisch.

254 Darüberhinaus sind aus *Emār* noch Fragmente anderer Werke erhalten. Diese sind aber zu klein, um sie für diese Untersuchung heranziehen zu können.

verbreitet in *Mesopotamien* und *Kleinasien*. Eine Ausnahme allerdings bildet der „Dialog zwischen *Šūpē-amēli* und seinem 'Vater'". Dieser ist bisher nur *regional* in *Ugarit* und *Emār,* allerdings auch aus *Boğazkale* zu bezeugen, obwohl sein Stil *archetypischen* Charakters ist.

Als Beispiele für *überregional* bedeutsame Dichtungen gelten:

1. das Fragment der *Sintfluterzählung* aus *Ugarit,*
2. die beiden Fragmente des *Gilgameš*-Epos aus *Emār.*

Zu diesen zwei Thematiken sind jeweils auch *altbabylonische* Versionen aus *Mesopotamien* überliefert.[255] Da diese beiden in *Mesopotamien* beheimateten Dichtungen *spätestens* seit der *altbabylonischen* Sprachperiode in teilweise unterschiedlichen Versionen schriftlich fixiert sind, weisen diese aus *Ugarit, Emār* und *Tell el-'Amārna* erhaltenen Texte thematisch nach *Mesopotamien* als *mittelbares* Ursprungsland der in diesen Texten aktualisierten Ideen.[256]

Diese in *Ugarit* und *Emār* überlieferte Dichtung umfaßt Auszüge der zu der damaligen Zeit bedeutendsten Dichtungen *Mesopotamiens.* Wenn diese in *Westsyrien* und in *Tell el-'Amārna* auch Züge einer *eigenständigen* Tradition zeigen, d.h. sie nicht mit den aus *Mesopotamien* überlieferten Versionen als deren Abschriften *unmittelbar* verwandt sein müssen, so läßt sich doch anhand der Fundorte *Ugarit* und *Emār* ein für den gesamten damaligen, keilschriftkundlichen Bereich ein großes Interesse für derartige Thematiken erkennen. In diesem Zusammenhang fällt auf, daß aus *Ugarit* und *Emār* aus dem 14. und 13. Jahrhundert bisher *keine* Zeugnisse für die ebenfalls sehr bekannten Dichtungen *enūma eliš*- und *Etana* Mythen belegt sind. Zu einer möglichen Relevanz dieses Umstands für eine Datierung des *enūma eliš*-Mythos sei an dieser Stelle verwiesen auf die jüngeren Studien *T. Abuschs,*[257] *W.G. Lamberts,*[258] *und W. Sommerfelds.*[259]

---

[255] s. K. Hecker, Untersuchungen zur akkadischen Epik, AOAT/S 8, Neukirchen-Vluyn 1974, S.26-31, S.36.

[256] vgl. J.H. Tigay, The evolution of the Gilgamesh Epic, Philadelphia 1982, S.10-13.

[257] T. Abusch, in: Dictionary of Deities and Demons in the Bible, Leiden 1995, S.1021f.

[258] W.G. Lambert, Akkadische Mythen und Epen, TUAT III/4, Gütersloh 1994, S.569.

[259] W. Sommerfeld, Der Aufstieg Marduks, AOAT 213, Neukirchen-Vluyn 1982, S.174ff.; in: RLA Berlin 1987 - 1990, Marduk, S.365b und S.368b.

5.3 Induktion und Reception der Dichtung *Ugarits*, *Emārs* und *'Amārnas*

Bisher wurde die *Dichtung Ugarits, Emārs* und *Tell el-'Amārnas* in ihren einzelnen Untersuchungseinheiten, wie z.B. *Syllabar, Vokabular* und *Sprachstil* betrachtet. Im folgenden sollen die einzelnen Dichtungen auf ihre Traditionsgeschichte hin untersucht und unter den Begriffen *Induktion* und *Reception* mit und ohne *Adaption* zusammengefaßt werden:

a. So können einige der nachfolgend aufgeführten Texte als „Weisheitsliteratur" bezeichnet werden. Dabei ist, so *W.G. Lambert*, „'Wisdom' (...) a common topic and is extolled as the greatest virtue".[260] Ähnlich wird dieser Terminus von *M. Dietrich* gebraucht, wenn er den Begriff „Weisheitskomposition" für das *Klagelied* „Ein Leben ohne Freude" anwendet: Eine „Komposition (...), die dem Genre der Weisheitsliteratur zugehört":[261]

1. Ein Leben ohne Freude (Ugarit/Emār),[262]
2. Ein ungehorsamer Sohn (Ugarit).[263]
3. Enlil und Namzitarra *und* Der Rat eines Vaters (Emār),[264]
4. Dialog zwischen *Šūpê-amēli*/'Vater' (Ugarit/Emār/Boğazkale),[265]
5. Lobpreis für eine Mutter (Ugarit),[266]

Ihnen gemeinsam ist die Betonung der *Individualität* bestimmter zum Teil mit Namen genannter Personen unabhängig von ihrer *Religiosität*. Dabei bedient sich der Schreiber bei den beiden erstgenannten des *Klageliedes*[267] als Stilmittel und Inhalt. Die drei anderen Dichtungen sind dem Teil der *Individuallyrik* zuzuordnen, der nicht zu der Gattung des „Klageliedes des Einzelnen" gehört.[268]

b. Deutlich von diesen beiden aus *Westsyrien* und *Kleinasien* belegten Textgattungen zu unterscheiden sind folgende Dichtungen:

1. Segensgebet für einen Fürsten,[269]

---

[260] W.G. Lambert, Babylonian Wisdom Literature, Oxford 1960, S. 1.

[261] M. Dietrich, Ein Leben ohne Freude, UF 24, S. 9.

[262] vgl. Kapitel 5.3.4.

[263] vgl. Kapitel 5.3.11.

[264] vgl. Kapitel 5.3.7.

[265] vgl. Kapitel 5.3.6.

[266] vgl. Kapitel 5.3.3.

[267] zu unterscheiden von „Klagelied des Einzelnen" der persönlichen Frömmigkeit.

[268] W.H.Ph. Römer, Die Sumerologie, AOAT 238, Neukirchen-Vluyn 1994, S.181-184.

[269] vgl. Kapitel 5.3.10.

2. *Marduk*-Klagehymnus.[270]

In ihnen wird das Verhältnis zwischen *Individuum* und *Gott* beschrieben. Dabei wird als *Intention* dieser Dichtung die *Religiosität* des Menschen hervorgehoben. Beide Dichtungen besitzen *hymnischen* Charakter.

Den Dichtungen zu *a.* und *b.* gemeinsam ist im Unterschied zu *altbabylonischer* Dichtung *Mesopotamiens,* die *W. von Soden* zusammenfassend als *hymnisch-episch*[271] klassifiziert hatte, eine geistige Vorstellung, die zunehmend die Bedeutung des Menschen als *Individuum* und nicht mehr dessen Stellung innerhalb einer *Gemeinschaft* (d.h. als Gattungsbegriff) sieht. Es wird daher in dieser Studie der Vorschlag gemacht, diese Dichtung - abgrenzend zu den *hymnischen* und *epischen* Werken, wie sie zusätzlich aus *Ugarit, Emār* und *Tell el-'Amārna* tradiert sind, - *Individuallyrik* zu nennen.

c. Als weitere *Textgattungen* sind aus *Ugarit, Emār* und *Tell el-'Amārna* das „Epos" (*Atramḫasis, Gilgameš, šar tamḫāri*), der „Mythos" („Adapa und der Südwind",[272] „Nergal und Ereškigal"[273]) und die „Fabel" („Palme und Tamariske"[274]) überliefert.

Bei der folgenden Analyse werden die *einzelnen* überlieferten literarischen Kompositionen entsprechend ihrer *Gattungen,* wie *„Klagelied (des Einzelnen)", Epos* und *Hymnus* daraufhin untersucht, ob sie *ältere, sumerische* oder *babylonische* Vorlagen aus *Mesopotamien* recipieren, ob sie dann einer Überarbeitung durch den *syrischen* Schreiber unterworfen werden oder aber, ob sie einer *eigenen, westsyrischen* Tradition entstammen. Damit ergeben sich für jeden einzelnen Textzeugen drei mögliche *literaturhistorische* Untersuchungseinheiten:

a. Reception ohne Adaption,
b. Reception mit Adaption,
c. Induktion[275].

---

[270] vgl. Kapitel 5.3.5.

[271] W. von Soden, Der hymnisch-epische Dialekt des Akkadischen, in ZA 40, Leipzig 1931, S.175-S.227.

[272] S. Isre'el, New readings in the Amarna Versions of Adapa and Nergal and Ereškigal, GS R. Kutscher, Tell Aviv 1993, S. 51-67.

[273] vgl. M. Hutter, Altorientalische Vorstellungen von der Umwelt. Literar- und religionsgeschichtliche Überlegung zu „Nergal und Ereškigal", Orbis Biblicus et Orientalis 63, Freiburg 1985.

[274] C. Wilcke, Die Emar-Version von „Dattelpalme und Tamariske", ZA 79, Berlin 1990, S.161-190.

[275] Sie bedingt, daß weder eine *Reception* noch eine anschließende *Adaption* vorliegen kann.

5.3.1 Induktion einer *westsemitischen* Geistesrichtung

Der „Dialog zwischen *Šūpē-amēli* und seinem 'Vater'", der in Form einer Aphorismensammlung aus *Ugarit* und *Emār* erhalten ist,[276] beredtes Zeugnis für das sich allmählich *ändernde, religiöse* Empfinden des Menschen in der zweiten Hälfte des zweiten Jahrtausends.
Auch wenn es von dem „Lobpreis für eine Mutter" eine *ältere* sumerische Version gibt,[277] und somit die Reception in *Emār* als solche natürlich nicht als ein Beispiel für etwas *Neues* gelten kann, so spricht doch wenigstens die *getroffene Auswahl* und das Interesse des Recipienten an dieser Dichtung für sich.

Hinsichtlich der *mittelbabylonischen* Dichtung aus *Ugarit* und *Emār* betrifft diese Feststellung das Textmaterial in seiner *Gesamtheit.*[278] Speziell der *theologisch* intendierte *Marduk*-Klagehymnus, den M. Dietrich als „a general and supra-regional inserted 'incantation against a fatal illness in the name of Marduk in the guise of the incantation-chief Asalluḫi'" klassifiziert[279] aus *Ugarit* belegt diesen traditionsgeschichtlichen *Umbruch* für den *theologischen* Hintergrund der „persönlichen Frömmigkeit" als Aspekt der sich allmählich manifestierenden *babylonischen* „Weisheitsliteratur":

Vs.1′ *lumnu* (N[A]M!.[Ḫ]UL) *it-taš-ka-n[a a]-n[a] ma[ḫ-ri-ia]*
„Böses wurde *mir* zuteil!"

Diese Klage führt schließlich dazu,

Rs.3′ *ša da-la-li* ^d^*Marduk* (AMAR.UTU)
„Marduk (als einem), der zu preisen ist",

zu huldigen und die direkte Wirkung des Gottes *Marduk* auf den eigenen Organismus anzuerkennen:

Rs 4′ [*š*]*a*? *la-a* ^d^*Marduk* (AMAR.UTU) *ša-ru i-na pi-ia it-ta-ṣi-ma<-ku>*
„Ohne *Marduk* würde nur ein Hauch aus meinem Munde kommen!"

Mit dieser Aussage trifft der *babylonische* Dichter genau das, was schließlich im 1. Jahrtausend v. Chr. den Kern der biblischen Schriften „Die Sprüche Salomos" und „Der Prediger Salomo" (Kohelet) ausmachen.[280]

---

[276] vgl. den Kommentar zu der Komposition „Enlil und Namzitarra" und „Der Rat eines Vaters" in Kapitel 5.3.7.

[277] vgl. M. Civil, JNES 23, S. 1-11.

[278] vgl. Kapitel 1.2.

[279] M. Dietrich, Babylonian Literary Texts from Western Libraries, AOAT 42, Neukirchen-Vluyn 1992, S.63.

[280] vgl. z.B. die Sprüche Salomos: 10,32; 15,28; Kohelet 1, 1 und Psalm 119, 43.

Die direkte Erwähnung *ganz bestimmter* Krankheiten gegenüber der Gottheit bleibt aber hier noch aus. Vielmehr gehört auch diese Dichtung zu den *archetypischen* Werken, was soviel heißt, daß ein *jeder* sich dem Kult *Marduks* zugehörig fühlender Leser dieses Lobpreises als „Leidender" verstehen kann.

Die *ostbabylonische* Dichtung wurde, so M. Dietrich, oftmals „nur wegen (ihres) schöngeistigen Charakters, nicht also wegen (ihrer) religiösen Aussagen" im Westen recipiert. „Unter formalem Aspekt - (diente sie) dazu, als Lern- und Lesestoff die gehobene babylonische Sprache besser kennenzulernen, oder - unter inhaltlichem Aspekt - eine neue oder tiefere, weisere Einstellung zum Leben zu gewinnen".[281]

Bedenkt man, daß die aus *Ugarit* überlieferte Marduk/Asalluḫi-Beschwörung *lumnu ittaškana ana maḫrīja* ebenfalls den Charakter eines „Klageliedes des Einzelnen" aufweist, der auch anderen Dichtungen aus *Ugarit* und *Emār* zugrundeliegt und *ostbabylonischer* Dichtung an sich „fremd" ist, so drückt die *babylonische* Dichtung *Westsyriens* - unter inhaltlichem Aspekt - in ihrer „neue(n) oder tiefere(n), weisere(n) Einstellung zum Leben" gerade den *religionsgeschichtlichen* Umbruch,[282] aus, dessen *sprachliches* Mittel ein *anderes* ist, als das der vorwiegend in *Mesopotamien* tradierten *Hymnik.*

A. Ugarit:

5.3.2 Reception ohne Adaption: Fragment der Sintfluterzählung

Mit diesem Fragment der *Sintfluterzählung*[283] ist aus *Ugarit* ein deutliches Beispiel für eine vollständig *adaptionslose Reception ostbabylonischer Dichtung* überliefert. Als *literarische* Komposition, die inhaltlich an das Ende der *dritten* Tafel des *Atramḫasis*-Epos anschließt, stellt dieses Fragment gleichzeitig den bislang ältesten *babylonischen* Textzeugen für das Motiv der *„Rohrwanderzählung"* innerhalb des *Atramḫasis*-Epos dar. Die *literaturgeschichtliche* Vorlage weist nach *Mesopotamien* und zeugt für das große Interesse des in *babylonischer* Sprache schreibenden *westsyrischen* Schreibers an *mesopotamischer* Dichtung.[284] Dieser Sachverhalt spricht jedoch nicht gegen eine schon *längere Überlieferungstradition* wenigstens des *Motives* der *„Rohrwanderzählung"* in *Syrien,* so daß die *Reception* der *Vorlage* nicht zwingend erst als *mittelbabylonisch* zu datieren ist. Diese Argumentationen führen dazu, dieses Fragment hier als *Reception ohne Adaption* anzusprechen.

[281] M. Dietrich, UF 22, S.45.

[282] vgl. hierzu Kapitel 5.10.

[283] vgl. Bearbeitung in Kapitel 7.3.

[284] Th. Kämmerer, Das Sintflutfragment aus Ugarit (RS 22.421), UF 25, 1993, S.189-200.

5.3.3 Reception ohne Adaption: Lobpreis für eine Mutter

Diese Dichtung ist für *Syrien* bisher lediglich in einer Version aus *Ugarit* überliefert. Aus *Emār* findet sich keine Version. *Sumerisch* ist wiederum eine ältere Version aus dem 26. Jahr des *Samsu-ilūna* (1685-1648 v. Chr.) erhalten. Die Version aus *Ugarit* hält sich in ihrer Komposition sehr eng an dieses Vorbild, so daß auch diese *mittelbabylonische* Dichtung in *Ugarit* als „Reception" einer *älteren, sumerischen* Vorlage aus *Mesopotamien* anzusehen ist, wobei sich folgendes Gliederungsschema erkennen läßt:

Vs. 1'- 8' Herzensgüte
Vs. 9'-29' Schönheit
Vs.30'-Rs. 6' Fruchtbarkeit
Rs. 7'-Rs.20' Freude
Rs.21'-Rs.30' Kostbarkeit

Inwieweit zusätzlich *Adaptionen* der *sumerischen* Vorlage an Vorstellungen des Schreibers aus *Ugarit* von ihm vorgenommen wurden, muß an anderer Stelle erörtert werden.

5.3.4 Reception mit Adaption: Ein Leben ohne Freude

Mit diesem Werk verhält es sich etwas anders. Zunächst ist festzustellen, daß zwei *mittelbabylonische* Parallelversionen aus *Ugarit* und *Emār* überliefert sind, die *M. Dietrich* bereits *literaturhistorisch* klassifiziert hat.[285] Bei seiner Bearbeitung dieser Dichtung hat er die *Adaption* dieser Komposition an die *religiösen* Gegebenheiten in *Ugarit* herausgestellt. Im Gegensatz zu der *babylonischen* Version aus *Emār* verzichtet die Version aus *Ugarit* völlig auf die Nennung der dort herbeigesehnten, jedoch schon lange verstorbenen Könige *Alulu, Bazi, Enkidu, Entena, Gilgameš, Ḫuwawa* und *Zizi.*[286] Auch wenn *B. Alster* und *U. Jeyes* in den literarischen Kompositionen der Tafeln *BM 80184*[287] und *BM 80091*[288] sumerische *Vorlagen* für die Version aus *Ugarit* sehen,[289] so bestätigt zwar nach *M. Dietrich* die Version aus *Emār* den „Rückschluß auf eine sumeri-

[285] M. Dietrich, Ein Leben ohne Freude, UF 24, S. 9 - 29.

[286] vgl. M. Dietrich, UF 24, S.10f.

[287] CT 44, Nr.18.

[288] ASJ 8, S. 1 - 11.

[289] B. Alster - U. Jeyes, Acta Sumerologica 8, Hiroshima 1986, S. 1 - 11.

sche Tradition mit dem Thema 'Frühe Herrscher'". Andererseits habe aber „in den Bibliotheken von Ugarit und Emar eine eigenständige Dichtung" [290] existiert, die im Falle der Version aus *Ugarit* schließlich noch einer *Adaption* unterzogen wurde. So ist nicht zuletzt die Reihenfolge der vergleichbaren Sprüche in den *aB-sumerischen* Versionen aus *Mesopotamien* und den *mittelbabylonischen* Versionen aus *Ugarit, Emār* und *Boğazkale* unterschiedlich. Auch wenn die Dichtung „Ein Leben ohne Freude" tatsächlich *ältere sumerische* Vorlagen gehabt haben mag, so zeigt gerade die Anpassung der *theologischen* Aussage der *mittelbabylonischen* Komposition an die Vorgaben in *Ugarit* die *aktive geistige* Auseinandersetzung des *mittelbabylonischen* Dichters mit diesem an sich *älteren* Motiv dieses Textes. Er hat die ihm zugängliche *sumerische* Vorlage nicht etwa nur abgeschrieben und übersetzt, sondern - wie dieses bei den meisten aus *Ugarit* und *Emār* überlieferten Dichtungen der Fall ist - diese „als Ausgangspunkt" für eine *neue literarische Komposition* genutzt. Zumindest diente die *adaptierte Reception* dieser Dichtung aus *Mesopotamien* wiederum dazu, das „Klagelied (des Einzelnen)" als *literarische* Gattung für die *babylonische* Sprache *Westsyriens* zu etablieren. In dieser *literaturhistorischen* Zusammenstellung der Dichtungen aus *Ugarit* und *Emār* ist die Komposition „Ein Leben ohne Freude" also *Reception mit Adaption.*

5.3.5 Induktion: savage-relenting im *Marduk*-Klagehymnus

Diese *literarische* Komposition [291] die bisher nur aus *Ugarit* überliefert ist, stellt eines der *ältesten* „Klagelieder des Einzelnen" dar, die in *babylonischer* Sprache verfaßt und der *persönlichen Frömmigkeit* verpflichtet sind. Auch wenn die Tafel *25.460 mittelbabylonisch* (d.h. ca. 1300) datiert, so erkannte schon J. Nougayrol, daß *Orthographie, Archaismen* und *Stil* den *Archetypen* dieser Dichtung als eine „composition paléobabylonienne ou de plus haute époque << cassite >>" erscheinen. [292] Dieses verdeutlicht u.a. dann auch die enge Verbundenheit dieses Textes mit der seit alters her bekannten *sumerisch-babylonischen Hymnik,* geht das *einleitende* „Klagelied des Einzelnen" schließlich doch in ein *Loblied* auf den Gott *Marduk* über. *Geistes-* und *literaturhistorisch* ist von einer Entwicklung des „Klageliedes (des Einzelnen)" aus der *Hymne* auszugehen. [293]

Zu diesem Text finden sich jedoch weder *aB-sumerische,* noch andere ältere oder zeitgleiche *babylonische* Parallelversionen. Diese fehlenden Parallelversionen stellen nach heutigem Kenntnisstand die Annahme einer *Reception mesopotamischer* Vorlagen in Frage. Eine *Adaption* war ebenfalls nicht notwen-

---

[290] M. Dietrich, UF 24, S.10f.

[291] vgl. die Bearbeitung in Kapitel 7.1.

[292] J. Nougayrol, Textes suméro-accadiens des archives et bibliothèques privées d'Ugarit, Ugaritica V, Paris 1968, S.267.

[293] vgl. hierzu das Kapitel 5.10.

dig. Diese Schlußfolgerung kann auch dadurch nicht beeinflußt werden, daß aus *Mesopotamien* „Klagelieder des Einzelnen" überliefert sind, die in ihrer *Thematik* und ihrem *theologischen Hintergrund* durchaus mit dem „Marduk-Klagehymnus" aus *Ugarit* verglichen werden können.

Die Textzeugen sind *jungbabylonisch*, bzw. erst aus dem *ersten* Jahrtausend nachweisbar und daher viel *jünger*. Diese hier in Betracht zu ziehenden *babylonischen* Werke sind der „Marduk-Hymnus" [294], *Ludlul bēl nēmeqi* [295] und die *babylonische Theodizee* [296]. Diese drei Kompositionen *persönlicher Frömmigkeit* gehören zur Gattung des „Klageliedes des Einzelnen". Allerdings unterscheiden sie sich in ihrem *Stil*. In den folgenden Zitaten werden die *Grundaussagen* dieser drei Dichtungen wiedergegeben:

1. Der Marduk-Klagehymnus:

Vs. 1'. *lumnu* (N[A]M!.[Ḫ]UL) *it-taš-ka-n[a a]-n[a] ma[ḫ-ri-ia]*
Böses wurde mir zuteil!

Vs. 22'. *[i-na mu-u]r-ṣa-am-ra-⌜ṣu a-na-ku ar-ra-sú⌝*
Durch die Krankheit, an der ich erkrankte, schwand ich dahin.

Rs. 8'. *[ša] ili* ([DIN]GIR) *šab-si a-da-al-la-al*
[die (Größe)] des zornig abgewandten Gottes preise ich.

2. Ludlul bēl nēmeqi:

Unverständnis:

II 23. *aḫ-su-us-ma ra-ma-ni su-up-pu-ú tés-li-ti*
Ich selbst dachte an Gebet und Flehen.

Abwendung durch Gott:

I 43. *id-dan-ni ili* (DINGIR)-*i₁₄* ...
Verlassen hat mich mein Gott ...

II 4. *ila al-si-ma ul id-di-na pa-ni-šú*
(Meinen) Gott rief ich, doch er zeigte nicht sein Gesicht.

---

294 W.G. Lambert, 1959/60, S.55-60.

295 Zu einer möglichen Datierung des *Archetypen* von *Ludlul bēl nēmeqi* in die *Kassitenzeit* vgl. W. von Soden, Das Problem der zeitlichen Einordnung akkadischer Literaturwerke, MDOG 85, Berlin 1953, S.23f.

296 ca. 1000 v. Chr.; J. Nougayrol, RB 59, 1952, S.239ff.; Übersetzung: W. von Soden, in TUAT III/1, Gütersloh 1990, S.143-157.

Familie:

I 92. *a-na la šīrī*(UZU)*-šú iš-ku-na-ni kim-ti*
Als einen Fremden behandelt mich meine Familie.

Krankheit:

II 75. *kal pag-ri-ia i-ta-ḫaz ri-mu-tú*
Meinen ganzen Körper hat Fieber befallen.

3. Die Babylonische Theodizee:

Unverständnis:

V 54. ... *i-liš ú-sap-p[a]*
... ich betete zu meinem Gott.

Familie:

I 9. *a-ḫu-ra-[k]u-ma za-ru-ú š[i]m-tum ub-til*
Ein Nachkömmling war ich, (da) starb (mein) Vater.

I 10. *a-ga-rin-nu a-lit-ti i-ta-ar ana erṣet*(KI) *là târi*
Meine Mutter, die mich gebar, ging fort in das Land ohne Rückkehr.

Ratgeber:

I 11. *a-bi u ba-an-ti i-zi-bu-in-ni-ma ba-al ta-ru-u-a*
Mein Vater und meine Mutter liesen mich zurück ohne einen „Ratgeber".

Krankheit und Besitz:

III 29. *ku-bu-uk-ku i-te-niš ba-ṭi-il iš-di-[ḫu]*
Die Kraft wird (mir) schwach, es hört auf der Gewinn.

unerwartetes Gegenteil:

VII 70. *il-la-ku ú-ru-uḫ dum-qí la muš-te-'-u ì-l[i]*
Es gehen díe den Weg des Guten, die Gott nicht suchen,

VII 71. *il-tap-ni i-te-en-šú muš-te-mi-qu šá ì[l-ti]*
(während) díe arm und schwach werden, die zu Gott beten.

4. Dialog zwischen Šūpē-amēli und seinem 'Vater':

XXIII 245. *i-šad-da-ad i-na be-ra-ta za-ru-ú* ^{giš}*elippa*
Es zieht am Wasserlauf der Vater das Schiff,

XXIII 246. *i-na qí-rib ^{giš}dun-ni ra-mi bu-kúr-šu*
(während) im Bett der Erstgeborene liegt.

XXVII 295. *ri-ṣa liš-ku-nu ilū šá id-da-[an]-ni*
Möge der Gott, der mich niederwarf, mir helfen.

In jedem dieser drei Werke wird *Krankheit* beklagt. Sie entsteht, weil eine an sich *schützende* Gottheit sich nun vom Klagenden abwendet. Diese *Gottheit* wird in dem „Marduk-Klagehymnus" [297] und in *Ludlul bēl nēmeqi* mit Namen genannt: *Marduk. Marduk* als Beschwörungspriester *Asalluḫi,* [298] Für *Ugarit* bedeutet dies, daß immerhin in *babylonischer* Sprache ein Textzeuge belegt ist, der sich auf den Gott *Marduk*/Asalluḫi bezieht. Dieses ist insofern bemerkenswert, als daß „die Marduk-Religion in Ugarit (...) nicht allzu tief Wurzeln (hat) schlagen (können). Denn sie stammte aus einer anderen Welt der Frömmigkeit und fand in Ugarit keine Basis zur Verschmelzung." So ist es auch nicht erstaunlich, wenn „Marduk (sich) nicht aus dem Netz der sumero-babylonischen Literatur- und Sprachtradition befreit hat und in die einheimisch ugaritische eingedrungen ist." [299]

Theologisch gesehen, habe sich *Marduk,* so in *Ludlul bēl nēmeqi* und der „Babylonischen Theodizee", vom Klagenden abgewandt, obwohl dieser stets die Riten befolgt und zu seinem Gott gebetet hatte. Es ist nachzuempfinden, daß dieser Mensch sich dann als „ungerecht behandelt" fühlen muß.

Vielleicht deutet auch eine schlecht erhaltene Stelle in der Dichtung „Ein ungehorsamer Sohn", *RS 22.219 + 22.398,* auf ein derartiges Empfinden hin:

Rs. 3 ... *ḫa-ab-[l]u la-a l[e-'i$^?$]*
... dem Unrecht geschah, ohne *Zutun.*

Anzumerken ist aber, daß in diesem Text von *zwischenmenschlichen* Beziehungen die Rede ist und nicht von einem Verhältnis eines einzelnen Menschen zu einer Gottheit.

Aus dem überlieferten Teil des „Marduk-Klagehymnus" erfährt der Leser allerdings nichts darüber, ob der Klagende sich von *seiner* Gottheit *ungerecht* behandelt gefühlt hat. Diese oder eine ähnliche Empfindung, die beim Klagenden zu erkennen wäre, sollte nach dem doch sehr *thematischen* Titel „Der leidende Gerechte" erwartet werden. Dieses *religiöse* Motiv, das es rechtferti-

---

[297] vgl. M. Dietrich, The Hymn to Marduk from Ugarit (RS 25.460), AOAT/S 42, Neukirchen-Vluyn 1992, S.62-67.

[298] s. S.101.

[299] M. Dietrich, Marduk in Ugarit, SEL 5, Rom 1988, S.79; vgl. Kapitel 4.4.1.

gen würde, den „Marduk-Klagehymnus" mit „Der leidende Gerechte" zu überschreiben, ist im Text jedoch nicht zu finden.[300] Auch wenn *J. Nougayrol* in seiner Bearbeitung dieses „Klageliedes des Einzelnen" daraufhinweist, daß sowohl am Anfang, als auch am Ende der Tafel ein größeres Stück abgebrochen ist (jeweils ca. 15 Zeilen), so erklärt doch nicht allein die Tatsache, daß sowohl der „Marduk-Klagehymnus", als auch *Ludlul bēl nēmeqi* und die „Babylonische Theodizee" „Klagelieder des Einzelnen" sind, daß der „Marduk-Klagehymnus" überhaupt ein derartiges Motiv enthalten haben muß.[301]

Im Unterschied zu den beiden anderen Dichtungen befindet sich der Leidende in dem „Marduk-Klagehymnus" im Moment des Schreibens in einem von Wohlwollen bestimmten Verhältnis *Marduks* zu ihm; mit dem Resultat, daß es ihm inzwischen wieder gut geht. Dieses führte dazu, daß er sich in einer Stimmung befand, die es ihm ermöglichte, auf *Marduk*, seinen Gott, einen *Hymnus* zu verfassen. Dieser Lobpreis auf *Marduk* war dem Schreiber ein *höheres* Anliegen, als darüber nachzudenken, aus welchem Grund ihm wohl ein derartiges Übel in der *Vergangenheit* widerfahren sei. Ein Mensch dagegen, dem es *schlecht* geht, denkt viel eher darüber nach, *wieso* es ihm schlecht geht,[302] als ein Mensch, dem es *gut* geht, sich Gedanken über die Gründe eines vergangenen Übels macht. Da es ihm *gut* geht, hat er Grund genug, Gott zu *preisen*. Der *religiöse* Hintergrund, trotz der gemeinsamen *Literaturgattung* des „Klageliedes des Einzelnen", weist doch bei dem *Marduk-Klagehymnus* deutlich in eine andere Richtung als bei *Ludlul bēl nēmeqi* und der „Babylonischen Theodizee". In der „Babylonischen Theodizee" kommt noch hinzu, daß der Leidende auch dem Verlust seiner *Familie*, seiner *Ratgeber* und seines *Besitzes* nachtrauert; die „babylonische Theodizee" bekommt nicht zuletzt dadurch - bedingt durch ihre Datierung um 1000 v. Chr. - einen deutlich *lyrischeren* Charakter. So errinnern einige der Verse an die *Aphorismensammlung* des „Dialoges zwischen *Šūpē-amēli* und seinem Vater".

Die literarische Komposition des „Marduk-Klagehymnus" stellt darüberhinaus die in ihrem Aufbau am *strengsten konzipierte* Form für die *literarische* Ausformung der *theologischen* Aussage der von *W.G. Lambert* gebrauchten Charakterisierung *Marduks:* „savage-relenting" dar.[303] Zum einen ist die gesamte Dichtung bezüglich „savage-relenting" zweigeteilt. Der Schreiber beginnt seinen „Klagehymnus" damit, die Auswirkungen eines Übels, das ihm widerfahren ist, zu beschreiben. So klagt er z.B.:

---

[300] vgl. Buch Hiob.

[301] vgl. den von *J. Nougayrol* entsprechend der Aussage in *Ludlul bēl nēmeqi* und der „Babylonischen Theodizee" für den *Marduk-Klagehymnus* übernommenen Titel „(Juste) Souffrant", Ug. V, S.265.

[302] vgl. *Ludlul bēl nēmeqi*, „Babylonische Theodizee".

[303] s.u.

Vs. 9' *pak-rat kimtu* (IM.RI.A) *a-na qú-⌜ud⌝-du-⌜di⌝ la-ma-dan-ni*
Versammelt ist die Familie, um (den Leichnam) zu salben
vor der Zeit.

Diese Klage führt er über die Vorderseite hinaus, bis zu Rs. 3'. Dort wechselt er den *Gattungstyp* und verfaßt einen *Hymnus* auf den Gott *Marduk*. Wären die beiden ersten Zeilen der Rückseite nicht erhalten, könnte man vermuten, daß es sich eher um zwei *verschiedene* Dichtungen handelt und nicht um *eine* Dichtung bestehend aus *zwei Teilen*.

Andererseits läßt auch der *zweite* Teil dieser Komposition in sich nochmals eine *Zwei*teilung der *stilistischen* Ausgestaltung dieses *Lobliedes* auf *Marduk* erkennen:

Diese wird durch eine *theologische* Aussage deutlich, die man - einen Kommentar *W.G. Lamberts* übertragend - als „savage-relenting", als „wild-barmherzig" bezeichnen kann:[304]

(X) *[š]a im-ḫa-ṣa-an-ni ù i-re-mi-ni!*
⌜ú⌝-qí-la-an-ni ù ir-ku-sa-an-⌜ni⌝
[i]ḫ-pa-an-ni ù iš-mu-ṭá-⌜an⌝-ni
15' *⌜ú⌝-par-ri-ra-an-ni* <*ù*> *ú-dáb-bi-qa-an-ni*
(XI) *it-bu-⌜ka⌝-an-ni ù i-si-pa-an-ni*
id-da-an-ni ù ú-ša-aq-qa-an-ni

(X) [(*Marduk* ist der,) der] mich schlug und sich meiner (wieder) erbarmte,
[d]er mich zu Fall brachte und mich (wieder zur Gesundung) verband,
(der) mich zerschlug und mich (wieder aus der Not) riß,
15' der mich kraftlos machte <und> mich (wieder) zusammenfügte,
(XI) der mich hinstreckte und mich (wieder) einsammelte,
der mich fallen ließ und mir (wieder) aufhalf.

So kann die Bezeichnung „savage-relenting" sowohl auf die jeweiligen Satzpaare im *zweiten* Teil, als auch auf den Stil der *gesamten* Dichtung angewendet werden. Der Beschreibung der *Auswirkungen* des *lumnu* im ersten Teil dieser Dichtung liegt eine *Klage* zugrunde, die jedoch nur noch mit der Bemerkung:

Vs. 1' *lumnu* (N[A]M!.[Ḫ]UL) *it-taš-ka-n[a a]-n[a] ma[ḫ-ri-ia]*
„*Böses* wurde *mir* zuteil"

erhalten ist. Diese Klage, die sich aus dem geänderten *religiösen* Verhältnis des Menschen zu *Gott* ableiten läßt[305] - der *babylonische* Mensch sieht sich seit der Wende von der *altbabylonischen* zur *mittelbabylonischen* Zeit immer

---

[304] W.G. Lambert, Some new Babylonian wisdom literature, FS Emerton, Cambridge 1995, S.32.

[305] vgl. den Begriff „persönliche Frömmigkeit".

mehr als *Individuum,* als ein Teil eines *Kollektives,* - wird verursacht durch „severity" des Gottes *Marduk.* Der *erste* Teil dieser Komposition kann daher als „Auswirkungen von *Marduks severity*" bezeichnet werden. Der *zweite* Teil allerdings stellt einen „Lobpreis auf *Marduks relenting*" dar:

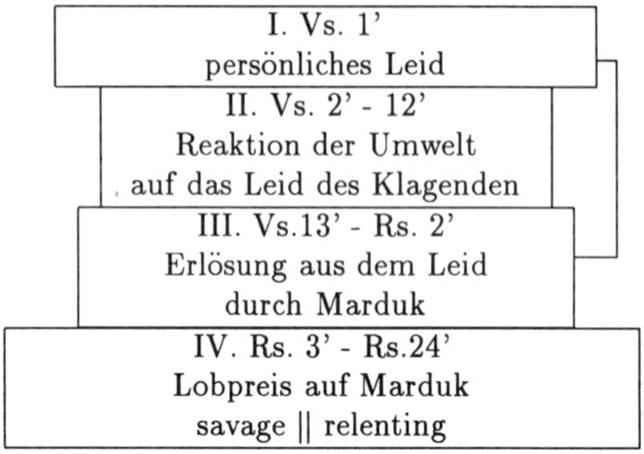
I. Vs. 1'
persönliches Leid
II. Vs. 2' - 12'
Reaktion der Umwelt
auf das Leid des Klagenden
III. Vs.13' - Rs. 2'
Erlösung aus dem Leid
durch Marduk
IV. Rs. 3' - Rs.24'
Lobpreis auf Marduk
savage || relenting

W.G. Lambert erkannte, daß insbesondere *Ludlul bēl nēmeqi* das Thema „severity, then goodness"[306] aufweist:

Whose fury surrounds him like the blast of a tornado,
Yet whose breeze is as pleasant as a morning zephyr,
His anger is irresistible, his rage a hurricane,
But his heart is merciful, his mind forgiving ...

W.G. Lambert gab damit den für ihn *ältesten* und *einzigen* Beleg für die *literarische Ausformung* der Aussage „savage-relenting". Dadurch, daß er feststellte, daß diese „doctrine (...) was commonly applied to Marduk in the period in which *Ludlul* was composed",[307] unterstrich er die *theologische* Bedeutung dieser Aussage. Für die Datierung ist zudem wichtig, daß *W.G. Lambert* in dem Personennamen Mir-šà-kušu$_4$, der zuerst in der *Ur*-III-Zeit (ca. 2046-1939 v. Chr.) und schließlich in der Götterliste An = Anum II 181 und im *enūma eliš*-Mythos, Tafel VI, Vers 137, nachzuweisen ist, ebenfalls das „savage-relenting" wiederfand.

Darüberhinaus findet sich das Motiv des „savage-relenting" bezogen auf *Marduk* auch in dem gut erhaltenen, *kassitenzeitlichen Marduk*-Hymnus:[308]

[306] W.G. Lambert, ebd. S.32.

[307] ders., ebd., S.33.

[308] vgl. W.G. Lambert, AfO 19, 1959/60, S.55.

11 *dMarduk* ([DINGIR.AMAR.UTU]) [... *ug-gu-uk-ka te-li-'-i*] *ka-a-šá*
Marduk, In Deiner Wut kannst Du liebenswürdig sein.

17 *re-mé-nu lib-bu-uk* (...)
Barmherzig ist Dein Herz ...

Auf eine Erwähnung des *mittelbabylonischen* „Marduk-Klagehymnus" aus *Ugarit* in diesem Zusammenhang verzichtete *W.G. Lambert* allerdings in seinem Artikel.

Wenn auch der *Archetypus* der Dichtung *Ludlul bēl nēmeqi,* so W.G. Lambert, in der *zweiten* Hälfte des *zweiten* Jahrtausends entstanden sein mag, so liegt mit dem „Marduk-Klagehymnus" für den *theologischen* Aspekt „savage-relenting" ein Textzeuge vor, der als *Original* aus dem 13. Jahrhundert v. Chr. erhalten ist, sein *Archetypus* aber älter, vielleicht sogar *altbabylonisch* datiert.

Viel bemerkenswerter aber ist die Tatsache, daß dieser Nachweis einem Text entstammt, dessen Herkunft - anders als *Ludlul bēl nēmeqi* - eindeutig in *Westsyrien,* in *Ugarit* liegt. Dabei handelt es sich außerdem um eine Komposition, die, wie es scheint, als ganze *nicht* aus *Mesopotamien recipiert* und *adaptiert* wurde. Allerdings steht die Verwendung dieses *literarischen* Motives in unmittelbarem Kontext zu der Nennung des Gottes *Marduk.* Auch wenn im Falle des „Marduk-Klagehymnus" ein *hypostatisches* Verständnis des Namens *Marduk* und einer sich daraus resultierenden Verehrung zu überlegen ist,[309] so ist zumindest die Namensgebung aus *Babylonien,* dem Hauptverehrungsgebiet des Gottes *Marduk,* adaptiert worden. Da allerdings schon *W.G. Lambert* den *religionsgeschichtlichen* Zusammenhang zwischen der *literarischen* Ausformung von „savage-relenting" in *babylonischer* Dichtung[310] und der Nennung des Gottes *Marduk* aufgezeigt hat, ist eher davon auszugehen, daß auch dieses *literarische* Motiv (savage-relenting) in dem „Marduk-Klagehymnus" aus *Babylonien recipiert* wurde.

Unabhängig von der Frage nach einer möglichen *Reception* oder *Induktion* des „Marduk-Klagehymnus" ist damit der bisher *älteste* Beleg für die *literarische Ausformung* dieses Themas in *babylonischer* Dichtung von *persönlicher Frömmigkeit* gefunden.

Erst in *nach-altbabylonischer* Dichtung lassen sich zusätzlich zu den von *W.G. Lambert* genannten, *weitere* Belege für das *literarische* Motiv *savage-relenting* in Bezug auf den Gott *Marduk* nachweisen:

---

309 vgl. *Marduk* als Beschwörungspriester *Asalluḫi,* s. S.101.

310 vgl. z.B. *Ludlul bēl nēmeqi.*

AfO, S.55-60:

11 *ᵈMarduk*([DINGIR.AMAR.UTU]) [... *ug-gu-uk-ka te-li-'-i*] *ka-a-šá*
Marduk, in Deiner Wut kannst Du ... sein.

12 [*x*] *x* [... *ki-i a-bi r*]*e-mu-uk*
... Dein Mitleid wie ein Vater.

Diese Belege stehen nicht im Kontext zur *persönlichen Frömmigkeit*, da es sich in dieser *nicht-lokalisierbaren Hymne* um Beschreibungen des Gottes *Marduk* handelt und nicht wie in dem „Marduk-Klagehymnus" um eine *personbezogene Handlung* des Gottes *Marduk*. Dieser Unterschied besteht auch zu *Ludlul bēl nēmeqi*. Dort wird ebenfalls der Gott *Marduk* mit „savage-relenting"-Attributen belegt und nicht sein mögliches *gegensätzliches* Verhalten gegenüber einem *Individuum*.

Für die *Traditionsgeschichte* des „Marduk-Klagehymnus" als ganzes ist zu bemerken, daß zwar die Nennung des Namens *Marduk* zusammen mit dessen Verehrung als „savage-relenting" aus *Babylonien* recipiert, dieses *literarische* Motiv aber in das *religiöse* Verständnis der *persönlichen Frömmigkeit* derart eingebettet wurde, daß man wohl kaum von einer *Adaption* im herkömmlichen Sinne sprechen kann, wie z.B. bei dem *Klagelied* „Ein Leben ohne Freude".[311]

Mit dem *mittelbabylonisch* erhaltenen „Marduk-Klagehymnus" liegt eine *Literaturgattung*[312] vor, deren *theologischer Hintergrund* in dieser Studie als „Phänomen der ausgehenden *altbabylonischen* Zeit" beschrieben wird. Es hatte sicher einige Zeit bis zu einer entsprechenden *literarischen* Umsetzung bedurft. So datiert der *Archetypus* dieses derart *prägnanten* Beispieles eines „Klageliedes des Einzelnen" sicher *nicht wesentlich älter* als *mittelbabylonisch.*[313]

Es kommt hinzu, daß die *theologische* Aussage der *persönlichen Frömmigkeit* als Bestandteil der *Individuallyrik* bislang erst seit *altbabylonischer* Zeit[314] belegt werden kann.[315] Dieses gilt sowohl für die *babylonische,* als auch für die *sumerische* Sprache. *J. Klein* schreibt zur *Datierung* dieser speziellen Form der Religiosität: „How old is this hypothetical cultic literatur? All duplicats 'Man and his God' stem from the OB period, and no earlier examples of Sumerian

311 vgl. M. Dietrich, UF 24, 1992, S. 9 - 29.

312 vgl. M. Dietrich, AOAT 42, S.62f., der bereits die Bedeutung dieses Klagehymnus als „Asalluḫi-Beschwörung" erkannt hat.

313 vgl. W. Sommerfeld: Die „entsprechende Vorlage (ist) nicht zeitgenössisch, sondern in einer früheren, vielleicht sogar der altbab. Zeit entstanden," Der Aufstieg Marduks, AOAT 213, Neukirchen-Vluyn 1982, S.201.

314 geschah dieses unter westsemitischem Einfluß?

315 vgl. den Gottesbrief aus Tellō *AO 4318*, F. Thureau-Dangin, Contrats et Lettres, TCL 1, Nr.9; bearbeitet durch F.R. Kraus, Ein Altbabylonischer Privatbrief an eine Gottheit, RA 65, Paris 1971, S. 27-36.

cultic or literary individual prayers are known to me."[316] Hieraus folgert *J. Klein,* daß „However, this does not mean that 'individual prayers' and 'individual psalms of complaint' (d.h. „Klagelied des Einzelnen") did not exist in the Sumerian cult, prior to the OB period!"

Mit der Dichtung *Ugarits* und *Emārs* liegen vermehrt *datierbare* Belege für „Klagelieder des Einzelnen" als Ausdruck der „persönlichen Frömmigkeit" vor. Eine mögliche *Entstehung* des *Archetypus* dieser Dichtung wäre durchaus auch in *Mesopotamien* unter *westsemitischen* Einfluß denkbar. Allerdings scheint das „Klagelied des Einzelnen" speziell in *Ugarit* und *Emār* weitertradiert worden zu sein, während es unter *kassitischer* Vorherrschaft in *Mesopotamien* an Bedeutung verliert.

Für eine *literaturhistorische* Einordnung des in diesem Kapitel untersuchten „Marduk Klagehymnus" ergibt sich schließlich, diesen als eine *eigenständige,* einer *westsemitischen Tradition* verpflichtete Komposition zu bewerten, die lediglich *einzelne Motive* recipiert. Der „Marduk-Klagehymnus" wird daher hier unter Punkt *c.* (Induktion) eingeordnet.

5.3.6 Induktion: Dialog zwischen *Šūpē-amēli* und seinem Vater

Ähnlich wie bei der Komposition „Enlil und Namzitarra" und „Der Rat eines Vaters"[317] ist auch diese Dichtung *literaturhistorisch* als Ergebnis einer *Tradition* „westbabylonischer" Dichtung aufzufassen und besitzt nach Forschungsstand weder *mittelbabylonische,* noch *ältere* Parallel-Versionen in *Mesopotamien.*[318]

D. Emār:

5.3.7 Reception mit Adaption und Induktion: Enlil und Namzitarra und Der Rat eines Vaters

Wie die Komposition „Ein Leben ohne Freude" besitzt die „Einleitung" zu diesem Text einen *aB-sumerischen* Vorläufer.[319] Die *mittelbabylonische* Tafel

---

[316] J. Klein, 'Personal God' and Individual Prayer in Sumerian Religion, AfO Bh. 19, Horn 1981, S.299.

[317] Dieser Mythos und diese Dichtung zeigen neben der *Reception* einer *aB-sumerischen* Vorlage in ihrer Gesamtkonzeption deutlich Eigenleistungen des *syrischen* Schreibers; vgl. Kapitel 5.3.7

[318] Parallel-Versionen finden sich desweiteren aus *Emār* und *Boğazkale*; s. die Bearbeitung durch M. Dietrich, UF 23, Neukirchen-Vluyn 1991, S.33-68; vgl. hierzu auch die *literaturhistorisch* bisher kaum untersuchte *sumerische* Aphorismensammlung „Der Rat des Šuruppak", bearbeitet durch B. Alster, The Instructions of Šuruppak. A Sumerian Proverb Collection, Mesopotamia II, Kopenhagen 1974 und C. Wilcke, ZA 68, 1978, S.196-232; übersetzt von W.H.Ph. Römer, TUAT 3/1, S.48-67; erhalten ist dieses Werk u.a. in einer Abschrift von ca.2500 v. Chr. aus *Abū Ṣalābīḫ.*

[319] vgl. J. Klein, ASJ 12, S.58.

aus *Emār* hingegen enthält neben einer *adaptionslosen, babylonischen* Übersetzung einer jüngeren *sumerischen* Version einen *zweiten* Teil, der, so *J. Klein,* eine durchdachte *literarische* Fortführung des ersten Teiles wiedergibt.[320] Der Schreiber dieser Tafel gebraucht für die Sprache des zweiten Teils seiner Komposition den literaturhistorisch *jüngeren* Stil der *Weisheitsliteratur,* in der die *Beziehung zeitgleicher Personen zueinander und zu ihrer Umwelt* vielfälltig formuliert wird. Anders als bei der Weisheitsliteratur verhält es sich bei dem „Klagelied des Einzelnen", in dem als *literarischer* Übergang zwischen *Hymne* und *lyrischer* Komposition in erster Linie das Verhältnis zwischen *Individuum* und *Gott* angesprochen wird, und die *Hymne* noch ausschließlich die *Größe der Gottheit preist.*

So heißt es in dem *zweiten* Teil der Komposition „Enlil und Namzitarra" und „Der Rat eines Vaters" gemäß der literarischen Grundidee:

i29′ *lu*! *-na-i-id a-ba-ku-nu ši-ba*
ša mil-ka id-di-na binū (DUMU.MEŠ)*-šu*

Ich will preisen Euren alten Vater,
der den Rat gab, (Ihr) seine Söhne!

Hinzu kommt, daß dieses Motiv sehr stark an die Aphorismensammlung des „Dialoges zwischen *Šūpē-amēli* und seinem 'Vater'" errinnert und damit wahrscheinlich einer Tradition *Westsyriens* entstammt. Dort war die *Lyrik* als neue *Textgattung* einer neuen *theologischen, geistigen* Aussage entwickelt worden. Es finden sich für diesen *zweiten* Teil dieser *mittelbabylonischen* Dichtung aus *Emār* keine *älteren* Parallelversionen oder solche, die *zeitgleich* sind und aus *Mesopotamien* stammen. Somit unterliegt der *erste Teil* dieser Komposition einer *Reception* aus dem *Osten,* ihr *zweiter* Teil allerdings ist als *Induktion* durch den *syrischen* Schreiber anzusehen. Dieser wiederum schließt sich thematisch sehr eng an den aus altbabylonischer Zeit überlieferten Mythos „Enlil und Namzitarra" an. So kann gut gezeigt werden

Während J. Klein in seinem Artikel „The 'Bane' of Humanity" vor allem auf die Paralellität zwischen den Versen i/ii 23' und Genesis 6:3 eingeht, soll hier gezeigt werden, welcher kompositorische und inhaltliche Übergang zwischen der in *Emār* recepierten *aB-sumerischen* Version von „Enlil und Namzitarra" und den von dem Schreiber aus *Emār* in *babylonischer* Sprache unmittelbar angefügten Zeilen besteht, die den Rat eines Vaters an seine Kinder wiedergeben. Auch scheint es zumindest unwahrscheinlich, daß der mB Schreiber aus *Emār* auf derselben Tafel zwei Dichtungen wahllos aneinandergefügt hat, zumal da bei einer Textanalyse deutliche Gemeinsamkeiten in der Aussage beider Dichtungen zu erkennen sind.

---

[320] vgl. hierzu auch die Einleitung in Kapitel 1.1.2.

Wie bereits *M. Civil* und *J. Klein* in ihren Bearbeitungen dieser Dichtung[321] herausgearbeitet haben, stellen die folgenden Verse die Kernaussage des Mythos „Enlil und Namzitarra" dar:

19 kù ḫé-tuku za ḫé-tuku gud ḫé-tuku udu ḫé-tuku
20 u_4 nam-lú-u_{18} (GIŠGAL)-lu al-ku-nu
21 níg-tuku-zu me-šè e-tùm-ma

(Enlil:)
19 „Soviel Silber, Edelsteine, Rinder (und) Schafe Du (auch) haben magst,
20 die Tage der (einzelnen) Menschen neigen sich (doch) zum Ende.
21 Dein Reichtum, wohin führt er Dich?

Diese Aussage wird in der aus *Emār* sowohl in *sumerischer,* als auch in *babylonischer* Sprache überlieferten Version durch die sich dort anschließenden Verse präzisiert:

19' Die Tage der Menschen [neigen sich:]
20' Wahrlich, Tag für Tag werden sie gering[er].
21' Wahrlich, Monat für Monat werden sie gering[er].
22' Wahrlich, Jahr für Jahr werden sie gering[er].
23' 120 Jahre sind den (einzelnen) Menschen vorbehalten,
(sind) deren Existenz.

Der Mensch mag soviel Reichtum anhäufen, wie immer er auch will, nach spätestens 120 Jahren[322] wird er diesen Reichtum verlieren. Vielmehr soll sich der Mensch - in diesem Falle Namzitarra und dessen Erben - auf seine Religion besinnen und regelmäßig in den Tempel Enlils gehen:

26 é lugal-za-ka è-a
27 ibila-zu é-gá si-sá-e ḫé-en-dib-dib-bé-ne

26 Aus dem Hause Deines Herrn kommend,
27 sollen Deine Erben regelmäßig in meinen (d.h. Enlils) Tempel gehen!"

In der *aB-sumerischen* Version bleibt es bei dieser Forderung Enlils. In der sich unmittelbar anschließenden und nur in *babylonischer* Sprache erhaltenen Version aus *Emār* führt der Schreiber die Aussage der aB Version folgerichtig weiter, allerdings verläßt er die literarische Ebene des *Mythos* und bedient sich derjenigen eines *Lobgesangs* auf einen ratgebenden Vater. Der *Mythos* geht hier unmittelbar über in *Weisheitsliteratur,* und es darf nicht erstaunen, daß weder aus *alt-* noch *mittelbabylonischer Zeit* diese *dichterische* Fortführung des

321 vgl. W.G. Lambert, A New Interpretation of *Enlil and Namzitarra,* Or 58, Rom 1989, S.508f.; H.L.J. Vanstiphout, Some Notes on „Enlil and Namzitarra", RA 74, Paris 1980, S.67-71.

322 vgl. hierzu die Belege für *dāru(m)* II „Menschenalter".

Mythos „Enlil und Namzitarra" erhalten ist. Denn es entspricht die hier vorliegende Überlieferung dieser Komposition doch sehr genau der in dieser Studie dargestellten *Traditionsgeschichte* Westsyriens.

Da der *weisheitsliterarische* Teil dieser Komposition, „Der Rat eines Vaters", *unmittelbar* an den Mythos „Enlil und Namzitarra" anschließt, ist die Version aus *Emār* an dieser Stelle *vollständig* erhalten und somit der „Rat" des Vaters nur *mittelbar* formuliert. Eine nicht näher bezeichnete, *dritte* Person richtet sich an die Söhne dieses Vaters, dessen Name nicht genannt wird. Auch ist nicht bekannt, ob es sich bei der diesen Rat übermittelnden Person um einen Mann oder eine Frau handelt. Immerhin muß diese Person der Familie sehr nahegestanden haben, spricht doch der Vater über seine ganz persönlichen Vorstellungen, nämlich darüber, was geschehen wird, wenn er einmal stirbt. Eine der Möglichkeiten, um wen es sich bei dieser Person handeln kann, ist, daß hier der Schreiber selbst spricht. Damit wären weitere Anhaltspunkte für die Bedeutung der Aneinanderreihung beider Dichtungen gewonnen.

Es läßt sich mit der Lesung *lu-na-i-id a-ba-ku-nu ši-ba* „Ich will preisen Euren alten Vater" in Z.29' durch J. Klein das ungefähre Lebensalter des Vaters ermitteln. Er sieht seinen Tod nahen und berichtet nun seinen Söhnen, was *er* glaubt, daß ihm als einem Mann mit einer *ellītu padattu,* einer „kultisch reinen Gestalt" [323] nach seinem Tode geschehen wird.

Nach dieser Redeeinleitung beginnt der Rat des Vaters an seine Söhne mit einer Beschreibung der Totenwelt und dem Weg dorthin. Die Übersetzung J. Kleins: „Let the people remember my death" [324], die dem Rat des Vaters eine bestimmte Intention nahelegen würde, nämlich daß die Menschen sich auch nach seinem Tode an ihn errinnern mögen, ist ungewiß, da der Anfang der Zeile abgebrochen ist und nicht die Spuren eines *liz* wiedergeben. Die Reste des ersten Zeichens deuten eher auf KA/SAĞ, wie D. Arnaud bemerkt. [325] Damit ist der eigentliche Rat des Vaters nicht erhalten und befindet sich in dem abgebrochenen Teil am Ende der Tafel. Weniger die Errinnerung an den Vater mag eine Rolle gespielt haben, als die Fortführung des Mythos von „Enlil und Namzitarra". Nicht zufällig hat der Schreiber dem Mythos „Enlil und Namzitarra", dessen Intention durchaus bekannt und verständlich ist, [326] die erhaltenen Passagen eines babylonischen Weisheitstextes, der deutlich z.B. an den „Dialog zwischen *Šūpē-amēli* und seinem 'Vater'" und die Prosa-Dichtung „Ein ungehorsamer Sohn" errinnert, [327] angefügt. Dieses hat er wahrscheinlich nur getan, weil die Aussagen beider Teile miteinander übereinstimmen. Wo in

[323] vgl. S.226, Vers 40'.

[324] J. Klein, The 'Bane' of Humanity, S.67, Z.37'.

[325] D. Arnaud, Emar VI.4, S.370, Anm. 37'.

[326] vgl. J. Klein, The 'Bane' of Humanity.

[327] vgl. weiterhin z.B. die *ägyptische* Aphorismen-Sammlung des Ptah-hotep aus der Zeit der 5. Dynastie im 25. Jahrh. v. Chr. und die *sumerische* Aphorismensammlung „Der Rat des Šurrupak".

der sumerischen Version von „Enlil und Namzitarra" der Wert des Kultes gegenüber „irdischen Reichtümern" wie „Silber, Edelsteine, Rinder (und) Schafe" (sumerische Fassung, Z.19') angesprochen wird, bilden in dem babylonischen Teil ebenfalls Phrasen wie *maḫ-ru-ti-šu ši-ma* (rechte Columne, Z.33') und *a-di ṭar-dá-ku ip-la-ḫu-ka* (rechte Columne, Z.35') die Kernaussage. Sie sprechen das Verhältnis „irdisches Leben" gegenüber „Leben nach dem Tode" an. Diese Aussagen beziehen sich aber auf beide Elternteile, da, wie es scheint, die *mittelbabylonische* Version wiederum zweigeteilt ist: Sie beginnt mit einer Vision des Vaters hinsichtlich seines Lebens nach dem Tode und geht über in allerdings bislang nur sehr schwer zu verstehende Aussagen über das Leben einer Mutter. Der unmittelbare Zusammenhang beider Textpassagen ist damit gegeben. Es wird außerdem davon ausgegangen, daß die erwähnte Mutter ihren Ehemann überleben wird. Analog zu zahlreich erhaltenen Testamentsurkunden u.a. auch aus *Emār* werden die Kinder - hier indirekt - aufgefordert, ihre Mutter nach dem Tode des Vaters zu „ehren" (Z.35'):

Es wird - und das wurde bereits in UF 26, 1994, ausführlich erörtert - „eine zusätzliche oder auch nur wahlweise Regelung der zukünftigen Beziehung zwischen der den Beurkunder überlebenden *Ehefrau*, und weiteren eigenen Kindern mit dem Gebrauch von *palāḫu(m)* getroffen." [328] Die Kinder - hier sowohl Söhne, als auch Töchter (Z.34') - haben ihre *Mutter* zu „ehren"; wofür in dieser Dichtung gleich wie in den aus *Emār* erhaltenen Testamenten das Verb *palāḫu(m)* verwendet wird. Anders als in den Testamenten, wo mit *ki-i-me-e PN arki* (EGIR-*ki*) *ši-im-ti ub-ba-lu,* als Phrase für „sobald PN gestorben ist" auf den Ahnenkult eingegangen wird, [329] gebraucht der Schreiber in der Prosa-Dichtung „Der Rat eines Vaters" in Z.35' die Phrase *a-di ṭar-dá-ku i-pa-la-ḫu-ka.* Auch in diesem Fall werden der Ahnenkult und damit die „Bereiche der Totenpflege, der Totenverehrung, der Totenbeschwörung und die Vorstellungen von der jenseitigen Existenz des Toten" angesprochen. Folgerichtig wird hier das Lexem *palāḫu(m)* und nicht das ebenfalls in den Testamenten belegte Lexem *wabālu(m)* verwendet, was aber dort die „materielle Versorgung" der Mutter bezeichnet.

Damit liegt mit „Enlil und Namzitarra" und „Der Rat eines Vaters" eines der wenigen Beispiele für eine mehrere Jahrhunderte alte Komposition vor, die von einem Schreiber in einem aktualisierten Stil, nämlich der Prosa-Dichtung der Weisheitsliteratur sinngemäß fortgeführt wurde und daher hier die Begriffe „Reception mit Adaption und anschließender Induktion" beispielhaft Anwendung finden.

---

[328] Th. Kämmerer, Zur sozialen Stellung der Frau in *Emār* und *Ekalte* als Witwe und Waise", UF 26, Neukirchen-Vluyn 1994, S.201.

[329] vgl. Th. Podella, Ṣôm-Fasten, in AOAT 224, Neukirchen-Vluyn 1989, S.86; J. Tropper, Nekromantie, AOAT 223, Neukirchen-Vluyn 1989, S.82.

5.3.8 Reception mit Adaption: Palme und Tamariske

Mit der Fabel „Palme und Tamariske" liegt aus *Emār* ein Textzeuge vor, dessen *Archetypus altbabylonisch* datiert. So findet sich der früheste Nachweis für diese Dichtung in *Tell Ḫarmal* im *Diyala*-Gebiet. Damit ist dieser Text in *Emār recipiert* worden. Desweiteren finden sich sogar *Motiv-Adaptionen* durch den *syrischen* Schreiber:

Er d 6 *i-na pa-na-ma šarruttu* (LUGAL-*ut-tu*) *i-na māti* (KUR-*ti*)
ul ib-ba-aš-ši u be-lu-tu a-na ilī (DINGIR.MEŠ) *šar-ka-at*
TH 6 ⸢*i-na pa*⸣*-ni* [*a-n*]*a šu-te-ši-ir ma-tim gu-šu-úr ni-ši i-bu ša-ra-am*

E Davor gab es im Land kein Königtum und die Herrschaft war den Göttern geschenkt.
TH Früher ernannten sie für das in Ordnung-Halten des Landes, das Überlegenstark-Machen der Menschen einen König.

Diese zwischen *Tell Ḫarmal* und *Emār* differierenden Belege für den Übergang der „Gottes-Herrschaft" zum „Menschen-Königtum" z.B. zeugen für zwei unterschiedliche Traditionen der *literarischen* Umsetzung. Auch wenn es sich bei der Fabel von der „Dattelpalme und der Tamariske" nicht um einen *religiös* intendierten Text handelt, ist die Version aus *Emār* einer Vorlage gefolgt, die in wesentlichen Zügen nicht der Version aus *Tell Ḫarmal* entspricht.[329] Eine *direkte Reception* der Version aus *Emār* von dieser wesentlich *älter* datierenden Version aus *Tell Ḫarmal* kann folglich nicht bestätigt werden. Aus Gründen wissenschaftlicher Sorgfalt wird diese Fabel hier als *Reception mit Adaption* klassifiziert.

5.3.9 Induktion: Dialog zwischen *Šūpē-amēli* und seinem 'Vater'

s. den Kommentar zu der Version aus *Ugarit* auf S.113.

5.3.10 Induktion: Segensgebet für einen Fürsten

Da es bislang auch für diese Dichtung weder *ältere* noch *zeitgleiche* oder *jüngere, sumerische* oder *babylonische* aus *Syrien* oder *Mesopotamien* stammende Parallelversionen gibt, kann dieser Text nicht als Reception einer Version aus *Mesopotamien* aufgefaßt werden. Er besitzt zwar deutlich *hymnischen* Charakter:

[329] vgl. M. Dietrich, *ina ūmi ullūti* „An jenen (fernen) Tagen", AOAT 240, S.60-66.

Vs. 1 *bu-luṭ be-li ūmū* (U_4.MEŠ)-*kà li-ri-ku*
5 *ilānu* (DINGIR.MEŠ) (KALAM.MA) (:) *ša ma-ti li-ik-ru-ba-ak-*ku_8

Vs. 1 Lebe, mein Herr! Deine Tage mögen lang sein.
5 Die Götter des Landes mögen Dich segnen.

Doch deutet nichts daraufhin, daß nicht auch die Textgattung der *Hymne* in *Syrien* entsprechend *tradiert* und *gepflegt* wurde. Allerdings werden in diesem Loblied Götternamen zitiert, wie sie vor allem aus *Mesopotamien* bekannt sind. Auch wenn dieser Text zwar nicht als ganzer aus dem Osten *recipiert* worden ist, so ist er doch zumindest in seiner Motivwahl eng verwandt mit der Hymnik *Mesopotamiens*. Ihm ist gemeinsam mit *sämtlichen* anderen Dichtungen *Ugarits, Emārs* und *Tell el-'Amārnas* der Gebrauch ausschließlich *ostbabylonischer* Götternamen.[330] In Kapitel 5.2 unter Punkt *h.* wurde bereits auf die Frage, wie ein *syrischer Dagān*-Priester für seinen Herrn von *ostbabylonischen* Göttern *langes Leben, Gesundheit, Stärke, usw.* erflehen kann, eingegangen.

5.3.11 Induktion: Ein ungehorsamer Sohn (*eli milki abi indaraṣ*)

In Kapitel 5.2 auf S. 90 und in Kapitel 5.8.2 werden Motive aufgezeigt, die diese Dichtung als *Individuallyrik* charakterisieren. Damit besteht *stilistisch* ein unmittelbarer Zusammenhang zu weiteren Dichtungen *Ugarits* und *Emārs*.[331] Eine genauere Strukturanalyse ist jedoch nur sehr schwer möglich, da dieser Text nur fragmentarisch erhalten ist. Seinem literarischen Umfeld zufolge wird dieser *lyrische* Text hier unter Punkt *c.* genannt.

Tell el-'Amārna:

Der Schwerpunkt dieser Studie liegt auf der Untersuchung der *literarischen* Umsetzung der sich von der *altbabylonischen* zur *mittelbabylonischen* Zeit ändernden Frömmigkeit. Diese äußert sich in der Ausbildung bestimmter Textgattungen, wie z.B. des „Klageliedes des Einzelnen". Deshalb sind die überlieferten *Textgattungen* aus *Tell el-'Amārna,* die als solche in ihrer Schultradition der *sumerischen-babylonischen* Literatur folgen, für die hier behandelten Fragen unergiebig. Bei den drei Kompositionen:

[330] vgl. zur hypostatischen Bedeutung von Götternamen in der babylonischen Dichtung *Ugarits* und *Emārs* Kapitel 4.2.2.

[331] vgl. den „Dialog zwischen *Šūpē-amēli* und seinem 'Vater'", M. Dietrich, UF 23, Neukirchen-Vluyn 1991, S.33 - 68 und „Enlil und Namzitarra" und „Der Rat eines Vaters".

1. *šar tamḫāri,*[332]
2. Adapa und der Südwind,[333]
3. Nergal und Ereškigal

handelt es sich um zwei *epische* Dichtungen und einen *Mythos,* die somit in ihrer *literarischen* Struktur eng verwandt sind mit *sumerischer* Literatur, doch scheinen diese aus *Tell el-'Amārna* überlieferten Texte ebenfalls in *Westsyrien,* bzw. im *Mitannireich*[334] geschrieben worden zu sein. *Orthographie,*[335] Verbreitung[336] und Feldereinteilung der Tafeln *VAT 348* („Adapa und der Südwind") und *VAT 1611 + 1613 + 1614 + 2710*[337] sprechen dafür.

5.4 Das Fehlen einer Portraithaftigkeit als Datierungsmittel für literarische Texte

In der *mittelbabylonischen* Dichtung aus *Ugarit* und *Emār* finden sich zahlreiche Texte, die den Gattungen „Lobpreis", „Gebet" und „Aphorismen" zugesprochen werden können. Diese Gattungen werden hier unter dem Begriff *Individuallyrik* zusammengefaßt. Auch wenn diese von einem bestimmten, - gelegentlich mit Namen bekannten - Dichter[338] verfaßt und manchmal sogar an eine mit Namen bekannte Person[339] gerichtet sind, entbehren diese Texte in ihrer Gesamtheit vollständig eines *literarischen Mittels,* das z.B. in der *Archäologie* als „Porträthaftigkeit" bezeichnet wird. Während die *griechisch-antike* Bildkunst *seit dem 5. Jahrh. v. Chr.* versucht, sich der Gestaltung individueller Züge zu bedienen, so sind in der älteren *griechischen* Kunst *Typus*-Darstellung und *Individual*-Porträt noch identisch. *Typus*-Darstellungen werden lediglich durch eine Beifügung des Namens zum *Individual*-Porträt. Erst aus der *zweiten* Hälfte des *ersten* Jahrtausends v. Chr. sind Herrscher-*Porträts* und *Porträts* literarischer Persönlichkeiten wie z.B. die Sokrates- und Platonstatuen des *Silanion* von Athen (ca. 325 v. Chr.)[340] oder *Porträts* berühmter Feldherren, wie die

[332] Das Epos ist wohl außerdem in *hethitischen* Fragmenten überliefert ist; s. P. Meriggi, Die hethitischen Fragmente von šar tamḫâri, GS W. Brandenstein, Bd.14, S.259 - 267; s. auch H.G. Güterbock, König der Schlacht, MDOG 101, S.14 - 26 und ders., Die historische Tradition und ihre literarische Gestaltung bei Babyloniern und Hethitern bis 1200, ZA 42, Berlin 1934, S.21.

[333] s. M. Dietrich, MARG 6, 1991, S.119-132.

[334] vgl. G. Wilhelm, Grundzüge der Geschichte und Kultur der Hurriter, Darmstadt 1982, S.81.

[335] s. die Tabellen 1 - 4 auf den S.36 - 38.

[336] s. die *hethitische* Version von *šar tamḫāri.*

[337] vgl. Kapitel 5.9.

[338] *Šūpē-amēli,* Tuku-diĝir-é-ḫur-saĝ und Lú-diĝir-ra.

[339] *Šāt-Ištar.*

[340] Ob Silanion diese Statue geschaffen hat, ist allerdings noch nicht einwandfrei bewiesen.

Statue des *Demosthenes* bekannt. Sie werden durch spezifische Ausdrucks- und Körpermerkmale der abgebildeten Person identifizierbar. Dagegen ist die *Porträthaftigkeit* als Stilrichtung an sich in der Bildkunst der *orientalischen* Antike des hier relevanten Raumes bisher nicht zu beobachten, auch wenn Einzelwerke *Porträthaftigkeit* aufzuweisen scheinen:

- „Kupfer?-Kopf eines Mannes mit Bart und Turban",[341]
- Terrakottaköpfe.[342]

Das Fehlen dieses Phänomens „*Porträt-* und *Bildhaftigkeit*" spiegelt sich wider in der *mittelbabylonischen* Dichtung aus *Ugarit* und *Emār*. Wenn bisher festgestellt wurde, daß speziell die *babylonischen* Werke *Westsyriens* mit *theologischer* Aussage und der in ihnen zum Ausdruck gebrachten „*persönlichen* Frömmigkeit" einen deutlichen „Umbruch" zu der Dichtung der frühen *altbabylonischen* Zeit aufweisen, so lassen sie sich in ihrer Stilrichtung als *archetypisch* klassifizieren. Das gleiche gilt auch für Texte „nicht-theologischen" Inhaltes. Sogar dort, wo eine mit Namen bekannte Persönlichkeit angesprochen und gepriesen wird („Lobpreis für eine Mutter", „Segensgebet für einen Fürsten"), bleiben die dazugehörigen Beschreibungen ihrem *Archetypus* verhaftet. Sie steigern sich nicht zu einer *Porträthaftigkeit* der dargestellten und gepriesenen Mutter. Dieses trifft in gleicher Weise auf den „Dialog zwischen *Šūpē-amēli* und seinem 'Vater'" zu. In ihm wird zwar als „Adressat" ebenfalls eine ganz bestimmte Person genannt, doch sind dann die folgenden an *ihn* gerichteten Sprüche zu *Aphorismen* geformt.

5.5 Dialektale Spracheinflüsse in europäischer Dichtung - ein Exkurs

In jedem *literarischen* Werk sind neben einer normierten Schriftsprache als Basis in diesem auch Einflüsse der *sprachlichen* Heimat des Autors zu beobachten. So sind auch in der eigenen, *deutschen* Hochsprache Auswirkungen der *gesprochenen* Sprache auf die schriftliche Fixierung einer Dichtung längst bekannt. Wenn diese Dichtung auch einer anderen Kultur, Sprache und Zeit entstammt als die hier zu untersuchenden *mittelbabylonisch*-literarischen Texte aus *Ugarit, Emār* und *Tell el-'Amārna*, so ist es immerhin möglich, exemplarisch für einen großen Teil der *europäischen* Literatur z.B. anhand der Tragödie „Faust" von J.W. von Goethe ein Sprachphänomen aufzuzeigen, das zumindest *ansatzweise* auf die *mittelbabylonische* Individualliteratur übertragen werden kann. So *J. W. von Goethe* dichtet in der Szene „Wald und Höhle" des ersten Teiles seiner Tragödie *Faust*:

---

[341] Azarbēǧān?, mittelelamisch, heute im Metropolitan Museum, New York.

[342] W. Orthmann, Propyläen Kunst Geschichte, Bd.18, Frankfurt 1985, Nr.294a (weiblich) Teheran und Nr.294b (männlich) Paris, beide *mittelelamisch* aus *Sūsa*.

Erst kam deine Liebeswut übergeflossen,
Wie vom geschmolznen Schnee ein Bächlein übersteigt;
Du hast sie ihr ins Herz gegossen -
Nun ist dein Bächlein wieder seicht.

Dabei reimt er im vierten Vers *seicht* auf *übersteigt* im zweiten Vers. In der Szene „Zwinger" des ersten Teiles ist zu lesen:

Ach neige
Du Schmerzenreiche
Dein Antlitz gnädig meiner Not!

Goethe reimt an dieser Stelle *Schmerzenreiche* auf *neige*. Und im dritten Akt des zweiten Teiles steht:

Bist du, fürchterliches Wesen,
Diesem Schmeichelton geneigt,
Fühlen wir, als frisch genesen,
Uns zur Tränenlust erweicht.

In dieser Strophe reimt sich *erweicht* auf *geneigt*.

Daß sich in diesen drei Beispielen jedesmal der stimmlose palatale Reibelaut *ç* auf den stimmhaften velaren Verschlußlaut *g* reimt, ist nach deutscher Sprachkonvention nicht üblich. Vielmehr läßt sich dieses Reimschema in Hinblick auf die „sprachliche" Herkunft *J.W. von Goethes* erklären. So entspricht diese Reimfolge in der Tat derjenigen *Aussprache*, die in der Gegend um *Frankfurt* beheimatet ist. Sie läßt sich ausschließlich als *dialektale* Einfärbung in einem ansonsten *hochsprachlichem* literarischen Werk erklären und weist damit auf die mögliche *Herkunft* auch des Autors hin. J.W. von Goethe ist also hier in seiner Dichtung „Faust" sprachlich seiner ursprünglichen Heimat unterlegen, bzw. setzt dieses Sprachmittel der *dialektalen* Einfärbung seiner Dichtung *bewußt* ein.

Die drei bereits angeführten Beispiele ließen sich noch um etliche erweitern; doch mögen sie genügen, um auf ein sprachliches Problem aufmerksam zu machen, daß nicht nur in dem hier ausgeführten Beispiel zu beobachten ist, sondern z.B. auch bei *Max Frisch* (Zürich) und *Heimito von Doderer* (Wien). Darüberhinaus kennt man dialektale Einfärbung auch in der *französischen* und in der *venezianischen* Literatur.[343]

[343] Gespräch (Sept. 1992) mit Prof. Dr. F. Hundsnurscher, Institut für Germanistik, Universität Münster.

5.6 Dialektale Spracheinflüsse in babylonischer Dichtung

Auch wenn bereits dargelegt wurde, daß bei *grammatikalischen* und *lexikalischen* Studien stets nur mit Vorbehalt auf die Sprache einer anderen Kultur geschlossen werden darf, so ist ein Sprachvergleich anhand einzelner Parameter immerhin legitim. Es darf durchaus gefragt werden, ob *verschiedene* Sprachen *verschiedener* Kulturen sich in ihrem Sprachgut gleichen oder worin sie sich unterscheiden.

Die einzelnen Literaturgattungen des *Babylonischen* kennen eine derartige *normierte* Schriftsprache nicht, so daß für sie die Untersuchung *dialektaler* Spracheinflüsse um so mehr von Bedeutung ist. Erschwert werden solche Studien jedoch durch die vielfach schwierige *Lokalisierung* einzelner Texte der Dichtung.

5.6.1 Sandhi-Schreibungen

Sucht man nun nach Beispielen aus der *babylonischen* Dichtung *Westsyriens* für eine *dialektale* Einfärbung, so fällt einem allein für *Ugarit* die relativ hohe Zahl an *Sandhi*-Schreibungen auf, die in *Emār* überhaupt nicht und in vergleichbarer Literatur auch älterer Sprachperioden, *derart gehäuft* wie in *Ugarit*, bisher nicht nachweisbar sind.[344]

	Sandhi:	Ableitung von:	Beleg:
1.	*a-da-mur!-ṣi-ia* „Dauer meiner Krankheit"	*adan murṣī-ja*	AOAT 42, S.63, (II), Z. 8
2.	*ad-na-nē-šu* „Zeit, in der es mir besser ging"	*adan a/enē-šu*	AOAT 42, S.64, (IX), Z.33
3.	*a-na-at-ku-li-im-ma* „um sich Sorgen zu machen"	*ana etkulim-ma*[345]	AOAT 42, S.63, (III), Z.10
4.	*dal-ḫat-e-re-tu₄* „getrübt sind die Vorzeichen"	*dalḫā têrētu*	AOAT 42, S.63, (II), Z. 5
5.	[*mu-u*]*r-ṣa-am-ra-*⌈*ṣu*⌉[346] „die Krankheit, die mich krank machte"	*muruṣ amraṣu*	AOAT 42, S.64, (VI), Z.22
6.	*la-*⌈*a*⌉*-am-tal-la-ak* „ohne mit sich zu Rate zu gehen"	*lā imtallak*	UF 25, S.164, Z.11
7.	*la-ma-dan-ni* „vor der Zeit"	*lām adanni*	AOAT 42, S.63, (III), Z. 9
8	*ša-ar-šu-ba-ša-a-a*[346] „über mein Befinden"	*ša + rašû + bašû + ja*	AOAT 42, S.63, (II), Z. 7
9.	*u₄-um-ak-kal* „einen ganzen Tag lang"	*ūmam-kal(a)*	UF 24, S.19, Z.22/16'

Tabelle 18: Belege für Sandhi-Schreibungen in der Dichtung aus *Ugarit*.

So bleibt zu fragen, woher diese Schreibweisen stammen, wenn sie in anderer *babylonischer* Literatur sowohl *Westsyriens* als auch *Mesopotamiens* ver-

[344] vgl. hierzu *ú-lu-ba-la-ṭa-an-ni* in der Dichtung „*Nergal* und *Ereškigal*" aus *Tell el-'Amārna, VAT 1611 + 1613 + 1614 + 2710,* Rs. 3.

[344] Gt Infinitiv.

[345] vgl. Kapitel 5.6.2.

gleichbarer Sprachperioden nicht zu belegen sind. Ihre *an sich* geringe Zahl läßt vermuten, daß sie *nicht* einer Schriftlichkeit *Ugarits* zuzuweisen, sondern dort über mündliche Überlieferung in die Schriftsprache eingedrungen sind. Von einer *Lexikalisierung* derartiger Lexeme wird wohl nicht auszugehen sein.

5.6.2 Subjunktiv

Bemerkenswert ist, daß in der babylonischen *Dichtung Ugarits* und *Emārs* die der *ugaritischen* Dichtung völlig fremde und in den *nicht-literarischen* Texten *Ugarits* und *Emārs* nicht allenthalben zu belegende *Subjunktiv*-Endung in der Regel[346] Anwendung findet. J. Huehnergard stellte einige Belege für den Gebrauch der Subjunktiv-Endung in den *babylonischen* Texten aus *Ugarit* zusammen.[347] Inzwischen finden sich weitere Belege besonders in der *babylonischen* Dichtung *Ugarits,* aber auch *Emārs*:

	Glossar:	Beleg:
1.	*[mu-u]r-ṣa-am-ra-⌈ṣu⌉*[349] „die Krankheit, die mich krank machte"	AOAT 42, S.64, (VI), Z.22
2.	*ša e-ru-bu* „als der ich (...) eingetreten bin[350]	Ug. V, Nr.168, Vs. Z. 4'
3.	*šà uzna*(GEŠTU-*na*) *eš-ru-ku-uš* GN „dem Verstand geschenkt hat GN"	UF 23, S.38, Z. 3f.
4.	*ša uzna*(GEŠTU-*na*) *i[p-t]uš* „dem das Ohr geöffnet hat GN"	UF 23, S.38, Z. 2
5.	*a-di bēlu*(EN) *iš-šu-ú re-ši* „bis daß der Herr sich um mich kümmerte"	AOAT 42, S.63, (IV), Z.13
6.	*giš? kirî*(KIRI$_6$?) *ša ri-ša-ti ma-lu-u* „ein Garten, der gefüllt ist mit Jubel"	Ug. V, Nr.169, Vs. col. iii, Z.37'
7.	*mim-m[a] šà ta-ma-rù* „alles, was Du siehst"	UF 23, S.48, Z.26
8.	*[šà] ul*([NU]) *ti-du-⌈u⌉* „den Du nicht kennst"	UF 23, S.50, Z. 4'
9.	*ra-a-⌈ṭù ša⌉* (...) *⌈ub?-bà-lu⌉* „eine Rinne, die (...) herbeibringt"	Ug. V, Nr.169, Rs. col.iii, Z. 3
10.	*⌈la⌉ mu-du-ú ar-na* „der keine Schuld kennt"	UF 25, S.164, Z.10
11.	*⌈ša la⌉-a-⌈lu⌉-u-šu la-⌈a i?⌉-ša-⌈bu?-u⌉* „die vor (lauter) Lust nicht satt wird	Ug. V, Nr.169, Rs. col.iii, Z.19
12.	*[i-si-in ni-qi] ⌈ša ri-ša-ti ma-lu-u⌉* „[ein Opferfest,] das voll Jubel ist"	Ug. V, Nr.169, Rs. col.iii, Z.11
13.	*šà ni-da-ga-lu* DINGIR.UTU „die wir die Sonne schauen"	UF 23, S.64, Z. 5'
14.	*ša ar-šu<-ú> ba-ša-a-a*[351] „über mein Befinden"	AOAT 42, S.63, (II), Z. 7

Tabelle 19: Verbformen mit Subjunktiv-Endung in der Dichtung aus *Ugarit*.

---

[346] vgl. allerdings *[š]a ina uq-ni!-i i-za-az* „(eine Schutzgottheit ...,) die auf Lapislazuli steht, Ug. V, Nr.169, Vs. col.iii, Z.27'.

[347] J. Huehnergard, The Akkadian of Ugarit, HSS 34, Atlanta 1989, S.169 + Anm. 242.

[349] vgl. S.123.

[350] aus einem möglichen Kontext erschlossen.

[351] s. M. Dietrich, AOAT 42, S.63, Anm. 130; vgl. Tabelle 5.6.1 und Kommentar bei J. Huehnergard, The Akkadian of Ugarit, S.43, Anm. 58. und *šaršubbû* in CAD Š2

	Glossar:	Beleg:
1.	[*š*]*a-a la-a i-k*[*al*]-l[*u š*]*a-*[*ra*] „die den Wind nicht abhält"	Emar VI.2, S.263, i, Z. 4'
2.	[*ša k*]*a-ia-nu-um-ma 1 immera*(UDU) *i-du-ku-ni-ik-ki* „[der] dir ständig ein Schaf tötete"	Emar VI.2, S.401, i, Z.12'
3.	*šá na-da-ga*$_6$*-lu Šamaš*(DINGIR.UTU) „die wir die Sonne schauen"	UF 23, S.64, Z.108
4.	*ša uzna*(GEŠTU-*na*) *ip-tu-*[*šu*] „dem das Ohr geöffnet hat GN"	UF 23, S.38, Z. 2

Tabelle 20: Verbformen mit Subjunktiv-Endung in der Dichtung aus *Emār*.

Die Anzahl dieser Belege [352] entspricht in etwa dem Umfang an Nebensätzen mit finiten Verbformen, die in der Dichtung *Ugarits* und *Emārs* mit der Subjunktion *ša* eingeleitet werden. Die im Verhältnis zur Dichtung *Ugarits* wenigen Belege aus *Emār* sind vorwiegend dadurch begründet, daß die Belege aus *Ugarit* zu einem großen Teil dem „Dialog zwischen *Šūpē-amēli* und seinem 'Vater'" entnommen wurden, der in Versionen sowohl aus *Ugarit*, *Emār* als auch aus *Boğazkale* erhalten ist. Leider sind die entsprechenden Parallelstellen zu den in der Version aus *Ugarit* belegten Subjunktiv-Markierungen in den Versionen aus *Emār* und *Boğazkale* abgebrochen. Der Beleg *šá na-da-ga*$_6$*-lu* DINGIR.UTU [353], weist aber ebenfalls die Subjunktiv-Markierung *-u* auf. Daher ist davon auszugehen, daß der Autor der Version aus *Emār* in gleicher Weise wie der Schreiber der Version aus *Ugarit* diese Nebensatz-Markierung kannte. Somit können die in Tabelle 5.6.2 eingetragenen Belege *entsprechend* in Tabelle 5.6.2 ergänzt werden. Schwieriger wird die Belegsituation in der Version aus *Boğazkale*, da dort *keine* der entsprechenden Stellen erhalten ist. Sprachgeschichtlich interessant ist jedoch die Tatsache, daß der Gebrauch des Subjunktivs *auch* bzw. *vor allem auch* in literarischen Texten zu belegen ist, die ihren Ursprung in *Syrien*, jedenfalls *nicht* in *Mesopotamien* haben. So gebraucht der Schreiber des „Dialoges zwischen *Šūpē-amēli* und seinem Vater" [354] in der Version aus *Ugarit* durchgehend den *Subjunktiv* bei der Markierung der mit *ša* eingeleiteten Relativsätzen. Bei den beiden Versionen aus *Emār* und *Boğazkale* wird ebenfalls der Gebrauch des *Subjunktives* vorausgesetzt werden können.

5.7 Ergebnis

Da die *nicht-literarischen* Texte sowohl aus *Ugarit* als auch aus *Emār überwiegend* auf eine Nebensatz-Markierung verzichten, liegt es nahe zu vermuten, daß

S.125a.

[352] vgl. *šá nu-šab ina ṣilli*(GIŠ.MI) (...) „die wir in (...) Schutze sitzen", UF 23, S.64, Z. 6'; hierzu M. Dietrich, UF 23, S.64, Anm. 173.174: „*šab* ist offensichtlich in KVKV-Lesung *šabu*.

[353] UF 23, S.64, Z.108.

[354] M. Dietrich, UF 23, S.33-68 und ders., AOAT 42, S.52-62.

diese *kein* Bestandteil der gesprochenen *mittelbabylonischen* Sprache *Westsyriens* war. Die *Dichtung* hingegen weiß sich dieser in *archaisierender* Weise sehr wohl zu bedienen. Hieraus ergibt sich - anders als bei den *Sandhi*-Schreibungen -, daß ein *dialektaler* Spracheinfluß auf die hier untersuchte Dichtung *Ugarits* und *Emārs* nicht in dem Maße beobachtet werden kann, als man vielleicht erwartet hätte. Wenn die *syrischen* Schreiber auch kein *Sumerisch* mehr fehlerfrei[355] beherrscht haben, so spricht doch nicht zuletzt der Gebrauch des *Subjunktives* in der *babylonischen* Dichtung *Ugarits* und *Emārs* deutlich *gegen* die Annahme, daß die *syrischen* Schreiber nur ein „limited Babylonian"[356] besaßen, gleichzeitig auch *für* eine *gute grammatikalische Ausbildung* der *syrischen* Schreiber.

So ergaben die oben dargestellten *morpho-syntaktischen Sprachanalysen* u.a., daß in der Dichtung aus *Ugarit* und *Emār* zwar sprachliche Einflüße zu beobachten sind, die sich nicht aus einer entsprechenden *Schultradition* erklären lassen.[357] *Sandhi-Schreibungen*[358] und die *Vokal-* und *Konsonantenumlautung*[359] deuten auf *dialektalen* Einfluß auf die Dichtung *Ugarits* und *Emār* hin. Die Einfluß dringt aber von seiten der geweils *gesprochenen* Sprache nicht in sämtliche Bereiche der Dichtung vor. So verwenden die Dichter durchaus die *Nebensatz-Markierung,* obwohl das *sprachliche Umfeld* dieser Dichtung diese wohl kaum *aktiv* genutzt haben wird. Dieses Phänomen wird für die meisten Dichtungen der verschiedensten Sprachen anzusetzen sein und ist - wie oben gezeigt - auch der *deutschen Dichtung* nicht fremd. Anzunehmen ist, daß *dialektale* Einflüsse auch auf die anderen *babylonischen* Dichtungen *Mesopotamiens* zu beobachten sind. Hier wurde bereits auf den Gebrauch des *Terminativ-*[360] und *Lokativ-Adverbialis*[361] hingewiesen. Um so mehr ist es für die Sprachanalyse *babylonischer Dichtung* notwendig, von einer *normierten* Schriftsprache - womit nicht *Schultraditionen* gemeint sind - abzusehen.[362] Diese liegt weder bei der inzwischen gut zu belegenden *altbabylonischer* Dichtung noch bei einzelnen *mittelbabylonischen* Dichtungen vor, sei es daß diese aus *Mesopotamien* stammen oder aus *Syrien.*

[355] eine umfassende Studie zum *Sumerischen* der Dichtungen *Ugarits* und *Emārs* steht bislang aus.

[356] W.G. Lambert, Some new Babylonian wisdom literature, FS Emerton, S.38.

[357] vgl. hierzu den Gebrauch des *Terminativ-* und *Lokativ-Adverbialis* in *altbabylonischer Dichtung* und seinen möglichen *geographischen Bezug.*

[358] s. Tabelle 5.6.1.

[359] vgl. Kapitel 3.8.

[360] vgl. hierzu die Belege *re-ši-iš-šu* „an seinem Kopf", AOAT 8, S.10, Z.13 (Tell el-'Amārna); *pár-ga-ni-iš* „auf grüne Aue", UF 23, S.40, Z.13.

[361] vgl. hierzu die Belege *i-duk/du[k]-ka-ma* „an deiner Seite" UF 23, S.40, Z. 9.11 (Ugarit); *i-duk-ka-[ma]* „an deiner Seite" in UF 23, S.40, Z. 9 (Emār); *[re-š]u-uk-ka* „in deinem Besitz" in UF 23, S.62, Z.104 (Emār).

[362] vgl. W. von Soden, Der hymnisch-epische Dialekt des Akkadischen, ZA 40, Leipzig 1931, S.175-S.227; ZA 41, Leipzig 1933, S.160-S.173.

5.8 Literaturwerke in nicht-gebundener Sprache

Die sprachliche Typologisierung des Textmaterials aus *Ugarit, Emār* und *Tell el-'Amārna* zeigt, daß nicht sämtliche dort gefundenen *literarischen* Texte einheitlich in einer *gebundenen* Sprache verfaßt sind, wie dieses bei der babylonischen Dichtung die Regel ist.[363] So weisen die Dichtungen „Ein ungehorsamer Sohn"[364], „Der Rat eines Vaters"[365] und *šar tamḫāri*[366] eine sprachliche Struktur auf, die sich deutlich gegenüber der Struktur anderer *literarischer* Texte aus *Ugarit, Emār* und *Tell el-'Amārna* abzusetzen scheint. Ist auf der einen Seite die *babylonische Dichtung* aus *Ugarit, Emār* und *Tell el-'Amārna* wie auch diejenige aus weiteren Orten gleicher und anderer Sprachperioden in der Regel in *gebundener* Sprache verfaßt (Poesie), so ist diese in den drei zuletzt genannten Werken nicht auszumachen.

In diesem Zusammenhang ist in der philologischen Sekundärliteratur zur Beschreibung der *gebundenen* und *nicht-gebundenen* Sprache wiederholt und ganz allgemein der Begriff „Kunstprosa" benutzt worden. So versteht z.B. K. Hecker[367] unter dem Begriff „Kunstprosa" eine *stilistische* Erscheinungsform des *junbabylonischen Erra*-Epos[368] und der *assyrischen* Epen auf *Adad-nērārī* I[369] und *Tukultī-Ninūrta* I[370], die aber auch „in der jüngeren Hymnik und Teilen der nA Königsinschriften auftritt." Andererseits ist der Terminus „Kunstprosa" bereits belegt durch die *klassische* Philologie und die *moderne Linguistik*. Beide verstehen unter diesem Begriff „Kunstprosa" jeweils etwas anderes.

5.8.1 Die Kunstprosa als literarische Sprache altgriechischer Dichter, ein Exkurs

Als ein besonderes dichterisches Ausdrucksmittel hat die klassische Antike im *Altgriechischen* einen Sprachstil entwickelt, der seit Anfang dieses Jahrhunderts

---

[363] vgl. zur assyrischen Dichtung K. Hecker, Untersuchungen zur akkadischen Epik, Neukirchen-Vluyn 1974, Literaturzusammenstellung; dabei sei darauf hingewiesen, daß auch die *gebundene* Sprache der *babylonischen* Dichtung nicht *Normativen* unterliegt, wie sie z.B. die *klassische, antike* Dichtung kennt.

[364] s. zur Bibliographie S.12.

[365] s. zur Bibliographie S.11.

[366] s. zur Bibliographie S.14.

[367] K. Hecker, Untersuchungen zur akkadischen Epik, S.135.

[368] L. Cagni, L'epopea di Erra, Stud. Sem. 34, Roma 1969; übersetzt von G.G.W. Müller, Ischum und Erra, TUAT III/4, Gütersloh 1994, S.781-801.

[369] E. Weidner, AfO 20, S.113-116.

[370] W.G. Lambert, AfO 18, 1957-1958, S.38-51.

im engeren Sinne als „Kunstprosa", als „künstliche Prosa" bezeichnet wird.[371] Diese „Kunstprosa" hat ihren Ursprung in der Dichtung Homers. Sie ist u.a. geprägt durch das rhetorische „Kunstmittel" des *Prosarhythmus.* Dabei wurden vornehmlich *Kolon*- und *Satzschlüsse* rhythmisiert. Um sich von der Dichtung in gebundener Sprache abzusetzen, vermied *Homer* rhythmische Formen, die sonst in der *Dichtung* bevorzugt Verwendung fanden, z.B. *Jamben* und *Daktylen.*

Nach älteren theoretischen Vorstellungen ist das homerische Epos in einem „äolisch-ionischen Grenzgebiet" entstanden oder „ursprünglich äolisch gewesen und dann ins Ionische übertragen worden."[372] 1966 haben K. Meister und 1981 A. Heubeck[373] jedoch herausgearbeitet, daß es sich bei der Dichtung des „homerischen Epos" nicht um das „bunte Gemisch eines dialektischen Grenzgebietes" handle, sondern um eine „Kunstsprache", die sich in Hinblick auf „metrische Brauchbarkeit" mal äolischem, mal ionischem Spracheinfluß öffnete.[374] K. Meister und A. Heubeck belegen dieses mit der Darstellung der hier aufgelisteten Eigentümlichkeiten:

1. Es sind nur solche *„Äolismen"* in der epischen Sprache Homers vorhanden, denen der *ionische* Dialekt kein „metrisches Äquivalent" zu bieten hatte.
2. Es werden gelegentlich äolische und ionische Elemente miteinander zu einem Wort verbunden. Diese neugebildeten Wörter haben „in keiner Phase des gesprochenen Idioms jemals" existiert und verdanken ihr Dasein „allein den sprachschöpferischen Intentionen und Fähigkeiten der Dichter".
3. Bei äolischen und ionischen Formen, die sich prosodisch unterscheiden, kann eine geregelte Verteilung bei der Flexion und der Bildung der Partizipien festgestellt werden.
4. *Attizismen* sind erst durch die Überlieferung hinzugekommen.
5. Es werden *Archaisierungen* verwendet, die sich aus keiner Tradition ergeben.

Homer war allerdings nicht der einzige, der sich einer eigenen „Kunstsprache" bedient hat. Sie gilt zwar als die *älteste* der *altgriechischen* „Kunst-

---

[371] vgl. E. Norden, Die antike Kunstprosa vom 6. Jahrh. bis in die Zeit der Renaissance, 2 Bd., 1898, Nachdr. 1958.; vgl. dagegen „Kunstprosa" als „künstlerisches" Ausdrucksmittel moderner Erzählungen, Novellen und Romane.

[372] K. Meister, Die Homerische Kunstsprache, Darmstadt 1966, S.235.

[373] A. Heubeck, Die homerische Kunstsprache, Die Welt der Antike, Propyläen Geschichte der Literatur, Bd. 1, Frankfurt am Main 1981, S.93.

[374] ders., ebd., S.239.

sprachen", bildet aber möglicherweise das Vorbild für weitere *nach-homerische* „Kunstsprachen", in denen folgende literarische Gattungen verfaßt sind:

a. Aiolische Lyrik der Dichter auf Lesbos,

b. Chorlyrik des Terpandros; dieser wirkte im 7. Jahrhundert in Sparta,

c. Attisches Drama (Ende des 6. Jahrhunderts),

d. Ionische Prosa vor allem der Philosophen aus Milet.[375]

Dieses bedeutete für den altgriechischen Dichter, daß er sich bei der Ausarbeitung seiner Dichtung unabhängig von der allgemeinen Vorliebe für *Archaismen* in der Poesie sowohl in der Wortwahl, als auch in der Grammatik und im Stil sehr eng an die Vorgabe seiner Lehrer halten mußte.

5.8.2 Die Prosa-Dichtung Westsyriens

J. Nougayrol erkannte 1968 den *literarischen* Charakter der Komposition „Ein ungehorsamer Sohn". Dabei versuchte er - wie schon vorher bei dem Fragment der Sintfluterzählung - den *literarischen* Gehalt auch *dieser* Dichtung dem Umfeld der *Gilgameš*-Tradition zuzuweisen, wenn auch mit Vorbehalt. Dementsprechend meint J. Nougayrol auf der Rückseite in Zeile 65' den Namen *Gilgameš* ergänzen zu dürfen. Auch wenn es sehr zweifelhaft ist, ob es sich bei diesem Text tatsächlich um ein Fragment des *Gilgameš*-Epos handelt - so bemerkt J. Nougayrol selbst, daß in Z.65' „d'autres restitutions sont, naturellement, plausibles. Par example [*kar-g*]*a-mis*"[376] - gibt die mehrmalige Erwähnung des Sonnengottes *Šamaš* diesem Text durchaus einen *literarischen* Charakter. Bei der Übersetzung dieser Dichtung in Kapitel 7.4.2 wurde der Versuch gemacht, einzelne *Sinnabschnitte* herauszuarbeiten und mit einer Überschrift zu versehen. Dabei ergab sich, daß die *Thematik* dieses Textes deutliche Übereinstimmungen mit dem „Dialog zwischen *Šūpē-amēli* und seinem 'Vater'" und dem zweiten Teil der Komposition von „Enlil und Namzitarra" und „Der Rat eines Vaters" zeigt. Auch in der Prosa-Dichtung „Ein ungehorsamer Sohn" scheint ein Vater seinem Sohn Ratschläge zu geben, die dieser allerdings nicht befolgt.[377] Diese drei Dichtungen besitzen somit eine „moralistisch-didaktische" Zielsetzung.[378]

[375] vgl. desw. einführend E. Bornemann, Griechische Grammatik, 2. Anhang: Die homerische Sprache, Frankfurt/Main 1978, S.321-335.

[376] J. Nougayrol, Ugaritica V, S.308, Anm. 3.

[377] s. S.170, Vs. Z.12'.

[378] W. von Soden, Einführung in die Altorientalistik, Darmstadt 1992, 2., unveränderte Auflage, S.211.

Das *Vokabular* sowie die *Wortstellung* und die *Satzstruktur* lassen diese Texte jedoch in einem anderen Licht als die ebenfalls aus *Ugarit, Emār* und *Tell el-'Amārna* in *gebundener* Sprache erhaltenen Dichtungen erscheinen. Eine Ausnahme hinsichtlich der literarischen Aussage bildet allein das aus *Tell el-'Amārna* erhaltene und ebenfalls in *nicht-gebundener* Sprache verfaßte Königsepos *šar tamḫāri,* dessen Sprachstil an das *jungbabylonische* Erra-Epos und an die *assyrischen* Königsepen auf *Adad-nērārī I* und *Tukultī-Ninūrta I* errinnert.

Vorausgesetzt, daß es sich bei der Dichtung „Ein ungehorsamer Sohn" tatsächlich um einen *Weisheitstext* handelt, stellt sich die Frage, welche *literaturhistorische* Bedeutung diesem Text zukommt. Stellt dieser Text mit seiner *literarischen* Aussage im Verhältnis zu der ihm zugrundeliegenden *sprachlichen Struktur* einen Einzelfall dar oder läßt er sich zusammen mit anderen Werken zu einer immerhin eigenständigen Literaturgattung zusammenfassen? Findet sich schließlich diese Literaturgattung ausschließlich in *Westsyrien* in der zweiten Hälfte des zweiten Jahrtausends oder lassen sich Texte auch aus Babylonien derselben oder anderer Sprachepochen belegen?

Für die sprachhistorische Einordnung dieser *mittelbabylonischen* Dichtung aus *Ugarit* ist es als Ergänzung der Untersuchung J. Nougayrols von Interesse zu überprüfen, ob es sich wirklich - ähnlich wie z.B. bei der *poetischen* Kunstsprache *Homers,* - auch bei dieser Dichtung um die *Kunstsprache* einer bestimmten Gattung oder um einen *künstlerisch* ausgeformten Sprachstil eines *literarischen* Werkes handelt, wie er vielleicht auch bei anderen *babylonischen* Werken zu beobachten ist.

Ob dieser Stil dann seit der *mittelbabylonischen* Sprachperiode *bindend* wurde für die entsprechenden Gattungen *jungbabylonischer* Dichtung, wäre eine weitere Fragestellung. Denn erst dann, wenn auch in der *mittelbabylonischen* Dichtung *ähnliche* Feststellungen hinsichtlich *Vers-* und *Strophenbau* gemacht werden können, darf man den Begriff der *klassischen* Sprachwissenschaft „Kunstprosa" auf die *babylonische* Literatur und innerhalb dieser auf einzelne Werke der *Individuallyrik* übertragen. Bis jetzt ist eine der *griechischen* Dialektdichtung *ähnliche* Entwicklung in der *mittelbabylonischen* Dichtung *nicht* zu beobachten.

Das deutlichste Kennzeichen, das gegen eine derartige Entwicklung spricht, ist, daß sich in den *mittelbabylonisch-literarischen* Texten und so auch in „Ein ungehorsamer Sohn" keinerlei Belege für in der *mittelbabylonischen* Zeit *künstlich* für diese Dichtung geschaffene Wortbildungen und -konstruktionen finden. Vielmehr entsprechen *Lautgestalt* und *Morphologie* durchaus denen der anderen *babylonischen* Dichtungen in *gebundener* Sprache. Belege wie:

1. *milki abi*	für *milik abi*	Vs., Z.12'
2. *indaraṣ*	für *imtaraṣ*	Vs., Z.12'
3. *sakirrātu*	für *šakirrātu*	Rs., Z.13'
4. *saḫallētu*	für *šaḫallātu*	Rs., Z.13'
5. *maškunūtu*	für *maškanūtu*	Vs., Z.31'

können nicht als *künstlich* geschaffene Ausdrucksmittel beschrieben werden, sondern gelten als *dialektbedingt.* Dieses entspricht der durchgehend *normativ-unabhängigen* Struktur der *babylonischen* Dichtung.

Daß der Dichter dieses *mittelbabylonisch-literarischen* Textes *verschiedene* Dialekte kannte, diesen ihm für seine Dichtung nützlich erscheinende Formen und Lexeme entnahm und diese miteinander in seinem Werk verband, ist für „Ein ungehorsamer Sohn" ebenfalls nicht nachzuweisen. Ebensowenig trifft man auf einen *derartigen* Sprachstil in *anderen* Dichtungen, die in *babylonischer* Sprache verfaßt sind. Somit wird deutlich, daß auch dort von einer *einheitlichen* und *bewußt* gewählten „Kunstprosa" im Sinne einer „künstlichen" Prosa nicht gesprochen werden darf.[379]

Da erörtert wurde, daß eine Übernahme eines *derartig* verstandenen Terminus „Kunstprosa" für die hier zu untersuchende Dichtung wie für die der gesamten *babylonischen* Dichtung äußerst problematisch ist, stellt sich die Frage, wie eine solche Literaturgattung unter *linguistischen* Gesichtspunkten zu bezeichnen ist. Da es sich bei der Dichtung „Ein ungehorsamer Sohn" eben *nicht* um eine einmalige *literaturhistorische* Erscheinung handelt, sondern dieser Text mit weiteren Dichtungen *stilistisch* in Zusammenhang gebracht werden kann, ist davon auszugehen, daß diese Werke eine eigenständige Literaturgattung bilden, eine Literaturgattung, die *ohne* gebundene Sprache auskommt.

Aus Westsyrien sind bislang folgende drei Werke der Literaturgattung der Prosa-Dichtung zuzurechnen:

1. Der Rat eines Vaters (1.2.2) (Emār),
2. Ein ungehorsamer Sohn (1.2.4) (Emār),
3. Sargon-Epos, *šar tamḫāri* (1.2.7) (ʻAmārna).

Dieses verdeutlicht noch einmal „Ein ungehorsamer Sohn", auch wenn die Auswertung dieses Schriftdokumentes dadurch sehr erschwert wird, daß dieses stark zerstört und jeweils nur das *Zeilenende* erhalten ist. Dennoch liefert die Tafel soviel lesbares Textmaterial, daß sinnvolle gegenseitige Inhaltsbezüge wie *Bicola, Tricola,* usw. hätten erkennbar sein müssen. Das aber ist nicht der Fall.

---

379 vgl. E. Norden, Die antike Kunstprosa vom 6. Jahrh. bis in die Zeit der Renaissance, 2 Bd., 1898, Nachdr. 1958.

Es kommt hinzu, daß die Wortstellung der Wortstellung der *Prosa* entspricht, wenn man nicht fortwährenden *Enjambement* mit dem vorausgehenden oder nachfolgenden Vers annimmt.

Die durchschnittliche Anzahl der *Stichoi* ist allerdings wegen des schlechten Erhaltungszustandes dieses Textes nicht zu ermitteln. Es läßt sich immerhin soviel sagen, daß sich der Dichter bemüht, die Anzahl der „zu einem Satz zusammengefaßten Einzelangaben, d.h. grammatikalisch gesehen der nominalen Satzteile, insbesondere der verschiedenen Arten von Attributen," gering zu halten.[380]

Dieses relativiert das von K. Hecker so bestimmte Merkmal[381] einer „Kunstprosa", wie sie z.B. in dem Epos auf *Tukultī-Ninūrta I* und dem *akrostichischen* Hymnus des *Assurbanipal* auf *Marduk* zu beobachten ist und scheint der Prosa-Dichtung „Ein ungehorsamer Sohn" zu fehlen.

Da also der Gebrauch des Terminus „Kunstprosa" für die hier untersuchten Textzeugen problematisch ist, scheint es nach wie vor besser zu sein mit W. von Soden von „Prosa-Dichtung" zu sprechen. Dieser Begriff beschreibt zumindest die bei den genannten Texten vorliegende *Sprachstruktur.* Interessant wird es besonders dann, wenn man sich die Literaturgattungen ansieht, die jeweils als „Prosa-Dichtung" bezeichnet werden können. Einerseits handelt es sich sowohl um *babylonische,* als auch *assyrische* Götter- und Königsepen, andererseits aber auch - und das ist bedeutsam für den Westen Syriens - um *babylonische* Weisheitsliteratur.

5.9 Die Idee, Texte in Felder zu gliedern

Neben *einsprachigen,* literarischen Texten wurden in *Ugarit* und dessen Umgebung auch *bilinguale* und *trilinguale* Tafeln gefunden.[382] Diese weisen *sumerische, hethitische* und *ḫurritische* Versionen auf. Bemerkenswerterweise werden hier die Texte in Felder geschrieben, mit denen die Tafeloberfläche aufgegliedert ist. Im einzelnen sind folgende mehrsprachige Tafeln aus *Ugarit* mit gleichmäßiger Feldereinteilung beschrieben:[383]

---

[380] K. Hecker, Untersuchungen zur akkadischen Epik, S.135, Anm. 2.

[381] z.B. die *Häufung* nominaler Satzteile, die dazu führt, daß Verse *sechs* und mehr *Stichoi* aufweisen.

[382] vgl. Ug. V, Nr.164: *RS 25.130;* Nr.165: *RS 23.34 (+) 23.484 + 23.363;* Nr.169: *RS 25.421;* PRU III, pl. CVI: *RS 15.10.*

[383] zur Bibliographie s. den Katalog zu Beginn dieser Studie.

Katalog	**Tafel**	**Zeilen/Feld**	**Sprache**[384]
1.2.5, Nr. 1	R.S. 23.34	1-2	*sumerisch-parallel*
1.2.5, Nr. 2	R.S. 25.421	1-2	*syllabisch/phonetisch sumerisch* und *hethitisch-parallel*
1.2.5, Nr. 1	R.S. 25.130	2	*sumerisch-interlinear*
1.2.4, Nr. 3[385]	R.S. 22.421	2-3	*hethitisch/sumerisch-parallel*
1.2.5, Nr. 3	R.S. 15.010	4	*ḫurritisch postlinear*

Tabelle 21: Feldereinteilungen auf Tafeln aus *Ugarit.*

Auch in *Emār* war den Schreibern die Möglichkeit bekannt, ihre Tafeln/Texte durch Feldereinteilungen zu gliedern:

Katalog	**Tafel**	**Zeilen/Feld**	**Sprache**
1.2.2, Nr. 1	Msk 74153	1-2	*babylonisch*
1.2.1, Nr. 6	Msk 74102b	2 + 4	*babylonisch*
1.2.1, Nr. 6	Msk 74143o	2-5	*babylonisch*
1.2.1, Nr. 6	Msk 74143n	3	*babylonisch*
1.2.1, Nr. 5	Msk 74159d	4	*babylonisch*
1.2.1, Nr. 1	Msk 74177a	—	*babylonisch*
1.2.1, Nr. 1	Msk 74233q	—	*babylonisch*
1.2.1, Nr. 2	Msk 74174a	1-2	*sumerisch-(parallel)*
1.2.2, Nr. 6	Msk 74127ac	1-2	*sumerisch-parallel*
1.2.2, Nr. 5	Msk 74159c	1-3	*sumerisch-parallel*
1.2.2, Nr.10	Msk 74243	2	*sumerisch-interlinear*

Tabelle 22: Feldereinteilungen auf Tafeln aus *Emār.*

Je geringer die Anzahl der Zeilen pro Feld ist, umso größer ist die Wahrscheinlichkeit, daß es sich bei der Einteilung nicht um einzelne Sinnabschnitte handelt. Die *unregelmäßige* Gliederung der Tafeln scheint, bezogen auf die *Dichtung* aus *Emār,* zu überwiegen. Darüberhinaus sind diese Tafeln überwiegend *einsprachig-babylonisch,* weisen aber dennoch - anders als in *Ugarit* - Feldergliederung auf.

Es ist zu erkennen, daß in *Ugarit* und *Emār* nicht nur *eine* Art, Übersetzungen gegenseitig abzugrenzen, bekannt war, sondern die Schreiber *verschiedene* Möglichkeiten beherrschten, den Originaltext zusammen mit einer oder sogar zwei Übersetzungen in andere Sprachen auf ein- und derselben Tafel anzubringen.

Bemerkenswert ist, daß stets die *sumerische* Version den anderen Versionen parallel vorangestellt ist. Wenn im 13. Jahrhundert das Sumerische auch nicht mehr gesprochen wurde, so ist dem Schreiber dessen Bedeutung - ähnlich

[384] Neben den hier beschriebenen Versionen liegt jeweils auch eine *babylonische* Version auf derselben Tafel vor.

[385] vgl. zur Frage nach der Mehrsprachigkeit dieser Tafel UF 25, S.189-200.

wie wesentlich später das „Latein des Mittelalters" - durchaus noch bewußt; auch wird dieser einer von wenigen Gelehrten gewesen sein, der die *sumerische* Version der jeweiligen Texte überhaupt verstehen konnte.

Der literarische Text *R.S. 15.10* mit einer *ḫurritischen* Übersetzung spielt insofern eine Ausnahme, daß er *nicht* die schon beschriebene, durchgängige und gleichmäßige *zwei/dreizeilige* Feldereinteilung aufweist.

Weiterhin fallen die Feldereinteilungen bei sämtlichen *mehrsprachigen* Tafeln auf.[386] Dennoch wird diese Art der Unterteilung, die durchgehend vom Verständnis einzelner Abschnitte unabhängig ist, auch bei *einsprachig-babylonischen* Texten aus *Emār* beobachtet.

Um die mögliche Herkunft der aus *Tell el-'Amārna* überlieferten *babylonischen* Dichtungen zu klären, ist bedeutsam, daß die Tafel *VAT 348* mit dem Mythos „Adapa und der Südwind" und die Tafel *VAT 1611 + 1613 + 1614 + 2710* mit dem Mythos „Nergal und Ereškigal" ebenfalls Feldereinteilung aufweisen. Diese Felder sind sogar *einzeilig* und somit *keine* Sinnabschnitte. Da dieses formale Mittel vor allem bei Tafeln aus dem *syrisch-hethitischen* Raum bekannt ist, liegt es nahe auch die Herkunft dieser Tafel dort zu suchen. Die *Orthographie* der Texte aus *Tell el-'Amārna* unterstützt diese Hypothese.

5.10 Ergebnis: Das Klagelied des Einzelnen als Ausdruck einer sich ändernden Frömmigkeit

Mit den *babylonisch-literarischen* Texten aus *Ugarit* und *Emār* (13. Jahrh. v. Chr.) wird ein traditionsgeschichtlicher Umbruch deutlich, dessen Beginn wohl schon in die *altbabylonische* Sprachperiode zu datieren ist. In der *zweiten* Hälfte des zweiten Jahrtausends hatte der Mensch schließlich eine *kultische* „Frömmigkeit" entwickelt, die sich *literarisch* in der Gattung des „Klageliedes des Einzelnen" niederschlägt. So gehört z.B. der *mittelbabylonisch* erhaltene „Marduk-Klagehymnus" aus *Ugarit* zu dieser Textgattung. Diese Dichtung ist allerdings *zweiteilig*. Sie läßt die anfängliche *Klage* des „Leidenden" in einen *Lobpreis* auf den Gott *Marduk* übergehen. Dieser zweite als *Hymne* konzipierte Teil ist dabei als *Gattung* weitaus älter als *altbabylonisch*[387] und über die *altbabylonische* Sprachperiode hinaus auch im *Mittelbabylonischen* und *Jungbabylonischen* sehr gut bezeugt.[388] Das ebenfalls *mittelbabylonisch* zu datierende „Segensgebet für einen Fürsten" mit einer *sumerischen* Version aus *Ugarit* und einer *babylonischen* Version aus *Emār* ist als eine solche *hymnische* Dichtung zu verstehen.

---

[386] vgl. Th. Kämmerer, UF 25, S.194.

[387] schon die sumerische Literatur der 3. Jahrtausends belegt Hymnen auf Götter.

[388] vgl. hierzu den Katalog zur *altbabylonischen* Dichtung in Kapitel 1.3.

Der „Marduk-Klagehymnus" selbst kann von seinem geistesgeschichtlichen Hintergrund her verglichen werden mit den Gebetsbeschwörungen[389] *Ludlul bēl nēmeqi*[390] und „Babylonische Theodizee"[391]. Der *Archetypus* des ersten Werkes wird von *W.G. Lambert* und *W. von Soden*[392] in die *Kassitenzeit,* der *Archetypus* des zweiten um ca. 1000 v. Chr. datiert. Beide Klagelieder sind in Versionen vor allem aus *Assur* und *Babylon* und in Abschriften aus der Bibliothek *Assurbanipals* erhalten. *W. von Soden* schreibt zu der Datierung von Gebetsbeschwörungen ganz allgemein: „Das private Gebet erscheint bei den Babyloniern merkwürdigerweise nur in Gestalt der sogenannten Gebetsbeschwörung, die aus altbabylonischer Zeit noch nicht bekannt ist und daher wie fast die gesamte Individuallyrik wohl erst in der Kassitenzeit nach etwa 1400 entwickelt worden ist."[393]

Dieser Datierungsvorschlag wurde durch *W. Mayer* bestätigt, der in seiner Dissertation[394] Gebetsbeschwörungen nach Herkunftsort und Entstehungszeit der Abschriften zusammenstellte. Die ältesten Gebetsbeschworungen fanden sich bei fragmentarisch erhaltenen Texten aus *Boğazkale* (šu-ila-Gebete, Rituale) aus dem 13. Jahrhundert v. Chr. Verbreitet waren Gebetsbeschwörungen schließlich besonders im 11. - 10. Jahrhundert v. Chr. in *Assur* aus der Bibliothek *Tiglatpilesars* I (1115-1077 v. Chr.). Aus dem ersten Jahrtausend sind Gebetsbeschwörungen *früh-neuassyrisch* und jünger aus *Assyrien, Syrien* und *Kleinasien* und *neu-* und *spätbabylonisch* aus *Sippar, Ur* und *Uruk* erhalten.

Ebenso, wie es möglich war, den *religionshistorischen* Hintergrund der „persönlichen Frömmigkeit" zu erarbeiten und deren Entwicklung mit Hilfe des zu untersuchenden *literarischen* Textmaterials aufzuzeigen, so wurde hier der Versuch unternommen zu zeigen, daß von *altbabylonischer* zu *mittelbabylonischer* Zeit sich auch ein Wandel in der Wahl der *stilistischen* Mittel innerhalb der *babylonischen* Dichtung vollzogen hat. Dieser Wandel war Ausdruck einer sich allmählich ändernden *Religiosität.* Das „Klagelied des Einzelnen" tritt nun an die Seite der *Hymne.* Dieses schafft schließlich die *literaturgeschichtliche* Vorraussetzung für weitere speziell aus *Ugarit* und *Emār* überlieferte Literaturgattungen, die *stilistisch* als *Antwort* auf diese ihnen vorausgehenden „Klagelieder des Einzelnen" verstanden werden können. Als Beispiele sind hier die Aphorismensammlung des „Dialoges zwischen *Šūpē-amēli* und seinem 'Vater'", „Ein

---

[389] vgl. *Marduk* als Beschwörungspriester *Asalluḫi*, s. S.101.

[390] bearbeitet von W.G. Lambert, BWL, Oxford 1960, S.31-62.

[391] ders., ebd., S.70-91.

[392] W. von Soden, Das Problem der zeitlichen Einordnung akkadischer Literaturwerke, in MDOG 85, Berlin 1953, S.23f.

[393] W. von Soden, Sumerische und Akkadische Hymnen und Gebete, Zürich 1953, S.46.

[394] W. Mayer, Untersuchungen zur Formensprache der babylonischen „Gebetsbeschwörungen", in StP/SM 5, Rom 1976, S.27-31.

ungehorsamer Sohn" und „Der Rat eines Vaters" zu nennen. Diese Feststellung gilt auch, wenn diese „Klagelieder des Einzelnen" nicht erhalten sind oder gar nicht in schriftliche Form gebracht wurden.

Der *lobpreisende* Mensch in der Gemeinschaft der Gläubigen entwickelt sich erst zu Beginn des zweiten Jahrtausends zu einem, seinem Gott gegenübertretenden, *klagenden Individuum.* Das sprachliche Mittel, mit dem der Mensch sich nun mit Gott zu verständigen sucht, wird das „Klagelied des Einzelnen".

Denn „es gehört zu den Wesenseigentümlichkeiten der (...) Frühstufen der höheren Religionen, daß nicht das Individuum das Gegenüber für die Gottheit ist, sondern die Familie, die Sippe, das Dorf und der Stamm."

Das *Individuum* mit seinen verschiedenen Bedürfnissen tritt auch in der Dichtung *Westsyriens* umso stärker in den Vordergrund, je mehr „die ursprünglichen, natürlichen Gemeinschaften durch die neuen übergreifenden Ordnungen des Staates, der Wirtschaftsorganisationen und der großen Kultgemeinschaften überlagert und in ihrem Wirkungskreis beschränkt" werden, „so daß sie den Einzelnen nicht mehr ganz mit Beschlag belegen" können. „Zu solchen Gewichtsverlagerungen, die dem Individuum neue Möglichkeiten eröffnen, (kommt) es jedoch nur in den Stadtkulturen und auch in ihnen erst nach und nach als Folge schwerwiegender sozialer Umwälzungen" (d.h. innerhalb der Rechts- und Wirtschaftsstruktur).[395]

Bei der mit der Dichtung aus *Ugarit* und *Emār* zunehmenden *Neubewertung* des *Individuums* in seinem Verhältnis zu *Gott* sollte man sich stets bewußt sein, daß dieser *Umbruch* als „Phänomen der *altbabylonischen* Zeit" zu verstehen ist und der Religionshistoriker mit den entsprechenden Texten aus *Ugarit* und *Emār* nur das *Ergebnis* dieses Umbruches vor Augen hat. Auch bleibt zu untersuchen, welche Bedeutung in diesem Zusammenhang der Literatur *Ägyptens* und des entsprechenden *theologischen* Hintergrundes zuzurechnen ist.

Es kommt hinzu, daß *vornehmlich* das bis jetzt überlieferte *literarische* Textmaterial *Westsyriens* diese Neubewertung widerspiegelt. Geben damit die „Klagelieder des Einzelnen" als literarisches Ausdrucksmittel der „persönlichen Frömmigkeit" die sich in *Westsyrien* ändernde Religiosität des Menschen wieder?

Auffallend ist, daß die Merkmale dieses Umbruches in der *babylonischen* Dichtung zunehmend Kontur bekommen parallel zum wachsenden Einfluß *westsemitischen* (*amoritischen*) Kulturgutes. So übernehmen seit ca. 2000 v. Chr. *westsemitische* Dynastien in *Babylonien* und *Assyrien* die Macht. „Diese waren aus den seit der neusumerischen Zeit eingedrungenen und allmählich seßhaft

---

[395] W. von Soden, Das Fragen nach der Gerechtigkeit Gottes im Alten Orient, MDOG 96, Berlin 1965, S.43.

gewordenen Nomadenstämmen der *Amurru* hervorgegangen und bestimmten die politische Entwicklung bis zum Ende der Herrschaft der I. Dynastie von Babylon.[396]

Durch diese *ethnische* Veränderung bedingt, änderte sich auch „die uns vor allem aus dem präsargonischen Stadtstaat von *Lagaš* bekannte frühdynastische Verwaltungsform als Tempelkult, in der der Boden ursprünglich wohl zum größten Teil in der Hand der Tempel war."[397] „Der Privatgrundbesitz von Klan oder Privatpersonen (wird dagegen) vor allem 'semitisch' (d.h. Usus bei semitisch-sprachigen) gewesen sein." So wird die *Verlagerung* des *kulturellen* Einflusses zu Beginn des *zweiten* Jahrtausends nicht zuletzt auch von seiten der *Rechtssprechung,* die sich aus zahlreich überlieferten *Verwaltungstexten,* aber auch durch die *Archäologie* bestätigt:

„Die veränderte Einstellung zur Gottheit, die nicht mehr allein im Tempel, sondern jetzt auch in der privaten, vertrauten Umgebung verehrt werden konnte, findet ebenso (d.h. wie in archäologischen Befunden) in der Literatur ihren Niederschlag, wie z.B. die Anreden an den 'Persönlichen Gott' erkennen lassen."[398]

In der *elegisch* ausgerichteten Dichtung tritt der Mensch als *Individuum* in den Vordergrund. Er versucht, seine *soziale* Stellung gegenüber seinem Mitmenschen *literarisch* zu erfassen und gegebenenfalls abzugrenzen. So versteht sich seit *Ḫammurapi* der König selbst nicht mehr als *Gott,* sondern als *Mensch.* Dieses führte dazu, daß der Herrscher schließlich auch im *Kult* keine „Königsvergöttlichung" mehr erfuhr. Dieses Verständnis setzt sich seit *Ḫammurapi* (1728-1686 v. Chr.) durch und wird in den folgenden Jahrhunderten weiterhin beibehalten.[399]

Als *literarisches* Ausdrucksmittel dieser sich ändernden Frömmigkeit mußte gleichsam eine „Sprache" entwickelt werden, die dem Zweck ihrer Aussage gerecht werden konnte. Hierzu bedienten sich die *babylonischen* Dichter eben des *stilistischen* Mittels des „Klageliedes des Einzelnen" und tradierten damit eine *Dichtung,* die sich auch bei gleichzeitigem, weiterbestehendem Interesse für die *alten* Thematiken der *sumerischen* Kultur (*Hymnik*) deutlich von dieser *sumerischen* Dichtung *Mesopotamiens* absetzte.

---

[396] W. Orthmann, Der Alte Orient, Propyläen Kunstgeschichte Bd.18, Berlin 1985, S.47.

[397] von W.H.Ph. Römer als „sumerisch" bezeichnet, „Die Sumerologie", AOAT 238, Neukirchen-Vluyn 1994, S.14.

[398] N. Cholidis, Möbel in Ton, AVO 1, Münster 1992, S.194.

[399] Eine Ausnahme macht lediglich der *kassitische* König *Kurigalzu* I (1. Hälfte des 14. Jahrh.). Er ließ sich ebenfalls wie schon die beiden *akkadischen* Könige *Narām-Sîn* (2270-2233 v. Chr.) und *Šar-kalī-šarrī* (2233-2208 v. Chr.) vergöttlichen.

Eine in den oben kurz angesprochenen Gebetsbeschwörungen erkennbare Neubewertung des „Individuums" in seiner Stellung als „Klagender vor Gott" ist - wenn bisher auch nur durch wenige Texte belegt - schon bei den beiden *altbabylonisch* datierenden literarischen Kompositionen „A faithfull lover"[400] aus *Sippar* und „Ein Mann und sein Gott"[401] zu beobachten. Aber auch das kleine Fragment eines Gottesbriefes (*AO 4318*)[402] aus *Tellō* hat, wenn *F.R. Kraus* diesen Text auch nicht wie *W. von Soden* und *B. Landsberger* als „Stück eines alten Klagepsalmes" klassifiziert, sehr wohl Grundzüge der Textgattung „Klagelied des Einzelnen". Bei ihm ist die inzwischen gesicherte Datierung in die *Altbabylonische* Zeit bemerkenswert, denn - so *W. von Soden*[403] - „dieses Bruchstück eines wahrscheinlich nur kurzen Klagepsalms ist das älteste babylonische Gebet, das bisher bekannt geworden ist." Bei diesem Fragment handelt es sich um einen *Gottesbrief,* in dem eine Person mit Namen ^{d}Ur-nanše vor der Göttin Nin-si$_4$-an-na ihr *persönliches* Leid klagt.

Es fällt auf, daß - abgesehen von dem „Aspekt" der „persönlichen Frömmigkeit" in den beiden Dichtungen „Ein Mann und sein Gott" und „A faithfull lover" sich keine *eindeutigen* Belege zu den auf S.88 aufgelisteten zehn Bereichen finden lassen.[404] Dieses setzt diese beiden Werke zumindest in ihrem Sprachstil deutlich von den hier untersuchten *mittelbabylonischen* Dichtungen *Ugarits* und *Emārs* ab.[405] Ihre *Archetypen* sind *altbabylonisch* zu datieren. Es mag jedoch hinzukommen, daß die beiden zitierten Dichtungen ihren geistigen Ursprung in *Mesopotamien* haben.

Das bedeutet, daß in Westsyrien *eigenständige* Schultraditionen gepflegt wurden, deren Entwicklungsstand im ausgehenden zweiten Jahrtausend mit Hilfe der Dichtung *Ugarits, Emārs* und *Tell el-'Amārnas* beschrieben werden kann. Dabei ist die Stilrichtung des „Klageliedes des Einzelnen" zusammen mit dem theologischen Hintergrund der *persönlichen* Frömmigkeit in seiner Entstehung *älter* als die aus *Ugarit* und *Emār* überlieferte *babylonische* Dichtung. Dieser Stil ist ebenfalls[406] ein Phänomen der *altbabylonischen* Zeit und deutet daraufhin, daß - wie oben erwähnt - geistesgeschichtlich ein Zusammenhang mit dem Vordringen *westsemitischer* (*amoritischer*) Volksstämme in Richtung *Babylonien.* Es scheint daher überlegenswert, ob nicht diese *Westsemiten* zu

[400] Zur Bibliographie s. Kapitel 1.3.1, Nr. 1.

[401] Zur Bibliographie s. Kapitel 1.3.1, Nr.10.

[402] F. Thureau-Dangin, Contrats et Lettres, TCL 1, Nr.9; bearbeitet durch F.R. Kraus, Ein Altbabylonischer Privatbrief an eine Gottheit, RA 65, Paris 1971, S. 27-36.

[403] in SAHG 1953, S.269, Nr.16.

[404] Der Gottesbrief (*AO 4318*) ist als erhaltenes Fragment hierfür nicht auszuwerten.

[405] Die Dichtung *Tell el-'Amārnas* spielt in diesem Zusammenhang auf Grund der isolierten geographischen Lage eine eigene Rolle.

[406] vgl. den religionsgeschichtlichen Begriff der „persönlichen Frömmigkeit".

Beginn des zweiten Jahrtausends v. Chr. nicht eine bis dahin ungebräuchliche Literaturgattung mitbrachten, deren *geistesgeschichtlicher* Ursprung im Westen gelegen haben mag. Da sich für die *altbabylonische* Zeit die Fundsituation in *Syrien* und *Mesopotamien* bezüglich der *Dichtung* deutlich unterscheidet[407] kann nur festgestellt werden, daß wohl die *ältesten, altbabylonischen* Schriftzeugnisse für den Gebrauch der Literaturgattung „Klagelied des Einzelnen" aus *Mesopotamien*[408] belegt sind.

Doch auch die *nach-mittelbabylonische* Fundsituation *Westsyriens* erlaubt bislang nur *Extrapolationen* auf *literarisch* nicht belegte *Sprachperioden.*[409] Es scheint durchaus plausibel, wenn schon in *altbabylonischer* Zeit auch in *Westsyrien* eine *Dichtung* gepflegt wurde, die durch *Westsemiten* in *Syrien* und schließlich in *Mesopotamien* eingeführt wurde. Während jedoch diese „persönliche Frömmigkeit" und die daraus resultierende Textgattung des „Klageliedes des Einzelnen" in *Mesopotamien* keine nennenswerte Verbreitung erfährt,[410] wird gerade die *Individuallyrik* in *Ugarit* und *Emār* gepflegt und einer ihrer Grundgedanken, nämlich „das Individuum als Klagender vor Gott" schließlich bis in das *erste* Jahrtausend v. Chr. tradiert. Dieser Gedanke wird in *Mesopotamien* z.B. mit *Ludlul bēl nēmeqi* und der „Babylonischen Theodizee" *recipiert.*

Im Westen findet sich dieses Grundmotiv der „Klage des Einzelnen" schließlich in dem wahrscheinlich erst *nach-exilisch* entstandenen Buch *Hiob* wieder und wird eine der wesentlichen Fragestellungen in den christlichen Rechtfertigungslehren.[411]

So ist die Dichtung *Ugarits* und *Emārs* geprägt durch zwei verschiedene Traditionsstränge, deren Begriffe „Induktion" und „Reception" „Schlüsselwörter" dieser Studie bilden. Zum einen wird die Bedeutung der Dichtung *Ugarits* und *Emārs* dadurch unterstrichen, daß sie aus einer Sprachperiode überliefert ist, aus der bislang nur wenig Literatur, geschweige denn *Dichtung* im eigentlichen Sinne, bekannt ist. *J. Klein* schreibt in seiner „revised edition of a paper"[412] das auf der 42. RAI gelesen wurde: „They provide almost the only literary link between the late OB period (end of 17th century BCE) and Aššurbanipal's library (7th century BCE). Diese Aussage ist bedeutsam für die Belegsituation eines Schriftzeugnisses speziell für das Ende der dritten Tafel des *Atramḫasis*-Epos.[413] Andererseits liegt mit der Dichtung aus *Ugarit* eines der bislang älte-

[407] es findet sich bislang keine *altbabylonische Dichtung* aus *Syrien.*

[408] vgl. z.B. RA 65, Paris 1971, S. 27-36; aus *Tellō.*

[409] *altbabylonisch* und *jungbabylonisch.*

[410] vgl. die *mittelbabylonische* Dichtung *Mesopotamiens.*

[411] vgl. die Psalmen und Klagelieder der Bibel.

[412] Bilingual Literary Texts in Emar and Ugarit in the Second Millennium B.C.E.

[413] vgl. hierzu Kapitel 5.3.2. *RS 22.421* stellt das bislang älteste *babylonische* Frag-

sten Beispiele für ein „Klagelied des Einzelnen" in *babylonischer* Sprache vor.[414] Das erwähnte kleine Textfragment eines Gottesbriefes aus Tellō *AO 4318* ist ebenfalls deutlich als „Klagelied des Einzelnen" einzustufen. Bedeutsamerweise wird dieses Fragment von *W. von Soden* als *altbabylonisch* datiert.

Da die Fundsituation für *Ugarit* und *Emār* ein recht großes Vorkommen dieser Textgattungen der *Individuallyrik* im Vergleich zu anderen aus *Mesopotamien* recipierten Texten bezeugt, jedoch aus *Mesopotamien* derartige Textgattungen in *babylonischer* Sprache aus der *zweiten* Hälfte des *zweiten* Jahrtausends nicht nachgewiesen werden können, bieten diese Textzeugnisse aus *Ugarit* und *Emār* Ansätze für die in dieser Arbeit angebotenen *Datierungs-* und *Lokalisierungsvorschläge* für die *Entwicklung* und *Herkunft* von „Klageliedern des Einzelnen" in *babylonischer* Sprache. Diese wurden in einem überaus *qualitätvollem Babylonisch* geschrieben, das entgegen der Annahme *J. Kleins:* „The texts from Emar attest to a low level of scribal competence, and a strong substratum influence"[415] auf eine gute Ausbildung der *westsyrischen* Schreiber von *Ugarit* und *Emār* in *babylonischer Schriftsprache* hinweist. *Ihnen* ist die *Weiterentwicklung* zumal einer Textgattung zuzuschreiben, die für *Westsyrien* den Übergang von der *Hymnik* zur *Individuallyrik* beschreibt und damit weit mehr ist als eine Literaturgattung, die - aus dem Sumerischen übersetzt und somit aus *Mesopotamien* recipiert - „with touches of local color" versehen wurde.

5.11 Zusammenfassung der Ergebnisse

In dieser Studie wurde die Sprache *Ugarits, Emārs* und *Tell el-'Amārnas* anhand ihrer *Syllabare, Vokabulare* und ihrer *Morpho-Syntax* untersucht. Dabei hat die Analyse der Syllabare ergeben, daß diese nicht nur in eine *kontinuierlich* verlaufende Rangfolge mit *altbabylonischen* Syllabaren derjenigen Orte *Mesopotamiens* gebracht werden konnten, aus denen Dichtung überliefert ist. Die *mittelbabylonischen* Syllabare *Ugarits, Emārs* und *Tell el-'Amārnas* besitzen sogar eine nur geringe statistische Abweichung zu den Syllabaren von *Babylon, Māri* und *Ur.* Dieses bedeutet für die sprachhistorische Einordnung der in der Dichtung gebrauchten *Orthographie* von *Ugarit, Emār* und *Tell el-'Amārna,* daß sich diese Orthographie in der *gleichen* Tradition der schriftlichen Fixierung von Keilschrift befindet, wie sie zumindest seit der *altbabylonischen* Sprachperiode aus *Mesopotamien* bekannt ist. Es zeigen sich zwischen den Syllabaren von *Ugarit/Emār* und verschiedenen Orten *Mesopotamiens* die gleichen statistischen Abweichungen in der Orthographie, wie sie bei den *altbabylonischen*

ment der *Sintfluterzählung* dar.

[414] Für die stilistische Typologisierung vgl. auch die Kapitel 5.3.11 und 5.8.

[415] J. Klein, Paper zur 42. RAI, Leuven 1995, S. 2.

Syllabaren *innerhalb* Mesopotamiens zu beobachten sind. Dieses konnte durch Balkendiagramme und Darstellung von Kurvenverläufen gut veranschaulicht werden.

Da eine unmittelbare Abhängigkeit - wenn auch nur einzelner - *Graphen* von *morpho-syntaktischen* Gegebenheiten besteht, bot sich an, die Bewertung dieses Sachverhaltes mit einer Sprachanalyse der *Vokabulare* und der *Morpho-Syntax* der Dichtung aus *Ugarit* und *Emār* zu verbinden. Dabei stellte sich heraus, daß *Syrien* allein schon mit seinen beiden bedeutenden Fundorten *babylonischer* Dichtung, *Ugarit* und *Emār,* für den *Einfluß* und die *Verbreitung babylonischer Dichtung* einen hohen Stellenwert bekommt.

Die Dichter *Ugarits, Emārs* und auch *Tell el-'Amārnas* bemühten in ihrer *mittelbabylonischen* Dichtung in *archaisierender* Weise ausschließlich das *ostbabylonische Pantheon;* selbst dann, wenn sie - wie hier gezeigt - *westsemitisches* Kulturgut pflegten. Dieses gilt bezeichnenderweise gerade für diejenigen Textgattungen, die sich - wie es scheint - parallel zum wachsenden Einfluß der *Amurru* ausbilden, wie z.B. die „Klagelieder des Einzelnen". Auch in diesen Klageliedern werden ausschließlich *ostbabylonisch* bekannte Götternamen genannt. Hieraus kann geschlossen werden, daß für den *westsyrischen* Schreiber die *Götternamen* genauso Bestandteil der *babylonischen* Sprache sind, wie alle anderen von ihm gebrauchten *Vokabeln.*

Nicht nur für die *Literaturgeschichte,* sonder auch für die *Religionsgeschichte* kommt diese Studie zu einem wesentlichen Ergebnis, wenn sie feststellen kann, daß der *Sprachstil* einzelner aus *Ugarit* und *Emār* überlieferter Dichtungen sich deutlich in ihrem *theologischen* Hintergrund von *sumerisch* beeinflußter Literatur unterscheidet. So vollzieht sich am *Übergang* von der *altbabylonischen* zur *mittelbabylonischen* Zeit bedingt durch eine bereits stattgefundene *ethnische* Überlagerung auch ein Wandel in der Wahl der *stilistischen* Mittel innerhalb der *babylonischen* Dichtung. Aus dem Blickwinkel der *Morpho-Syntax* wird dieser traditionsgeschichtliche Umbruch erkennbar, dessen Anfänge wohl schon in die *altbabylonische* Sprachperiode zu datieren ist. Sicherlich hatte sich dann in der *zweiten* Hälfte des zweiten Jahrtausends schließlich eine „kultische Frömmigkeit" entwickelt, die sich *literarisch* in dieser speziellen Art der Gattung des „Klageliedes" niederschlägt, wie sie vor allem aus *Ugarit* und *Emār* datierbar und lokalisierbar überliefert ist. Der *mittelbabylonisch* zu datierende „Marduk-Klagehymnus" aus *Ugarit* zeigt diese Grundzüge der Textgattung „Klagelied des Einzelnen" als literarisches Ausdrucksmittel der „persönlichen Frömmigkeit".

Dieser Wandel war Ausdruck einer sich allmählich ändernden *Religiosität.* Das „Klagelied des Einzelnen" als Ausdrucksmittel der „persönlichen Frömmigkeit" tritt am Ende der *altbabylonischen* Zeit an die Seite der *Hymne* und wird das sprachliche Mittel, mit dem der *gläubige* Mensch sich nun mit Gott zu verständigen sucht.

In diesem sich ändernden Verhältnis des Menschen zu Gott versteht sich der Mensch als *Individuum.* Damit war es notwendig geworden als *literarisches* Ausdrucksmittel dieser „persönlichen Frömmigkeit" gleichsam eine „Sprache" zu entwickeln, die dem Zweck ihrer Aussage gerecht werden konnte. Das *stilistische* Mittel dieser „Sprache" wurde das „Klagelied des Einzelnen" . Die Dichter *Ugarits* und *Emārs* überlieferten eine *Dichtung,* die sich auch bei gleichzeitigem, weiterbestehendem Interesse für die *alten* Textgattungen der *sumerischen* Kultur, wie z.B. der *Hymne* deutlich von dieser *sumerischen* Dichtung *Mesopotamiens* absetzte. Die Pflege der Tradition dieser neu gebildeten Literaturgattungen wurde in dieser Studie mit „Induktion" benannt, gegenüber der „Reception" bereits seit langem in *Mesopotamien* bekannter Textgattungen und Thematiken.

Die Stilrichtung des „Klageliedes des Einzelnen" ist zusammen mit dem theologischen Hintergrund der „persönlichen Frömmigkeit" in ihrer Entstehung allerdings deutlich *älter* als die aus *Ugarit* und *Emār* überlieferte *mittelbabylonische* Dichtung. Dieser Stil ist ebenfalls ein Phänomen der *altbabylonischen* Zeit und deutet daraufhin, daß - wie oben erwähnt - geistesgeschichtlich ein Zusammenhang mit dem Vordringen *westsemitischer* (*amoritischer*) Volksstämme in Richtung *Babylonien* besteht. Es scheint daher überlegenswert, ob nicht *Westsemiten* zu Beginn des zweiten Jahrtausends v. Chr. eine durch ihre *eigene* Religiosität geprägte und bis dahin ungebräuchliche Literaturgattung in *Syrien* und *Mesopotamien* einführten.

So stellt *J. Klein* fest, daß „we cannot determine the ultimate origin of the genre of the 'individual prayer of complaint' in Mesopotamia. But it stands to reason that its rise is closely connected with the development of the concept of the 'personal god'." [416] Damit versucht er, einen geistesgeschichtlichen Zusammenhang zwischen den „Klageliedern des Einzelnen" als Ausdrucksmittel der „persönlichen Frömmigkeit", die als solche bislang erst seit der *altbabylonischen* Zeit überliefert und vor allem in *babylonischer* Sprache verfaßt sind sowie einzelnen Elementen innerhalb der *sumerischen* Literatur herzustellen. Diese wiederum scheinen ihrerseits nicht älter zu sein als ca. 2350 v. Chr. und damit der *Sargoniden*-Zeit anzugehören. Es ist bemerkenswert, daß aus der *vor-altbabylonischen* Zeit zwar zahlreiche Klagelieder, so zum Beispiel solche auf *Städte* überliefert, aber bisher *keine* „Klagelieder des Einzelnen" als Ausdrucksmittel der „persönlichen Frömmigkeit" erhalten sind. Damit bekommt der Hinweis eine *neue* Bedeutung, daß das Aufkommen und die weitere Verbreitung von Klageliedern der „persönlichen Frömmigkeit" parallel zum wachsenden Einfluß der *Westsemiten* stattfindet.

---

[416] J. Klein, 'Personal God' and Individual Prayer in Sumerian Religion, AfO Bh.19, S.302.

Während also die „persönliche Frömmigkeit" und die aus ihr resultierende Dichtung im *Osten* keine nennenswerte Verbreitung erfährt, wird gerade diese *Individuallyrik* in *Ugarit* und *Emār* gepflegt und schließlich bis in das *erste* Jahrtausend v. Chr. tradiert. Die theologische Aussage des „Klageliedes des Einzelnen" wird in *Mesopotamien* z.B. mit *Ludlul bēl nēmeqi* und der „Babylonischen Theodizee" *recipiert*. Im *Westen* bildet um die Mitte des ersten Jahrtausends das Motiv der „Klage des Einzelnen" den Grundgedanken des Buches *Hiob* und bekommt damit eine herausragende Bedeutung bei den Fragen einzelner christlicher Rechtfertigungslehren.

Die Dichtung *Ugarits* und *Emārs* aber auch diejenige *Tell el-'Amārnas* - zeichnet sich aus durch zwei verschiedene, allem Anschein nach *ethnisch* gebundener Traditionsstränge, deren Begriffe „Induktion" und „Reception" „Schlüsselwörter" dieser Studie bilden.

In *Westsyrien* vollzieht sich in der Begegnung dreier Kulturen - altsyrisch-kanaanäisch, babylonisch-sumerisch und ägyptisch - die *Antithetik* dreier *Literaturen*. In diesem Spannungsverhältnis zwischen *Ägypten, Syrien* und *Mesopotamien* spiegelt sich das Bekenntnis des *westsyrischen* zum *mesopotamischen* Dichter. So steht die *mittelbabylonische* Dichtung *Ugarits, Emārs* und letztendlich auch *Tell el-'Amārnas* im Zeichen der Begegnung von *Osten* und *Westen*, doch das Medium dieser Begegnung ist wiederum der Geist des Dichters, der westliche und östliche *Sprachstile* und *Textgattungen* in seiner Literatur miteinander verbindet, bzw. weiterentwickelt. Die *Synthese* dieser Geistesströmungen löst das Spannungsverhältnis zwischen *Ägypten, Syrien* und *Mesopotamien* auf und führt schließlich zur Ausprägung des „Klageliedes des Einzelnen" als literarisches Ausdrucksmittel der „persönlichen Frömmigkeit.

5.12 Ausblick auf weitere Studien

Die vorgelegte Arbeit verfolgt in Bezug auf die *mittelbabylonische* Dichtung *Ugarits, Emārs* und *Tell el-'Amārnas* zwei Ziele:

1. Die Analyse und Aufbereitung einzelner Sprachphänomene (Orthographie, Vokabular) sowie

2. die Analyse und Bewertung einzelner Textgattungen („Klagelieder des Einzelnen", Individuallyrik).

Für beide Bereiche stellt sie eine Art *Pilotprojekt* dar, da die *Altorientalistik* als Sprachwissenschaft über keine vergleichbaren Studien verfügt, zumindest was die Heranziehung *mathematisch-statistischer* Methoden anlangt. Durch die Anwendung *quantitativer Linguistik* bekommen die gewonnenen Ergebnisse nicht nur einen eigenen Stellenwert. Auch die Anwendbarkeit dieser *Methodik* mußte sich unter Beweis stellen. Zunächst war es nur möglich, für die hier zu untersuchenden *linguistischen* Probleme (unterschiedliche Quantität der Syllabare) eine *mathematisch-statistische Grundlage* zu schaffen, was gleichzeitig aber auch bedeutet, die angewandte Methode später nach Möglichkeit noch zu verfeinern und sie den einzelnen Gegebenheiten noch stärker anzupassen. Eine derart verbesserte Methodik sollte dann zu einer größeren Treffsicherheit und einer noch genaueren Bewertung ihrer Ergebnisse führen. Hiermit eröffnet sich in der *Altorientalistik* ein weites Arbeitsgebiet, dessen Erschließung in enger Zusammenarbeit mit Vertretern der rein *naturwissenschaftlich* ausgerichteten Disziplin der *Statistik* und Vertretern der modernen *Linguistik* neue Ergebnisse erwarten läßt. Unabhängig von diesem anzustrebenden Ausbau der Methode werden zu erwartende *Quantitätsänderungen* bei der Zusammenstellung einzelner *Graphen* und *Lautwerte* und die erhoffte Erschließung neuen Textmaterials ebenfalls weitere Denkanstöße für die Fortsetung der begonnen Arbeit geben. Dieses kann zu einer *Bestätigung* der hier erarbeiteten Ergebnisse, aber auch zu *Korrekturen* führen.

Gleichermaßen steht an, die hier zur Anwendung gebrachten *statistisch-numerischen* Methoden auf die Sprachelemente anderer Textgattungen auszudehnen. Es ist daran zu denken, die hier untersuchten Syllabare der *aB* und *mB* Dichtungen - soweit diese überhaupt zu *lokalisieren* sind - mit denen der *mB, nicht-literarischen* Texte von *Ugarit* und *Emār,* gegebenenfalls auch von *Munbāqa, statistisch* zu vergleichen, oder aber auch weitere *babylonische, nicht-literarische* Texte und auch *jungbabylonische* Dichtungen *Mesopotamiens* mit einzubeziehen. Die gleichen Überlegungen gelten auch für die *Vokabulare* der *babylonischen* Dichtung. Hier wird jedoch die rein *numerische* Erfassung bestimmter Eigenschaften einzelner Sprachelemente nicht mehr genügen.

Wenn man den mit dieser Arbeit beschrittenen Weg fortsetzen will, wird man weiterhin den Blick auf die speziell aus *Ugarit* und *Emār* überlieferten *Textgattungen* richten müssen. War der Umgang mit einzelnen *Textgattungen* beim *Entwurf* dieser Arbeit zunächst nur eine *Arbeitshypothese,* erwies sich dieses Vorgehen bald als *essentiell* für die *literaturhistorische* Klassifizierung der *mB* Dichtung *Ugarits* und *Emārs.* Die Beschreibung der *religionshistorischen* Hintergründe und der durch sie bedingten *literaturhistorischen* Entwicklung der Textgattungen „Klagelied des Einzelnen" und *Hymnus* in ihrem *zeitlichen* Ablauf und in ihrer Abhängigkeit von *ethnischen* und *soziologischen* Gegebenheiten dient nicht nur unserem Verständnis der menschlichen *Kulturgeschichte,* sondern verschafft bei *Ausweitung dieser Forschung* möglicherweise weitere Einblicke in die Entstehung und Ausformung des *alttestamentarischen* Motives der „Klage des Einzelnen".

Appendix A

6. Die VI. Tafel des Gilgameš-Epos

Es werden folgende Versionen berücksichtigt:

A	= K 231	Ea	= Msk 7498n
B	= K 4579a + 48018	Eb	= Msk 74104z
C	= VAT 9667	Ec	= Msk 74159d
D	= Sm 2122		

14

Ea (Anfang nicht erhalten).
Av i 14 [*a-na*] *bītī*(⌜É⌝)-*ni i-na e-ri-bi-ka*
Bv i 14 [*a-na*] *bītī*(⌜É⌝)-*ni ina e-ri-bi-ka*
Cv i 15' *a-na bīti*(É)-*ni i-na e-re-bi-ka*
Bei deinem Eintreten in unser Haus

15

Ea 1 [*sip-pu A-rat-tu-ú li-na-aš-ši-q*]*ú-ni ka*[*p-pe-ka*]
Av i 15 [*sip-pu*] ⌜*A*⌝-*rat-tu-ú li-na-áš-ši-qu šēpā*(GÌR)-*ka*
Bv i 15 [*sip-pu A*]-*rat-tu-ú li-na-áš-ši-qu šēpē*(GÌR.MEŠ)-*ka*
Cv i 16' *sip-pu A-rat-tu-u li-na-á*[*š*]-*ši-qu šēpā*(II.GÌR.MEŠ)-*ka*
Ea 1 [sollen Türpfosten aus Aratta Deine] Ha[nd(flächen) küs]sen!
Av i 15 sollen Türpfosten aus Aratta Deine Füße küssen!

16

Ea 2' [*lu kan-su ina šap-li-ka*] *šarru*([LUGAL.MEŠ]) [*be*]-*lu-ú el-lu-ni*
Av i 16 [*lu kan-su*] *ina šap-li-ka šarru*(LUGAL.MEŠ) *bēlu*(BE.MEŠ) *rubbû*(NUN.MEŠ)
Bv i 16 [*lu kan-s*]*u ina šap-li-ka šarru*(LUGAL.MEŠ) *bēlu*(EN.MEŠ) *u rubbû*(NUN.MEŠ)
Cv i 17' *lu kan-su ina šap-li-ka šarru*(LUGAL.MEŠ) *bēlu*(BE.MEŠ) *u rubbû*(NUN.MEŠ)
Vor dir sollen knien Könige, Herren und Fürsten.

17

Ea 3' [*Lul-lub-di*] *šadî*([KUR]) [*u*] *mātu*([KUR]) [*li*]-⌜*iš*⌝-*šu-ni-ik-ku bi-i*[*l-ti*]
Av i 17 [*Lul-lub*]-*da* ⌜*x*⌝ *šadî*(KUR-*i*) *u mātu*(KUR) *lu-u na-šu-nik-ka bil-tu*
Bv i 17 [*Lul-lub-d*]*a šadî*(KUR-*i*) *u ma-a-tu lu-ú na-šu-nik-ka bil-tu*
Cv i 18' *Lul-lub-di šadî*(KUR-*i*) *u mātu*(KUR) *lu na-šu-ka bilta*(GÚ.UN)
Die Lullubäer des Gebirges und das Land sollen dir Abgaben errichten!

18

Ea 4' *enzu* ([ÙZ.MEŠ]) -[*ka tak-še-e*] *laḫru* ([U_8.MEŠ]) -*ka* [*tu-'a-a-m*]*a lu-li-i-da*

Av i 18 *enzi* ([ÙZ.MEŠ]) -[*k*]*a tak-ši-i laḫru* (U_8.MEŠ) -*ka tu-'a-a-mi li-li-da*

Bv i 18 *enzi* ([ÙZ.MEŠ]) -[*ka t*]*ak-ši-i laḫru* (U_8.UDU.ḪI.A.MEŠ) -*ka tu-a-mè li-li-da*

Cv i 19' *enzi* (ÙZ.MEŠ) -*ka tak-še-e*

Cv i 20' *laḫru* (U_8.MEŠ) -*ka tu-'a-a-me lu-li-da*

Ea 4' Deine Ziegen mögen Drillinge, die Mutterschafe [Zwillinge] werfen.

Av i 18 Deine Ziegen mögen Dir Drillinge, Deine Schafe (und Ziegen) Zwillinge werfen.

19

Ea fehlt in der Fassung aus Emār

Av i 19 *mūr* ([DÙR]) -[*ka ina*] *bil-ti parâ* (ANŠE.ŠÚ.MUL) *li-ba-'a*

Bv i 19 *mūr* ([DÙR]) -[*ka ina bi*]*l-ti parâ* (ANŠE.ŠÚ.MUL) *li-ba-'a*

Cv i 21' *mūr* (DÙR) -*ka ina bilti* (GÚ.UN) *parâ* (ANŠE.ŠÚ.MUL) *li-ba-'i*

Ea fehlt in der Fassung aus Emār

Dein Eselfohlen möge unterm Joch das Maultier überholen!

20

Ea fehlt in der Fassung aus Emār

Av i 20 *sīsī* ([ANŠE.KUR.RA]) -[*k*]*a ina* ^{giš}*narkabti* (GIGIR) *lu-ú šá-ru-uḫ la-sa-*⸢*mu*⸣

Bv i 20 *sīsī* ([ANŠE.KUR.RA]) -[*ka ina*] ^{giš}*narkabti* (GIGIR) *lu-ú šá-ru-uḫ la-sa-mu*

Cv i 22' *sīsī* (ANŠE.KUR.RA.MEŠ) -*ka ina* ^{giš}*narkabti* (GIGIR) *l*[*u šá-r*]*u-uḫ la-sa-ma*

Ea fehlt in der Fassung aus Emār

Dein Pferd vor dem Wagen sei prächtig im Lauf.

21

Ea 5' [*ku-da-nu-ka ina ni-i-ri ša-ni-na a-a*] *ir-ši*

Av i 21 [*ku-da-ni*$^{?}$*-ka*] *ina ni-i-ri šá-ni-na a-a ir-*⸢*ši*⸣

Bv i 21 [*ku-da-ni*$^{?}$*-ka ina ni-i-r*]*i šá-ni-ni a-a ir-ši*

Cv i 23' (nur noch die obere Hälfte der Zeichen erhalten)

Dein Maulesel unterm Joch soll seinesgleichen nicht finden!"

22

Ea 6' *[^{d}Gil-ga-meš pa-a-šu i-pu]-ša i-qáb-b[i]*
Av i 22 *[^{d}Gilgameš] pa-a-šú i-pu-uš-ma iqabbi*(DU$_{11}$.GA)
Bv i 22 *[^{d}Gilgameš pa-a-šú i-pu-u]š-ma i-qab-bi*
[^{d}Gilgameš] hebt zu reden an und spricht.

23

Ea 7' *[i-za-ka-ra a-na ru-bu-ti ^{d}]Ištar*(INANNA) *ul-tu-ma*
Av i 23 *[izakara] a-na ru-bu-ti ^{d}⸢Iš-t⸣ar*
Bv i 23 *[izakara a-na ru]-⸢bu-ti ^{d}Ištar*(MÙŠ)⸣
Ea [Er wendet sich an die] Fürstin [Ištar]: „Wenn
Av i 23 Er wendet sich an die Fürstin *Ištar:*

24

Ea fehlt in der Fassung aus Emār
Av i 24 *[mi-na-a a-nam-din (?)] a-na ka-a-ši aḫ-ḫ[a-z]u-ki*
Ea fehlt in der Fassung aus Emār
Av i 24 „[Was muß ich] Dir [geben], heirate ich Dich?

25

Ea 8' *[aḫ-ḫa-zu-ki ṣu-ba-t]i$_4$-ki ku-um-ši pa-[ag-ri]*
Av i 25 *[a-nam-din] šaman* ([Ì]) *pag-ri ù ṣ[u-b]a-a-ti*
Ea 8' [ich Dich zur Frau nehme, soll ich Dir Klei]der, Salbung des Kör[pers (geben)],
Av i 25 [Soll ich Dir Salbung des] Körpers oder Gewänder [geben].

26

Ea 9' *[a-nam-din a-na k]a-ši bu-bu-ti-ma ku-[ru-um-ma-ti]*
Av i 26 *[a-nam-din] ku-ru-um-ma-ti ù ⸢bu⸣-bu-ti*
Ea 9' [Soll ich] Dic[h versorgen] mit Sättigung und Verpflegung?
Av i 26 [Soll ich (Dich) versorgen] mit Verpflegung und Sättigung?

27

Ea 10' *[...] ⸢x⸣ si-in-ti$_4$ qa$^{?}$-t[i ...]*
Av i 27 *[x x x (x x) a]k-la si-mat ilūti*(DINGIR-*ú-ti)*
Ea 10' [Soll ich Dich speisen mit ...], wie es ... geziemt?
Av i 27 [Soll ich Dich speisen] mit Brot, wie es den Göttern geziemt?

28

Ea 11' (abgebrochen; Feldbegrenzung?)

Av i 28 [*x x x (x x) x*]-*a*? *si*-⸢*mat*⸣ *šarrūti*(LUGAL-*ú-ti)*

Ea 11' (bis auf geringe Reste abgebrochen.)

Av i 28 [Dich tränken mit Bier], wie es Königen geziemt?

29-31

Eb i (Z. 29-31 sind in der Fassung aus Emār bis auf geringe Reste abgebrochen)

Av i 29 [*x x x x (x x)*]-*ri-'i-il*

Av i 30 [*x x x x (x x)*] ⸢*x x (x)*⸣ *uš-bu-x*

Av i 31 [*x x x x (x x)*] *li-pa*? *na-aḫ kal-la*

Eb i (Z. 29-31 sind in der Fassung aus Emār bis auf geringe Reste abgebrochen)

32

E i 2 [.... .....-*š*]*a*? ⸢*x*⸣ [*x x x (x)*]

Av i 32 [*x x x x (x x)*] *aḫ-ḫa-az-ki*

E i 2 bis auf wenige Reste abgebrochen

Av i 32 [Wer] sollte Dich (denn zur Ehefrau) nehmen?

33

Eb i 3' [*x x x x x*] ⸢*x*⸣ *la-a ka-ṣi-ra-at*

Av i 33 [*x x x x (x x)*] *ina*? *šu-ri-pu*

Eb i 3' ... *nicht gebunden*

Av i 33 [Dich, die Du bist (wie) ...] in/mit Eis;

34

Eb i 4' *daltu* ([GIŠ.IG]) [*ar-ka-*tu_4 *š*]*a-a la-a i-k*[*al*]-*l*[*u š*]*a*-[*ra*]

Av i 34 $^{[giš]}$*daltu* ([GIŠ.IG]) [*ar-ka-*tu_4 *ša la i*]-*kal-lu-ú šāra* (IM) *u zi-i-qa*

Bv ii 1 ^{giš}*daltu* (GIŠ.IG-tu_4) <*ar*>-*ka-t*[u_4 ...]

Eb i 4' eine halbfertige Tür, die den Wind nicht abhält;

Av i 34 eine halbfertige Tür, die Wind und Blasen nicht abhält;

35

Eb i fehlt in der Fassung aus Emār

Av i 35 *ekallu* ([É.GAL]) [*mu-nap-pi-ṣu*] *qar-ra-di*

Bv ii 2 *ekallu* (É.GAL) *mu-nap-p*[*i-ṣu qar-ra-di*]

E fehlt in der Fassung aus Emār

Av i 35 ein Palast, der die Helden zerschl[ägt];

36

Eb i 5'	[*pi-i-ru mu-na-pi-ṣa-at*] *ku-tu-um-mi-šu* [*i*]*ṭ*-⸢*ṭù*⸣-[*ú*]
Av i 36	[*pi-i-ru mu-na-pi-ṣa-at*] *ku-tum-mi-šá*
Bv ii 3	*pi-i-ru* [...]
E 5'	[ein Elephant, der] seine Decke [abreißt], ⸢Pech⸣,
Av i 36	[ein Elephant, der] seine Decke [abreißt];

37-38

Eb i 6'	[*mu-tap-pi-la-a*]*t*! *na-ši-ša nādu* (KUŠ.A!.⸢EDIN.LÁ) *mu-na*⸣-[*ki-ša-at*]
Av i 37	[*iṭ-ṭu-u mu-tap-pi-la-at* ?] *na-ši-šá*
Av i 38	[^{mašku}*na-a-da mu-na-ki-ša-at* ?] *na-ši-ša*
Bv ii 4	*iṭ-ṭu-ú mu-t*[*ap-pi-la-at*]
Bv ii 5	^{mašku}*na-a-da m*[*u-na-ki-ša-at na-ši-ša*]
Eb i 6'	das seinen Träger [beschmutzt]; ein Schlauch, der seinen Träger
Av i 37	Pech, das seinen Träger [beschmutzt];
Av i 38	ein Schlauch, der seinen Träger durchn[äßt];

39

Eb i 7'	[*na-ši-ša ia-š*]*u-bu mu-ab-bi-tù* ⸢*i*?!⸣-ga_5-*a*[*r* (*abni* (NA_4))]
Av i 39	[*pi-i-lu mu-ab-bi-tu*] *dūr* (BÀD) *abni* (NA_4)
Bv ii 6	*pi-i-lu m*[*u-ab-bi-tu*] *dūr* ([BÀD]) *abni* ([NA_4])
Eb i 7'	durchnäßt; ein Mauerbrecher, der gänzlich die Mau[er aus Stein] zersprengt;
Av i 39	ein Kalkstein, der die Mauer aus Stein [zerspr]engt;

40

Eb i	fehlt in der Fassung aus Emār
Av i 40	[*ia-šu-bu-u* ... *ina*] *māt* (KUR) *nu-kúr-ti*
Bv ii 7	*ia-šu-bu-ú* [*ina*] *māt* ([KUR]) [*nu-kúr-ti*]
Eb i	fehlt in der Fassung aus Emār
Av i 40	[ein Mauerbrecher, der] das Land des Feindes [vernichtet];

41

Eb i 8'	*šēnu* ([KUŠ.E.SÍR]) [*mu-na-ši-ka-at mu*]-*bu-u-'i-i su-ú-qí*
Av i 41	[^{mašku}]*šēnu* ([KUŠ.E.SÍR]) [*mu-na-du-u*] *be-lí-šá*
Bv ii 8	*šēnu* (KUŠ.E.SÍR) *mu-n*[*a-*...]
Eb i 8'	[ein Schuh, der denjenigen „verletzt", der] die Straßen [su]cht!
Av i 41	[ein Schuh, der] seinen Besitzer [drückt!]

42

Eb i 9' [... *ḫ*]*a-ir da-ri-iš*
Av i 42 [*a-a-u ḫa-me-ra ša ta-ra-mu*] *ana da-riš*
Bv ii 9 *a-a-ú ḫa-me-r*[*a ša ta-ra-mu ana da-riš*]
Cv ii 4' *a-*⸢*a*⸣-[*ú ḫa-me-ra ša ta-ra-mu ana da-riš*]
Welches ist der Gatte, den Du auf ewig liebst?

Eb i 10' [... *t*]*e-ed*? *-di*?
Av i fehlt in K 231
Cv ii fehlt in VAT 9667
Eb i 10' [...] ...
Av i fehlt in K 231

43

Eb i 11' in der Fassung aus Emār abgebrochen
Av i 43 [*a-a-u al-lal-ki ša eli-k*]*i i-lu-ú*
Bv ii 10 *a-a-ú al-lal-ki* [*ša eli-ki i-lu-ú*]
Cv ii 5' ⸢*a-a*⸣-[*u al-lal-ki ša eli-ki i-lu-ú*]
Eb i 11' in der Fassung aus Emār abgebrochen
Av i 43 Welches ist Dein *allallu*-Vogel, der [zum Himmel] aufsteigen [konnte]?

44

Eb i 12' [*al-kim-ma lu-up-pi-...*(*-ta*) *ḫa-i-ri-k*]*a*
Av i 44 [*al-kim-ma lu-up-pi-...*(*-ta*)] *ḫa-ar-mi-ki*
Bv ii 11 *al-kim-ma lu-up-p*[*i-x*(*-ta*) *ḫa-ar-mi-ki*]
Cv ii 6' ⸢*al*⸣-[*kim-ma lu-up-pi-x*(*-ta*) *ḫa-ar-mi-ki*]
Dv i 1' [*x x x x x x x x* (*x x x x*)] ⸢*ar*⸣
Komm, ich will Dir deine Liebhaber nennen!

45

Eb i 13' in der Fassung aus Emār abgebrochen
Av ii 1 *šá pu-di-im-ma* ⸢*x*⸣*-ta* ⸤...⸥
Bv ii 12 *šá pu-di-im-m*[*a ...*]
Cv ii 7' ⸢*ša*⸣ [*pu-di-im-ma ...*]
Dv i 2' [*ša pu-di im ma x-*(*x*)*-ta* (*x x x*)] *i-di-šú*
Eb i 13' in der Fassung aus Emār abgebrochen
Av ii 1 Sinn unklar

46

Ec i 1' *[a-na ^{d}Dumu-zi ḫa-i-ir ṣe]-⌈eḫ⌉-[re-ti-ki]*
Av ii 2 *a-na ^{d}Dumu-zi ḫa-mi-ri ṣ[u$^{?}$-uḫ-ri-ti-ki]*
Bv ii 13 *x$^{!?}$ a-na ^{d}Dumu-zi ḫ[a-mi-ri ṣu$^{?}$-uḫ-ri-ti-ki]*
Cv ii 8' *ana ^{d}⌈Dumu-zi⌉ [ḫa-mi-ri ṣu$^{?}$-uḫ-ri-ti-ki]*
Dv i 3' *[a-na ^{d}Dumu-zi ḫa-mi-ri ṣu$^{?}$-uḫ-r]i-ti-ki*
^{d}Dumuzi, dem Gatten Deiner Jugend,

47

Ec i 2' *[šat-ta a-na šat-ti bi-tak-k]a tal-ti-mè[š]*
Av ii 3 *šat-ta a-na šat-ti bi-tak-ka-a ⌈tal-ti-meš⌉-[šu]*
Bv ii 14 *šat-ta a-na šat-t[a bi-tak-ka-a tal-ti-meš-šú]*
Cv ii 9' *šat-ta a$^{!}$-n[a šat-ta bi-tak-ka-a tal-ti-meš-šú]*
Dv i 4' *[šat-ta a-na šat-ti bi-tak-ka-a] tal-ti-meš-šú*
hast Du Jahr für Jahr dauernd zu weinen bestimmt.

48

Ec i 3' *[al-la-la bit-ru-ma ta]r-a-mi-ma*
Av ii 4 *al-la-lá bit-ru-ma ta-ra-m[i-ma]*
Bv ii 15 *al-lá-la b[it-ru-ma ta-ra-mi-ma]*
Cv ii 10' *al-lá-l[a bit-ru-ma ta-ra-mi-ma]*
Dv i 5' *[al-la-la bit-ru-ma ta]-ra-mì-ma*
Den bunten *allallu*-Vogel liebtest Du und

48'

Ec i 4' *[x x x x a-l]a-la-šu*
Av ii fehlt in K 231
Bv ii fehlt in K 4579a + 48018
Cv ii fehlt in VAT 9667
Dv i fehlt in Sm 2112
Ec i 4' ... seinen *allallu*-Vogel.
Av ii fehlt in K 231

49

Ec i 5' *[x x x káp-pa-šu] ta-al-ta-ab-ri-⌈šá⌉*
Av ii 5 *tam-ḫa-ṣi-šu-ma kap-pa-šu tal-te-eb-[bir]*
Bv ii 16 *x$^{?}$ tam-ḫa-ṣi-šu-ma kap-p[i-šu tal-te$^{?}$-eb-bir]*
Cv ii 11' *tam-ḫa-⌈ṣi⌉-[ma kap-pi-šu tal-te$^{?}$-eb-bir]*
Dv i 6' *[tam-ḫa-ṣi-šu-ma kap-pa-šu tal]-te-bir*
du schlugst ihn und zerbrachst seinen Flügel.

50

Ec i 6'	*[iz-za-az ina qí-ša-ti]-ma i-ša-as-si kap-pí*
Av ii 6	*iz-za-az ina qí-ša-tim i-šas-si kap-pi*
Bv ii 17	*u*$^{?}$ *a-me*$^{?}$ *ina* ^{giš}*qišti*(TIR) *i[ḫ*$^{!?}$ *-...]*
Cv ii 12'	*a-me*$^{?}$ *-⸢x⸣ [ina qí-ša-tim i-šas-si kap-pi]*
Dv i 7'	*[iz-za-az ina qí-ša-tim i-šas-s]i kap-pi*
	Er hält sich (nun) in den Wäldern auf
	und ruft: „Mein Flügel".

51

Ec i 7'	*[x x x x x x x] tar-a-mi-ma bīt*(É) *ki*
Av ii 7	*ta-ra-mi-ma nēša* (UR.MAḪ) *ga-me-er e-mu-qì*
Bv ii 18	*ta-ra-mì-m[a] nēša* ([UR.MAḪ]) *[ga-me-er e-mu-qì]*
Cv ii 13'	*ta-ra-[mi-ma] nēša* ([UR.MAḪ]) *[ga-me-er e-mu-qì]*
Dv i 8'	*[ta-ra-mi-ma] nēša* ([UR.MAḪ]) *[ga-me-er] e-mu-qì*
Ec i 7'	[...] liebtest Du, und Dein Haus$^{?}$
Av ii 7	Du liebtest den Löwen, den kraftvollkommenen;

52

Ec i 8'	*[x x x x x š]a*$^{?}$ *ku-ul-ta-ri*
Av ii 8	*tu-uḫ-tar-ri-iš-šú VII u VII šu-ut-ta-a-ti*
Bv ii 19	*VII u VII t[u*$^{!}$ *-uḫ-tar-ri-iš-šu]*
Cv ii 14'	*VII u VII [tu*$^{!}$ *-uḫ-tar-ri-iš-šu]*
Dv i 9'	*[tu-uḫ-tar-ri-iš-šu VII u VII šu-ut]-ta-a-ti*
Ec i 8'	[machtest Du zum ... (?)] des Zeltes.
Av ii 8	doch dann grubst Du ihm 7 und 7 Gruben.

53

Ec i 9'	*[tar-ra-mi-ma] sisâ*([ANŠE.KUR.RA]) *[na-'i-id] ⸢a⸣-nu-un-ti*
Av ii 9	*ta-ra-mi-ma sisâ* (ANŠE.KUR.RA) *na-'i-id qab-li*
Bv ii 20	*ta-r[a-mi-ma] sisâ*([ANŠE.KUR.RA]) *[na-'i-id qab-li]*
Cv ii 15'	*ta-r[a-mi-ma] sisâ*([ANŠE.KUR.RA]) *[na-'i-id qab-li]*
Dv i 10'	*[ta-ra-mi-ma] sisâ*([ANŠE.KUR.RA]) *[na-'i-id qab-li]*
	Du liebtest das Pferd, das gepriesene des Kampfes.

54

Ec i 10'	[*iš-túḫ-ḫa ziq-ti u dir-ra-ta tal-ti-méš-m*]*a*
Av ii 10	*iš-taḫ-ḫa ziq-ti u dir-ra-ta tal-ti-meš-šu*
Cv ii 16'	⸢*iš*⸣-[*taḫ-ḫa ziq-ti u dir-ra-ta tal-ti-meš-šu*]
Dv i 11'	[*iš-taḫ-ḫa ziq-ti u dir-ra-ta*] *tal-ti-meš-šú*
	doch dann hast Du ihm Peitschenstiel,
	Spitzstöcke und Peitschenschnur bestimmt.

54'

Ec i 11'	[*x x x x x x x x i-na su-p*]*u-ri aš-ba-ti-ma*
Av ii	fehlt in K 231
Dv i	fehlt in Sm 2112
Ec i 11'	[... in einer Hür]de wohnst Du.
Av ii	fehlt in K 231
Dv i	fehlt in Sm 2112

55

Ec i	fehlt in der Fassung aus Emār
Av ii 11	VII *bēru* (DANNA) *la-sa-ma tal-ti-meš-šu*
Dv i 12'	[VII] *bēru* ([DANNA]) [*la-sa-ma*] *tal-ti-meš-šú*
Ec i	fehlt in der Fassung aus Emār
Av ii 11	7 Doppelstunden zu laufen hast Du ihm bestimmt.

56

Ec i	fehlt in der Fassung aus Emār
Av ii 12	*da-la-ḫu ù šá-ta-a tal-ti-meš-šu*
Dv i 13'	[*da-la-ḫu u ša-ta-a*] *tal-ti-meš-šú*
Ec i	fehlt in der Fassung aus Emār
Av ii 12	(Wasser) zu trüben und dann
	zu trinken hast du ihm bestimmt.

57

Ec i	fehlt in der Fassung aus Emār
Av ii 13	*a-na ummī* (AMA) *-šú* ^{d}*Si-li-li bi-tak-ka-a tal-ti-me*$^{!}$
Dv i 14'	[*a-na*] *ummī* ([AMA]) -[*šu* ^{d}*Si-li-li bi-tak-ka*]*-a tal-ti-mé*
Ec i	fehlt in der Fassung aus Emār
Av ii 13	Seiner Mutter Silili hast Du dauernd zu weinen bestimmt.

58

Ec i 12' [*tar-a-mi re-'-a ša k*]*a-ia-nu-um-ma 1 immera*(UDU) *i-du-ku-ni-ik-ki*

Av ii 14 [*t*]*a-ra-mi-ma* *lú* *rē'i*(SIPA) *ta-bu-la*

Ec i 12' Du liebtest den Hirten, der Dir ständig 1 Schaf tötete.

Av ii 14 Du liebtest den Hirten, den Oberhirten.

59

Ec i 13' [*tar-a-mi na-qid-da ša šup-pu-ku*]*-ni-ik-ki tu-um-ra*

Av ii 15 [*šá*] *ka-a-a-nam-ma tu-um-ri iš-pu-kak-ki*

Ec i 13' Du liebtest den Hirten, der Dir glühende Asche aufschichtete.

Av ii 15 [der] ständig Dir glühende Asche aufschichtete

60

Ec i siehe 58'

Av ii 16 *ūmišamma* ([UD-*mi-šam-ma*]) *ú-*[*ṭ*]*a-ba-ḫa-ak-ki ú-ni-qì-ti*

Ec i siehe 58'

Av ii 16 [und täg]lich dir Opferschafe schlachtete.

61

Ec i 14' [*tam-ḫa-ṣi-šu-ma a-na*] *barbari*(⌜UR.BAR⌝) ⌜*tu-ti-ri*⌝

Av ii 17 [*tam*]-⌜*ḫa*⌝-*ṣi-šu-ma a-na barbari*(UR.BAR.RA) *tu-ut-tir-ri-šu*

Av ii 17 Du schlugst ihn und verwandeltest ihn in einen Wolf.

6.0.1 Das Verhältnis zwischen der Version aus Emār und denen aus Assyrien

Diese Synopse der bislang wichtigsten bekannten Textzeugen der VI. Tafel des *Gilgameš*-Epos, Z.14-61, verdeutlicht, daß es sich bei der Version aus *Emār* und den einzelnen Fassungen aus Assyrien um *verschiedene* Traditionen handelt. Das schließt nicht aus, daß gerade die *Gilgameš*-Dichtung Quelle für die vielfältigsten *spontanen* Recitationen war. Nur so lassen sich die *kleinen* Abweichungen verstehen, wenn man nicht *konsequent* auch in diesen *eigenständige* Überarbeitungen eines gemeinsamen *Archetypus* erkennen will - seien diese nun auch durch eine *mündliche* Überlieferung bedingt. Im folgenden soll gezeigt werden, daß es sich bei der *Gilgameš*-Version aus *Emār* nicht nur um geringe Abweichungen von den - wenn auch späteren - *assyrischen* Fassungen handelt, sondern daß die Unterschiede derart groß sind, daß zu überlegen ist, ob in *Emār* bzw. in *Westsyrien* nicht doch eine *eigenständige* Tradition bei der Überlieferung dieser *babylonischen* Dichtung existierte:

So sind nicht nur einzelne Lexeme, die sich in den späteren *assyrischen* Fassungen finden, in der Version aus *Emār* an entsprechender Stelle nicht belegt:

1. *bēlu(m)*	K 231 (A), Vs. i 41,
2. *qablu(m)*	K 231 (A), Vs.ii 9,
3. *rubbû* (UN.MEŠ)	VAT 9667 (C), Vs. i 17',
4. *šēpu(m)* (GÌR.MEŠ)	K 4579,a + 48018 (B), Vs. i 15,
5. *šuttatu(m)*	K 231 (A), Vs.ii 8,
6. *tabulu(m)*	K 231 (A), Vs.ii 14.
7. *zīqu(m)*	K 231 (A), Vs. i 34,

Auch finden sich in der Version aus *Emār* Lexeme, die die *assyrischen* Schreiber an entsprechender Stelle nicht gebraucht haben:

1. *anuntu(m)*	Msk 74159d (Ec) i 9',
2. *bu"û(m)*	Msk 74104z (Eb) i 8',
3. *kultāru*	Msk 74159d (Ec) i 8',
4. *sūqu(m)*	Msk 74104z (Eb) i 8',
5. *wašābu(m)*	Msk 74159d (Ec) i 11'.

Während in dem ersten Fall mit dem Verzicht auf das Lexem *zīqu(m)* die Aussage lediglich *verkürzt* dargestellt wird, ändert sich in diesem Fall[417] der Sinn dieser Zeile. Ungeachtet dessen, daß das Prädikat in der entsprechenden Zeile der *assyrischen* Fassung nicht mehr erhalten ist: Die *Aussage* dieser Zeile stimmt wegen des Objektes *bēlī-šu* nicht mit der aus *Emār* belegten Zeile überein. Gleiches gilt für die beiden Zeilen *15* und *52*. Auch hier stimmt das inhaltliche Motiv der Fassung aus *Emār* mit dem der *assyrischen* Version nicht überein. Darüberhinaus finden sich in der Version aus *Emār* einzelne Zeilen der *assyrischen* Fassung überhaupt nicht. Es sind dies die Zeilen *19, 20, 35, 40, 55, 56, 57*. Das bedeutet, daß sowohl *einzelne* Zeilen (19, 20, 35, 40) in der Fassung aus *Emār* fehlen, als auch ein ganzer *Block:* die Zeilen 55-57. Mit Zeile i 11' des Fragmentes *Msk 74159d* aus *Emār* wird wiederum eine - allerdings unklare - Aussage gemacht, die sich in den *assyrischen* Fassungen nicht findet. Weiterhin weichen die - obschon nur am Ende erhaltenen - Zeilen in *Msk 74159d:* i 7'.8'.11' deutlich von „entsprechenden" Zeilen der *assyrischen* Fassungen ab. Da nun die drei Zeilen 55-57 in den *assyrischen* Fassungen zu einem *Sinnabschnitt* zusammengefaßt werden können - sie sprechen davon, wie die Göttin *Ištar* ein von ihr „geliebtes" Pferd *schlecht* behandelte, - wird zweifelhaft, ob dieser und letztendlich auch der vorhergehende Sinnabschnitt des von der Göttin *Ištar* „geliebten" *Löwen* überhaupt in der Version aus *Emār* aufgenommen gewesen ist. Dies würde dann bedeuten, daß doch eine *andere* „Version" - sei sie nun *mündlicher* oder *schriftlicher* Natur - als „Vorlage" für die Fassung aus *Emār* gedient haben mag. *Spontane* Lücken durch bloßes Vergessen in der „Erzählung" wären somit ausgeschlossen.

[417] Diese beiden Belege werden in Z.41 der sechsten Tafel gegenseitig ausgetauscht.

6.0.2 Sprachhistorische Bedeutung dieser Unterschiede

Aus diesen recht auffälligen Unterschieden zwischen der Version aus *Emār* und den späteren *neuassyrischen* Versionen aus der Bibliothek *Assurbanipals* (669 - 627 v. Chr.) in *Ninive* ergibt sich die Überlegung, ob die hier gegenübergestellten Versionen *unmittelbar* mittels *Diktat, Abschrift* oder *mündlicher Überlieferung* auf denselben *Archetypus* zurückzuführen sind oder ob es sich speziell bei der aus *Emār* überlieferten Version nicht vielmehr um eine mehr oder weniger eigenständige *Bearbeitung* desselben Themas handeln kann, die sich wegen ihrer wiederum großen Übereinstimmungen schließlich dann von demselben *Archetypus* ableiten läßt. Eine *mündliche Überlieferung* als Erklärung würde dieser Theorie zumindest nicht im Wege stehen.

Akkadische Gilgameš-Dichtungen sind seit der *altbabylonischen* Zeit bekannt, halten sich aber zum Teil eng an ältere *sumerische* Vorbilder, die das Leben des *historisch*[418] faßbaren Königs von *Uruk* behandeln: *Gilgameš*. Es ist durchaus verständlich, wenn - zumal über einen derart langen Zeitraum (ca. 500 Jahre) - es unterschiedliche Traditionen in der Überlieferung der Dichtung gegeben hat. Hierzu schreibt K. Hecker: „Schon die altbabylonische Text-Überlieferung läßt unterschiedliche Lokaltraditionen und Ausformungen des Themas erahnen, die zwar schon wesentliche Elemente des späteren 12-Tafel-Epos in sich vereinen, jedoch gegenüber diesem und auch unter einander in zahlreichen sprachlichen, formalen und inhaltlichen Einzelheiten z.T. nicht unerheblich divergieren." [419] Das gleiche mag nun auch für die *nach-altbabylonische* Zeit gelten.

So lassen auch die drei aus *Emār* erhaltenen Fragmente der *Gilgameš*-Dichtung den Schluß zu, daß die „babylonische Gilgamesch-Tradition keineswegs einheitlich war"; daß es vielmehr neben den in *Babylonien* tradierten Überlieferungen auch außerhalb *Babyloniens* Überlieferungen dieser Dichtung gegeben hat. [420]

Daß diese Theorie nicht nur mittels der in Kapitel ?? gegebenen *Synopse* der sechsten Tafel des *Gilgameš*-Epos verifizierbar ist, zeigen die *morphosyntaktischen* Untersuchungen in Kapitel 5. Die in Kapitel 6.0.1 einzeln dargestellten Besonderheiten weisen daraufhin, daß trotz der in *Babylonien* entstandenen Thematik der *Gilgameš*-Dichtung in *Westsyrien* eine *eigenständige* Tradition im Umgang mit *babylonischer* Dichtung gepflegt worden war.

---

[418] *Gilgameš* gilt als der Erbauer der um 2700 v. Chr. mit plankonvexen Ziegeln errichteten Stadtmauer von Uruk.

[419] K. Hecker, Das akkadische Gilgamesch-Epos, in TUAT III/4, Gütersloh 1994, S.646.

[420] vgl. weiterhin die *Gilgameš*-Fragmente aus *Megiddo,* A. Goetze und Levy, Atiqot 2, S.121-128.

Doch nicht nur anhand der hier untersuchten drei Fragmente einer *Gilgameš*-Dichtung wurde überlegt, ob es nicht über das bloße *Vorhandensein zweier Fundorte* für *babylonische* Dichtung hinaus, nicht doch auch in *Syrien* lokale Traditionen gegeben hat, die *babylonische* Dichtung geistig reflektiert.

Appendix B

7. Die babylonische Dichtung *Ugarits*

Aufgabe dieser Studie war, die *Traditionsgeschichte* speziell der *babylonischen* Dichtung *Ugarits, Emārs* und *Tell el-Amārnas* herauszuarbeiten. Die Bearbeitung einer Traditionsgeschichte der *sumerischen* Dichtung *dieser* Orte, aber überhaupt solcher *westlicher* Provenienz steht noch aus. Daher ist es notwendig, die aus *Ugarit und Emār* erhaltenen *sumerischen* Texte, die z.T. von *D. Arnaud* veröffentlicht wurden, gesondert zu *sprachhistorisch* zu bearbeiten. Es wurde daher bewußt auf die Edition und Bearbeitung dieser Texte verzichtet, auch wenn diese z.B. als *Parallel-Versionen* zu für diese Studie herangezogene *babylonische* Werke vorliegen. Ein Gleiches gilt für eine *Traditionsgeschichte* der *hethitischen* Dichtung, z.B. der *hethitische* Version des „Lobpreises für eine Mutter".

Die *babylonische* Dichtung *Ugarits, Emārs* und *Tell el-Amārnas* liegt mit dieser Studie in einem *Kompendium* vor. Es sei aber an dieser Stelle darauf hingewiesen, daß z.T. bereits entsprechende Editionen und Bearbeitungen durch *M. Dietrich* geleistet wurden. Dennoch sei es gestattet, um den Zugang zu dieser Dichtung zu erleichtern, die Texte *in ihrer Gesamtheit* noch einmal zu veröffentlichen, zumal da stellenweise Neu-Interpretationen vorgeschlagen werden.

Darüberhinaus war es möglich, im *Herbst 1994* in den Museen von *Aleppo* und *Damaskus* Kollationen durchzuführen. Dabei sei auch an dieser Stelle noch einmal ganz herzlich Frau Prof. M. Yon und Herrn Prof. J. Margueron gedankt.

7.1 Marduk-Klagehymnus, RS 25.460 (1.2.4)

7.1.1 Umschrift

(I) Vs. 1 *lumnu* (N[A]M!.[H̬]UL) *it-taš-ka-n[a a]-n[a] ma[h̬-ri-ia]*
2 *ši-ru-ú-a i-ta-a'-da-ra i-ma-a ki-ma [mi?-ti?]*
3 *ul i-par-ra-aṣ bārû* (LÚ.H̬AL) *pu-ru-us-sa-a-a*
4 *it-ta ul i-nam!-na-an*[421] *da-a-a-nu*

(II) 5 *dal-h̬at-e-re-tu*$_4$[422] *šu-ta-bu-lu*$_4$[423] *ši-ru*
6 *mu-uš-ša-ak-ku*[424] *ša-ili* (DINGIR) *bārû* (LÚ.H̬AL)
pu-h̬a-di 7 *ig-dam-ru*
um-ma-nu ša-ar-šu-ba-ša-a-a[425] 8 *uš-ta-mu-ú*
ul iq-bu-ú a-da-mur!-ṣi-ia[422]

(III) 9 *pak-rat*[425] *kimtī* (IM.RI.A) *a-na qú-⸢ud⸣-du-⸢di⸣ la-ma-dan-ni*[422]
10 *qé-ru-ub sa-la-ti a-na-at-ku-li-im-ma*[422] *iz-za-az*
11 *ah̬h̬ū* (ŠEŠ-*ú*)*-a ki-ma mah̬-h̬e-⸢e⸣ [d]a-mi-šu-nu ra-am-ku*
12 *ah̬h̬ātū* (NIN-*ú*)*-a šàm-na gi-il-⸢ṣa⸣*[426] *ú!-sa-ra-h̬a-⸢à⸣-ni*[427]

(IV) 13 *a-di bēlu* (EN) *iš-šu-ú r[e]-ši*
14 *mi-ta ú-bal-li-ṭa ia-ši*
15 *a-di* ⸢*d*⸣*Marduk* (⸢AMAR⸣.UTU) *bēlu* (EN) *iš-šu-ú re-ši*
16 *mi-ta ú-bal-li-ṭa ia-ši*

(V) 17 ⸢*a-ta*⸣*-kal mut-ṭa-a-a a-ka-la*
18 *[al-ta-ti ma]š-ti-ta*$_5$ *da-ma-am ṭa-bu-ti*
19 *[a-ṣa?-al?-la]l?-ma ul i-ṣa-ab-ba-ta-an-ni šit-tu*$_4$
20 *[a-da-al-l]ap ka-la-a mūšī* (GI$_6$)*-ia*

(VI) 21 *[uk-ta-na-á]š-da-an-ni libbi* (ŠÀ-*bi*) *bi-ri ka-ra-as-su*
22 *[aš-šum mu-u]r-ṣa-am-ra-⸢ṣu a-na-ku ar-ra-sú⸣*

---

[421] *Assyriasmus: inannan < inandan < inaddan* mit regressiver Assimilation des *d* an vorausgehendes *n*.

[422] Sandhi-Schreibung, vgl. S. 123.

[423] vgl. W. von Soden, UF 1, S.191; W.G. Lambert, *Ludlul bēl nēmeqi* I 51.

[424] Kasus pendens.

[425] *pakrat* für *pah̬rat*?.

[426] *gi-il-⸢ṣa⸣* für *h̬ilṣa*?.

[427] vgl. M. Dietrich, MARG 8, S.135, Anm. 56; ders., Babylonian Literary Texts from Western Libraries, AOAT 42, 1992, S.63.

7.1.2 Übersetzung

(I) Vs. 1 Böses wurde [mir] immer wieder zuteil.
2 Meine Opferschau-Omina wurden verdunkelt, sie wurden wie [für einen Toten.]
3 Nicht bestätigte der Opferschaupriester meine Entscheidung.
4 Ein Zeichen gab mir nicht der Richter (*Šamaš*).

(II) 5 Getrübt waren die Vorzeichen, widerspruchsvoll waren die Opferschau-Omina,
6 obwohl Räucheropfer der Traumdeuter, der Opferschaupriester Lämmer 7 aufbrauchte.
Die Leute machten sich (zwar) über mein Befinden? 8 Gedanken.
Sie sagten jedoch nicht(s) zum Termin meiner Krankheit.

(III) 9 Versammelt war meine Familie, um (mich als Totgeweihten) zu salben vor der Zeit.
10 ein Verwandter (meiner) Familie trat vor Kummer herzu.
11 Meine Brüder badeten wie Ekstatiker in ihrem Blut.
12 Meine Schwestern besprengten mich mit feinem Öl.

(IV) 13 Bis daß der Herr sich um mich kümmerte,[428]
14 mich, den Totgeweihten, wieder lebendig machte,
15 bis daß *Marduk*, der Herr, sich um mich kümmerte,[428]
16 mich, den Totgeweihten, wieder lebendig machte,

(V) 17 aß ich fortwährend (nur) Geringes als Brot,
18 [trank] ich als [Ge]tränk Blut.
19 [Ich legte mich hi]n, konnte aber nicht einschlafen.
20 Ich war [schlaf]los meine ganze Nacht.

(VI) 21 Immer wieder verfolgte mich mein Gewissen;
Meine Opferschau war eine Katastrophe.
22 [Infolge der Kra]nkheit, die mich krank machte, schwand ich dahin.

---

[428] wörtl.: „meinen Kopf [mir] erhob".

Rs. 23 [*x x x* (*x*)] [*x*]-*ti-ša*$^{?}$ *šu-ud-lu-pa-*[*ku*$^{?}$ *x x x*]
24 [*ù*$^{?}$ *di*]-⌜*ma-ti*⌝-*ia ki ku-ru-um-ma-*⌜*ti-ia*⌝

(VII) 25 [*ša l*]*a* (Rasur$^{?}$) *ma*$^{!}$-*še-e*[429] ^{d}*Marduk* (AMAR.UTU)
ša da-la-li ^{d}*Marduk* (AMAR.UTU)
26 [*š*]*a*$^{?}$ *la-a* ^{d}*Marduk* (AMAR.UTU) *ša-ru i-na pi-ia it-ta-ṣi-ma*<-*ku*>
27 [*ra-g*]*e*$_{5}$-*en-tu*$_{4}$ *ḫu-ma-lu*[430] *ul il-ta-si-ma-ku*

(VIII) 28 [*a-d*]*a-al-la-al a-da-al-la-al š*[*a b*]*e-lí*
29 [*ša*] ^{d}*Marduk* (AMAR.UTU) *a-da-lal*
30 [*ša*] *ili* ([DIN]GIR) *šab-si a-da-al-la-al*
31 [*ša*] ^{d}*Iš-tar ze-ni-ti a-da-lal*$_{4}$$^{?}$[431]

(IX) 32 [*dul*]-*la dul-la*
la ta-ba-ia-áš dul-la
33 [*š*]*a* ^{d}*Marduk* (AMAR.UTU) *a-na-ku*
ad-na-né-šu ad-na-né-šu[422]

(X) 34 [*š*]*a im-ḫa-ṣa-an-ni ù i-re-mi-ni*$^{!}$
35 ⌜*ú*⌝-*qí-la-an-ni ù ir-ku-sa-an-*⌜*ni*⌝
36 [*i*]*h-pa-an-ni ù iš-mu-ṭá-*⌜*an*⌝-*ni*
37 ⌜*ú*⌝-*par-ri-ra-an-ni* <*ù*> *ú-dáb-bi-qa-an-ni*

(XI) 38 *it-bu-*⌜*ka*⌝-*an-ni ù i-si-pa-an-ni*
39 *id-da-an-ni ù ú-ša-aq-qa-an-ni*
40 *ul-tu pi-i mu-ti i-ki-ma-an-ni*
41 *ul-tu er-ṣe-ti ú-še-la-an-ni*

(XII) 42 *ir*$^{!}$-*bir kak-ki ma-ḫi-ṣi-i-ia*
43 *i-na qāt* (ŠU) *qé-bi-ri-ia mar-ra i-ki-im*
44 *ip-ta i-né-ia ka-ti-ma-ti*
45 ⌜*ša pi*⌝-*i-ia ul-te-te-šèr*

(XIII) 46 [*x x x* (*x*)] ⌜*x x* (*x*) *x x* (*x*) *u*⌝*z*$^{?}$-*ni-ia*
47 ...
48 ...
49 ...

---

[429] Das Zeichen *MA* ist über ein anderes Zeichen geschrieben, oder es handelt sich nicht um *MA*. Es sind mehrere diagonale Keile (Winkelhaken$^{?}$) zu erkennen.

[430] vgl. M. Dietrich, AOAT 42, S.64, Anm.141.

Rs. 23 [....................] war ich aufgestört [...]
24 [und] meine [Trä]nen waren gleichsam [meine] Verpflegu[ng].

(VII) 25 *Marduk* ist [ei]ner, der nicht zu vergessen ist.
Marduk ist einer, der zu preisen ist,
26 [Oh]ne *Marduk* würde (lediglich) ein Hauch aus meinem Munde kommen.[431]
27 [Die Ru]ferin (eine Priesterin) könnte nicht „Mitleid" rufen.

(VIII) 28 [Ich pr]eise, ich preise das (Werk) des Herrn;
29 [die (Größe)] *Marduks* preise ich,
30 [die (Größe)] des zornig abgewandten Gottes preise ich.
31 [die (Größe)] der zürnenden Ištar preise ich.

(IX) 32 [Prei]st, preist,
seine Zuwendung preist!
33 [Zu] *Marduk* gehöre ich;
der Zeitpunkt, da ich genese, ist da!
Der Zeitpunkt, da ich genese, ist da!

(X) 34 [(*Marduk* ist es,) d]er mich schlug und sich meiner (wieder) erbarmte,
35 mich zu Fall brachte und mich (wieder zur Gesundung) verband,
36 mich zerbrach und mich (wieder aus der Not) riß,
37 mich kraftlos machte <und> mich (wieder) zusammenfügte,

(XI) 38 der mich hinstreckte und mich (wieder) einsammelte,
39 der mich fallen ließ und mir (wieder) aufhalf.
40 Aus dem Schlund des Todes riß er mich,
41 aus der Unterwelt ließ er mich (wieder) emporsteigen.

(XII) 42 Er zerbrach die Waffe derer, die[432] mich schlugen.
43 Aus der Hand meines Bestatters nahm er den Spaten.
44 Er öffnete meine geschlossenen Augen,
45 er ordnete daraufhin die (wirren Worte) meines Mundes.

(XIII) 46 [Er ... ...] meiner [Ohr]en[?].
47 ...
48 ...
49 ...

---

[431] vgl. Buch Hiob 7, Verse 7.16.

[432] d.h.: die Krankheits-Dämonen.

7.2 Lobpreis für eine Mutter, RS 25.421 (1.2.5)

7.2.1 Umschrift

(I) *Vs.*1′ *itti*([ISKIM]) *ummī*([AMA-*mi*])[-*ia*][433]
2′ [*iš-te-et lu-ud-din-ku*]
(Anfang abgebrochen)
1′ *amat*([INIM]) *šarri*([LUGAL])
2′ [*x x x x* (*x*)] *i na* ⌜*x*⌝-[(*x*)]
3′ [*x x x x x*]
4′ [*mi-im-ma šum-ša*] *du-ša-a-at*
5′ [*x x x x*] ⌜*x*⌝
6′ [*x x x x x* (*x*) *it-ta*?-*d*]*i-in*
7′ [*pu-ḫa-du*] *šamnu*([Ì]) *ṭābu*([DU_{10}(.GA?)] *dišpu*(LÀL?)
8′ [*ḫi-me-tu x x*] *ša libbi*(ŠÀ-*bi*)

(II) 9′ *itti*([ISKIM]) *ummī*([AMA-*mi*])[-*ia ša-ni*]-*ta*
10′ [*lu-ud-din-ku*]
11′ *ummi*([AMA-*mi*]) [*el-me-šú (?) ḫ*]*u*?-*da*
12′ [*lu-li*]-⌜*im*?⌝ *šadî*([ḪUR.SA]Ĝ)
13′ [*x i*]*m*?-*ti*? [(*x*) *t*]*i*?[434]
14′ [*x*]-*er*?-*t*[*ù*][435]
15′ *sāmtu*([NA_4.GUG]) ⌜*a*⌝-[*q*]*ár-tù*
16′ [*na4*]*dušû*(⌜DU_8⌝.ḪI.A) *Bá-r*[*a-aḫ-ši*][436]
17′ ⌜*šu*⌝-*ku-ut-ti*[437] *binti*(DUMU.MÍ) *šarri*(LUGAL)
18′ [*š*]*a ku-uz-bá tu-uḫ-ḫu-da*
19′ *ki-ṣí-ir ḫu-la*!-*li*
20′ *bi-ib-ru ḫu-uš-šu-u*
21′ *ši-me-er an-na-ak-ki*
22′ *un-qí parzilli*(AN.BAR)

---

[433] Es wurde auf die Edition sowohl der *sumerischen*, als auch der *hethitischen* Versionen aus Gründen der *Konzeption* dieser Studie bewußt verzichtet; vgl. dazu S.159. Allerdings sind abgebrochene Textstellen nach diesen Versionen - wenn möglich - ergänzt. Die Tafel ist untergliedert in Kästchen von in der Regel je zwei Zeilen.

[434] nach der sum. Version: *kakkab*(MUL) *še-re-ti ina ūm mašil.*

[435] vgl. Å. Sjöberg, Mondgott I, S.123, Z. 1.11 und S.128.

[436] vgl. J. Nougayrol, Ugaritica V, S.316, Anm. zu Z.15'.

[437] vgl. dens., ebd., S.316, Anm. zu Z.17'.

7.2.2 Übersetzung

(I) Vs.1′ [Eine erste Eigenschaft meiner Mutter]
2′ [will ich Dir nennen:]
(Anfang abgebrochen)
1′ [Gegen das Wort des Königs]
2′ [lehnt sie sich nicht auf.]
3′ [Sie ist tatkräftig (und)]
4′ bringt [all das Ihrige] reichlich dar.
5′ [Sie ist liebenswürdig, freundlich,]
6′ [aber Courage] ist ihr auch gegeben.
7′ [Lamm, Feinöl, Honig,]
8′ [Butter sind das Produkt (ihres)] Herzens.

(II) 9′ Eine zweite Eigenschaft meiner Mutter
10′ will ich Dir nennen:
11′ [Meine Mutter ist wie das Licht des Horizontes,]
12′ [wie ein Hirsch des Gebirges.]
13′ [Sie ist wie der Morgenstern (d.h. Venus), der mittags]
14′ [(noch) scheint.]
15′ (Sie ist wie) ein wertvoller Karneolstein,
16′ (wie ein) Bergkristall aus Baraḫši.
17′ (Sie ist wie) ein Geschmeide der Tochter des Königs,
18′ welche(s) wegen seines Reichtums erfreut.
19′ (Sie ist wie) der Kristall? eines Schmucksteines,
20′ (wie) ein roter Tier-Rhyton.
21′ (Sie ist wie) ein Ring aus Zinn,
22′ (wie) ein Ring aus Eisen.

23' *ši-bar-ti ḫurāṣi* (KÙ.GI) *kaspu* (KÙ.BABBAR) *eb-bu*
24' *šu'ru* (ŠUR) *ḫu-ul-lu ṣí-ip-pa-tu*$_4$
25' *ša i-na nap-ša-ti i-ḫal-lu-lu*
26' ⸢^{d}⸣*Lamassi* (LAMÁ) ^{na4}*gišnugalli* (ŠIR.GAL)
27' [*š*]*a ina uq-ni*$^{!}$*-i i-za-az*
28' ⸢*ma*⸣*-ku-ut šinni* (KAxUD) *qú-ut-tù-tù*
29' [*š*]*a ul-ṣa ma-la-at*

(III) 30' *itti* (ISKIM) *ummī* (⸢AMA⸣-*mi*)-*ia*
31' *ša-lu-ul-ta lu-ud-din-ku*
32' *ummi* (AMA-*mi*) *ša-mu-tù ši-ma-an*
33' *me-e zēri* (NUMUN) *m*[*a*]*ḫ-ru-ú*
34' *ebēru* (EBUR$^{?}$) *nu-uḫ-šu ḫu-un-ṭù*
35' *raqqītu*$^{?}$ (SAL-*tù*)
36' $^{giš?}$*kirî* (KIRI$_6$$^{?}$) *la-le-e*
37' *ša* [*r*]*i-ša-ti ma-lu-u*
38' ^{giš}*ašuḫ* (Ù.KU) *ši-iq-qa-ti*
39' *ša te-re-en-na-a-ti zu-'u-na-at*

Rs.1' *in-bu ša pa-na šatti* (MU.MU-*ti*)
2' *mu-ut-*⸢*ḫu-mi Ni-is-sà-ni*⸣
3' *ra-a-*⸢*ṭù ša a-na mu-ša-ri*⸣
4' *me-e* ⸢*ku-uz-bá ub*$^{?}$*-bá-lu*⸣
5' ⸢*a-sà-an-nu du*⸣*-uš-šu-pu*[438]
6' *ša i*$^{?}$-[*n*]*a suluppî* (ZÌ.LUM) *sà-an-qé-e ša-*⸢*ki*⸣-[*i*]*n*[439]

(IV) 7' *itti* (⸢ISKIM⸣) *ummī* (⸢AMA⸣-*mi*)-*ia ru-bu-ta*
8' ⸢*lu*⸣*-ud-din-ku*
9' *ummi* (⸢AMA-*mi*⸣) [*i-si-in ni-qi*]
10' ⸢*ša ri-ša-ti ma-lu-u*⸣
11' *nīq* (SISKUR) *A-ki-t*[*i*] ⸢*ša a-na da-ga-li*⸣
12' *ḫu-ši*
13' [*na-an-na-bu*] ⸢*ša*⸣ *mārī* (⸢DUMU.MEŠ⸣) *šarri* (⸢LUGAL⸣)
ḫu-ud libbi (⸢ŠÀ-*bi*⸣)
14' [*š*]*a*$^{?}$ ⸢*ḫé*$^{?}$*-en-gal-li*⸣
15' *me-lu-*⸢*ul-tù ša*⸣ *a-na* [*ḫ*]*i-da-ti*

---

[438] vgl. KAR 8, Z.14'f.

[439] vgl. J. Nougayrol, Ugaritica V, S.318, Anm. zu Z.47'.

23′ (Sie ist wie) ein Goldstück, (wie) reines Silber.
24′ (Sie ist wie) eine Gemme, (wie) ein Halsreif,
(wie) ein (Schmuck)-Rohr,
25′ die man sich um den Hals hängt.
26′ (Sie ist wie) eine weibliche Schutzgottheit aus Alabaster,
27′ die (als Statue) auf Lapislazuli steht.
28′ (Sie ist wie) ein vollendeter Pfeiler aus Elfenbein,
29′ der voll von Jubel ist.

(III) 30′ Eine dritte Eigenschaft meiner Mutter
31′ will ich Dir nennen:
32′ Meine Mutter ist (wie) der Regen im richtigen Augenblick,
33′ sie ist (wie) das erste Wasser der Aussaat.
34′ Sie ist (wie) ein Ernteertrag, (wie) Fruchtbarkeit,
35′ (wie) feine? Sommerhitze.
36′ Sie ist (wie) ein üppiger Garten,
37′ der gefüllt ist mit Jubel.
38′ Sie ist (wie) eine gut bewässerte Föhre,
39′ die ausgestattet ist mit Zapfen.

Rs. 1′ Sie ist (wie) eine Frucht des Frühjahres:
2′ eine Gartenfrucht des Nisan.
3′ Sie ist (wie) eine Bewässerungsrinne,
4′ die auf ein Beet
5′ das Wasser für üppigen (Pflanzenwuchs) leitet.
6′ Sie ist (wie) eine süße Dilmundattel von geprüfter Qualität.

(IV) 7′ Eine vierte Eigenschaft meiner Mutter
8′ will ich Dir nennen:
9′ Meine Mutter ist (wie) [ein Opferfest],
10′ das voller Jubel ist.
11′ Sie ist (wie) eine Opfergabe zum Akītu-Fest, die anzusehen
12′ rot glänzend ist.
13′ Sie ist (wie) die Nachkommenschaft der Söhne des Königs:
die Freude des Herzens,
14′ sie ist von Überfluß schaffender Kraft.
15′ Sie ist (wie) ein Spiel, das zur Freude

16′ ⌜*ša*⌝-*ak*-⌜*na*⌝-*at*
17′ ⌜*ra*⌝-*a*-⌜*am*?⌝ [*m*]*u-ur-tá*-⌜*mi-im*?⌝
18′ ⌜*ša la*⌝-*a*-⌜*lu*⌝-*u-šu la*-⌜*a i*?⌝-*ša*-⌜*bu*?-*u*⌝
19′ ⌜*bu-us-sú*⌝-*ra-at šal-li*
20′ [*ša*] <*ana*> *ummī*(AMA)-*šú i-qa*!-*a*!-*ra*

(V) 21′ *itti*(⌜ISKIM⌝) *ummī*(⌜AMA⌝-*mi*)-*ia 5-ta*
22′ *lu-ud*-⌜*din*⌝-[*k*]*u*
23′ *ummi*(AMA-⌜*mi*⌝) ⌜^{giš}⌝*gišimmaru*(⌜GIŠIMMAR⌝)
24′ ⌜*ša e-ri*?-*is-su*?⌝ *ṭa-a-bu*
25′ *narkabtu*([GIŠ.GI]GIR) $^{[ši]m?}$*bu-ra*-⌜*ši*⌝
26′ [*ma-a*]-⌜*al*⌝-*tù* ^{giš}*taskarinni*(⌜TÌG⌝-*ni*)
27′ *ṭābu*([DU$_{10}$.G]A) *qēmu*([Z]Ì.UD) *ša igulî*(⌜Ì.GU.LA⌝)-⌜*šu*?⌝
28′ [*e-pu-uš*]
29′ [*x x* (*x*)] *x* (*x*) *u lu-r*[*i*?-*in*?-*du*?] ’
30′ [*ši-ik-k*]*a-ti pe*[*l*$_5$? *lu-ur-mi*]
31′ *šaman*(Ì) *rūšti*(SAĞ) *ma-l*[*a*?-*at*?]
32′ [*x x x* (*x*)] ⌜*x*⌝ [(*x x x x*)]

7.3 Erzählung von der Sintflut, RS 22.421 (1.2.4)

7.3.1 Umschrift

Vs.i 1 ⌜*e*⌝-*nu-m*⌜*a*⌝ *ilī*(DINGIR.MEŠ) *i*⌜*m*⌝-*tal*?/*ta*⌜*š*?-*ku*⌝ *mil-kà*
2 *i-na mātāti*(KUR?.MEŠ) *a-bu*-⌜*b*⌝*a* ⌜*iš-ku*⌝-*nu*
3 *i-na ki*-⌜*ib*⌝-*ra-ti*
4 [(*Atramḫasīs*)] *i-še*[*m*]-*me* [(*mil*?]-⌜*kà*?⌝)
5 *i*-⌜*na*?(-)*x*⌝(-)[*x-x*] *bīti*(É?-*ti*) ^{d}*É-a ina libbī*(ŠÀ?)-*š*[*u*])

---

6 ⌜^{m}*At-ra-a*⌝*m-ḫa-sí-su*⌜*m*⌝-*mì a-na*-⌜*ku*⌝-[*ma*?]
7 ⌜*i-na*⌝ *bīt*(⌜É⌝) ^{d}*É-a bēlī*(EN)-*ia aš-ba*-[*ku*?]
8 ⌜*ka-la*⌝-*ma i*-⌜*de*$_4$⌝

---

9 ⌜*i-de*$_4$⌝ *mil-kà ša ilāni*(DINGIR.MEŠ) *ra-ab-bu-ti*
10 ⌜*i-de*$_4$⌝ *ma-mì-it-šu-nu*
11 *ù ú-ul* ⌜*i-pa*⌝-*at-tu-ú a-na ia-a-š*[*i*]

---

12 *a-ma-te-šu-nu a-na ki*-⌜*ik*⌝-*ki*-[*ši*!?]
13 *i-ša-an*-[*ni*(-*a*?)]

---

14 ⌜*i*?⌝-*ga-ru-ma ši-m*[*i*?! *ki-ik-ki-šu*?]
15 [*ši-mì-i*]*m-ma* ⌜*i*⌝-[*gar*? *i*?-*gar*?]

16′ gespielt wird.
17′ Sie ist (wie) die Geliebte des einander Liebens,
18′ die vor (lauter) Lust nicht satt wird.
19′ Sie ist (wie) die Schreiben eines Kriegsgefangenen,
20′ der nach seiner Mutter ruft.

(V) 21′ Eine fünfte Eigenschaft meiner Mutter
22′ will ich Dir nennen:
23′ Meine Mutter ist (wie) eine Dattelpalme,
24′ deren Duft wohlriechend ist.
25′ Sie ist (wie) ein [Wag]en aus phönikischem Wacholder,
26′ sie ist (wie) ein [Bet]t aus Buchsbaum.
27′ Sie ist (wie) ein [gute]s Pulver, das feines Salböl
28′ ergibt.
29′ Sie ist (wie) ein Zweig aus ... und aus Gra[natapfelbaum,]
30′ Sie ist (wie) eine Schale aus Straußenei,
31′ die mit bestem[?] Öl gefüllt ist.
32′ (abgebrochen)

7.3.2 Übersetzung

Vs.i 1 Nachdem die Götter sich beraten hatten,
2 verursachten sie in den Ländern eine Wasserflut
3 von den Ufern her.
4 [(*Atramḫasīs*)] hörte (den Rat[?]).
5 [Er ... im] Hause *Eas,* seines Herrn.

---

6 *Atramḫasīs* bin ich!
7 Im Tempel Eas, meines Herrn, wohne [ich]
8 Er kennt alles.

---

9 Er kennt den Rat der großen Götter.
10 Er kennt ihre Übereinkunft,
11 Sie aber eröffnen sie mir nicht!

---

12 Ihre Worte 13 wiederho[lt] er (d.h. *Ea*) (mir)
12 gegenüber einer Rohrgeflechtwand:

---

14 „Mauer, h[öre, Rohrgeflechtwand,]
15 [hör]e, Mau[er, Mauer,]

Rs.iv1' [*i-na*] *qāti*([ŠU]-⌜*ti*$^?$⌝) *ilāni*(DINGI[R].⌜MEŠ$^?$⌝[440]) *x* ⌜*ba*⌝-*l*[*a-ṭu-ma*$^?$]
2' [*x x*]-*BA*$^?$-*ta aššat*(DAM)-*ka e*-[*x x* (*x*)]
3' [*x x*]-*a tuk*(*u*)-*la-at ù t*[*ù*$^?$-*x x* (*x*)]
4' *ki*-[*i*] *ilānu*(DINGIR.MEŠ) *ba-la-ṭá lu-ú* [*x x* (*x*)]

5' *qāt*(ŠU) ^{m}*Nu'me*(SIG$_5$)-^{d}*Rašap*(NÈ.IRI$_{11}$.GAL)

6' *rēš*(⌜SAĜ$^?$⌝) (ŠU.GAR.⌜DURÚ⌝.NA)

7.4 Ein ungehorsamer Sohn, RS 22.219 + 22.398 (1.2.4)

7.4.1 Umschrift

Vs.1' [.............. *i-na*] *eqli*([A].⌜ŠÀ⌝.ME[Š]) [*i*$^?$]-⌜*il*$^?$⌝-[*la-ak*$^?$]
2' [...................... *a-ia-b*]*i-iš ki-m*[*a a*]-⌜*ia-bi e*$^?$-*li ma-la*$^?$⌝
3' [......................] ⌜*a*⌝-*ia-bi*-⌜*iš*⌝ *a-na-ku a-ga-lu-šu*
4' [...................... *na-a*]*k-ru ša e-ru-bu i-na bīti*(É-*ti*)
5' [...................... -*m*]*a*$^?$ *ir-te-bi ir-te-bi*
šībī(ŠU.GI)-*šú ú-na-kar*
6' [...................... *ma*$^?$]-*a qa-bu-šu e ta-qu-ul*
7' [...] ⌜*x*⌝ *apli*(DUMU.NITA) *là ke-ni là mu-šal-lim bīt*(É) *a-bi-šú*
8' [..........] [*gá*]*b*$^?$-*bu i-šàm-me* ^{d}*Šamaš*(UTU) *māru*(DUMU-*ru*)
9' [...................... *i*]*m*$^?$-*ma-ti im-ma-ti ul-ta-si*
10' [...................... *e*]*z*$^?$-*zi qi-it bu-ḫa-ri-šu*
11' [............. *ú-ša-az*]-*za-az rēšī*(SAĜ)-*ia-ma a-ma-ar-šú-ma*
12' [................ (*eli*)] *ṭābi*([D]U$_{10}$.GA) *mil-ki a-bi in-da-ra-aṣ*
13' [.......... *a-na*] ^{f}*kallāti*(⌜MÍ.É.GI$_4$.A⌝) *li-it-ru-uṣ qāta*(ŠU)-*šú*
14' [...................... *a-a*$^?$ *ú*$^?$-*še*$^?$]-*e-li be-lu ru-bé-e*
15' [.................. *la i*]*p-làḫ dūra*(BÀD)
iṣ-ṣa-bat
16' [...] ^{f}*kallātu*([MÍ.É.G]I$_4$.A) *a-bi mi-na-a ikkal*(KÚ)
^{f}*kallātu*(MÍ.É.GI$_4$.A)

---

[440] Die untere Hälfte des MEŠ ist noch gut erhalten. Allerdings folgt in einem geringen Abstand ein weiterer senkrechter Keil.

Rs.iv1' [„In der Hand der] Götter [liegt] [das] Leb[en].
2' [Objekt] Deine Frau [Prädikat],
3' [Objekt?] bringt sie zum Vertrauen und [...].
4' Wie die Götter ... wahrlich das Leben [...“!]

5' Die Hand des Nu'me-Rašap,

6' des Dieners der Nisaba.

7.4.2 Übersetzung

Vs.1' [...........;] er geht über die Felder
2' [........................] feindlich wie ein Feind gegen alle(s).
3' [........................] ich feindlich. Seine Reitesel
4' [...........] ein Feind/Fremder?, als der er in das Haus eintrat.
5' [.................] und? er wuchs auf und wurde immer größer,
(mit) seinem alten (Vater) verfeindet er sich.
6' [......................] er achtet wahrlich[441] nicht auf das, was er sagt.
7' [...] illegitimen Sohnes, der nicht bewahrt das Haus seines Vaters.
8' [„...........] alles hört *Šamaš;* (oh) Sohn!
9' [......................:] 'wann, wann', schreie ich laut.
10' [..............] des wütenden [...] ist das Ende seiner Heiterkeit.
11' [.......... wenn] ich meinen Kopf hebe, (dann) sehe ich ihn.“
12' [.....................] gegen den guten Rat des Vaters lehnte er sich auf.
13' [......................,] der Schwiegertochter möge er seine Hände reichen.
14' [........................] es ließ nicht heranholen der Herr die Fürsten.
15' [............] er fürchtete sich [nicht], so daß er sich einer Festung bemächtigen konnte.
16' [„Was ...] die Schwiegertochter, mein Vater, was ißt die Schwiegertochter?“

---

441 Der Vetitiv wird hier im Sinne einer negativen Beteuerung gebraucht, vgl. W. von Soden, GAG §81j.

17′ [......................] ⸢*x*⸣ *ku-su-up* ^{giš}*paššūri* (BANŠ[U]R)
18′ [......................] ⸢*x*⸣ *a-bi ba-an*
19′ [......................] ⸢*a*⸣-*bi a-na ma-ḫar* ^{d}*Šamaš* (UTU)
20′ [...................... -*q*]*i*?

21′-23′ (abgebrochen)
24′ [......................]-⸢*x*⸣
25′ [............................]
26′ [...................... -*n*]*u*?
27′ [.............. *a-na ša*?]-⸢*a*⸣-*ši píl-ḫa-ma*
28′ [......................] [*x*] ⸢*i*?-*nu*?⸣ *šībūti* (ŠU.GI.MEŠ) *āli* (URU.KI)
29′ [..................] ⸢*x*⸣ ^{d}*Šamaš* (UTU) *ili* (DINGIR-*li*) ⸢*di*?⸣-*ni*
30′ [............] *niqāti* ([SISKÚR?].MEŠ) *gi-na-ti* [*x x* (*x*)]
31′ [.................. *m*]*aš*-⸢*ku*⸣-*nu-tam lu aš-k*[*u-un*?]
32′ [.........] ⸢*x*⸣ *za*?/*a*? *la ma-dı-iš* ⸢*x*⸣-[*x x* (*x*)] [*a*?-*na*?] *ša*-⸢*a-šú*⸣
33′ [........................] ⸢*x*⸣ *a-a im-ḫur* [*x x x*] ⸢*e*?⸣-*li-ni*
34′ [..................] ⸢*x*⸣ *a-a e-si-ip* [... *a-n*]*a*? *qaqqadī* (SAĞ.DU)-*šú*
35′ [........................ *a*]-⸢*na*⸣ ^{d}*Šamaš* (⸢UTU⸣) *an-zi-il*$_5$-*li*
36′ [........................] ⸢*x i*⸣-<*ša*->*ak-ka-nu-uš ar-na*
37′ [............. *šu*]-*uk-li-la-ma ṭāb* (DU$_{10}$-*ab*) *a-na* ^{d}*Šamaš* ([U]TU)
38′ [............. *nu-um-me-ra* ? *e*]*k-le-et-šú-nu-ma*
39′ [..............] ⸢*i*⸣-*na*? *dīni* (DI.KUD-*ni*) *Ḫa-bi-il-amīli* (LÚ)

Rs. 1′ [...................... *da-mi* (?) *i*]*q-ti-ka m*[*a*]-⸢*an-nu*⸣ [*x x x* (*x*)]
2′ [.................] *um-ma-a-an um-ma-a-an um-ma-*[*a-an*]
3′ [.............. *l*]*á*?-*a ti-ik-li ḫa-ab-*[*l*]*u la-a l*[*e-'i*?]
4′ [.................] ⸢*x*⸣ *arkī* (EGIR)-*šú ip-pa-*[*l*]*u-šu*
5′ [...................... *il*?-*t*]*ák*?-*nu maḫ-ri-ku-nu ka-mi-is*$_5$
6′ [........] ⸢*x*⸣ *iddin* ([Š]UM?) *kaspī* (KÙ.BABBAR.MEŠ)-*šú e ta-ma-ša-šú*
7′ [........................ *bi*?]-*bi-i*⸢*l*⸣ *libbī* ([ŠÀ]-[*bi*])-[*ku-nu*?] *mi-nu-ú*
8′ [...................] *libbi* (ŠÀ-*bi*) *āli* (UR⸢U⸣.KI)
9′ [...] ⸢*x*⸣ *mitḫāriš* (UR.BI) *eliš* (AN.⸢TA⸣) ⸢*ù*⸣ *šapliš* ([K]I.TA)
10′ [.... *ka*?]-*bi-is i-na bi-r*⸢*i*?⸣-*ku-nu* ^{d}*Šamaš* (UTU)
11′ [........ *ša*] *īnā* (IGI.II.ME[Š])-*šú i-na*-⸢*ṭá*⸣-*la* ⸢*i-da*⸣-*g*⸢*a*⸣-*l*[*a*] ⸢*at*?-*kil*⸣
12′ [..............] ⸢*x*⸣ *kīma* (GI$_7$-*ma*) ^{giš}*gišrinni* (ÉRI⸢N⸣.TUR)
ú-ḫa-ra-⸢(*ṣá*?)⸣ *1*? *uṭṭata* (ŠE)
13′ [.................] ⸢*x*⸣ ([B]AR) *sa-kir-*[*r*]*a-tu*$_4$ *sa-ḫal-l*[*e*]-*e*-⸢*tu*$_4$⸣

17′ [..........] den Trester$^{?}$ des Tisches.
18′ [..............] (mein) Vater, der Erschaffer von [...]
19′ [........................] mein Vater, vor *Šamaš*"
20′ (abgebrochen)

21′-23′ (abgebrochen)
24′ (abgebrochen)
25′ (abgebrochen)
26′ (abgebrochen)
27′ [...............] davor fürchtet Euch!
28′ [............] die Ältesten der Stadt.
29′ [..........................] *Šamaš*, der Gott des ⌜Rechts$^{?}$⌝.
30′ [...............] die ständigen Opfer [...]
31′ [...................] eine Pfand will ich bereitstellen.
32′ [..............................] (nicht) viel [ ] für ihn.
33′ [.......] er soll nicht empfangen ... über uns.
34′ [..........] er soll nicht einsammeln ... für sich selbst.
35′ [..........................] für *Šamaš* [...] Tabus.
36′ [..............................] ihm wiesen sie die Schuld zu.
37′ [..............................] vollendet, es ist gut für *Šamaš*.
38′ [.......] erhellt ihre Finsternis.
39′ [.........] beim Rechtsspruch über den Mann, dem Unrecht geschah.

*Rs.*1′ [................] Deine Fürsprache, wer [...]
2′ [....................] Leute, Leute, Leute.
3′ [......] die Schwäche ohne Hilfe, dem Unrecht geschah ohne Zutun?
4′ [..................] danach beantworten sie es.
5′ [................, das] er hinstellte, vor Euch kniete er.
6′ [.................] er bezahlte sein Silber, vergeßt es nicht!
7′ [........................] Euer Herzenswunsch, wer [...]
8′ [Hat er ihn nicht zufriedengestellt] den Wunsch der Stadt?
9′ [.............................] zusammen oben und unten.
10′ [..............] es trat zwischen Euch *Samaš*.
11′ [Auf das,] was seine Augen schauen, vertraute ich.
12′ [..................] wie eine kleine Waage
[zieht$^{?}$ er (d.h.: *Šamaš*$^{?}$)] 0,04 g (Korn) ab.
13′ [..........................] Krüge, Gefäße [...]

14′ [.................] ⌜*x*⌝ *tamkārī*?(⌜DAM⌝.[QA]R.MEŠ) *a-n*⌜*a*⌝ *sa-*⌜*ra*⌝*-ti*
15′ [.........................] ⌜*i*? *x*⌝ [*x*] ⌜*i-na*⌝ *ṣibti*(MÁŠ)
16′ [.........................] ⌜*x ú*⌝*-ṣa-am-mi*
17′ [........................] *ina našî*([Í]L-*ši*) *qa-*⌜*qa*⌝*-ra-am-ma*
18′ [........................ *l*]*a-a iq-bu-ú ki-it-ta*
19′ [.........................] (MEŠ) *ši-bu* ᵈ*Šamšu* (DINGIR.UTU-*šú*)
20′ [.......................] *eliš*([AN.T]A) *ù šapliš*(KI.TA)
21′ [................ *i-na* (?)] *ūmī*([UD?].MEŠ) *ru-*⌜*qu*⌝*-ti*
22′ [............. *dābib* (?) *kit*]*-t*⌜*i*⌝ *ù mé-š*⌜*e*⌝*-ri*
23′ [........... ..... *x-k*]*a lu-ú-na-id ru-bu-ut-ka*
24′ [.......... ...... *x-k*]*a*? *ù li-ir-a-mu-ka*
25′ [..................] *kīma*([GI$_7$?]-*ma*) *te-ru-ba-ma gamirāta*(TIL.LA) *li-qì*

26′ [............ ......*-g*]*a*? ŠID/LAK
27′ [.................. ...]([TI]L?)

7.5 Literarischer Text, RS 15.10 (1.2.4)

7.5.1 Umschrift

1 *šu-ku-un kaspī*(KÙ.BABBAR.MEŠ) *ša ma-mi-ti it-ti ilī*(DINGIR.MEŠ)[442]
te-le-e[*q*]*-*⌜*qì*⌝
2 *ma-mi-t*⌜*á*⌝ *pí-la*!*-ḫé-ma pa-gàr-ka*! *šul-lim*
3 *tá-me-e a-na na-ri*
ka-li a-pí-il napšāti(ZI)
4 *du-ri-iš mar-ḫé-ta-šu māra*(DUMU) *ú-ul i-šu*

5-9 (ḫurritisch)

---

10 ⌜*la*⌝ *mu-du-ú ar-na a-na ilī*(DINGIR.MEŠ)*-šu ḫé-*⌜*mu*⌝*-uṭ*
11 *la-*⌜*a*⌝*-am-tal-la-ak*
ḫa-am-ṭì-iš a-na ilī(DINGIR.MEŠ) *i-na-aš-ši qātāti*(⌜ŠU.MEŠ)*-šu*⌝
12 ⌜*ma-'a*⌝*-dù ar-nu-šu al pí-ka ša-qa-tá-ma*
13 *la i-de$_4$-m*⌜*a*⌝ *amēlu*(LÚ) *a-na ilī*(DINGIR.MEŠ)*-*⌜*šu*⌝ *ḫé-mu-uṭ*

---

[442] vgl. die Bearbeitung von M. Dijkstra, UF 25, S.163-171.

14' [.....................] Kaufleute [...] für die Lügen/Unehrlichen.
15' [..................................] beim Zins?.
16' [......................] machte er durstig.
17' [*Šamaš* .....] hebt hoch, [doch] die Erde
18' [........................, der/die] nicht die Wahrheit sagte(n).
19' [.......................................] Zeuge ist *Šamaš*.
20' [.........................] oben und unten.
21' [.....................] in fernen Tagen.
22' [(*Šamaš*) ....] der Vertreter von Wahrheit und Gerechtigkeit.
23' [Ich will ...] Dein(e) [...], will preisen Deine (*Šamaš*) Herrschaft.
24' [.......................] Dein ... und sie mögen Dich (*Šamaš*) lieben.
25' [..............,] damit? Du eintreten kannst, nimm Deine Stärke!

26' (abgebrochen)
27' (abgebrochen)

7.5.2 Übersetzung

1 Hinterlege das Geld für den Eid,
(wenn) Du (ihn) bei den Göttern leistest.
2 Fürchte den Eid! Halte Deinen Körper gesund!
3 Derjenige, der beim Flußordal (falsch) schwört,
verhindert (für sich) einen lebenden Erbsohn!
4 Seine Ehefrau wird niemals einen Sohn haben.

5-9 (ḫurritisch)

---

10 Derjenige, der keine Schuld kennt, eilt zu seinen Göttern.
11 Ohne mit sich zu Rate zu gehen,
hebt er eilig seine Hände zu den Göttern.
12 Es gibt viele, die wissen, daß Schuld nicht festgeschrieben ist.
13 Ein unwissender Mensch eilt zu seinen Göttern.

7.6 Dialog zwischen *Šūpē-amēli* und seinem 'Vater', RS 22. 439 (1.2.1)

7.6.1 Umschrift[443]

Kolumne I

Spruch I.i

Ev e	1	[š]i-ma-ma mil-k[a-ma Šu-ú-pè]-amēli ([LÚ-lì])
E d	1'	[ši-ma-ma mil-ka-ma] Šu-⸢ú⸣-pè-amēli ([LÚ-lì])
Uv a	1	ši-ma mil-ka-ma ⸢^{m}⸣Šu-pè-⸢e⸣-amēli (⸢LÚ-lì⸣)
Ev e	2	[š]a uzna (GEŠTU-na) ip-tu-[šu[443] ^{d}En-líl-bàn-da]
E d	2'	[ša] uzna ([GEŠTU]-na) [ip-tu-šu? ^{d}E]n-líl-bàn-d[a]
Uv a	2	ša uzna (GEŠTU-na) i[p-t]uš? ^{d}E[n]-líl-bàn-da
Ev e	3	em-qa mil-ka Šu-pè-⸢e⸣-amēli ([LÚ-lì?])
E d	3'	[em-qa mil-ka Šu-pè-e]-amēli ([LÚ-l]ì?)
Uv a	3	em-qa mil-ka Šu-pè-[e]-amēli (LÚ-lì)
Ev e		[ša uz-na (iš-ru-ku-uš)]
E d		ša uz-n[a (iš-ru-ku-uš)]
Uv a		šá uzna (GEŠTU-na) 4 eš-ru-ku-uš ^{d}En-[líl-bàn]-⸢da⸣
Ev e	4	ina pī (KAxU)-šú ú-ṣu-ú pa-r[a-aṣ ūmi (UD.MEŠ)] 5 a-ḫi-ra-ti
E d	4'	[ina] pī ([KAxU])[-šú ú-ṣu-ú pa-r]a-aṣ ūmi (U[D.MEŠ]) 5' [a-ḫi-ra-ti]
Uv a		ina pī (KAxU)-šú 5 ú-ṣu-ú pa-ra-aṣ ūmi (U[D.MEŠ]) [a-ḫi]-ra-ti
Ev e		a-na sinniš zikar (MUNUS.NITA) [ni-ši da-la-la-ti]
E d	5'	[a-na] sinniš zikar ([MUNUS.NITA]) [ni]-⸢ši⸣ d[a-la-la-ti]
Uv a	6'	⸢ana⸣ ni-ši da-la-la-[ti is-sà-q]á-ra
Ev e		an ku bu-uk-ri it-ta-ṣ[i mi-lik-šu]
Uv a	7'	an ku ⸢bu⸣-uk-ri it-ta-ṣ[i mi]-lik-šu
Ev e		[is-sà-qa-ra] 7 kap-da-ta$_5$! ta-ás-li-ta
Uv a	8'	is-⸢sà⸣-qa-ra kap-da-t[a] tés-li-ta

---

[443] vgl. M. Dietrich, UF 23, S.38, Anm. 20.

7.6.2 Übersetzung

Kolumne I[444]

Spruch I.i

Höre doch (folgen)den Rat, *Šūpē-amēli,*
  dem das Ohr geöffnet hat (der weise) Enlil-banda,
(folgen)den weisen Rat, *Šūpē-amēli,*
  dem Verstand geschenkt hat Enlil-banda!

Aus seinem Mund werden die Entscheidungen für
die folgenden Zeiten kommen,
  für das Volk wird er Huldigungen aussprechen;
an die Erstgeborenen wird sein Rat ausgehen,
  er wird besonnene Gebete sprechen.

[444] Die Übersetzung entspricht - mit freundlicher Genehmigung Prof. M. Dietrichs - derjenigen, die in UF 23, 1991, gegeben wird. Es wird ausdrücklich auf die ebenfalls dort stehenden Fußnoten verwiesen. Die Umschriften sind durch Kollationen erweitert. Die in der Umschrift gebrauchten Siglen lösen sich wie folgt auf: **a:** *R.S. 22.439,* **b:** *Msk 74177a,* **c:** *Msk 74233r,* **d:** *Msk 74233p,* **e:** *Msk 74233q,* **f:** *Msk 74107aj,* **g:** *Msk 74177e = Msk 74197a,* **h:** *KBo 12, Nr.70, Kol.i,* **i:** *KUB 4, Nr. 3, Kol.i.* **j:** *Msk 74197b*

Spruch I.ii

Ev e *māri*(DUMU-*r*[*i*]) [*i-duk-ka-ma*] 8 *i-na-mu-ú a-ra-aḫ-ka*
Uv a 9 *māri*(DUMU-*ri*) *i-duk-ka-ma i-na*!*-m*[*u-ú*] *arḫi*(ITI)-*ka*

Ev e ⸢*a-lik*⸣ [*ur-ḫi u*] *ezzib*([KAR-*ib*]) 9 [*m*]*ì-dar*$_6$*-ti-šú*
Uv a 10 *a-lik ur-ḫi u ezzib*(KAR-*ib*) [*mi-dar*$_6$]-⸢*ti*!⸣*-šu*

Ev e *i-duk-ka-*⸢*ma te*⸣-[*ek-te-ṣí-ir*] *tallak*([DU-*ak*)]
Uv a 11 *i-du*[*k*]*-ka-ma te-ek-te-*⸢*ṣí-ir*⸣ *tallak*([D]U-*ak*)

Ev e 10 [*mì-da*]*r*$_6$*-ti ṣēri*(EDIN) *ta-a*[*r-ta-ši*]
Uv a 12 *mi-dar*$_6$!*-ti ṣēri*(EDIN) *tar-ta-ši*

Ev e [(*x*) 11 *q*]*a-du šārī*(IM.MEŠ) *p*[*ár-ga-ni-iš*] *alāku*([DU])-[*ka*]
[*šak-nu*]
Uv a *ta-*[*a*]*ḫ-ḫi ma-an-nu* 13 ⸢*qa-du*!⸣ *šārī*([I]M.M[E].DIDLI)
pár-ga-ni-iš alāku(D[U])*-ka šak-nu*

Ev e 12 [*u*? *a*]*t-ta it-t*[*i*] *ibri*([GU$_5$.LI]) *ite"î*([KIN.KIN])[*-ka gu-me-er*]
Uv a 14 *u at-ta itti*(KI) *ibri*([GU$_5$.LI]) *ite"î*(⸢KIN.KIN⸣)*-ka* ⸢*gu*?*-me*⸣*-er*

Ev e 13 [*a-lik*] [*i*]*t-ti ibri*(GU$_5$.[LI]) [*na-ši re-e-šu*]
Uv a 15 *a-lik itti*(KI) *ibri*(GU$_5$.LI) ⸢*na-ši*⸣ *re-e-šu*

Ev e 14 [*a-lik*] ⸢*it-ti*⸣ *ummāni*([UGNIM$_x$]) *tukultu*([KU])
ittī([KI])-[*šu*] *illak*([DU-*ak*])
Uv a 16 *a-lik itti*(KI) *ummāni*(UGNIM$_x$) *tukultu*(KU)
ittī(KI)*-šu illak*(DU-*ak*)

Spruch I.iii

Uv a 17 [*u*]*l te-e*[*r-r*]*u-*[*u*]*b*? *māru*(DUMU-*ru*) *ina bīt*(É) *qe-ri-ti*
Uv a 18 [*x x x* (*x*)]-⸢*ú*⸣ *ukulta*(KÚ!-*ta*) *mu-šàm-r*[*i*]*-at libba*(ŠÀ-*ba*)
Uv a 19 ⸢*ul*⸣ *tallak*(D[U-*a*]*k*) *māru*(DUMU-*ru*) *itti*(KI)
ṣābī(ERÍN.ME.DIDLI) *da-ba-be*
Uv a 20 *ta-ḫa*[*r*]-⸢*ri*⸣ *bu-bu-ut-ka-ma ta-ḫa-dì*? *šikāri*(KAŠ.ME.DILI)

Spruch I.ii

Mein Sohn:
Zu deiner Seite verändern sich deine Monate:
  Der Reisende verläßt seine (Heimat-)Flur –
zu deiner Seite gehst du ein Bündnis ein, gehst los:
  Die Flur der Steppe gewinnst du nun.

Mein 'Ersatzmann':
Wem ist es (schon) gegeben, mitsamt dem Wind (nur) auf grüner Aue zu ziehen?
  So führe denn du mit einem Gefährten deinen Auftrag durch!
Einer, der mit einem Gefährten loszieht: Das (: dessen) Haupt ist erhoben!
  Einer, der mit einem Trupp loszieht: Hilfe zieht mit ihm!

Spruch I.iii

Willst du, Sohn, nicht in eine Wirtsstube eintreten,
  [(dann) werd]en dich die Leibesmästerinnen [...];
willst du, Sohn, nicht mit Übelredenden gehen,
  (dann) mußt du deinen Hunger bewältigen und
  auf Rauschtrank verzichten.

Spruch I.iv

Uv a 21 ina sûqi (SIL[A]) me-te-[q]i e-pá-ti a-a ub-la pū (KAxU)-ka

Uv a 22 ṭu-púl nīši (UN.ME.DIDLI) e táq-bi tappû/tappûtu (NAM.TAB.BA)

Ev b 15′ [la] tappû/tappûtu ([NU.NAM.TAB.BA])-[šú ul it-ta-si-a]
pū ([KAxU)]-šu[445]
Uv a 23 la tappû/tappûtu (NU.NAM.TAB.BA)-šú ul ⌜it?-ta?⌝-[s]i-a
pū (KAxU)-⌜šú⌝

Ev b 16′ tarašši ([TUK-ši]) [bíl-ta bíl-tu$_4$ ḫar-ru]-up-tu$_4$
Uv a 24 tarašši (TUK-ši) bíl-ta bíl-t[u$_4$ ḫa]r-ru-up-tu$_4$

Ev b š[u]-te-t[u$_4$] 17′ [ni-ki-il-tu$_4$] nukurtum ([NAM.KAR]) [šá]
[l]a-a! nap-ša-ri
Uv a 25 šu-te-tu$_4$ ⌜ni!⌝-ki-il-tu$_4$ nukurtu (NA[M].⌜KAR⌝) šá
lā (NU) nap-šá-ri

Ev b 18′ [a-na mi-im-ma né-pè-ši e t]e-ši! e-ni
Uv a 26 [a-n]a [m]i-i[m-m]a né-pè-ši e te-eš-ši īnī (IGI.ME.DIDLI)-ka

Spruch I.v

Ev b 19′ [...] aššat (DAM) amēli (LÚ-li)

Ev b 20′ [x x x mu-šap-ši-iq šup-šu-uq-ti šá] Uruk ([UR]U.UNUG.KI)
Uv a 27 [x x x mu-šap-š]i-[iq] šup-šu-uq-ti šá Uruk (URU.UNUG.KI)

Ev b 21′ [... ni]k?-ma qīšta NÍG.BA i-ri-im-ma
Uv a 28 [x x x x (x)-t]i dajjānu DI.KUD ni-kim būšî (⌜NÍG⌝.ŠU ḪA.A!)

Ev b 22′ [(x x x x x x) ša] ur-⌜ḫa⌝ kiš (Rasur: šú)
Uv a 29 [x] x [x x x]-it ša ur-ḫa kiš šú ša ma

[445] Beginn der Kolumne i der Tafel Msk 74177a.

Spruch I.iv

In einer Durchgangsstraße halte keine großmächtigen Reden,
sprich keine Verunglimpfungen über (irgendwelche) Leute
vor einem Genossen aus!
Denn eines anderen Widersacher tritt nicht mit seiner Meinung heraus!
Du erntest dabei zwar Erfolg, aber es ist ein verfrühter Erfolg!
Intrige, Hinterlist, unaufhörliche Feindschaft -
auf irgendeines dieser Machwerke setze nicht dein Augenmerk!

Spruch I.v

[...] die Gattin eines Bürgers.
[... einer, der] das sehr Beschwerliche von Uruk noch beschwerlicher macht(?),
[...] der Richter richtet die Häufung von Besitz zugrunde.
[...], der auf dem Weg in Gewalt geraten ist.

Spruch I.vi

Ev b 23′ [...]-⸢*ú*⸣ *mu*-⸢*ú-ti*⸣
Uv a 30 [*x*] *di*?-[*in*?] *mu-u-ti šum-ma uṣabbatū* (DAB?)-*šu*

Uv a 31 [*š*]*um-ma* [*ú*]-*ma-ša-ru-šu-ma i-de i-de-ki-ma*
Uv a 32 [*da*]*n-n*[*a*] *tarašši* (TUK-*ši*) *arna* (NAM.TAG.GA) *šu-na-tu*$_4$
Uv a 33 [*x x x -a*]*z*-⸢*za*⸣-*ni* ⸢*mì*⸣-[*i*]*š*-⸢*la*⸣ *a* [*x x*]-*nu-tu*$_4$
Uv a 34 [...] *x*

Ev b 24′ [...] *x-ti*
Ev b 25′ [...] ⸢*x*⸣ *ta la*
Ev b 26′ [...]-*na*
Ev b 27′ [...] *šēpu* (GÌR.ZA)
Ev b 28′ [...]-*ni-tu*$_4$
Ev b 29′ [...]-*te*$_9$-*eš ūmi* (UD-*mi*)
Ev b 30′ [...] ⸢*x*⸣ *il-qè*
Ev b 31′ [...] ⸢*i*⸣-*ba-ar*
Ev b 32′ [...] ⸢*x*⸣-*ug šīri* (UZU.ME.DIDLI)
Ev b 33′ [... *a-k*]*íl kar-ṣi*
Ev b 34′ [...] [*x*]-*ib*
Ev b 35′ [...] *kalbu* ([U]R.GI$_7$)
Ev b 36′ [... *u*]*m-ma-ni*
Ev b 37′ [...]
Ev b 38′ [...] *maḫar* (IGI) ^{d}*Šamaš* (DINGIR.UTU)
Ev b 39′ [...]
Ev b 40′ [...] [*á*]*š-ri akil* (UGULA) *tāḫāzi* (MÈ)
Ev b 41′ [...] *x eṣemtu* (GÌR.PAD.DU)
Ev b 42′ [...]-*ig* ⸢*a*⸣-*na īli* (DINGIR-*li*)
Ev b 43′ [...] ⸢*x*⸣ *gišimmari* (GIŠ.GIŠIMMAR) *šu-ú-ki īli* (DINGIR-*li*)
Ev b 44′ [...] [*x*]-*ia im-ḫa-aṣ šu-me-lu*-⸢*ú*⸣

Spruch I.vi

[...] des Todes, ob man ihn ergreifen wird,

Ugarit:

31 (oder) ob man ihn losläßt - wisse, wisse, daß
32 du eine schwere Sünde auf dich ziehen wirst! Träume
33 [...] ... die Hälfte ...
34 [...]

Emār:

24′ [...] ...
25′ [...] ...
26′ [...] ...
27′ [...] dein Fuß
28′ [...] ...
29′ [...] ... des Tages
30′ [...] nahm er
31′ [...] überprüft er
32′ [...] Opferfleisch-Stücke
33′ [...] Verleumder
34′ [...] ...
35′ [...] Hund
36′ [...] der Meister
37′ [...]
38′ [...] vor dem Gott
39′ [...]
40′ [...] Ort des Aufsehers der Schlacht
41′ [...] Gebein
42′ [...] ... dem Gott
43′ [...] Dattelpalme, der göttlichen Heiligtümer
44′ [...] meines [...] schlug er. Der Linksseitige

Kolumne II

Spruch II.i

Uv a 1 *ana nâši* (ÍLA-*ši*) *si-*[*ma-ti* ...]
Uv a 2 *māru* (DUMU-*ru*) *lā* (⸢NU⸣) *aš-ru mu-ru-*⸢*uṣ*⸣ *aḫī* ([AD])-[*šu*]
Uv a 3 *ap-*⸢*lu up*⸣*-pu-lu* ⸢*i*⸣*-bi*$_{5}$*-su bītī* (É)-[*šu*]
Uv a 4 *ú-mu-*⸢*uš*⸣ *suq*$_{x}$*-*⸢*qú*⸣*-uš iš-ši n*[*e-me-la*]

Spruch II.ii

Uv a 5 *ummu* (AMA) *lā*? *ša-áš-šú* [*e*?]*-da e* ⸢*ta-ta-lak*⸣
Uv a 6 *māri* (DUMU-*ri*) *itti* (⸢KI⸣) *šá-i-ṭe*$_{4}$ ⸢*te*$_{9}$*-e*⸣*-na e tam-lu-*⸢*la*⸣
Uv a 7 *lu-pu-un eṭlūti* (GURUŠ.ME.DIDLI) *itti* (KI) *šibūti* (ŠU.GI.ME.DIDLI) *e te-pu-šá*
Uv a 8 *na-*⸢*mu*⸣*-ti īli* (⸢DINGIR⸣) *šá lā* (NU) *tal-ta-*⸢*ka*⸣*-áš e táq-bi*

Spruch II.iii

Uv a 9 *ma-la ma-al-ki* ⸢*lu*⸣ *e-mu-qa-ka*
Uv a 10 *itti* (KI) *bēli* (EN) *le'î* (Á.GÁL) *lā* (NU) *táq-ta-bíl*
Uv a 11 *raṭa* (PA$_{5}$) *rapāša* (DAGALxLA) *e* (⸢NU⸣) *ta-šá-ḫi-i*⸢*ṭ*⸣
Uv a *tu-kàs-sà-*⸢*as*⸣ 12 *piritte* (NÍ-*te*)*-ka tarašši* (TUK-*ši*) *si-im-ma*

Spruch II.iv

Uv a *īn* (IGI)*-ka-ma* 13 *lú a-su-*[*u*]*-ku ina lapat* (ŠUM) *immer* (UDU) *akālī* (GU$_{7}$)*-šú*

Spruch II.v

Uv a *eṭlūti* (GURUŠ!.ME.DIL) *nak-ru-te*!
Uv a 14 ⸢*bi*⸣ *x* [*x* (*x*)] *x im x x x x*
Uv a ⸢*mi*!*-im*⸣-[*ma*] 15 *at*!*-ta lā* ([NU]) [*t*]*a-pal-la-a*⸢*ḫ*⸣ *ma-la*! *nēbeḫa* (ÍB.LAL) *te-*⸢*di-iq*⸣

Kolumne II

Spruch II.i

Für einen, der das Geziemende trägt, [...]
ein Sohn an falschem Ort ist jedoch ein Kummer [für seinen Vater,]
ein verspäteter Erbsohn ein (Geld)verlust für [sein] Haus;
ein einziger seiner Tage bedeutet Not für ihn: Er hat den Profit (schon) davongetragen.

Spruch II.ii

Das Erbarmen gegenüber einem, der nicht dazu gehört, nicht (auf dich) allein (gestellt)!
Mein Sohn, plündere mit Frevlern nicht einen Gleichwertigen zu eigenem Gewinn aus!
Die Überwindung von jungen Männern bewerkstellige nicht mit der Hilfe von Alten!
Die Verhöhnung eines Gottes, den du noch nicht auf die Probe gestellt hast, sprich nicht aus!

Spruch II.iii

Nach Art eines Fürsten teile deine Armkraft ein –
mit einem Kraftmeier darfst du nicht kämpfen (wollen),
einen (zu) breiten Kanal darfst du nicht überspringen (wollen) –
du zehrst (sonst) an dir selber, ziehst dir eine Wunde zu!

Spruch II.iv

Besucht dich dein Arzt, dann verköstige ihn mit einem geschlachteten Schaf!

Spruch II.v

Feindliche junge Männer,
...,
nichts brauchst du zu fürchten,
(sofern) du dich mit jeglichem Gürtel gegürtet hast!

Spruch II.vi

Uv a 16 *ana sinništi* (MUNUS-*t*[*i*]) *rēmi* (ARḪUŠ)-*ka e tap-ta-ši libba* (ŠÀ)-*ka*
Uv a 17 *ku-nu-uk qāti* ([ŠU ?]) *lu ša-ap-ṣa-at lu ti-i-b*[*a-at*]
Uv a 18 [*n*]*a-mu-*⌜*úr*⌝*-ta ina bīt* (É) *kunukkī* (NA$_4$.KIŠIB)-*ka*
Uv a 19 *qé-re-eb kissī* (KUŠ.NÍG.NA$_4$)-*ka aššat* (DAM)-*ka a-a il-mad*
Uv a 20 *ul-tu pa-na-ma iš-ku-nu pa-nu-tu-ni*

Ev b 31′ *abū* (A[D.MEŠ])-[*ni*] *itti* ([KI]) *īli* ([DINGIR-*li*]) [*i-zu-zu*]
šattukka ([SÁ.DUG$_4$])[446]
Uv a 21 ⌜*a-bu-ni*⌝ *itti* (K[I]) *īli* ([DIN]GIR-*li*) *i-zu-zu šattukka* (SÁ.DUG$_4$)

Ev b [*ir-tù-ú*] 32′ *sikkūra* (GIŠ.[SAĞ.KUL]) [*ú-kín-nu ku-la*]
Uv a 22 *ir-tù-*⌜*ú*⌝ *sukkura* ([GIŠ.SAĞ.KU]L) *ú-kín-nu ku-la*

Ev b *ṭitta* ([IM]) [*ip-ḫu*] 33′ *ku-n*[*u-uk ku-li*]
Uv a 23 *ṭitta* (IM) *ip-*[*ḫ*]*u kunuk* (É.NA$_4$.KIŠIB) *ku-li*

Ev b [*ri-ti$_4$-ma*] *sikkūri* ([GIŠ.SAĞ.KUL]) [*li-mi ku-la*] 34′ *bīt* ([É])-[*k*]*a*
[*ú-ṣur*]
Uv a *ri-ti$_4$-ma* 24 *sikkūri* (GIŠ.⌜SAĞ⌝.KUL) *li-mi ku-la bīt* (É)-*ka*
⌜*ú*⌝-[*ṣ*]*ur*

Ev b [*lu*] *kunuk* ([NA$_4$.KIŠIB])-[*ka lu pì-it*] 35′ *qaqqadī* (SAĞ.D[U])-[*ka*]
Uv a 25 *lu kunuk* (⌜NA$_4$⌝.KIŠIB)-*ka lu pì-it qaqqadī* (SAĞ.DU)-*k*[*a*]

Ev b [*mim-ma šá ta-ma-rù*] *ezib* ([KAR-*ib*]) [*ina*] *libbī* ([ŠÀ-*bi*])-[*ka*]
Uv a 26 *mim-m*[*a*] *šá ta-ma-rù ezib* (KAR-*ib*) *ina libbī* (ŠÀ-*bi*)-[*ka*]

Ev b 36′ *i-ba-*[*ši ḫi-ši-iḫ-ta-ka-ma ta-na-din-ši*]
Uv a 27 *i-ba-ši ḫi-ši-iḫ-ta-ka-ma ta-n*[*a-di*]*n-ši*

Spruch II.vii

Ev b 37′ *im-ma-t*[*i-ma*] *nīšū* ([UN.ME.DIDLI]) [*qí-iš-tam-ma*]
Uv a 28 *im-ma-te-ma nīšū* (UN.ME.DIDLI) *qí-iš-tam-ma*

Ev b 38′ *mu-ru-u*[*r-ta šá*] *pî* ([KAxU]) *ezzib* ([KAR-*ib*]) [*e ta-ḫu-uz*]
Uv a *mu-r*[*u-u*]*r-ta* 29 *šá pî* (KAxU) *ezzib* (KAR-*ib*) *e ta-ḫu-uz*

[446] Beginn der Kolumne ii der Tafel Msk 74177a.

Spruch II.vi

(Selbst) der Frau, die dein Mitgefühl hat, offenbare nicht dein Inneres!
Verriegele (vielmehr) – sei sie hartnäckig, sei sie anschmiegsam –
das (ihr zugedachte) Geschenk in deiner Siegelkammer!
Den Inhalt deines Geldbeutels darf deine Frau nicht kennenlernen!

Seit alters haben unsere Vorfahren (es) so gehalten:
Unsere Väter haben (nur) mit einem Gott (ihre Geschenke wie)
regelmäßige *sattukku*-Opfer geteilt;
sie haben die Riegel gefestigt, alles dauerhaft gemacht,
mit Ton haben sie die Siegelkammer aller (Schätze) verpicht.

Festige auch du den Riegel, umschließe alles, hüte dein Haus!
Ob durch dein Siegel oder durch Geheimhaltung in deinem Kopf:

Alles, was du siehst, lasse in deinem Herzen!
Besteht bei dir Verlangen danach, dann kannst du (es) ihr geben!

Spruch II.vii

Zu allen Zeiten halten die Menschen (etwas) wohlfeil:
Bitterkeit eines Ausspruchs lasse, nimm (sie) auch nicht auf!

Ev b 39′ mu-ru-ur-[ta šá] pî([KAxU]) [ta-ḫa-az e ta-kud]
Uv a mu-ru-u[r-ta] 30 šá pî(KAxU) ta-ḫa-az e ta-kud

Ev b 40′ kab-tá-a[t-ka i-na-za-aq] libbu([ŠÀ-bu]) [tu-uš-ša]
[uš-ta-am-ra-aṣ]
Uv a kab-tá-[at-ka] 31 i-na-za-aq! libbu(ŠÀ-bu) tu-uš-ša
⸢uš-ta⸣-[am-ra-aṣ]

Spruch II.viii

Ev b 41′ māri(DUMU-ri) i[t-ti] aḫi([AD]) [u] ummi([AMA])
⸢i-x⸣-[x x x x (x x x)]
Uv a māri([DUMU-ri]) 32 itti(KI) aḫi(AD) (Rasur) u ummi(AM[A])
⸢i-x⸣-[x x x x (x x x)]

Ev b 42′ ibri(KU.LI) [...]
Uv a 33 [x x] x x [...]

Ev b 43′ šur-di-[...]
Ev b 44′ bīta(É) rapašta(DAGA[L]) [...]
Ev b 45′ lu-ú [...]
Ev b 46′ mu-š[i-ta? ...]
Ev b 47′ MUNUS [...]
Ev b 48′ te-⸢x⸣ [...]
Ev b 49′ MUNUS [...]
Ev b 50′ MUNUS [...]
Ev b 51′ a-[...]

Kolumne III

Spruch III.i

Ur a 1′ [x x x x] ⸢x x⸣ [x x x x x (x x)]

Ur a 2′ n[i x x]

Wirst du (doch einmal) Bitterkeit eines Ausspruchs aufnehmen:
Nimm sie nicht zu Herzen –
Denn sonst wird dein Gemüt vergrämt sein, das Herz wird
durch üble Rede gekränkt!

Spruch II.viii

Mein Sohn:
Mit Vater und Mutter wird [...]
Gefährte? [...]
Laß folgen [...]
Das weite Haus [...]
Fürwahr [...]
Des nachts? [...]
... [...]
Du [...]
... [...]
... [...]
... [...]

Kolumne III

Der Anfang der Kolumne ist weggebrochen, so daß nur noch der Rest eines mehrgliedrigen Spruches erhalten ist. Zu seiner Aussage siehe die hethitische Version.

Spruch III.i

[...,]

Ur a [ina] ḫarrāni([KAS]KAL-ni) šá ul(N[U]) [ti-du-u]
3′ i-ša[p-pa-ru]-ka
Bv i 2 [ina] ḫarrāni([KASKAL-ni]) [šá] ul([NU]) [ti-du-u]
[i-šap-pa-ru-k]a

Spruch III.ii

Ur a (NAĞ) (NINDA.ME.DIDLI) ⌜ù⌝ [x x (x x)]
Bv i 3 ([NAĞ]) ([NINDA.ME.DIDLI]) (...) [r]i-iš a-a[m-me-li]

Ur a 4′ ina āli(UR⌜U⌝) [šá] ul([NU]) ti-du-⌜u⌝
Bv i 4 [ina] āli([URU]) [ša] ul([NU]) [t]i-i-dú-u

Ur a amēl(LÚ) qēmi(ZÌ.D[A]) ⌜i⌝-[šap-pa-ra-ka]
Bv i 5 amēl([LÚ]) qēmi([LÚ.ZÌ.DA]) [i-šap-p]a-ra-ka

Spruch III.iii

Ur a 5′ ina rēš(SAĞ) eqlī([A.Š]À)-ka burta(⌜PÚ⌝) lā([NU]) te-ḫe-⌜ru⌝
Bv i 6 [ina] rēš([SAĞ]) eqlī([A.ŠÀ])[-ka b]u-u-ur-tá la-a tá-a-ḫar-ri

Ur a 6′ ina rēš(SAĞ) eqlī([A.ŠÀ])-[k]a burta(P[Ú]) ⌜te⌝-ḫe-ru-ma
t[u]-ta-⌜šar⌝
Bv i 7 [ina] rēš([SAĞ]) eqlī([A.ŠÀ])[-ka b]u-u-ur-tá tá-ḫar-ri

Ur a 7′ epī(GÌR.ME.DIDLI)-ka [na]-ak-ra-⌜ti⌝ ina eqlī(A.ŠÀ)-ka
Bv i bašû(GÁL)-ma 8 epī([GÌR.MEŠ?])-[ka na-ak]-ru-ti a-na
eqlī(A.ŠÀ)-ka

Ur a 8′ ka-tá i-ṣ[u-t]u$_4$ šu-ru-⌜bá⌝-ku ḫu!-mu-ṭe$_4$-ti
Bv i 9 [ka-tá i-ṣu-tu$_4$ š]u-ul-pí-ka ⌜ḫu⌝-u-mu-ṭa-a-ti

Ur a 9′ ù a-ka-š[a] ⌜ú⌝-še-tu-⌜ú⌝ ina mamīti(NAM.ERÍM)
Bv i 10 [ù a-ka-ša i-š]a-dá-du-ka ⌜a-na⌝ ma-a-mi-ti[447]

---

[447] Z.11 der hethitischen Version ist unbeschrieben.

auf einen Weg, den du nicht kennst, wird er dich schicken.

Spruch III.ii

Getränke (und) Brot [... sollst du] das Haupt eines Men[schen nicht erheben,]
in eine Stadt, die du nicht kennst, wird dich der Mehlverwalter senden.

Spruch III.iii

Am Anfang deines Ackers darfst du keinen Brunnen graben!
Wenn du (doch) am Anfang deines Ackers einen Brunnen gräbst,
(dann) wirst du vertrieben,
deine Füße werden fremd auf deinem (eigenen) Acker.
Sobald dann wenige eiligst bei dir eingedrungen sind,
werden sie dich unter Eid ausweisen.

Spruch III.iv

Ur a	10′	*e ta-šá-am alpa* (⸢GUD⸣) [*ša*] ⸢*di-ša-ti*⸣
Bv i	12	[*e ta-šá-am*] *alpa* ([GUD]) [*š*]*a dì-i-ša-a-t*⸢*i*⸣
Ur a		*e ta-ḫu-uz* 11′ *ardata* (⸢MÍ.KI.SIKIL⸣) *ina* ⸢*i*?⸣-[*se-en-ni*]
Bv i	13	[*e ta-ḫu-uz*] *ardata* ([MÍ.KI.SIKIL]) *i-na i*-[*se*]-*en-ni*
E c	1′	[...] *idammiq* (SIG$_5$)
Ur a		*alpu* ([GUD?]) [*šu-ú*?] *idammiq* ([SI]G$_5$) *i*!-*na*! *ši-i-ma-ni*
Bv i	14	[...] ⸢*i*⸣-*da-mì-i*[*q*] 15 [*i-na*] *Simāni* ([ITI.SI]G$_4$!?)
E f	69′	*ardata* ([MÍ.K]I.SIKIL!) [*ši*?-*i la-ab-ša-at-ma*] 70′ *lu-ba*-[*r*]*a s*[*i-i*]*m*-[*te-ma*]
E c	2′	[...] ⸢*x*⸣ *x*
Ur a	12′	*ardata* (MÍ.KI.⸢SIKIL⸣) ⸢*ši*?⸣-[*i*] [*la-ab-ša-at*]-⸢*ma*⸣ [*lu-ba*]-⸢*ar-tá*⸣ *si-im-te-ma*
Bv i	16	*ardata* ([MÍ.KI.SIK]IL.[L]A) [*ši*?-*i la-ab-ša*]-*at-ma lu-ba-a-ra*
	17	[*si-im-te-ma*]
E f		[*qe-re-eb ša-at-t*]*i šamnū* (Ì.ḪI.A) 71′ [*a-ia ṣ*]*u-up-pu-ú*
E c	3′	[*qe-re-eb ša-at-ti*] *šamnū* (Ì.ḪI.A)
E g	1′	⸢*x*⸣-[...]
Ur a	13′	*qe-r*[*e-e*]*b* [*ša-at-t*]*i šamnū* (Ì) *ṭābū* (DUG.⸢GA⸣) *ḫubuttati* (EŠ.DÉ.A)
	14′	⸢*a*⸣-*i*[*a*] *ṣu-p*[*u*]-⸢*ú*⸣
Bv i		[*qe-re-eb ša-at-ti*] *ša-am-n*[*u*] *ṭābū* ([DUG.GA?]) [*ḫu-bu*]-*u-tá-tù*
	18	*e*! [*ṣ*]*u*!-*i-pu*

Spruch III.v

E f		*e* [*ta-šá-am kit-sú-ra-am a-mi-la*]
E c	4′	[*e ta-šá-am ki*]*t-sú-ra-am* 5′ [*a-mi-la*]
E g	2′	*e ta*-[*šá-am kit-sú-ra-am a-mi-la*]
Ur a		*e ta-šá-am kit-su-ra-am* 15′ [*a*]*m*[*i-la*]
Bv i	19	[*e ta-šá-am k*]*u*$_8$-*ús-sú-ra-a a-mi-la*

Spruch III.iv

Kaufe nicht ein Rind (in der Zeit) des Frühlingsgraswuchses,
nimm kein 'spätes Mädchen' in der Festzeit!
[(Denn) jenes Rind] ist gut (bei der Sache) im (Frühlingsmonat)
ā jenes 'späte Mädchen' ist mit einem festtagsgemäßen Prachtgewand bekleidet!
Mitten im Jahr(?) ist gewiß kein gutes Öl (erworben) aus einem zinslosen Darlehen mehr aufgetragen!

Spruch III.v

Kaufe keinen herausgeputzten Mann:

E f 72 *šim*([ŠÀM])-[*š*]*u 1/2 kaspi*(KÙ.BABBAR) *šim*(ŠÀM) ⌜*i*⌝-[*di-šu 4*]
šeqel([GÍN]) *kaspi*([KÙ.BABBAR-*pí*])
E c *šim*([ŠÀM])-[*šu 1/2*] *kaspi*([KÙ.BABBAR]) *šim*([ŠÀM]) [*i-di-šu 4*]
šeqel([GÍN]) *kaspi*([K]Ù.BABBAR-*pí*)
Ur a *šim*([ŠÀM])-[*š*]*u* ⌜*1/2*⌝ *kaspi*([KÙ.BAB]BAR) *šim*(ŠÀM) *i-di-šú 4*
šeqel(GÍN) *kaspi*(KÙ.BABBAR)
Bv i *ši-im-šu ma-na kaspi*(KÙ.BABBAR) 20 *šim*([ŠÀ]M?) *i-di-šu 4*
šeqel(GÍN) *kaspi*(KÙ.BABBAR)

Spruch III.vi

E f [*e ta-p*]*úš mil-ka amēli*(LÚ) *š*[*i-i-im*]
E g *e* ⌜*ta*⌝-[*púš mil-ka*] *amēli*([LÚ]) [*ši-i-im*]
E c 6′ [...] ⌜*x*⌝
Ur a 16′ [*e ta-púš mil-k*]*a šim*(ŠÀM) *a-ṣab*$_x$(*ŠAB*)-*ti-šú*
Bv i 21 [*x x x*] *me-el-kà ši-i-im a-am-me-la*!

E f 74 [*ù ba-ṭa*]*l kab-ta-ti-ka* [*gu-mur-šu*] *libba*([ŠÀ-*bá*])
E g 3′ *ù b*[*a-ṭal kab-ta-ti-ka gu-mur-šu*] *libba*([ŠÀ-*bá*])
E c 7′ [*ù ba-ṭal kab-ta-ti-ka gu-mur-šu*] *libba*([ŠÀ-*bá*])
Ur a 17′ [*ù ba-ṭa-al kab-ta*]-*ti-šú gu-mur-šu libba*(ŠÀ-*ba*)
Bv i 22 [*ù ba-ṭa-a*]*l kab-da-at-k*[*a-a*]*m-ma* 23 *libba*([ŠÀ?-*b*]*a*)
⌜*mu-uš-šir*⌝-*šu-ma*

E f 75 [*ù i-din-š*]*u 1 arḫa*(ITI.I.KAM) *ù* [*ša-na-a ana ar-ni*]
šaknī([GAR-*šu*])
E g 4′ *ù* ⌜*i*?⌝-[*din-šu*] *1 arḫa*([ITI.I.KAM]) [*ù ša-na-a ana ar-ni*]
šaknī([GAR-*šu*])
E c 8′ [*ù i-din-šu 1*] *arḫa*([ITI.I.KAM]) [*ù ša-na-a*] *ana ar-ni*
šaknī([GAR-*šu*])
Ur a 18′ [*ù i-din-šu*] *1 arḫa*([ITI.I.KA]M) *2 arḫa*(⌜ITI.II⌝.KAM) *ana*
arni(NAM.TAG.GA) *šaknī*(GAR)-*š*[*u*]
Bv i *ištēn*([1]-[*e*]*n*!) *arḫa*(ITI) *ù ša-na-a* 24 [*a-na*]
arni([NAM.TAG.GA]) ⌜*ta-ša*⌝-[*ak-kán*]-*šu*

Sein Kaufpreis beträgt (zwar auch) eine (halbe) Mine Silber,
sein Verdienst (dagegen nur) 4 Sekel Silber.

Spruch III.vi

Gib keinen Rat einem Mann um einen Preis,
stattdessen (sei) dein Gemüt (mit ihm) am Ende,
schließe mit ihm im Herzen ab,
setze ihn einen Monat oder zwei einer Strafe aus!

Spruch III.vii

E f 76 *itti*([KI]) *aḫī*([ŠEŠ])-[*k*]*a bu-ša qata*(ŠU.II)-*šú š*[*u-še-er*]
E g 5′ *itti*(KI) *aḫī*(ŠEŠ)-[*ka bu-ša*] *qata*([ŠU.II])[-*šú šu-še-er*]
E c [... ... ...]-*ra-ri*
Ur a 19′ *itti*([KI]) *aḫī*([ŠE]Š)[-*ka bu-ša q*]*a-ti*!-*šú*! *šu*-[*še-e*]*r*
Bv i 25 [... ...-*ra-r*]*i*[448]

E f *nikassī*([NÍG.ŠID-*si*!])[-*šú*!] 77 [*la i-na-šu-n*]*im-ma ge-ri-šu* [*ina ṣa-al-ti*]
E g 6′ ⸢*x*⸣ [...]
Ur a *nikassī*([NÍG.ŠID])[-*šu* ...] 20′ *ge-ri-šú ina ṣalti*(DU_{14}-*ti*)

E f [*šum-ma*] 78 [*ge-ru*]-*u ri-iq*!-*ta-ka* [*i-ba-ar-ri*] 79 [*x x x*]-*ma*
E c 10′ [*x x t*]*i šum-ma* 11′ [*ge-ru-u ri-qi-ta-šú i-ba-ar*]-*ri*[449]
Ur a 21′ [*šum-ma ge-ru-u*] *ri-qi-ta-šú* 22′ [*i-ba*]-⸢*ar*⸣-[*ri ge-r*]*e-šu-ma*
Bv i 28 [*x x x x x*] *x ip-tá-a-tá*

Spruch III.viii

E f *e te-eṭ-ḫa ina x* [*x x x*] *la-a x x x*
E c 12′ [*e te-eṭ-ḫa ina x x x x*] *la-a* ⸢*x x x*⸣
Br i 1 [*e te-eṭ-ḫa ina x x x* (*x x x*)]
E f 80 [*x x* (*x*)] ⸢*x*⸣-*ka šá pu-pu-ri*! *ri*-[*x x* (*x*)-*ir-ka da*-ga_5-*lu le-e-zi-zu-ma*]
E c 13′ [...] ⸢*x*⸣ [...]
Br i [*x x*] *x-t*[*a*?]-*ka ša pu-pu-ri* 2 [*x x* (*x*)]-*ir*-⸢*ka*⸣ *da*-ga_5-*lu le-e-zi-zu-ma*

E f 81 [*x x* (*x*)] ⸢*x-an-na ig*⸣-*ri x* [...]
E c [*x x* (*x*) *x-an-na ig-ri*] ⸢*x*⸣ [...]
Br i 3 [*x x x* (*x*)] *a-ki ḫa-a-aš-šu*

---

[448] Die Zeilen 26 und 27 sind bis auf wenige Reste abgebrochen.

[449] Msk 74197b joint mit Msk 74177a.

Spruch III.vii

Gemeinsam mit deinem Bruder bringe den Besitz seiner Hände zu Erfolg,

sein Eigentum dürfen seine Widersacher nicht in einem Rechtstreit davontragen!
Wenn der Widersacher sein Versteck entdeckt, dann prozessiere gegen ihn!

Spruch III.viii

Tritt nicht heran an ... nicht ...
dein [...] des *p.*-Gefäßes [...]
[...] hat prozessiert [...]

Spruch III.ix

Emār (82-87 wohl // zu KUB 4,3 Rs. 4-13):
E b 82 [*ú*]-[*k*]*a*$^?$-*x* [*x x x x* (*x*)] *x* [...]
E b 83 *ir-r*[*i-...*]
E b 84 *ta-na-x*-[...]
E b 85 *ni-id*-[...]
E b 86 *a-kúl akala* (NINDA) [...]
E b 87 *šá la*$^?$ [...]

Boğazkale (KUB 4,3 Rs. 4-13 wohl // zu *Emār* 82-87):
Br i 4 [*x x x*] *x a-na* ⸢*ku*⸣-*uš-ta-ri-ti lu-ú-pu-ul-ka*
Br i 5 [*x* (*x*)] *x-ta ù kab-tù-ut-ka*
Br i 6 [*i-n*]*a bīt* (É) *a-bi-ka na-bu-ú šum-ka*

Spruch III.x

Br i 7 [*x x*]-*ḫa*$^?$-*a a-me-la ma-a-tá la-a a-ba-tu*$_4$
Br i 8 [*x x*] *x-ni zi-ik-ra-ta-a-šu a-ši-ib i-na at-ri*
Br i 9 [*x i-n*]*a*$^?$ *šu-ú-ut-ti-šu-ma šu-ú ib-ta-ak-ki*

Spruch III.xi

Br i 10 [*x x x*]-*e-m*[*a*] *si-ma-at a-ša-bi*
Br i 11 [*x x x*] *x* [*x* (*x*)] *x-ma e-ṭì-ib i-ti-it-ti-el*

Br i 12 [...] *x-šu IS-BA tal-la-ak-ti-šu-ma*
Br i 13 [... *ib*]-*ta-ak-ki*

Spruch III.xii

E f 88 *ina x* [...]
Br i 14 [... *ina*] *bīti* (⸢É⸣) *t*[*e-er*]-*ru-ub*

E f 89 *ina* [...]
Br i 15 [...] *me-eṭ-ra-a-tá*

E f 90 *š*[*e*$^?$-...]
Br i 16 [... *t*]*a-tar-ru-u*

Spruch III.ix

... [...]
... [...]
du ... [...]
... [...]
iß Brot [...]
des [...]

Boğazkale (KUB 4,3 Rs. 4-13 wohl // zu *Emār* 82-87):
[...] für die Zeltbewohnerin will ich dir antworten,
[...] und deine Bedeutung,
[i]n dem Haus deines Vaters nennt man deinen Namen.

Spruch III.x

[...] den Mann, das Land, Un-...
[...] seine Aussprüche. Wer in Überfluß wohnt,
wird [... i]n seinem Traum inbrünstig beweinen.

Spruch III.xi

[...] Zierde des Wohnens/Sitzens
[...] er war gut, hat sich hingelegt

[...] sein [...] ist das Los(?) seines Wandels.
[...] wird er inbrünstig beweinen.

Spruch III.xii

In [..., in ein] Haus trittst du ein,
  In [...] Wasserläufe
[...] du fortholst,

Kolumne IV

Er b 83 [*ta*]*r-ṭa ta-ra-an ṣalmat qaqqadi* (SAĜ.GE$_6$) *māri* (DUMU-*ri*)
Br i 17 [...] *šēpā* ([GÌ]R.II)

Er b 84 [*á*]*š-šu šum-ši te-púš bīta* (É)
Br i 18 [*áš-šu šum-ši te-pu-uš bi-t*]*á-am*

Spruch IV.i - Überleitungsspruch

Er b 85 [*m*]*a-ru pā* (KAxU)-*šú i-pu-ša* (Rasur) *i-qáb-bi*
Br i 19 [...]

Er b *is-sà-qá*$^{!}$-⌜*ra*⌝ 86 *ana abī* (AD)-*šú ma-al-ki*
Br i [*ana*] *abī* ([AD])-⌜*šu*⌝ *ma-al*-⌜*ku*⌝

Er b *a-mat a-bi-ia ma-al-ki* 87 *a-na-ku aš-me ad qu-lim-ma*
a-ma-ta ana ka-ša lu-uq-ba-ak-ku
Br i 20 [*a-mat a-bi-ia ma-al-ki*] 21 [*a-na-ku aš-me ad qu-lim-ma*
a-ma-ta ana ka-ša lu-uq-ba]*-ak-ku*$^{!}$

Spruch IV.ii

Er b 88 ⌜*a*⌝-*né-en-na summatu* (TU.MUŠEN.ME.DIDLI) *da-me-me-tu*$_4$
(Rasur: MUŠEN.)MUŠEN
B 22 [... ... -*l*]*e*$^{?}$-*e-tù*

Er b 89 [*m*]*u-ur-tap-pí-dum šá alpi* (GUD) *dan-ni*
B 23 [...] *danni* ([KAL]AG)

Er b *a-le-e šam-rum*$^{!}$ 90 *damdammatu* ([A]NŠE.NUN.NA-*tu*$_4$) *a-né-en-na*
Br i *rīmu* (AM) *e-zu* [...] 24 [*a-né-en-n*]*a*

Spruch IV.iii

Er b *māru* (DUMU.ME.DIL)-*šú* 90 [*ki k*]*a-le-e* ^{d}*Šamaš* (DINGIR.UTU)
rēṣu (⌜Á.DAḪ⌝) ⌜*sà-ab*⌝-*sé-e*
Br i *māru* ([DUMU.ME.DIL])-[*šú*] 25 [*ki ka-le-e*] ^{d}*Šamaš* ([DINGIR.UTU])
rēṣu ([Á.DAḪ$^{!}$]) [*sà-ab-sé*]-⌜*e*⌝

Er b 92 *rēṣu* ([Á].DAḪ) ^{d}*Ištar* (MÙŠ) *qilûtu* (GIBIL) *mul-ta-ṣi bilat* (⌜GUN⌝)
⌜^{mí}*sà-ab*$^{!}$-*su-ti*⌝
Bv h 1' *rēṣu* ([Á.DAḪ$^{!}$]) ^{d}*Ištar* ([MÙŠ]) *qilûtu* ([GIBIL]) [*mul-ta-ṣi*]
bilat ([GUN]) [^{mí}*sà-ab-su-t*]*ì*

Kolumne IV

du hast ein Schutzdach für die ganze Person eingerichtet,
mein Sohn,
um die Nacht (ruhig) verbringen zu können,
hast du ein Haus gebaut.

Spruch IV.i - Überleitungsspruch

Der Sohn spricht nun, indem er seinen Mund öffnet,
er sagt zu seinem Vater, dem Ratgeber:
„Das Wort meines Vaters, des Ratgebers, habe ich schweigend gehört,
nun will ich ein Wort an dich richten!"

Spruch IV.ii

Wir sind Tauben, Jammervögel -
Unruhigster des mächtigen Stiers, wildwütiger Himmelsstier –,
Maultiere sind wir!

Spruch IV.iii

Bei seinen Kindern sei schleunigst, Šamaš, Helfer der Ärzte,
sei Helferin, Ištar - Feuer, das entfernt den Tribut der Hebammen!

Spruch IV.iv

Er b 93 [q]á-a-pu-ia ú-ul ta-mu bēl(EN!) qaqqadi(⌜SAĜ.DU⌝)
Bv h 2′ [qá-a-pu-ia ú-ul ta-mu] bēl([E]N) qaqqadi(SAĜ.DU)

Er b rabî(⌜GAL.LA⌝) 94 [e-r]a-ša ina kirî(GIŠ.KIRI$_6$) : mu-ša-ru i-na-ṣa-⌜ru⌝
Bv h a-an-gal-⌜le-e?⌝ 3′ [...]

Er b 95 [nap-ta-a]n-na ši-pár ūmi(UD.ME.DIL) ú-ul i-⌜kal⌝
Bv h [nap]-ta-na 4′ [ši-pár] ūmi([UD.ME.DIL]) [ú]-ul ik-[kal]

Er b 96 mê([A.ME]Š) me-ed-re-tu-um-ma ú-ul i-šat-ti
Bv h 5′ mê([A.MEŠ]) [me-ed-re-tu-um-m]a ú-ul i-⌜ša-a⌝t-ti

Spruch IV.v

Er b mê(A.ME.DIDLI) šá 97 [a-n]a ṣumī(IMMIN)-šú šamê(AN-e) i-da-gal$_9$
Bv h 6′ mê(A.ME.DIDLI) šá [a-na] ṣumī([IMMIN])-[-šú] šamê([AN-e]) i-da-gál

Er b ú-ul i-na-g[á-as] 98 [x x] x i-ra-ḫi-iṣ
Bv h 7′ [...] i-na-an-ga-as 8′ [...]

Er b ù šá kab-ta-ti 99 [bi-il-t]a ú-ul ú-bal
Bv h [ù šá kab-t]á-ta be-el-ta 9′ [...] ⌜ú⌝-bal

Spruch IV.vi

Er b a-bi epuš(DÙ-u[š]) bīta([É]) 100 [dá-al-t]a tu-ul-li
Bv h 10′ [a-bi] epuš([DÙ-uš]) bīta(⌜É⌝) ⌜dá⌝-al-ta tu-ul-li

Er b ṣu-up-pa rapašta(DAGALxLA) ga$_{14}$-[ni-ni]
101 [mi-na]m-ma tal-qì
Bv h 11′ [ṣu-up-pa] rapašta([DAGALxLA]) [ga$_{14}$-ni-ni] mì-na-a ta-al-qí[450]

[450] Z.12'.17'.21' der hethitischen Version ist unbeschrieben.

Spruch IV.iv

Meine Gläubiger schwören nicht mehr auf den Kapitalinhaber,
die *gallû*-Dämonen nehmen das Bestellen im Garten in Obhut:
Als Speise ißt er nicht (mehr) Gemüse,
Wasser trinkt er nicht (mehr) aus den Wasserläufen.

Spruch IV.v

Wasser, das für seinen Durst ist, erwartet er vom Himmel,
es fließt nicht (mehr), ... benetzt es [nicht] (mehr),
also bringt es keinen schweren Ertrag (mehr) ein

Spruch IV.vi

Mein Vater, du hast ein Haus gebaut: Das Tor hast du hoch gemacht,
60 Ellen ist die Breite des Vorratsraumes - was hast du mitgenommen?

Er b ru-gu!-ub bītī(⸢É⸣)-[k]a e-ma (SA$_5$) 102 ida([A?])
[ga$_{14}$]-ni-ni-šú malītu(SA$_5$) nissabu(DINGIR.NIDABA)
Bv h 13′ [ru-gu-ub] bītī([É])-[ka] ⸢e!⸣-ma ma-al [i]-da ga$_{14}$-ni-ni-šu

Er b a-[na] ūmi(UD-mi) 103 [ši-ma]-ti-ka 9
kurummāti(KURUM$_6$.ME.DIL)
Bv 14′ [a-na] ūme(⸢UD!⸣-me) ta-a-ši-im-ma-ti-ka
15′ [9] kurummāti([KURUM$_6$].⸢ME⸣)

Er b imannū(ŠIT-nu) ⸢i⸣-[šak-ka!-nu] 104 [re-š]u-uk-ka
Bv h i-ma-an-nu-ú 16′ [i-šak-ka-nu i-na] re-e-ši-ka

Er b ina makkūri? (NÍG.GA)-ka [...] 105 laḫrānu([U$_8$.U]DU.ḪI.A-nu) en-zu
Bv h 18′ [...] bīt(É?) a-na li-im ṣe-e-ni

Er b ku-sí-t[u$_4$ zi-it-ta-ka ina] libbī([ŠÀ])-[ka]
Ur a 1′ [ku-sí-tu$_4$ zi-it-ta-ka] ina libbī([ŠÀ])-[k]a?
Bv h 19′ [ku-sí-tu$_4$ zi-i]t-ta-ka i-na libbī(ŠÀ)-ka

Er b 106 [gáb-b]á (NÍG.TUKU)-šu u akalu(NINDA) u bilātu(GUN) [...]
Ur a 2′ [gáb-bá] ([NÍG.TUKU])-[šu u] akalu([NINDA]) [u] bilātu([G]UN.ME)
Bv h 20′ [gáb-bá] ([NÍG.TUKU])-[šu u] akalu([NINDA]) [u] bilātu(G[U]N)
šarri(LUGAL) kaspī(KÙ.BABBAR)-šu-ma ittaṣṣī(È)-ma

Spruch IV.vii

Er b 107 [ma-a-du] u$_4$-mi-tu$_4$ šá ikkalū(GU$_7$) akalī(NINDA.ME.DIL)
Ur a 3′ [ma-a-du u$_4$-mi-tu$_4$ š]á ikkalū(GU$_7$) akalī(NINDA.ME.DIDLI)
Bv h 22′ [... ma]-a-da ūmītu(U$_4$.KAM.ḪI.A)

Er b ma-a'-d[u š]a ⸢ir!⸣-[r]i-qa ⸢pa!-a!⸣-ni ṣu!-mì!
Ur a 4′ [ma-a'-du]m ša [i]r-ri-qa <pāni> ṣūmī(IMMIN.ME.DIDLI)
Bv h 23′ [ ] ūmītu(U$_4$.KAM.ḪI.A)

Er b 108 [ma-a'-d]u šá na-da-ga$_6$-lu ^{d}Šamaš(DINGIR.UTU)
Ur a 5′ [ma-a']-dum šá ni-da-ga-lu ^{d}Šamaš(DINGIR.UTU)

Er b ma!-a'-d[u] 109 [šá nu-š]ab ina ṣilli(GIŠ.MI) rapši(DAGALxLA.LA)
Ur a 6′ [ma-a']-dum šá nu-šab ina ṣilli(GIŠ.MI) rapši(D[AGAL])

Der Söller deines Hauses ist überall voll, nebst seinem Vorratsraum
voll an Getreide!

Am Tag deines Abscheidens wird man neun Brotopferrationen
hinzählen (und) an deinem Haupt deponieren.

In deinem Besitz (sind) an die 1.000 Stück Kleinvieh / Ziegen,
das *k.*-Gewand - dein Erbteil alleine für dich!
Alles ist sein Reichtum - sei es Brot, seien es Talente.

Spruch IV.vii

[Viele sind es,] die (als Lebendige) bei Tage Brot essen,
viele auch, die (als Tote) bei Durst im Gesicht gelb sind;
viele sind es, die wir die Sonne schauen,
viele auch, die wir im weiten Schatten (der Unterwelt) weilen.

Er b 110′ [*ki-ir*]-*ṣe-tu*$_4$-*um-ma ni-šu i-ni-lu*
Ur a 7′ [*kir-ṣé-t*]*u-ma nīšū* (UN.ME.DIDLI) *i-ni-lu*$_4$

Er b 111′ [^{d}*Ereš*]-*ki-gal umma* (AMA)-*ni-ma né-e-nu*
mārū (DUMU.ME.DIL)-*ši*
Ur a ^{d}*Ereš-ki-gal* 8′ *umma* ([AMA])-[*ni-m*]*a né-e-n*[*u*]
mārū (DUMU.ME.DIL)-*ši*

Er b 112′ *šaknu* ([GAR-*nu*])-*ma ina bābi* (KA-*bi*) *ki-ir-ṣe-ti ṣa-lu-lu*
Ur a *šaknu* (GAR-*nu*)-*ma* [*ina*] *bābi* ([KA-*bi*]) 9′ *k*[*ir-ṣ*]*é-ti ṣa*-⌜*lu*⌝-*lu*

Er b 113′ [*aš-šum*] *balṭūtu* ([T]I.LA-*tu*$_4$) *lā* (NU) *i-da-ga-lu mitūti* (BA.ÚŠ-*ti*)
Ur a *aš-šum balṭūtu* (TI.LA.[MEŠ]) 10′ *lā* ([NU$^{?}$]) [*i-d*]*a*-[*g*]*a*$_5$-*lu*
mitūti (BA.[UŠ$^{?}$].ME.DIDLI-*ti*)

Schlußbemerkung

Er b 114′ [*x x*] *x an-na-a da-ba-ba a-bu*
Ur a *x* [*x x*] 11′ *an*-⌜*na*⌝-*a* ⌜*da-ba*$^{!}$⌝-*ba abi* (AD)

Er b 115′ *māri* ([DUMU]) *ištēniš* (UR.BI) *de-ku*
Ur a *māri* (DUMU) [*i*]*š-t*[*e-ni-iš*] 12′ *de-ku*

Kolophon

Ur a 13′ *qāt* (ŠU) ^{m}*Šip-ṭi*$^{!}$-(A.UM) *mār* (DUMU) *ʿAbdi* (ÌR)
^{lú}*ṭupšarri* ([DUB.SAR])
Ur a 14′ *kab-zu-zu šá* $^{m.a\text{-}lim}$(ALIM.SAĞ)-*x*
Ur a 15′ *ʿabdi* (ÌR) ^{d}*Nabû* (DINGIR.AĞ) *u* ^{d}*Nisaba* (DINGIR.DIM$_4$)
Ur a 16′ *ʿabdi* (ÌR) ^{d}*Marduk* (DINGIR.AMAR.UTU) *u* ^{d}*Ṣar-pa-ni-tu*$_4$

In einem abgeschiedenen Bau liegen die Menschen dann (und sagen):
„Ereškigal ist unsere Mutter, wir sind ihre Kinder!"
Am Tor zum abgeschiedenen Bau sind Sichtblenden aufgestellt,
damit die Lebenden die Toten nicht sehen.

Schlußbemerkung

Dieses [...] haben als Rede Vater (und) Sohn gemeinsam
hervorgebracht.

Kolophon

(Von der) Hand des Šipṭu, des Sohnes des 'Abdu, [des Schreibers]
des Schülers des Alim-sağ-...,
des Dieners des Nabû und der Nisaba,
des Dieners des Marduk und der Ṣarpānītu.

7.7 Ein Leben ohne Freude, (1.2.2 und 1.2.5)

7.7.1 Umschrift

1	E	1	[i]t-ti ^{d}É-a u[ṣ-ṣu-ra-ma uṣ-ṣu-ra-tu$_4$]
	U^{A}	19′	it-ti ^{d}É-a uṣ-ṣu-ra-m[a? u]ṣ-ṣu-ra-tu$_4$
	U^{A}	41′	it-ti ^{d}É-a uṣ-ṣu-r[a-ma uṣ-ṣu-ra-tu$_4$]
	U^{B}	1′	[...]
		2′	[...]
2	E	2	a-na ṭe$_4$-⸢em⸣ ilī(DINGIR-lì)-m[a ...]
	U^{A}	21′	[i-n]a ṭè-em ilī(DINGIR)-ma us<-su>-qa us-qé-tu
	U^{A}	43′	i-na ṭè-em ilī(DINGIR)-ma u[s<-su>-qa us-qé-tu]
	U^{B}	3′	[...] us!-su!-[qa]
		4′	[... u]s-q[è-tu]
	U^{C}	1′	[... us-s]u-qa! us-qè-[tu]
3	E	3	[i]š-tu u$_4$-mi pa-na-a i[b-...]
	U^{A}	23′	[iš-tu u$_4$-mi p]a?-na? i-ba-á[š]-⸢ša-a an⸣-n[i]-⸢i⸣-[t]u$_4$
	U^{B}	5′	[iš-tu u$_4$-mi pa-n]a-e i-b[a-áš-ša-a an-ni-i-tu$_4$]
	U^{C}	2′	[iš-tu] u$_4$-mi pa-na-nu ib-bá-á[š-ša-a an-ni-i-tu$_4$]
4	E	4	im-m[a]-ti-me-e i-na pí-i a-l[ik pa-ni] ul-[t]éš-mi
	U^{B}	6′-14′	(abgebrochen)
	U^{C}	3′	[im-ma-ti-m]a-a i-na pí-i a-lik pa-ni
		4′	[u]l-te-iš-mi
5	E	5	[...] ši-na ši-na-m[a ...] [...] ša-an-nu-t[u$_4$-ma]
	U^{C}	5′	[la]-a šu-nu šu-nu-ma
		6′	šu-nu ša-nu-tu-ma
6	E	6	[...] a-ša-[bi ...] [...] x x [...]
	U^{C}	7′	⸢e?-le?⸣-nu-um ⸢a-ša-bi⸣ [šunu? šaplānum ašābi šunu]
7	E	7	[... i]-ka-aš-šu-ud
	U^{A}	8′	ki-ma šamû(AN-ú) ru-qum-ma ŠU ⸢la i⸣-[k]a-[aš-ša-ad]
	U^{C}	8′	[ki-ma š]a-mu-ú ru-qum-ma qa-⸢ta?⸣-[am?]
		9′	ma-am-ma i-kaš-ša[d-su-nu-ti]

7.7.2 Übersetzung[450]

1 Durch Ea sind die Geschicke (vor)gezeichnet,
  2 auf Geheiß desselben Gottes sind zugeteilt die Lose.
3 Seit frühesten Zeiten geschieht dies (so) –
  4 wann immer etwas aus dem Mund eines 'Altvorderen' vernommen wurde:
5 Sie sind solche (geworden), die nicht sind – sie sind andere (geworden)!
  6 Oberhalb der Wohngegend [sind sie?, unterhalb der Wohngegend sind sie?:]
7 Wie der Himmel weit entfernt ist (, sind sie weit) –
keine Hände können jemals hinlangen –,

[450] vgl. M. Dietrich, Aspects of the Babylonian Impact on Ugaritic Literature and Religion, Ugarit, religion and culture, UBL 12, 1994, S.33-47.

8	UA	10′	*ki-ma šu-pu-ul er-ṣe-ti mim-ma la i-du-⸢ú⸣* [(...)]
	UC	10′	[...]
9	UA	12′	*ba-la-ṭa ka-la-šu [b]a$^{?}$-ri [t]u-⸢ur⸣-ti i-ni-im-ma*
	UC	11′	[...]
10	E	10	*[ba-la-aṭ a-me-l]u-ut-ti* [...]
			[...] *ú-ul i-x* [...]
11	E	11	*[a-l]e-e ^{m}A-lu-lu* [...]
12	E	12	*⸢a-le⸣-e$^{!}$ šarru* (LUGAL) *^{m}[En-te-n]a ša [ana šamê ilû]*
13	E	13	*a-le-e$^{!}$ ^{m}Gil-[ga-mèš š]a k[i-ma ^{m}Zi-ud-sù]-*
			ud-ra na-pu-u[l-ta-š]u [iš-ta-'u-ú]
14	E	14	*[a]-⸢le-e⸣ ^{m}Ḫu-[wa-wa ša ...]*
			[...] *x i-na* [...]
15	E	15	*[a]-le-e ^{m}En-ki-du*
			ša da-an-nu-ti i-na māti (DINGIR-*ti*) *ú-[ša-pu-ú]*
16	E	16	*a-le-e ^{m}Ba-zi a-le-e ^{m}Zi-[zi]*
17	E	17	*a$^{!}$-le-e šar-ra-nu ra-ab-bu-[tu$_4$]*
			ša iš-tu u$_4$-mi pa-na-a a-di i-na-a[n-na]
	UA	4′	*a-li-šu-nu-ti šarrānu* (LUGAL.MEŠ) [...]
18	E	18	*[u]l in-né-ru-ma ul im-m[a-al-du]*
	UA	6′	*ul in-né-ru-ú [ú]-ul [im-ma-al-du]*
	UB	1′	*[ú-u]l i[n-né-ru-ú]*
		2′	*ú-ul im-m[a-al-du]*
19	E	19	*[ba-l]a-ṭu ša la-a na-ma-ri*
			[a-na m]u-ti mì-na-a ut-ti-i[r]
	UA	14′	*ba-la-ṭa ša la na-ma-ri a-na mi-ti mi-na-a ut-ter*
	UB	3′	*ba-la-ṭu$^{!}$ š[a ...]*
	UB	10′	*ba-la-ṭù ša la-a na-ma-[ri]*
		11′	*i-na muḫḫi* (UGU) *mu-ti mi-na u[t-ter]*
	UC	1′	*[ba-la-ṭu š]a la-a na-⸢ma-ri⸣*
		2′	*[(a-na) mu]-ti mi-na-am ut-⸢ir⸣*

8 wie die Tiefe der Unterwelt (weit entfernt ist,
sind sie weit) – nichts weiß man (von ihnen).
9 Das ganze Leben [betracht]et er als einen Augenblick.
10 Das Leben der Menschen ist nicht [ewig.]
11 Wo ist Alulu, der König, [der 36.000 Jahre geschaffen hat?]
12 Wo ist [Enten]a, der König, der [in den Himmel aufgestiegen ist?]
13 Wo ist Gilgameš, der wie Ziusudra sein Leben [gesucht hat?]
14 Wo ist Ḫu[wawa, der ...] in [...?]
15 Wo ist Enkidu, der Stärke im Land ver[wirklicht hat?]
16 Wo ist Bazi? Wo ist Zizi?
17 Wo sind die großen Könige, die seit frühesten Zeiten bis jetzt (lebten)?
18 (Es scheint:) Sie sind weder empfangen noch geboren worden!
19 Ein Leben ohne Freude – welchen Vorteil hat es gegenüber dem Tod?

20 E 20 [*eṭ-l*]*u ša il-ka ki-ni-*⌜*iš*⌝ *l*[*u-*...]
U^{B} 4′ *eṭ-lu ša i*[*l-k*]*a* [...]
5′ [...]

21 E 21 *sí-ki*[*p*$^{?}$ *ku*]*-uš-ši-id*
ni-is-sà-a-[*ti mi-i*]*š qu-l*[*a-ti*]
U^{B} 6′ *sí-*[*k*]*i-ip ku-uš-ši-id*
7′ *ni-is-sà-ti mi-iš qú-la-*⌜*ti*⌝

22 E 22 *di-na-nu* [*ḫ*]*u-ud lìb-b*[*i*]
ištēn (I-*en*) *u*$_4$*-m*[*u-ak-kal*] *X ša-r*[*u* ...]
U^{A} 16′ *a-na di-na-an ḫu-ud lìb-bi ištēn* (I) *u*$_4$*-um-ak-kal u*$_4$*-um qu-li*
17′ X ŠÁR.[MEŠ$^{?}$] *šanāti* (MU.MEŠ$^{!}$) *lil-li-ka*
U^{B} 8′ *a-*[*n*]*a* ⌜*di*⌝*-na-ni u*$_4$*-mi ḫu-ud libbi* ([ŠÀ-*bi*])
9′ *ištēn* (I) *u*$_4$*-ma-k*[*al*] ⌜*e*⌝*-še-re-et ša-a-r*[*u* ...]

23 E 23 *ki-i-ma ma-ri* [^{d}*Zi-ra-aš*]
li-ri-iš-ka
U^{B} 12′ ⌜$^{d!}$*Zi-ra-aš ki*⌝-[...]
13′ *li-ri-iš-*[*ka*]
U^{C} 3′ [...] *ki-i*$^{!}$*-ma ma-a-ri*
4′ [*li-ri-i*]*š-ka*

24 E 24 *an-nu-um ú-ṣ*[*u-ur-tu*$_4$]
ša a-mi-lu-ut-t[*i*]
U^{B} 14′ [*an*]*-nu-um-ma i-ṣ*[*u-ur-tu*$_4$]
15′ *š*[*a*] *a-mi-lu-ut-ti*
U^{C} 5′ [*an-nu-u*]*m i-ṣu-ur-tu*$_4$
6′ [*ša a-mi*]*-lu-ut-ti*

Kolophon

E 25 *ṭup-pu an-nu-u*[*m*] *qāt* ([Š]U) ^{m}*An-šùr-q*[*a-da*]*-ad* ^{lú}A.[ZU]
E 26 *ù* ^{lú}ZU.[ZU] ÌR DINGIR.MEŠ-*šú* ^{d}INANNA-*ḫa-ši*
E 27 ÌR ^{d}IM [EN A].MA.RU ÌR ^{d}AK ^{d}NI[DABA]
E 28 [^{d}*Gu*]*-la* [^{d}*Mi-š*]*a-ru* ^{lú}DUB.Š[AR]

U^{B} 16′ *qāt* ([ŠU]) [^{m}*X-x-x-x*]*-x-la*
^{lú}DUB.SAR SA.MÁL.LA x [...]
17′ [...] ÌR ^{d}ŠU.GAR.NUMUN.NA AŠ [...]

20 Junger Mann, der ich [dir] deinen Gott in rechter Weise [...-en] will:
21 weise ab, vertreibe Klagen, mißachte den Kummer!
22 An die Stelle der Herzensfreude soll (ruhig) einen ganzen Tag lang
ein Kummertag von 10 Sar Jahren treten!
23 Wie über einen Sohn freue sich Ziraš über dich!
24 Dies ist das Schicksal der Menschen.

Kolophon

Diese Tafel (stammt von der) Hand des *Anšur-qaddad,* des Arztes
und Gelehrten, des Dieners seiner Götter (und) der *Ištar-ḫaši*
des Dieners des Addu, [des Herrn über die Was]serflut,
des Dieners des Nabû, der Ni[saba],
[der Gu]la (und) [des *Mīša*]*ru,* des Schreibers.

[Hand des ...]-lu, des Schreibers, Schülers [des ...]
[...], des Dieners des Šugarnumunna x [...].

Appendix C

8. Die babylonische Dichtung *Emārs*

8.1 Segensgebet für einen Fürsten, Msk 74243 (1.2.2)

8.1.1 Umschrift

Vs.2 *bu-luṭ be-li ūmū* (UD.MEŠ)*-kà li-ri-ku*[451]
4 *šanātu* (MU.MEŠ)*-ka li-te-ed-di-ša*
6 ^{d}*Ellil*(EN.LÍL) *la muš-pe-lu-ú ši-im-ka li-ši-im*
8 ^{d}*Mullil*(NIN.LÍL) *i-na pí-ša ṭà-a-bi li-ik-ru*[452]*-bu-ka*
10 *ilū* (DINGIR.MEŠ) (KALAM.MA) (:) *ša ma-ti li-ik-ru-ba*[452]*-ak-ku*$_8$
12 ^{d}*Be-le-et ilī*(DINGIR.MEŠ) *be-el-tu*$_4$ *ra-bi-tù ku-uz-ba*
li-ṣe-en-kà
14 ^{d}*Marduk* (AMAR.UTU) *be-el na-ag-bi*
na-ga$_{14}$*-ab-šu lip-te-ku*
16 *la-li ba-la-ṭí An-nu li-še-eb-bi-ka*
18 KU$^{?}$ KU$^{?}$ [453] ^{d}*Sîn* (EN.ZU) *li-din-ku*
20 ^{d}*Šamaš* (UTU) *re-i ma-ta-ti ki-ma ūmi* (UD-*mi*) *ša nam-ri*
21 *li-na-me-er-ka*
23 ^{d}*Na-bi-um be-el qa-an-ṭup-pí ūmī* (UD.MEŠ)*-ka*
24 *arkūti* (EGIR-*ku-ti*) *liš-ṭur*
26 *qar-ra-du*$_4$ ^{d}*Nin-urta e-mu-qí-ka lid-den-nin*$^{!}$
28 ^{d}*Né-iri*$_{11}$*-gal e-til*$^{!}$ *ilī* (DINGIR.MEŠ) *ra-bu-ti*
ka-ak-kà den-na li-din-ku
30 ^{d}*Iš-tar be-el-tu*$_4$ *šu-lum-ma-ta en-zi-ta li-ir-mi-ku*

Rs.2 *mu-ši-tu*$_4$ *me-lam-ma-ša li-din-ku*
4 *ṣe-e-ru pu-luḫ̮*$^{!}$*-ta-šu li-din<-ku>*
6 *ki-ma na-ri pu-luḫ̮*$^{!}$*-ta lu-ú ti-šu*

---

[451] Die Tafel ist untergliedert in Kästchen von in der Regel je zwei Zeilen.
[452] Syntaktisch ist für Z. 8 Singular + Ventiv und für Z.10 Plural anzusetzen.
[453] Die sum. Version: ši.meš nam.ti.la.; vgl. dazu Z.16: *la-li ba-la-ṭí*.

8.1.2 Übersetzung

Vs.2 Lebe, mein Herr! Deine Tage mögen lang sein.
4 Deine Jahre mögen sich erneuern.
6 *Ellil*, der nicht Wankelmütige, möge Dein Schicksal bestimmen.
8 *Mullil* möge Dich durch ihren guten Ausspruch segnen.
10 Die Götter des Landes mögen Dich segnen.
12 Die Herrin der Götter, die große Herrin, möge Dich mit Anmut erfüllen.
14 *Marduk*, der Herr der Grundwassertiefe,
möge Dir seine Grundwassertiefe öffnen.
16 Mit der Fülle des Lebens möge *Anu* Dich sättigen.
18 Gleiches möge Dir *Sîn* erweisen.
20 *Šamaš*, der Hirte der Länder, möge Dich wie ein Tag des Lichtes
21 erleuchten.
23 *Nabû*, der Herr des Schreibrohrs, möge Deine künftigen Tage
24 (auf)schreiben.
26 Der Held *Ninurta* möge Deine Kraft stark machen.
28 *Nergal*, der Fürst der großen Götter, möge Dir
eine mächtige Waffe geben.
30 *Ištar*, die Herrin, möge Dich mit einem alles durchdringenden,
gleißenden Glanz belegen.

Rs.2 Die Nacht möge Dir ihren Schreckensglanz geben.
4 Die Steppe möge < Dir > ihre Furchtbarkeit geben.
6 Wie Flüsse mögest Du Furchtbarkeit haben.

8 *ki-ma me-e lu na-pu-uš-ti ma-tì*
10 *ša-mu-ut ḫé-gal-li iš-tu ša-me-e li-iz-nu-ka*[454]
12 *ša-am-mi ḫu-ud libbi* (ŠÀ-*bi*) *li-ir-bi-ku*
14 *ša-du-ú bi-la-as-su liš-ši*!*-ku*
16 *narātu* (ÍD.MEŠ-*tu*$_4$) *ḫi-ṣi-ib-ši-na lu-ub-la-ku*[455]
18 *ša-at-tu*$_4$ *a-na ša-at-ti ar-ḫu a-na ar-ḫi*
19 *ūmu* (UD-*mu*) *a-na ūmi* (UD-*mi*) *a-na ba-la-ṭí li-ip-qí-id-ka*
20 *sanqu* (MAN) *sanqu* (MAN) *sanqu* (MAN) *sanqu* (MAN)[456]

Kolophon

21 šu Tuku-diĝir-é-ḫur-saĝ lú-saĝa ^{d}*Da-gan*
22 *ina arḫi* (ITI) ^{d}*Ur-da*
23 *ṭuppu* (DUB) *an-nu-ú*
24 in-šar

8.2 Enlil und Namzitarra *und* Der Rat eines Vaters, Msk 74174a (1.2.2)

Um das Verständnis der aus *Emār* überlieferten Version und der auf derselben Tafel sich anschließenden literarischen *Fortführung* dieser Dichtung zu erleichtern, sei die *altbabylonisch-sumerische* Fassung in *Umschrift* und *Übersetzung* vorweggestellt.[449]

8.2.1 Umschrift der aB Version

1 Nam-zi-tar-ra ^{d}En-líl mu-zal-le
2 inim in-na-an-dug$_4$
3 me-ta-àm Nam-zi-tar-ra
4 é ^{d}En-líl-lá-ta
5 bal-gub-ba-mu bí-silim-ma-àm

[454] *liznukka* < *liznunka*.

[455] assyr. für babyl. *liblāku*.

[456] vgl. H. Hunger, Babylonische und assyrische Kolophone, AOAT 2, S. 5b - 6a.

[449] Erstmalig publiziert wurde die *aB-sumerische* Version von M. Civil, AfO 25, 1974, S.65-71; vgl. J. Klein, The 'Bane' of Humanity, ASJ 12, 1980, S.57-70.

8 Wie das Wasser sei das Leben des Landes.
10 Regen in Überfluß möge von den Himmeln auf Dich (herab)regnen.
12 Eine Pflanze zur Freude des Herzens möge Dir wachsen.
14 Das Gebirge möge Dir seinen Ertrag bringen.
16 Die Flüsse mögen Dir ihren reichen Ertrag darbringen.
18 Jahr für Jahr, Monat für Monat,
19 Tag für Tag möge Dich dem Leben anvertrauen.

Kolophon

21 Durch die Hand des Tuku-diĝir-é-ḫur-saĝ, des *Dagān*-Priesters,
22 im Monat *Urda*
23 ist diese Tafel
24 beschrieben worden.

8.2.2 Übersetzung der aB Version

1 Namzitarra[457] geht an Enlil vorüber.
2 Er (Enlil) richtet das Wort an ihn:
3 (Enlil:) „Woher (kommst Du), Namzitarra?"
4 (Namzitarra:) „Aus dem Tempel des Enlil.
5 Die Durchführung meines Dienstes ist vollendet.

[457] Ein $gudu_4$-Priester des Enlil in Nippur.

6 ki gudu$_4$-e-ne-ka udu-bi-da
ì-gub-bu-nam
7 é-mu-šè al-du-un
8 nam-mu-un-gub-bé-en
9 gìr-mu u$_4$ táb-táb
10 a-ba-àm za-e-me-en lú èn mu-e-ši-tar-e-en
11 gá-e ^{d}En-líl-me-en
12 ^{d}En-líl-le igi-ni mu-ni-in-gi$_4$
13 ^{uga}mušen-aš ù-mu-ni-in-ku$_4$
14 ^{uga}gù al-dé-dé-e
15 ^{uga}mušen nu-me-en ^{d}En-líl-me-en
16 nam-mu-tar-ra gá-e ^{d}En-líl-me-en
a-gin$_7$ (GIM) bí-zu
17 u$_4$ ^{d}En-me-šár-ra šeš-ad-da-zu
LÚxGANÁ-*tenû*/LÚxŠÈ-da-a
18 nam-^{d}En-líl ba-e-de$_6$-a u$_4$-dè
en-gin$_7$ (GIM) nam-⌈ga⌉-zu e-še
19 kù ḫé-tuku za ḫé-tuku gud ḫé-tuku
udu ḫé-tuku
20 u$_4$ nam-lú-u$_{18}$ (GIŠGAL)^{lu} al-ku-nu
21 níg-tuku-zu me-šè e-tùm-ma
22 ^{d}En-líl-me-en nam mu-tar-ra
23 a-bà-am mu-zu
24 Nam-zi-tar-ra mu-mu-um
25 mu-zu-gin$_7$ (GIM) nam-zu ḫé-tar-re
26 é lugal-za-ka è-a
27 ibila-zu é-gá si-sá-e ḫé-en-dib-dib-bé-ne

6 An dem Ort der gudu$_4$-Priester
vollzog ich den Dienst an einem (Opfer-)Schaf.
7 (Nun) will ich zu meinem Haus gehen.
8 Ich kann nicht (den Weg) unterbrechen.
9 Ich bin in Eile![458]
10 Wer bist Du, der Du mich fragst?"
11 (Enlil:) „Enlil bin ich."
12 Enlil hatte (aber) sein Aussehen geändert.
13 Nachdem er sich in eine Krähe verwandelt hatte,
14 krächzte er.
15 (Namzitarra:) „Eine Krähe bist Du nicht. Enlil bist Du."
16 (Enlil:) „Daß ich es bin, (nämlich) Enlil, der die Schicksale
entscheidet, wie kannst Du das wissen?"
17 (Namzitarra:) „Als von Enmešarra[459], Deines Vaters Bruder,
dem Gefangenen,[460]
18 Du die Enlil-Würde wegnahmst, sprachst Du: 'Nun[461] will ich
wie ein Herr die Schicksale bestimmen!'"
19 (Enlil:) „Soviel Silber, Edelsteine, Rinder (und)
Schafe Du (auch) haben magst,[462]
20 die Tage der (einzelnen) Menschen neigen sich (doch) zum Ende.
21 Dein Reichtum, wohin führt er Dich?
22 Enlil bin ich, der die Schicksale entscheidet.
23 Welches[463] ist (aber) Dein Name?"
24 (Namzitarra:) „Namzitarra ist mein Name."
25 (Enlil:) „Wie Dein Name[464] sei Dein Schicksal bestimmt!
26 Aus dem Hause Deines Herrn kommend,
27 sollen Deine Erben regelmäßig in meinen Tempel gehen!"

---

[458] wörtlich: „Mein(e) Fuß/Füße brennt/brennen".

[459] vgl. W.G. Lambert, Or.58, S.509.

[460] vgl. die Übersetzung bei H.L.J. Vanstiphout, RA 74, Paris 1980, S.67-71.

[461] vgl. W.G. Lambert / M. Civil, Or.58, S.509: „as of now I will fix destinies".

[462] Der Lohn eines gudu$_4$-Priesters; vgl. W.G. Lambert, Or.58, S.508.

[463] vgl. M.L. Thomsen, The Sumerian Language, Mesopotamia 10, S.74, (64).

[464] nam-zi-tar-ra = „Derjenige, dem ein gutes Schicksal bestimmt ist".

8.2.3 Umschrift der mB Version

Vs.i 1′ x [...]
2′ x [...]
3′ x [...]
4′ ^{d}E[n-líl ...]
5′ a-ni [...]
6′ ^{d}En-[líl ...]
7′ ^{d}En-líl-me-[e]n nam-tar-[ra]
8′ Nam-zi-tar-ra ^{d}En-l[íl mu-zal-le][465]
9′ [a-b]a-àm [mu-zu][466]
10′ [Nam-z]i-tar-ra mu$^{!}$-mu-[um$^{?}$]
[(mu-zu-gin$_7$)]
11′ [nam]-zu ḫi-ib-[tar-re]
12′ [x] ḫé-ib-[...]
13′ ⸢en⸣-na kù-babbar ḫé-tuku
14′ ^{na4}za-gìn ḫé-tuku
15′ gu$_4$ ḫé-tuku
16′ [u]du ḫé-tuku
Rs.i 17′ kù-babbar-zu ^{na4}za-gìn-zu gu$_4$-zu udu-zu
kaspi(⸢KÙ.BABBAR⸣)-⸢*ka* ^{na4}⸣*uqni*(⸢ZA⸣.GÌN)-*k*[*a*]
[*alpi*(GU$_4$)-*ka immeri*(UDU)-*ka*]
18′ me-šè al-tùm
[*a-a-iš ib-ba-ba-lu*][467]
19′ u$_4$-nam-lú-u$_{18}$-lu al-ga$_x$-na
ūmū(⸢U$_4$⸣.MEŠ) *a-mi-lu-ut-t*[*i*$^{!}$][468] *i-ka-an-nu-šu*]
20′ u$_4$-an-na ḫa-ba-lá
ūmi(UD-*mi*) *a-na ūmi*(UD-*mi*)[469] *li-im-ṭ*[*ì*]

---

[465] vgl. hierzu das Frg. Nr.773, Msk 74238l, Vs.: 1′ li-ma-a⸢d ra x SAĞ$^{?}$ x⸣ [...] (M. Civil, The Texts from Meskene-Emar, AuOr 7, 1989, S. 7: an overrun from the reverse) 2′ Nam-zi$^{!}$-tar-ra ^{d}En-líl x [...] 3′ [(x)] mu-tál [(x)] 4′ [é] ⸢^{d}⸣En-líl-ta [(x)] 5′ [bal-gub-b]a-mu silim-ma-[àm] 6′ [...] DU ⸢x x na⸣ [...]

[466] vgl. M. Civil, ebd., S. 7: Frg. Nr.774, Msk 74182a.

[467] Ergänzung nach J. Klein, ASJ 12, 1990, S.58.

[468] Assyriasmus.

[469] vgl. ähnliche Formulierung in umgekehrter Reihenfolge auf S.216, Z. 9; beachte den Singular des Affirmatives *li-im-ṭì*.

8.2.4 Übersetzung der mB Version

Vs.i 1′ (abgebrochen)
2′ (abgebrochen)
3′ (abgebrochen)
4′ [...] E[nlil ...]
5′ ... [...]
6′ Enl[il ...]
7′ Enlil bin ich, der die Schicksale [entscheidet.]"
8′ Namzitarra geht an Enlil vorüber.
9′ (Enlil:) „[Welches is]t [Dein Name]?"
10′ (Namzitarra:) [„Namz]itarra [ist] mein Name."
(Enlil:) „[(Wie Dein Name)]
11′ sei Dein [Schicksal bestimmt.]
12′ [...] sei [...]
13′ Soviel Silber Du (auch) haben magst,
14′ soviel Lapislazuli Du (auch) haben magst,
15′ soviel Rinder Du (auch) haben magst,
16′ soviel Schafe Du (auch) haben magst,

Rs.i 17′ Dein Silber, Dein Lapislazuli,
[Deine Rinder, Deine Schafe

18′ — wohin führen sie?]:

19′ Die Tage der Menschen [neigen sich:]

20′ Wahrlich, Tag für Tag wird es gering⌊er⌋.

21' iti-an-na ḫa-ba-lá
arḫi(ITI) *a-na arḫi*(ITI) *li-im-ṭì*

22' mu mu-an-na ḫa-ba-lá
šatti(MU) *a-na šatti*(MU) *li-im-ṭì*

23' mu 2 *šu-ši* mu-me-dil nam-lú-u$_{18}$-lu
2 šu-ši šanāti(MU.MEŠ-⌜*ti*?⌝) *lu-ú ik-ki-*⌜*ib a-mi-lu*⌝*-ut-ti*

24' níg-gig-bi ḫe-a
ba-šu!*-š*[*a*]

25' ki-u$_{4}$-ta-ta nam-lú-u$_{18}$-lu
iš-tu ⌜*u$_{4}$-ma*⌝ *a-di*! *i-na-an-na*

26' e!-na[470] ì-in-éš! ti-la-e-ni
a-mi-lu-ut-tù bal-(Rasur)*ṭù*

27' é-šè gá-e-me-en
i-na bīti(É-*ti*)*-ia a-lak*

28' nu-na-an-gub na-an-gub
g̃ìr!*-mu*! *ub-bé*[471]

29' *lu*!*-na-i-id a-ba-ku-nu ši-ba*![472]
30' *ša mil-ka id-dì-na binū*(DUMU.MEŠ)*-šu*
31' (Rasur)*id-dì*[473] *mil-ka binū*(DUMU.MEŠ)*-šu*
32' *ṭe$_{4}$-ma*? *ú-te-ra*[474] *a-na bīti*(É-*ti*)*-šu*
33' *binū*(DUMU?!.MEŠ)*-ia-ma ši-ma-ni-ni a-na mil-ki-ia-ma*
34' [*u*]*z*!*-na-ku-nu li-ib-ši*
35' [*e*]*-nu-ma a-li-ka mi-tù-ti*
36' ⌜*ur*⌝*-ḫa al-li-ka a-na-ku maḫ-ru*
37' [*S*]*AG*?*-ru-*[*m*]*a ni-ši mi-tù-ti*
38' ⌜*ta*⌝*-am-ḫur nu-bu-ul-ta*[475] *ù tám-ḫa-ra*

---

470 vgl. M. Civil, The Texts from Meskene-Emar, AuOr 7, 1989, S. 7.

471 vgl. Kommentar bei M. Civil, S. 7; Z.28', rechte Columne wirklich *sumerisch*?, grundsätzlich handelt es sich bei der rechten Columne um die *babylonische* Übersetzung der *sumerischen* Version in der linken Columne. Die *babylonische* Übersetzung enthält lediglich einige Sumerogramme.

472 vgl. J. Klein, The Bane of Humanity, ASJ 12, 1990, S.66f., Anm. 24.

473 gegen J. Klein: *nadû(m)*, G Prt.; vgl. z.B. babyl. passim *šiptam nadû(m)* „eine Beschwörung sprechen" und aA *awatam nadā'u(m)* „etwas (auf eine Tafel) eintragen".

474 *ú-te-ra:* D Prt. von *târu(m)* + Ventiv.

475 *nubultu(m)* für *nabultu(m)*?; vgl. Kapitel 3.4 und 3.6.

21' Wahrlich, Monat für Monat wird es gering[er].

22' Wahrlich, Jahr für Jahr wird es gering[er].

23' 120 Jahre sind den (einzelnen) Menschen vorbehalten,

23' (sind) deren Existenz.

25' Von dem Tag (der Geburt) bis jetzt (dem Tag des Todes)

26' leben die (einzelnen) Menschen (d.h. 120 Jahre)."

27' (Namzitarra:) „In mein Haus will ich (nun) gehen.
28' Ich kann (den Weg) nicht unterbrechen.
Ich bin in Eile!"

29' „Ich will preisen Euren alten Vater,
30' der einen Rat gab, (Ihr) seine Söhne!
31' Er äußerte den Rat, (Ihr) seine Söhne,
32' er gab eine Weisung für sein Haus:
33' 'Meine Söhne, hört mich! Auf meinen Rat
34' seien Eure Ohren gerichtet!
35' Wenn ich zu den Toten komme (d.h. sterbe),
36' gehe ich den (Lebens)weg voran.
37' ...[476] die Menschen meinen Tod:
38' Es (das Volk) trat entgegen als Zerstörung[477] und Kampf.

[476] vgl. D. Arnaud, S.369, Z.36' und S.370, Anm.37': *nak-ru-ma* „il etait hostile" und J. Klein, S.67, Z.37' und Anm.37': *[li]z*$^{!?}$*-ku*$^{?}$*-ru-ma* „Let ... remember".

[477] vgl. J. Klein, S.67, Anm.26, Z.37': *nuppultu* „destruction" or „blindeness".

39′ *[u]l-te-ši-ir ur-ḫa pa-da-na né-su-ti*
40′ *al-*(Rasur)*li-ik it-t[i e]l-li-ti pa-dá-at*!*-ti*
41′ *[a-n]a pu-uḫ-ri [nu-u]s-su-uq-ti*
42′ *pa-ša-ḫa [x x x] x x*
43′ *né-e[ḫ-ta ...] x-ḫa*

Rs.ii 11′ *um-mi*! *ma-am-ma*
ù li-qà[478]*-li-la ši-i-a-ti-ša*
12′ *eṭ-lu-tù i-na* ^{kuš}*qinnāzi*(USÀN) *ir-di*?*-ma*
a-na qu-ú-ul-(Rasur)*te*
13′ *ul-tu binī*(DUMU.MEŠ) *bi-iṣ-ṣí ši-ma*! *iz-za-ka*$_4$*-ra*
14′ *a-na maḫ-ru-ti-šu maḫ-ru-ti-šu ši-ma ni* ⌜*x*⌝
15′ *binū*(DUMU.MEŠ)*-ki [š]a ta-*⌜*na*⌝ *-da-ti*
binātu(DUMU.MÍ.MEŠ)-[*ki ša* (*ri-ši-a-ti*)]
16′ *a-di ṭar-dá-ku*
[i-p]a?*-la-ḫu-k[a]*[479]
17′ *e-nu-m*⌜*a*⌝ *[it-t]i na-pu-u[l-ti x ma]*
18′ *binātī*([DUMU.MÍ.MEŠ]) *[uš-š]ab iš-ta[-...]*
19′ *ša-ap-t[e ḫ]a-si-si i[na ...]*
20′ *i-na p[a*? *]-na ni-ši ...*
21′ *i-ša-[ta ina qí-rib ...]*
22′ *iš-me-ma [...]*
23′ *iz-za-ka*$_4$*-[ra]*
24′ *x [...]*
25′ *x [...]*

---

478 vgl. koll. Umschrift von J. Klein, S. 67, Anm.27: *li-qà-al-li-la*.

479 ergänzt nach Frg. Msk 74148r; Msk 74174a und Msk 74148r besitzen gegen M. Civil (S. 7) allerdings keine Joints, vielmehr handelt es sich bei dem kleinen Frg. Msk 74148r tatsächlich - vgl. D. Arnaud, Nr.772, S.370 - um ein Duplikat der Tafel Msk 74174a.

39′ Ich ging einen fernen Weg (und) Pfad voran.
40′ Ich ging mit einer reinen Gestalt
41′ in die Versammlung der Auserwählten.
42′ Beruhigung [...]
43′ Ruhe [...]'

Rs.ii 11′ Sie ist die Mutter eines jeden
und mag ihre Nachbarinnen gering achten.
12′ Die Männer kommen (nur) unter einer Peitsche
zur Ruhe.
13′ Sobald - Söhne der Tränen hört! - sie sich gewendet hat
14′ an seine Vorfahren, sollt Ihr auf seine Vorfahren hören! [...]
15′ Deine Söhne sind zu rühmen,
[Deine ...] Töchter [sind Grund zum Jauchzen.][480]
16′ Während ich (d.h. der Vater) fort (d.h. tot) bin,
werden sie Dich verehren.
17′ Wenn [sie] mit dem Leben [...]
18′ Die Töchter [...]
19′ Ra[nd der Ohren / des Verstandes ...]
20′ Vor [den Menschen ...]
21′ Ein Feu[er inmitten ...]
22′ Sie hörte (es) und [...]
23′ (daraufhin) wendet sie sich [an ...]
24′ [...]
25′ [...]

[480] gegen J. Klein: S.68, Anm.27; doch wohl Nominalsatz, vgl. z.B. M.E. Cohen, The Canonical Lamentations of Ancient Mesopotamia I, Potomac 1988, S.48, Z. 1: abzu pe-el-lá-àm urú-zé-eb-ki-ba ir-ra-à[m] = *ap-su-ú ša ri-šá-a-ti Eri*$_4$*-du*$_{10}$ *ša ta-na-da-a-ti* „The defiled Apsu! Pillaged Eridu!".

8.3 Gilgameš-Epos V, Msk 74128d (1.2.1)

8.3.1 Umschrift

Vs. 1' [^{d}Gil-g]a-mèš iṣ-ṣa-bat q[a-ti-šu]
2' [ù] pā([K]AxU)-šu i-pu-ša i-[qáb-bi]
3' [a-n]a mi-na-a ib-ri
4' [ú-ul] ni-ip-pa-la i!-⸢ra⸣
5' [^{d}]Šamaš([UTU])-[m]a lu-ú bēl(EN) ša-me-e
6' [ni-nu] šitta(II-ta) ša-'-na
7' [x] x lu-ú muš-ḫal-ṣi-tum$_4$-ma[481] šīna(II-n[a) ...]

Rs. 1' [x x] x [x x] x pā(⸢KAxU⸣)-šu
2' [i-pu-ša i-qáb-bi (?)] x x

8.4 Fragment eines literarischen Textes, Msk 731068 (1.2.1)

8.4.1 Umschrift

1' [...] x

2' [...] x ma-a
3' [...] nu
4' [...] x šu-pu-u šarru(LUGAL)
5' [...] ub-šu šum-ma ma-am-ma
6' [...]-e a-li-na
7' [......]-e šap-la-nu ú-nam-maš
8' [..........] na-kir ^{d}En-líl a-ba-šu

9' [................] šu-qu-u ^{d}Nisaba(NIDABA)
10' [....................] x
11' [....................]
12' [................] a
13' [......] x-ni
14' [... t]i ar-ku-ti
15' [...] x

16' [...] sanqu([MA]N)

17' [...] ša zi ni [...]

---

[481] zu muš-ḫal-ṣi-tum$_4$-ma vgl. Gilg. V, ii 22.

8.4.2 Übersetzung

Vs. 1′ Während [*Gilg*]*ameš* seine (*Enkidus*) H[and] ergreift,
2′ tat er seinen Ausspruch; er s[agt:]
3′ „[Wa]rum, mein Freund,
4′ antworten wir [nicht] ...?
5′ [*Šamaš*] ist wahrlich der Herr des Himmels.
6′ [Wir] sind (wie) zwei Schuhe,
7′ [ ] wahrlich eine schlüpfrige Stelle, zwei."

Rs. 1′ [*Enkidu*] hebt zu reden
2′ [an, er spricht: „..."]

8.5 Streitgespräch zwischen Dattelpalme und Tamariske, (1.2.1)

8.5.1 Umschrift

E	1	*i-na ūmī*(UD-*mi*) *e[l-lu-ti] i-na mu[-ši el-lu-ti]*
		i-na šanāti([MU.MEŠ]) *[ru-qè-ti]*
Ac	1	*i-na ūmē*(UD-*me*) *el-lu-te [i-na mu-ši ek-lu-ti]*
		i-na šanāti([MU.MEŠ]) *[ru-qè-te]*
TḪ	1	*[i-n]a ú-mi ul-lu-tim i-na ša-na-tim ru-qa-tim*
E	2	*e-nu-ma ilū*(DINGIR.[ME.DIDLI]) *[ú-k]i-in-nu māta*(KUR-*ta*)
TḪ		*i-nu-ma* 2 *[^{d}]I$^{!}$-gi$^{!}$-gu$_5$ ù-ki-nu ma-tam*
E		*ālī*(URU.DIDLI) *e-pu-šu [a-na$^{?}$] nīšī*(UN.ME.DIL) *ru-qè-t[i]*
Ac		*nīšī*(UN.ME.DIL$^{?}$) *na-šu-u-te*
TḪ		*i-ta-an-ḫu i-lu a-na a-⌜wi⌝-lu-tim*
E	3	*e-nu-ma uš-t[-a-a]p-pí-ku šadî*(ḪUR.SAĞ.ME.DIDLI)
		nārī(ÍD.DIDLI) *iḫ-r[u-ú* ZI$^{?}$] *māti*(KUR-*ti*)
Ac	2	*nārī*(ÍD.ME.DIL) *iḫ-ri-ú* ZI *mātī*(KUR.MEŠ)
E	4	*pu-uḫ-ra iš-ku-nu ilū*(DINGIR.ME.DIDLI) *ša māti*(KUR-*ti*)
Ac	3	*puḫra*(UKKIN) *iš-ku-nu ilū*(DINGIR.ME.DIDLI)
		anà mātāti(KUR.ME.DIDLI)
TḪ	3	*[p]u$^{?}$-[u]ḫ-rum ip-ša-ḫu*
TḪ		*ù<-še>-ri-du-ši-im nu-uḫ-ša-am*
E		^{d}*[A-num]* ^{d}*Ellil*([DINGIR.BE]) *[^{d}A-a il$^{?}$-te]-ni-iš*
Ac		^{d}*A-nu* ^{d}*Ellil*(DINGIR.BE) ^{d}*É-a* 4 *i[l-t]i-ni-ši*
E	5	*im-tal-ku-ma i-na bi-ri-šu-nu a-ši-ib* ^{d}*Šamaš*(DINGIR.UTU)
Ac		*id-da-al-gu* 5 *ina be-er-šu-nu a-ši-be* ^{d}*Šá-maš*
E		*[i-na bi-rit i-la-tu] šassūrū*([ŠÀ.TÙ]R$^{?}$) *uš-ba*
Ac	6	(KI.MIN)-*i-it be-la-at ilī*(DINGIR.MEŠ) *rabīti*(GAL) *us-[b]a-at*
E	6	*i-na pa-na-ma šarruttu*(LUGAL-*ut-tu*) *i-na māti*(KUR-*ti*) *ul*
		ib-ba-aš-ši
Ac	7	*ina pana*(IGI-*na*) *šar-ru-tu i-na mātāti*(KUR.ME.DIDLI) *ul ba-ši*

8.5.2 Übersetzung

1 An jenen (fernen) Tagen,
in jenen (fernen) Nächten,
in weit entfernt (zurückliegenden) Jahren,
2 als die Götter das Land gegründet hatten,
Wohnstätten gebaut hatten für die fernen Menschen,
3 als sie aufgetürmt hatten die Berge,
die Flüsse gegraben hatten, das Leben des Landes,
4 haben die Götter des Landes eine Versammlung einberufen:
Anu, Enlil (und) Ea 5 berieten sich 4 einmütig -
5 in ihrer Mitte sitzt Šamaš,
dazwischen sitzen (auch) die Muttergöttinnen.
6 Vor Zeiten war die Königsherrschaft im Lande noch nicht geschaffen,

E u [be-lu-tu a-na] ilī([DINGIR.ME.D]IDLI) šar-ka-a[t]
Ac 8 u be-lu-tu a-na ilī(DINGIR.ME.DIDLI) šar-ka-at

TḪ 3+4 ⌜i-na! pa⌝-ni ^{4} [a-n]a šu-te-ši-ir! ma-tim gu-šu-úr ni-ši

E 7 ilū(DINGIR.ME.DIL) ir-a-mu-ma nīšī(UN.ME.DIDLI)
ṣa-al-ma-ti qaqqadi(SAĞ.DU) id-[di-nu-ni-iš-šu] šarra([LUGAL?])
Ac 9 ...(DÉ.ME.DIDLI) XX ilū(DINGIR.ME.DIDLI) ra-mu-ni-šu
10 ṣa-lam qaqqadī(SAĞ.MEŠ) iq-bu-ni-šu
TḪ i-bu ša-ra-am

E 8 ša māti(KUR) Kīš ú-g[a]-am-mi-ru-ni-iš-šu a-na š[a-p]a-[ri]
TḪ 5 [a-l]a?-am Ki-ši a-na ša-pa-ri-im ṣa-al-ma-at qa-qa-di
ni-ši ma-da-tim

Ac 11 šarru(LUGAL) ina ekalli(É.GAL-li)-šu ^{12} e-za-qa-ab
gišimmara(GIŠ.GIŠIMMAR.ME)
TḪ 6 [šar-ru-u]m i-na ki-s[à]-li-šu i-za-qa-ab gi-ši-⌜ma-ra⌝-am

E 9 i-da-ti-šu ú-m[a-a]l?-⌜li?⌝ bīni(⌜GIŠ.ŠINIG⌝)
Ac 13 e-⌜da⌝-te-šu (KI.MIN) ma-li ^{giš}bi-nu
TḪ i-ta-⌜tu⌝-ša ^{7} [ú-ma-a]l?-[l]a? bi-na-am

E [i-na ṣ]i-il-li bīni(GIŠ.ŠINIG) [nap-ta-nu] ú-n[a]-š[u?]-ú
Ac 14 ina ṣi-li ^{giš}bi-ni nap-tu-[nu] ^{15} ša-ki-in!(IḪ)-ma
TḪ i-na ṣí-⌜li⌝ b[i]-ni[m?] na-ap-ta-nam ^{8} [iš-ku-nu (?)]

E 10 [x] x [x i-n]a ṣ[i-i]l-li gišimmari(GIŠ.GIŠIMMAR) lik-t[a-ṣa-ar ...]
Ac ina ṣi-li gišimmari(GIŠ.GIŠIMMAR) ^{16} lik-ta-ṣa-ár l[e?-'u-ú]-⌜tu⌝
up-pu ^{17} <la->pi-it
TḪ [i-na ṣí]-⌜li⌝ gi-š[i-ma-ri-i]m u[p-pu-u]m ⌜la⌝-pí-it

E 11 [ù u]m-ma-nu-[u]m-ma i-ra-a-aš ekallu(É.GAL)
Ac < > ina ⌜x⌝ [x x] ⌜TU/LI⌝ U DU MAN
TḪ 9 [...] x x [...] x UR x [x]

E 12 iṣū([GIŠ.MEŠ]) [a]-ḫu-u iš-ta-an-nu ki-la-al-lu bīnu(GIŠ.[ŠINIG])
[ù] gišimmaru(GIŠ.GIŠIMMAR)
Ac 18 iṣū(GIŠ.ME) a-ḫi-ú ^{19} ⌜iš-ta-an-nu ki⌝-[la]-⌜al-lu⌝ ^{19} ^{giš}bi-nu
u gišimmarū(GIŠ.GIŠIMMAR.MEŠ)

und die Herrschaft war den Göttern übereignet.
7 Die Götter gewannen lieb das schwarzköpfige Volk,
sie gaben ihm einen König 8 über das Land,
8 Kíš übergaben sie ihm gänzlich zur Verwaltung.
Der König pflanzte in seinem Palast eine Dattelpalme.
9 Ihre Umgebung füllte er mit Tamariske(n) an.
Im Schatten der Tamariske(n) werden die Mahlzeiten eingenommen.
Im Schatten der Dattelpalme sollen die ...
Die Trommel wird geschlagen,
es jubelt das Volk,
es jauchzt der Palast.
Die (beiden) Bäume waren (einander) fremd,
sie wetteiferten miteinander.

E	13	[*ṣal-ta (?) ki*$^{?}$*-la*$^{?}$*-a*]*l-lu e-te-ep-šu-ma e-pu-šu* [*x* (*x*) *um-ma*]
		bīnu ([GIŠ.ŠINIG])
Ac	18	⌜*e*$^{?}$*-tep*$^{?}$⌝*-šu* [*e*]*-pu-šu LU*$^{?}$ 20 *um-ma* ^{giš}*bi-nu*
E	14	[*ma-gal ra-ba(-a)-k*]*u*
Ac		*ma-gal ra-ba*$^{!}$-[*k*]*u*
TḪ	1′	⌜*i*$^{!}$⌝*-SAR-ru um-m*[*a* ...]
E		*a-na-ku šum-ma gišimmaru* (GIŠ.GIŠIMMAR) *mu-uš-šu-ra-ku* [...]
Ac		⌜*a-na-ku*⌝ 21 ⌜*šúm*⌝*-ma gišimmaru* (GIŠ.GIŠIMMAR-*ma*)
		šu-tu-ra-⌜*ku e-lu*⌝*-ka*
TḪ	2′	2′ *gi-ši-ma-ru-ma wu-uš*$^{!}$-[...]
E		[*at-ta*] *bīnu* (GIŠ.ŠINIG) *iṣu* (GIŠ) *la-a ḫ̮a-ši-iḫ̮-ti mi-*[*i-na*]
		larû ([PA])[*-ka*]
Ac	22	*at-ta* ^{giš}*bi-nu iṣū* (GIŠ) *la-a ḫ̮i-še-*[*e*]*ḫ̮-te* 23 *mi-i-na*
		larû (PA)*-ka*
TḪ	3′	⌜*x*⌝ *pí-ša i-ta-la-al* [*x x*] *RU* [*x x x*] *la* [*x x x*] [xX]
E	16	*bīnu* ([GIŠ.ŠINIG]) [*la*]*-a in-bi ni-i-ú-ti*
Ac		^{giš}*b*[*i-n*]*u la-a* [*in*]*-bi* 24 *at-tu-ú-ia*
E		*inbū* (GURUN.MEŠ) *a-na paššūri* (GIŠ.BANŠUR) ⌜*x*⌝-[*x* (*x x*)]
Ac		*in-bi* ... (GIŠ) *x x* (*x*) *e*
TḪ	4′	[*x x x x*] *in-bi* ⌜*mi*$^{?}$*-na*⌝ *x x* [*x x x x x* (*x x*)]
E	17	*šarru* ([LUGAL]) [*ik-ka*]*l um-ma-nu-um-ma ṭa-ab-ti i-qáb-bi*
Ac	25	*ša-AḪ̮(=ar*$^{!}$*-rum*$^{!}$*)-ma e-ka-al um-ma*$^{!}$*-nu-um-šú*
	26	*da-me-eq-ti e-qa-bi*
TḪ	5′	[*x x um*]*-ma*$^{!}$*-nu-u*[*m*$^{?}$] *da-mi-iq-*[*ti i-qá-bi*]
E	18	*nukarriba* ([LÚ.NU.GIŠ].KIRI$_6$) *né* (Rasur)*-me-la ú-šar-ša ú-ša-ḫ̮a-a*[*z*]
		bēlta ([NIN])
Ac		*nukarriba* (LÚ.NU.GIŠ.KIRI$_6$) 27 *né-ma-la u*$^{!}$*-ša-ar-ša ú-ša-ḫ̮a-za*
		bēlta (NIN)
Ab		1 [*ú-ša-ḫ̮*]*a-az*$^{!}$
		bēlta (N[IN])
TḪ		[*nu-ka*]*-*⌜*ri-ib*⌝*-b*[*u*$^{?}$*-um*] 6 [*x x x*]
		x bēlta (⌜NIN⌝)

Tamariske und Dattelpalme liegen nach wie vor miteinander
im Streit.
So die Tamariske: „Ich bin sehr groß!"
So die Dattelpalme: „Ich (aber) hänge (doch) auf Dich herab!"
15 „Du, oh Tamariske, bist ein unbrauchbarer Strauch! Was nutzen
Deine Zweige? 16 Eine Tamariske ohne Früchte!
Meine Früchte bringt man zum Tisch des Königs!
17 Der König ist (davon) und die Leute sprechen (nur) Gutes
über mich!
18 Ich bereite dem Gärtner Gewinn,
er übergibt ihn der Herrin.

E 19 [ú-ra-ab-b]a um-ma-šu še-er-ra ṭa-a-ab! e-mu-qì-i[a i-ka-la] [ra-bu-u]
Ac 28 u-ra-ba še-er-ra sinništu (MUNUS)(Rasur) TA ZAG!-ia e-ka-la ra-bu-u
TH̬ x x x x [x x x x x]ri-bu?-[x]

E 20 [x x x x (x)]-⌜x-ma?⌝ a-na ma?-h̬ar šarrutti (LUGAL-ut-ti) [...]
Ab 2′ [x (x)] x x ka-ia-m[a-na ...]
Ac in-bu-ia 30 [in]a me-e[h̬]-ri šarrutte (MAN-te) (weiter: Z.33'.)

E 21 bīnu ([GIŠ.ŠINIG]) pī ([KA-i])-[šu i-púš-ma i-ta-pa-al ut-te-er] pī ([KA-i])-[šu ša]r-h̬a [ma-a'-di-iš]
Ab 3′ bīnu ([GIŠ.ŠI]NIG) pī (KA-i)-šu e-[pu-uš e-ta-pal ut-túr pī (KA-i)-šu ...]
TH̬ ⌜bi-nu⌝-u[m pí-šu i-pu-ša-a]m-ma ⌜i⌝-p[u-lam] gi-[ši-im-m]a-⌜ra⌝-šu [(x)]

E 22 [at-tu-ia] zumrī ([S]U?.M[EŠ]) [a-na] zumrī ([S]U?)-ki a[t?]-ra
Ab 4′ [a]t-tu-ia šīrū (UZU.MEŠ) a-na šīrī (UZU.M[EŠ])-[ki at-ra]
TH̬ (bis Z.32' nur Zeichenreste erhalten)

E 23 [x x mi-i]m-ma-ki ba-na-[a ki-i-ma] amti ([GEMÉ]) [ša a-na] bēlet ([NIN])[-ša] ub-ba-l[a-ma] ú-ṭah-h̬a-a iš-ka-ar-ša
Ab 6′ ki-i amti (GEMÈ) ša a-na bēlti (NIN-ti)-ša ub-[ba-la-ma ...]

E 24 [aq-ri d]am-qì-ma tu-ub-[ba-li (...) a-na ṣ]e?-ri-ia
Ab 5′ aq-ra dam-qa tu-ba-li x(Rasur?) ta a[d? ...]

E 25 [ut-te-e]r pā (KAxU)-ša i-t[a-pa-al] gišimmaru ([GIŠ.GIŠIMMAR]) [is-sà-qa-ra a-na] ah̬ī (ŠEŠ)-ša bīni (GIŠ.ŠINIG)
Ab 7′ ut-túr pī (KA-i)-šu e-ta-pal gišimmaru (GIŠ.GI[ŠIMMAR]) [...]
Ac 38 ut!-túr! pi-šu-ma e-ta-ap-la [x x] 39 e-sà-qa<-ra> a-na a-h̬i-šu gišimmari (GIŠIMMAR)

E 26 [x x] i-na ú-ri-ni-[ma ...] (Rasur)
Ab 8′ um-ma i-na ú-ri-ni-ma i-ta-⌜h̬áṣ⌝ pe-re-ka [...]
Ac 40 šúm-ma ur (KÁ(=ÙR?)-ni ta-ma-ša ZI? GIŠ.DÙ ZA x [x]

19 Es zieht groß die Mutter ihr Kind,
das (Dank)geschenk meiner Kraft ißt der Erwachsene.
20 Meine Früchte befinden sich (stets) vor der königlichen Familie."
21 Die Tamariske hebt zu sprechen an, sie antwortet,
indem sie sich bei ihrer Rede sehr stolz ziehrt:
22 „Mein Körper ist Deinem Körper überlegen!
23 [...] alles Schöne von Dir.
Wie eine Dienerin, die ihrer Herrin ihr Tageswerk bringt
und übergibt,
24 trägst Du mir kostbare und gute Dinge heran."
25 Sie verdreht ihre Rede, es antwortet die Dattelpalme,
indem sie sich an ihren Bruder, die Tamariske, wendet:
26 „Mit meinem Stock schlägt man Deine Rispen.

E 27 [x x (x) t]a?-na-al ta-x-[...-i]m?

E 28 ila([DINGIR])-[ma ni-sa-aq-ra a-na ḫi-ṭ]i-me-e šīrī([UZU.MEŠ])
Ab 9′ ila(DINGIR)-ma ni-sa-⌈aq⌉-ra a-na ḫi-⌈ṭi⌉-ma šīrī(UZU.MEŠ) [...]
Ac 41 šúm-ma ila(DINGIR)-ma! ni-sà!-qa-ar [x x x]

E 29 [x x x x]-ka š[a? ...]
Ab [...]

E 30 [x] x x [x] x [...] ⌈x⌉ ili(DINGIR-lì) ba-al-TU
Ab 10′ ul i-de bīnu(GIŠ.ŠINIG) du-muq x ilī(DINGIR.MEŠ) du-muq x [...]
(weiter: Z.53')

E 31′ [(x)] x BI ni-⌈ID?⌉-[...]

E 32′ [d]u?-mu-uq-ka ma-ḫ[ar? ...] bīni([GIŠ.ŠINIG]) [i-ta-pa-al ut-te-er]
pī([KA-i])[-šu šar-ḫ]a ma-a'-di-i[š]
Ab 21′ (KI.MIN)
TḪ bi-nu-um pí-šu i-pu-ša-a-ma
i-sa-qa-ra-am gi-⌈ši⌉-ma-ra-šu x

E 33′ ḫa-sà-ku mu-tal-li-ka [...]
Ab ḫu-us-sa mu-tal-li-ki i-na ekalli(É.GAL)
Ac 18 ḫa-sa-ku mu-tal-li-ka ina ekalli(É.GAL-lì)
TḪ mi-im-ma-ki mu-ta-li-ka-am i-na e-ka-lim ḫu-si-i

E [...]
Ab šarri(LUGAL) mi-nu-i[a ša-kin] i-na bīt(É) šarri(LUGAL)
Ac šarru(MAN) me-nu-ia ⌈ša⌉-ki-in ina ekalli(É.GAL) šarri(MAN)

E [ina] paššūri([GIŠ.BANŠUR])[-ia] šarru([LUGA]L) ik-kal
Ab i-na paššūri(GIŠ.BANŠUR)-ia šarru(LUGAL) e-kal
Ac ina paššūri(GIŠ.BÁN)-ia šarru(MAN) e-ka-la
TḪ [šu]m-ma i-na pa-šu-[r]i-[ia-m]a i-ka-al ša-ru-um

E 34′ i-na {giš}ma-al-la-ti-[ia] bēltu([NIN]) [i-ša-at-ti]
Ab i-na ma-la-t[i-ia bēltu(NIN) i-ša-at-ti]
Ac 34 ina ma-li-te!-ia {mí}šar-ra-tu ta-šá-ti [x x]

28 (Wenn) wir einen Gott anrufen wegen der Sünden des Körpers,
28 [...]
30 versteht es die Tamariske nicht, den Göttern zu Gefallen zu sein.
31' [...]
32' zu Gefallen zu sein gegenüber [...]."
Die Tamariske hebt zu sprechen an, sie antwortet,
indem sie sich bei ihrer Rede sehr stolz ziehrt:
33' Ich errinnere mich/Dich an das Nutzbare im Palast des Königs.
Was gibt es von mir (nicht alles) im Palast des Königs?!
Von dem Tisch aus meinem (Holz) ißt der König!
34' Aus meiner Schale trinkt die Königin!

Ab	23′	*[i-n]a it-qu-ri-ia e-ka-lu qar-ra-du*
TḪ		*šum-ma i-na bu-ki-ni-ia [i]-ka-lu qa-r[a-du]*

Ab		*i-na bu-gi-ni-i[a ...]*

E		*nuḫatimmu* ([L]Ú.MUḪALDIM) *qēmī* (ZÌ.DA.MEŠ) *i-la-a-aš*
Ab	24′	*nuḫatimmu* ([L]Ú.MUḪALDIM) *qēmī* (⸢ZÌ⸣.DA.MEŠ) *i-la-šu*

E	35′	*uš-pa<-ra>(BAR!)-ku-ma qè-e ú-[ma-aḫ-ḫa-aṣ]*
Ab		*iš-pa-ra-ku-ma qe-e a-[ma-ḫa-aṣ]*
Ac	35	*išparāku* (UŠ.BAR-*ku*)-*ma qé-e a-ma-ḪI-ḫá[ṣ x x]*
TḪ		*[iš-p]a-ra-ak-ma qé a-ma-ḫa-aṣ*

E		*[ú-la-ba-aš um-ma-n]a-am-ma ú-nam-mar šarra* (LUGAL)
Ab	25′	*ú-la-ba-aš um-ma-na-m[a ...]* 26′ *x ša AN šarri* (LUGAL?)
TḪ		*ú-la-ba-aš um-ma-nam-ma [ú]-⸢nam⸣-[mar šar-ra-am]*

E	36′	*ma-aš-ma-ša-ku-ma bīt* (É) *ili* ([DINGIR]) *[ud-da-aš]*
Ab		*mašmaššāku* (MAŠ.MAŠ-*a-ku*)-*ma bīt* (É) *ili* (DINGIR) *ú-da-aš*
Ac	36	*mašmaššāk* (LÚ?.MAŠ.MAŠ-*šak*) *ul-la-a[l?]*
TḪ		*[m]a-aš-ma-ša-ak-ma bi-it i-li-im ú-la-al*

E		*[e-tel] pū* ([KAxU])-⸢*ia*⸣-*ma ša-ni-na ú-ul* ⸢*i*⸣-*[šu]*
Ab		*lu e-tel-l[e-e-ku]* 27′ *[(x)] ša-ni-na ia-a-ar-ši*
Ac		*[x x x (x)]* 37 *ut!-tur! pi-ia-ma ša-nu-ti x [x x x]*
TḪ	7	*[e-tel-le-ku ša-ni-n]a-am ú-ul i-šu*

E	37′	*[u]t-te-er pā* (KAxU)-*ša i-t[a-pa-al] gišimmaru* ([GIŠ.GIŠIMMAR]) *[is-sà-q]a-ra a-na aḫī* (ŠE[Š])-*[š]a bīnu* (GIŠ.ŠINIG)
Ab	28′	([K]I.MIN)
TḪ		*i-te!-er! pi!-ša i-pu-lam* 8 *gi-ši-m[a-ru-um]*

E	38′	*[i-n]a ki-si-na-ak-ki i-na niqî* (S[ISKUR]/K[I]) ^{d}*Sîn* (30) *[ru-bé]-⸢e⸣* *ba-lu a-na-ku iz-[z]i-iz-zu*
Ab		*i-na ⸢gi⸣-zi-na-ki ni-qi!* ^{d}*Sîn ru-b[e-e]* 29′ *[a-š]ar a-na-ku ul* *a-zi-zu*
TḪ		*[a]l-ka-am [ki-*^{d}*Si]-in ra-bi-a-am* 9 *a-di la [a-zi-z]u*

Mit meinem Löffel essen die Krieger,
In meinem Becken knetet der Koch das Mehl.
35' Ich bin Weber und webe die Fäden,
ich bekleide die Menschen.
ich lasse den König erstrahlen.
36' Ich bin Beschwörungspriester und erneuere den Tempel der Götter.
Ich bin wahrlich fürstlich! Sie dreht ihren Rede:
Ich habe wirklich nicht meinesgleichen!"
37' Sie verdreht ihre Rede, es antwortet die Dattelpalme,
indem sie sich an ihren Bruder, die Tamariske, wendet:
38' „Bei der Opferstätte, dem Opfer für Sîn, dem Fürsten,
kann, wenn ich nicht anwesend bin,

E 39′ ú-ul i-na-aq-qí šarru (LUGAL) i-n[a ša-ar e]r-bé-et-ta
šu-ul-lu-ḫa šu-lu-[u]ḫ-ḫ[a-t]u-[i]a
Ab ul i-na-qí! šarru (LUGAL) i-na šāri (IM) e[r-bé-et-ti]
30′ [š]ul-lu-ḫu šu-lu-ḫu-ia
TḤ ⸢ú-ul⸣ i-na-⸢qí ša-ar⸣-ru-um [10] [i-na ša-ar] er-b[e-t]im
šulluḫā (ŠU!.LUḪ!) sul-⸢lu⸣-ḫu-[ma]

E 40′ [ta]-ab-ku ir-ru-ú-⸢ia⸣ i-na [qa-qa-r]i-im-ma ip-pa-šu
isinna (EZEN-na)
Ab tab-ku e-ru-ia i-na qa-qa-ri-ma e-p[a-šu esinna]
TḤ e-ru la ka-ás-pu [11] [x x x qa-a]q-qa-ru-um

E 41′ i-na ūmi (UD-mi)-šu bīnu (GIŠ.ŠINIG) [a-na qa-at] [l]úsi-ra-ši-i
i-ra-ad-du-ma
Ab 31′ [i-n]a u_4-mi-šu gišimmaru (GIŠ.GIŠIMMAR) < a-na qa-at >
sirašû (LÚ.LUNGA) ba-ši-ma
TḤ i-nu-mi-šu at-ta i-na qa-ti si-ra-ši-⸢im⸣

E 42′ tu-uḫ-ḫu ki-i-ma [x x x e-li-š]u! ka-am-ru
Ab tuḫḫū (DUḪ.MEŠ) ki ka-ma-r[u? ...]
TḤ [tu]ḫ-[ḫu x x] x e-li-ka! ka-am-ru

E 43′ bīnu ([GIŠ.ŠINIG]) pā ([KAxU])[-šu i-púš i-ta-pa-al ut-te-er]
pâ ([KAxU])-[š]u šar-ḫa ma-a'-di-iš
Ab 32′ (KI.MIN)
TḤ bi-nu-um pí-šu i-pu-ša-am-ma [13] [i-sa-qa-ra-a]m
gi-ši-ma-ra-a-šu

E 44′ [al-ki i ni-li-ka a-na-ku ú ka-a-ši a-na āli (URU)
ki-i]š-qa-at-te-ka! āl (URU) ši-ip-ri
Ab al-ki i ni-li-ka a-na-ku ú <ka>-a-ši a-⸢na⸣ āli (URU)
kiš-k[át-te-ia] 33′ a-šar ši-ip-ri
TḤ al-ki-im i-na ú-mi i-si-nim [14] [x x x] LI ba-ši

E 45′ [šum-ma i-ta-tu-ia la-a ma-la-a ṣu-um-ba-bi]
Ab um-ma i-ta-tu-ia la ma-la-a [ṣu-u]m-b[a-bi]
TḤ šum-ma i-na ⸢ki-na⸣-tim la ṣú-ba-bu bi-nu-um

39' der König nicht opfern!
In (allen) vier Windrichtungen werden meine Reinigungsriten durchgeführt.
40' Ausgestreut sind meine Zweige auf der Erde,
woraufhin man ein Fest feiern kann.
41' An diesem Tag taugt die Tamariske nur für den Bierbrauer,
42 Rückstände sind wie Abfall auf sie gehäuft."
43' Die Tamariske hebt zu sprechen an, sie antwortet,
indem sie sich bei ihrer Rede sehr stolz ziehrt:
44' „Komm, wir, ich und Du, wollen in die Stadt meiner Handwerker,
die Stadt der Arbeit, gehen!
45' Ob (denn) meine Umgebung (wirklich) nicht voll von Manna-Perlen ist,

E 46′ la-⸢a⸣ [...]
Ab 34′ la ma-la-a qat-re-ni qa-di-iš-⸢tu⸣ mê(A.MEŠ) ^{giš}[bi-ni (x)] ⸢ma⸣ [x x x]
TḪ 15 [x x x x]-am la šu-ta-al$^{!}$-lu$^{!}$ qú-ut-re-nu

E 47′ i-l[a-aq-qè-ma ...]
Ab 35′ i-la-qé-ma i-dal-la-lu-ma i-pa-šu i-si-na$^{!}$

E 48′ [i-na] ūmi(UD-mi)-šu gišimarru(GIŠ.GI⸢ŠIMM⸣AR) i-na qa-a[t] [^{lú}ṭa-bi-ḫi ba-ši-ma]
Ab i-⸢na u_4⸣-mi-š[u] gišimarru(GIŠ.GI⸢ŠIMM⸣AR) 36′ a-na qāt(ŠU) ^{lú}ṭa-bi-ḫi ba-ši-ma
TḪ i-nu-mi-šu 16 [at-ti i-na] qa-ti nu-ḫa-ti-im-mi ta-ba-ši-ma

E 49′ [i]r-ru-ša i-na pár$^{!}$-ši ù dāmī(ÚŠ.ME) [...]
Ab e-ru-šu i-na pár-ši [ù] dāmī([ÚŠ.MEŠ]) [...]

E 50′ ut-te-er pā(KAxU)-ša i-ta-pa-al gišimarru(GI[Š.GIŠIMMAR]) [is-sà-qa-ra a-na] aḫī([ŠEŠ])[-ša] bīni([GIŠ.ŠINIG])
E’ 1′ [ut-te-er] pā([KAxU])[-ša i-ta-pa-al] gišimarru([GIŠ.GIŠIMMAR]) [is-sà-qa-ra a-na] aḫī(ŠEŠ)[-ša] bīni([GIŠ.ŠINIG])
Ab 37′ (KI.MIN)

E 51′ al-ka [i]n-⸢ni⸣-li-ik a-na-ku ù k[a-ši a-na] āl([URU]) isinnī([EZEN-ni])[-ia a-šar ḫi-da-ti e]-piš-ka x [...]
E’ 2′ [...] x x [...]
Ab al-ki i ni-li-ka a-na-ku ù <ka->-a-ši a-na āl(URU) i[si-in-ni-ia] 38′ a-šar ḫi-da-ti e-piš-ka bi-nu ^{lú}nagāra(NAGAR)

E 52′ a-na ^{giš}zi-[n]i-ia a-na-ad-dì ⸢ù$^{?}$⸣ [... i-pa-al]-la-ḫa ^{lú}nagāru(NAGAR) ⸢x⸣ [...]
E’ 3′ [...] ⸢ú⸣-[n]a$^{?}$-[i]a-d[a-an-ni (?)]
Ab i-na z[i-ni-ia ...] 39′ ù šu-ú pal-ḫa-ni-ma u_4-mi-šàm-ma ú-na-ia-da-[an-ni]

E 53′ bīnu(GIŠ.ŠI[N]IG) pā(KAxU)-šu i-púš i-[ta-pa-al ut-te-e]r$^{?}$ pā(KAxU)-šu šar-ḫa ma-a’-di-i[š]
E’ 4′ [...] x x ḪI [D]A$^{?}$ A [x x] t[i$^{?}$ ...]
Ab 11′ (KI.MIN)

46′ nicht voll von Weihrauch ist,
die *qadištu*-Priesterin nimmt den Saft der Tamariske,
daraufhin preist man und feiert ein Fest.
48′ An diesem Tag befindet sich die Dattelpalme in der Hand des Schlachters.
49′ Ihre Zweige schlägt er in Darminhalt und Blut.
50′ Sie verdreht ihre Rede, es antwortet die Dattelpalme,
indem sie sich an ihren Bruder, die Tamariske, wendet:
51′ „Komm, wir, ich und Du, wollen in die Stadt meines Festes,
dem Ort der Freuden, gehen.
Deinen Bearbeiter, oh Tamariske, den Tischler, lasse ich
52′ auf meinen Palmwedelrippen ..., und er behandelt mich respektvoll
und lobt mich täglich."
53′ Die Tamariske hebt zu sprechen an, sie antwortet,
indem sie sich bei ihrer Rede sehr stolz ziehrt:

E 54′ *[a-na (?)] um-ma-ni né-[me-l]a*! *ka-la-šu i-šu a-na*
^{lú}*ikkari* (ENGAR) *[né-me-la]*

E' 5′ [...] *n[é-me]l[a ka]-la-šu i-š[u] x* [...] 6 [...] *x x x*
^{lú}*ikkari* (ENGAR) *[x x] x* [...]

Ab *a-na-ku e-lu-ka a-bu um-ma-ni ka-la-ma*
^{lú}*ikkari* (ENG[AR$^{?}$]) [...]

E 55′ *m[a$^{?}$-l]a-šu i-šu* $^{\text{l[ú?]}}$*ikkaru* ([ENGAR]) *pa-ma-al-li-ia*
i-da-ak-ki{-ŠU}-is

E' 7′ [... ...]-⸢*ta-ki*$^{?}$-*is*$^{?}$⸣-*sà i-na [x] x-ia* [...]

Ab 12′ *ma-la-šu i-šu* ^{lú}*ikkaru* (ENGAR) *i-na pa-pal-li-ia i-ta-ki-is* [...]

E 56′ *[i-n]a ut-li-ia* ⸢^{giš}⸣ *marra* (⸢MAR⸣)-⸢*šu*⸣ *[x x x u]l-te-li i-na*
^{giš}*marrī* (MAR)-*ia iḫ-ta-a[r-ri] palga* ([PA$_5$])

E' 8′ [... ...-*t]e-li* [...] ^{giš}*marrī* (MAR)-*ia* ⸢*iḫ*!⸣-*t[a-ar-ri* ...]

Ab 13′ *i-na ut-li-ia* ^{giš}*marra* (MAR)-*šu ul-te-li i-na*
^{giš}*marrī* (MAR)-*ia* [...]

E 57′ *[i-pe-et]-*⸢*ti na*⸣*-ag-ga-ra* [...] *i-ša-at-ti eqlu* (A.ŠÀ)

E' 9′ [... *i-pe]-et-ti na-ag-ga-r[a] x x [i-ša-at-ti] eqlu* ([A.ŠÀ])

Ab 14′ *i-pe-ti nam-ka-ru-ma i-ša-ti eqlu* (A.ŠÀ)

E 58′ *[x x x x]-a qa-qa-ra* [...] ⸢*ù*$^{?}$⸣ *a-na ru-ú-bi er-ṣ[e-ti* ...]

E' 10′ [...-*na]m*$^{?}$ *i-n[a] qa-qa-x [x x] AD* [...] 11′ [... *er-ṣ]e*$^{?}$-*ti*
as$^{?}$-*na-a[n* ...]

Ab *as-sà-an-qa x [x x x]* 15′ *ù a-na nu-ur-bi ša er-ṣe-ti*
as-na-an MIN x [...]

E 59′ *[x x x x] šarrutta* (LUGAL-*ut-ta*) *ud-d[a-aš ù]* ⸢^{d}⸣*Ašnan*
su-um-mu-ḫa-a[t ...]

E' 12′ [... *ud-d]a-aš ù* ^{d}*Ašna[n* ...]

Ab [...] 16 *ú-da-aš ù* ^{d}NISABA *šu-muḫ nīšī* (UN.MEŠ) *ú-da-[aš]*

E 60′ *[ut-te-e]r pā* (KAxU)-*ša i-t[a-pa-al] gišimarru* ([GIŠ.GIŠ]IMMAR)
is-sà-qa-ra a-na aḫī (ŠEŠ)-*ša bīni* ([GIŠ.ŠINIG])

E' 13′ [... ...-*t]a*$^{?}$-*p[a*$^{?}$-*al* ...]

Ab 17′ (KI.MIN)

54′ „Ich (aber) habe für die Handwerker alles, was Gewinn bringt,
für den Bauern soviel Gewinn 55′ als nötig.
für den Bauern soviel Gewinn als nötig:
Der Bauer schneidet immer wieder von meinen Zweigen,
von meinen ... ab.
56′ Aus meinem Wurzelstock zieht er seinen Spaten heraus.
Mit dem (aus mir gefertigten) Spaten gräbt er Kanäle,
57′ öffnet den Bewässerungskanal, sodaß das Feld trinken kann.
58′ Ich habe den Ackerboden überprüft und in das Weiche der Erde
Getreide [...],
59′ sodaß ich das Königtum erneuern und
(die Getreidegöttin) Ašnan die Menschen gedeihen lassen kann.
60′ Sie verdreht ihre Rede, es antwortet die Dattelpalme,
indem sie sich an ihren Bruder, die Tamariske, wendet:
61′ „Ich habe mehr als Du für die Handwerker alles, was Gewinn bringt,

E 61′ [*a-na-ku*] *eli*(UGU)-*ka a-na um-ma-n*[*i né-me-l*]*a ka-la-šu*
i-šu a-na ^{lú}*ikkari*(ENGAR) *né-me-*[*la ma-la-šu i-šu*]
Ab *a-na-ku e-lu-ka a-bu um-ma-ni ka-la-ma* ^{lú}*ikkaru*(ENGAR)

né-[*me-la*(/*li*)] 18′ *ma-*⸢*la*⸣*-šu i-šu*

E 62′ *eblī*([ÉŠ]) [*šu*]*m-*[*m*]*a-an-ni šu-ša-ra eb-l*[*e*(*-e*) *na-a*]*ṣ-ma-di*
eblī(ÉŠ) *e-be-ḫi i-si-i*[*ḫ-ti* ...]
Ab *šúm-ma-ni tam-ša-ri eblī*(ÉŠ) *na-aṣ-ma-di ù e-*[*be-ḫi*]
19′ ⸢*ri-ik-si*!⸣ *eblī*(ÉŠ) *le-e eblī*(ÉŠ) *ši-da-ti*

E 63′ [*še-et*] *ereqqī*(GIŠ.MAR.GÍD.D[A]) [*x*] *x* [*x x x x*] $^{[\text{lú}]}$*ikkari*(ENGAR)
mi-im-ma ma-la i-ba-aš-šu-⸢*ú*⸣ *eli*([UGU])-[*k*]*a* ⸢*šu-tu*!⸣*-ra-ku*
Ab *še-et ereqqī*(GIŠ.MAR.GÍD.DA) *x* [*x x*] 20′ *ša x x x ú-nu-ut*
^{lú}*ikkari*(ENGAR) *am-mar i-ba-šu-ú e-lu-k*[*a* ...]

E 64′ —
Ab 40′ (KI.MIN)

E 65′ [...] *x-ka* (Rasur) *ki-i-ma* ^{lú}*atkuppi*(AD.KÍD)
Ab *ma-an-nu el ma-*⸢*ni*?⸣ *la ú-kad pi-šat-k*[*i x x x x x*]
41′ *na-ša-ku-ma ka-pár-ri ma-ar-te-e ra-bu-ti* (UD.X [X X X X])
42′ *ú-bi-ta-qa* ⸢*x*⸣*-a-ni-ki ki-ma* ^{lú}*atkuppi*(AD.KÍD)

E 66′ [... ...]-*a a-na šinī*(MIN)-*šú a-*⸢*tar*?⸣*-ki*
Ab *ša* [*x x x x*] 43′ [*i-n*]*a du-ni e-mu-*⸢*qí*⸣*-ia ra-ba-te lu-uḫ-d*[*i*?]
[*x x x x*] 44′ [*la*]*-aš-ku-un-ka a-na ú-qúr šip-ri gu-šur*
nīšī(U[N?]) [...]

Ab 45′ (KI.MIN)

Ab 68′ *a-na-ku e-lu-ka šeššī*(VI)-⸢*šu*⸣ *mu-tu-ra-ku šabî*(VII)-*šu x* [...]
46′ *a-na* ^{d}*Ašnan te-nu-ú a-na-ku* (EŠ$_5$ ITI DU) [...]

Ab 47′ *e-ku-tu al-mat-tu eṭ-lu lap-nu x* [...] 48′ *e-ka-lu* (NINDA)
la ma-ṭa ṭa-bu (ZÚ.LU[M G]IŠ) *x* [...]

Ab 49′ $^{\text{ḫe-pí}}$... (BU.BU-*ri*) [...] 50 [*l*]*i-ip-li-pí-ia e-tal-la-ku* [...]

62' Halteseile für Rinder, Palmbaststrick?, Seile, Geschirre für Rinder,
Gurte, zugewiesen[es Arbeitsmaterial.]
63' Polster für Lastwagen, Geräte für den Bauern, soviel es (auch) gibt.
Ich bin viel bedeutender als Du!
64' Die Tamariske hebt zu sprechen an, sie antwortet,
indem sie sich bei ihrer Rede sehr stolz ziehrt:
65' Wer lästert nicht über wen? Deine [...] Beleidigung ertrage ich.
Die Wipfel der großen *martû*-Bäume [...]
Wie ein Rohrflechter, [66] der [...,] will ich mich über die Stärke
meiner großen Kraft freuen. [... will] ich Dich setzen.
Um die Arbeit wertvoll zu machen, um die Menschen zu stärken,
bin ich Dir zweifach überlegen.
67' [Sie verdreht ihre Rede, es antwortet die Dattelpalme,
indem sie sich an ihren Bruder, die Tamariske, wendet:]
68' bin ich sechsfach Dir überlegen, siebenfach [...]
Für das Getreide bin ich das Gegenstück. Drei Monate [...]
69' Die Waise, die Witwe, der arme Mann, [...] essen Speise
ohne Mangel.
Süß [...] die Datteln.
[...] meiner Nachkommen gehen (in alle Richtungen). [...]

Ab 51′ … (X.MEŠ)-*ia a x ra pi li* […] 52′ [*x x*] *x x* [*x x x*] *x-ti x* […]
53′ […] *x x* […]

Kolophon:

E" 1′ *ṭuppi* (DUB) *m*[…]

E" 2′ *mār* (DUMU!) […]

E" 3′ *arad* (ÌR) […]

[...]
[...]

Kolophon

Die Tafel des [...]

des Sohnes von [...]

des Dieners [...]

Appendix D

9. Die babylonische Dichtung *Amārnas*

9.1 Adapa und der Südwind (1.2.7)

9.1.1 Umschrift

(I)[476] (Anfang abgebrochen)

Vs. 1′ *e-p⸢u⸣-[uš ...]*
2′ *šu-ú-tu° i-[zi-qá-am-ma ša-a-šu ú-ṭe-eb-ba-aš-šu]*[477]
3′ *a-na bi-i-t[u* ^{d}*]⸢É*$^{!}$*⸣-a ú-ša-am-ṣi-i-⸢la⸣-[aš*$^{?}$*-šu*$^{?}$*]*

(i) *[ša-a-šu iz-zu-ur]* 4′ *šu-ú-tu š[u-um-ḫi]-ra-ni*[478]
aḫ-ḫe-e-ki° ma-la i-[ba-aš-šu-ú][479]
5′ *ka-a-[ap-pa]-ki lu-ú še-bi-ir°*
ki-ma° i-na pí-i-[š]u$^{?}$ *⸢iq⸣-bu-⸢ú⸣*
6′ *ša [šu-ú]-ti ka-ap-pa-ša° it-te-eš-bi-ir° 7 ú-⸢mi⸣°*
7′ *[šu-ú]-tu a-na ma-a-ti° ú-ul i-zi-iq-qá°*

^{d}*A-nu* 8′ *[a-na š]u-uk-ka-li-šu°* ^{d}*I-la-ab-ra-at° i-ša-a[s]-si°*
9′ *[a]m-mi-ni° šu-ú-tu iš-tu 7 ú-mi a-na ma-a-ti la i-zi-qá°*
10′ *[š]u-uk-ka-la-šu° I-la-ab-ra-at° i-pa-al-šu pí-[ú š]a*
11′ ^{m}*A-da-pa° ma-ar°* ^{d}*É-a ša šu-ú-ti ka-ap-pa-ša°*
12′ *iš-te-bi-ir°* ^{d}*A-nu a-ma-ta° an-ni-ta i-na še-e-mi-[š]u*
13′ *il-si na-ra-ru° it-ti-bi i-na ku-us-si-šu°*
šu-p[u-ur li-i]l-[q]ù-ni-šu°

14′ *an-⸢ni⸣-ka-a°* ^{d}*É-a ša ša-me-e i-de il-pu-us-[su]-m[a°]*
(II) 15′ *[*^{m}*A-da-pa°] ⸢ma-la⸣-a [u]š-te-eš-ši-šu°*
ka-a-ar-ra° 16′ *[ul-ta-al-bi-is-sú-ma]*[480]
(ii) *[ṭe]-⸢e⸣-ma i-ša-ak-ka-an-šu°*
(III) 17′ *[*^{m}*A-da-pa a-na pa-ni* ^{d}*A-ni š]ar-ri at-ta ta-la-ak°*
18′ *[ḫa-ra-an ša-me-e ta-ṣa-ba-a]t*

---

[476] Die Kennzeichnung der poetischen Strukur entspricht derjenigen, die bereits M. Dietrich, AOAT 42, Neukirchen-Vlyun 1992, S.43-45, angeboten hat.

[477] Die Z. 2' und 4' sind ergänzt nach Rs. Z.52' und Rs. Z.54'.

[478] vgl. gegen Sh. Isre'el, S.52, Z. 4: [*ša-a*]-*ra-ni*.

[479] vgl. M. Dietrich, MARG 6, 1991, S.127; W. von Soden, AOAT 25, 1976, S.430.

[480] vgl. Sh. Isre'el, S.52, Z.16: ***ú-ša-al-ba-as-su-ma***.

9.1.2 Übersetzung

(I) (Anfang abgebrochen)
Vs.1' [Er machte ...]
2' (Da) w[ehte] der Südwind, [woraufhin er (Adapa) versenkte.]
3' In das Ha[us] Eas ließ er ihn untertauchen.

(i) [Er verfluchte ihn:[481]] 4' „Oh Südwind, laß mich begegnen
Deinen Brüdern begegnen, soviel ihrer sind!
5' Dein Flügel sei zerbrochen!"
Sowie er (mit seinem Munde) gesprochen hatte,
6' da wurde der Flügel des Südwindes zerbrochen. 7 Tage lang
7' weht der Südwind (nun) nicht (mehr) über das **Land**.

8' (Da) ruft 7' Anu 9' seinem Wesir *Ilabrat* zu:
„Warum weht der Südwind seit 7 Tagen nicht (mehr) über das Land?"
10' Sein Wesir Ilabrat antwortet ihm: „Der Befehl
11' Adapas, des Sohnes des Ea, hat den Flügel des Südwindes
12' zerbrochen." Als Anu dieses hörte,
13' rief er: „Hilfe!" Er erhob sich von seinem Thron:
„Schi[cke (jemanden) los, damit] man ihn herhole!"

14' Sogleich ergriff ihn Ea, der die (Geschicke) des Himmels kennt,
(II) 15' und ließ Adapa (vor Trauer) schmutziges Haar tragen,
ließ ihn mit einem Trauergewand -16' sich bekleiden.
(ii) (Folgenden) Befehl gibt er (Ea) ihm (Adapa):
(III) 17' „[Adapa,] Du gehst [zu Anu, dem Kö]nig!
18' [den Weg zum Himmel schlägst Du ei]n!

481 vgl. dagegen Sh. Isre'el, New Readings in the Amarna Versions of Adapa and Nergal and Ereškigal, GS Kutscher, Tell Aviv 1993, S.52.

a-na š[a-me]-e° [482] 19' [i-na] ⌜e⌝-li-k[a-ma
a-na ba-ab ^{d}A-ni i-na ṭe-ḫ]e-k[a]
20' [i-n]a ba-a-bu° ^{d}A-n[i ^{d}Dumu-zi ù ^{d}Giz-zi-d]a° 21' iz-za-az-zu°
im-ma-ru-ka il-t[a-n]a-a-[l]u-ka
e[ṭ-lu] 22' a-na ma-a-ni° ka-a e-ma-ta
^{m}A-[da]-pa° a-na ma-an-ni° 23' ka-ar-ra°
la-ab-ša-ta°

(iii) i-na ma-a-ti-ni° i-lu ši-na ḫa-al-[q]ú-ma
24' a-na-ku° a-ka-na° ep-še-e-ku°
ma-an-nu° i-lu° še-na°
ša i-na ma-a-ti° 25' ḫa-al-qú°
^{d}Dumu-zi ù ^{d}Giz-zi-da° šu-nu° a-ḫa-mi-iš° ip-pa-la-sú-ma°
26' iṣ-ṣe-né-eḫ-ḫu°

(IV) šu-nu° a-ma-ta da-mi-iq-ta° 27' a-na ^{d}A-ni° i-q[á]-ab-bu-ú°
pa-ni° ba-nu-ti ša ^{d}A-ni° 28' šu-nu° ú-ka-la-mu-ka°

(iv) a-na pa-ni° ^{d}A-ni i-na ú-zu-zi-ka°
(V) 29' a-ka-la° ša mu-ti° ú-ka-lu-ni-ik-ku-ma° 30' la-a ta-ka-al°
me-e mu-ú-ti° ú-ka-lu-ni-ik-ku-ma° 31' la ta-ša-at-ti°
lu-ú-ba-ra ú-ka-lu-ni-ik-ku-ma° 32' ⌜li⌝-it-ba-aš°
ša-am-na° ú-ka-lu-ni-ku-ma° pí-iš-ša-aš°
33' ṭe-e-ma° ša áš-ku-nu-ka° la te-mé-ek-ki°
a-ma-ta° 34' ša aq-ba-ku° lu ṣa-ab-ta-ta°

(v) ma-ar ši-ip-ri° 35' ša ^{d}A-ni° ik-ta-al-da° ^{m}A-da-pa ša šu-ú-ti°
36' [k]a-ap-pa-ša° iš-bi-ir° a-na mu-ḫi-ia šu-bi-la-áš-šu° [483]

Rs. 37' [ḫa-r]a-an [š]a-me-e ú-še-eṣ-bi-is-sú-ma
⌜a-n⌝a ša-me-e i-l[i-li]
(VI) 38' a-na ša-me-e° i-na e-li-[š]u°
a-na ba-ab ^{d}A-ni° i-na ṭe$_{4}$-ḫi-šu
(vi) 39' i-na ba-a-bu ^{d}A-ni° ^{d}Dumu-zi° ^{d}Giz-zi-da° iz-za-az-zu°
40' i-mu-ru-šu-ma° ^{m}A-da-pa° il-su-ú na-ra-ru°
(VII) 41' eṭ-lu° a-na ma-an-ni° ka-a e-ma-a-ta
A-da-pa° 42' a-na ma-an-ni° ka-ar-ra° la-ab-ša-a-ta°
(vii) 43' i-na ma-ti° i-lu še-e-na° ḫa-al-qú-ma°
a-na-ku ka-ar-ra° 44' la-ab-ša-ku°
ma-an-nu° i-⌜lu⌝ [š]i-na
ša i-na ma-a-ti ḫa-al-qú°
45' ^{d}Dumu-zi° ⌜^{d}Giz⌝-zi-da a-ḫa-mi-⌜iš⌝ ip-pa-al-su-ma

---

[482] Vs. Z.18'f. ergänzt nach Rs. Z.37'f.; gegen Sh. Isre'el, S.52, Z.18.

[483] Es folgen eine Trennungslinie und ca. 4 unbeschriebene Zeilen; die gesamte Tafel VAT 348 ist in Kästchen zu je 1 Zeile untergliedert.

Wenn Du zum H[imm]el [19'] hin[aufkommst,
und Du Dich dem Tore Anus näh]erst,
[20'] werden im Tore An[us Dumuzi] und [Gizzi]da [21'] stehen,
Dich sehen (und) Dich immer wieder fragen:
'Junger Mann, [22'] für wen bist Du (so anders) geworden?
Adapa, für wen [23'] bist Du mit einem Trauergewand bekleidet?'

(iii) (Adapa :) 'Aus unserem Land sind zwei Götter verschwunden,
[24'] deshalb verhalte ich mich so!'
(Dumuzi und Gizzida :) 'Wer sind die beiden Götter,
die aus dem Land [25'] verschwunden sind?'
(Adapa :) 'Es sind Dumuzi und Gizzida !'
Sie werden einander ansehen und [26'] laut lachen.

(IV) Ein gutes Wort werden sie [27'] bei Anu (für Dich) einlegen;
das freundliche Antlitz Anus [28'] werden sie Dir zeigen.

(iv) Wenn Du (dann aber) vor Anu stehst,
(V) [29'] wird man Dir Speise des Todes hinhalten. [30'] Iß (sie) nicht!
Wasser des Todes wird man Dir hinhalten. [31'] Trink (es) nicht!
Ein feines Gewand werden sie Dir hinhalten. [32'] Zieh (es) an!
Feines Öl werden sie Dir hinhalten. (Damit) salbe Dich!
[33'] Den Befehl, den ich Dir gegeben habe, vernachlässige nicht!
Die Rede, [34'] die ich Dir gehalten habe, halte (fürwahr) fest."

(v) Ein Bote [35'] Anus kam herbei (und sprach:) „Adapa hat den
[36'] Flügel des Südwindes zerbrochen, liefere ihn mir aus!"

Rs. [37'] Den Weg zum Himmel ließ er (der Bote) ihn (Adapa) einschlagen,
(VI) damit er zum Himmel aufsteigen konnte.
[38'] Sobald er zum Himmel hinaufgekommen,
er dicht an das Tor Anus herangetreten war,
(vi) [39'] da standen im Tore Anus Dumuzi (und) Gizzida.
[40'] Sie sahen Adapa und riefen: „Hilfe!"
(VII) [41'] „Junger Mann, für wen bist Du so (anders) geworden?
Adapa, [42'] für wen bist Du mit einem Trauergewand bekleidet?"
(vii) [43'] (Adapa :) „Aus dem Land sind zwei Götter verschwunden,
deshalb bin ich mit einem Trauergewand [44'] bekleidet."
(Dumuzi und Gizzida :) „Wer sind die beiden Götter,
die aus dem Lande verschwunden sind?"
[45'] (Adapa :) „Dumuzi und Gizzida sind es!" Sie sahen einander an und

46' iṣ-ṣe-né-eḫ-ḫu° ᵐA-da-pa a-na pa-ni° ᵈA-ni šar-ri
47' i-na qé-re-bi-šu° i-mu-ur-šu-ma ᵈA-nu° il-si-ma
48' al-ka° ᵐA-da-pa° am-mi-ni° ša šu-ú-ti
ka-ap-pa-ša° 49' te-e-eš-bi-ir° ᵐA-da-pa° ᵈA-na ip-pa-al
be-lí° 50' a-na bi-it be-lí-ia
(VIII) i-na qá-a-ab-la-at ta-am-ti 51' nu-ni° a-ba-ar
ta-am-ta i-na mi-še-li in-ši-il-ma°
52' šu-ú-tu i-zi-qá-am-ma ia-a-ši° uṭ-ṭe-eb-ba-an-ni°
53' [a-n]a bi-it° be!-lí° ul-ta-am-ṣi-il
(viii) i-na ug-ga-at li-ib-bi-ia 54' [ša-a-š]a at-ta-za-ar°

ip-pa-lu i-da-š[u°? iz-za-az]-zu ᵈ[Dumu-zi]
55' [ù] ᵈ⸢Giz⸣-zi-⸢da a-ma-sú⸣ b[a-ni]-⸢ta a-na⸣ ᵈA-⸢ni⸣
56' i-qá-ab-bu-ú° it-tu-u[ḫ] li-ib-ba-šu is-sà-ku-at°
57' am-mi-ni° ᵈÉ-a° a-mi-lu-ta la ba-ni-ta ša ša-me-e
58' ù er-ṣe-e-ti° ú-ki-il-li-in-ši° li-ib-ba
59' ka-ab-ra° iš-ku-un-šu° šu-⸢ú⸣-ma i-te-pu-us-su°
60' ni-nu° mi-na-a° ni-ip-pu-u[s-s]ú° a-ka-al ba-la-ṭi°
61' le-qá-ni-šu-um-ma° li-kul
(IX) [a-k]a-al ba-la-ṭi 62' [i]l-qù-ni-šu-um-ma° ú-ul i-k[u]-ul
me-e ba-la-ṭi° 63' [i]l-qù-ni-šu-um-ma ú-ul il-[ti]
[l]u-ba-ra 64' [i]l-qù-ni-šu-um-ma° it-ta-al-[b]a-aš
ša-am-na° 65' [i]l-qù-ni-šu-um-ma° it-ta-ap-ši-iš°

(ix) 66' id-gu-ul-[š]u-ma° ᵈA-nu iṣ-ṣi-[i]ḫ i-na mu-ḫi-šu°
67' al-ka ᵐA-da-⸢pa⸣ am-mi-ni° la ⸢ta⸣-ku-ul°
la ta-al-ti-ma° 68' la ba-al-ṭa-t[a]
⸢a-a⸣ ni-ši da-⸢a⸣-l[a![484]-t]i ᵈÉ-a° be-lí°
69' iq-ba-a la ta-⸢ka⸣-al°
la ta-š[a]-[at]-ti° 70' ⸢li⸣-i-⸢qá-šu-ma⸣
[te-e]r-⸢ra-šu⸣° a-⸢na⸣ qá-qá-ri-šu
71' [x] x [... id-g]u-⸢ul-šu⸣
(Rest abgebrochen)

[484] vgl. Sh. Isre'el, S.57, Anm. zu Z.68.

46′ lachten (laut). Als Adapa sich Anu, dem König,
47′ näherte und Anu ihn sah, da rief dieser:
48′ „Was fällt Dir ein,[485] Adapa?! Warum hast Du den Flügel
des Südwindes 49′ zerbrochen?!" Adapa antwortet daraufhin dem Anu:
„Mein Herr, 50′ für das Haus meines Herrn
(VIII) fing ich in der Mitte des Meeres 51′ Fische.
Das Meer war in beiden Hälften ganz ruhig.[486]
52′ (Da) wehte der Südwind, und versenkte mich.
53′ In das Haus meines Herrn (Ea) ließ er mich untertauchen.
(viii) Im Zorn meines Herzens 54′ verfluchte ich (daraufhin) denselben."

Es antworten, während sie an seiner Seite st[eh]en, [Dumuzi]
55′ [und] Gizzida. Ein gutes Wort legen sie bei Anu (für ihn)
56′ ein. (Da) beruhigte sich sein zorniges Herz, er wurde schweigsam:
57′ „Warum hat Ea die böse Menschheit die Dinge des Himmels
58′ und der Erde sehen lassen, ihm (Adapa) ein überhebliches Herz
59′ gegeben. (Dementsprechend) handelt er (Adapa) auch."
60′ (Anu:) „Was sollen wir (denn mit) ihm machen? Speise des Lebens
61′ holt ihm, damit er (davon) esse!"
(IX) Speise des Lebens 62′ holten sie ihm, er (aber) aß sie nicht.
Wasser des Lebens 63′ holten sie ihm, er aber trank es nicht.
Ein feines Kleid 64′ holten sie ihm, mit diesem bekleidete er sich.
Feines Öl 65′ holten sie ihm, damit salbte er sich.
(ix) 66′ Es betrachtete ihn Anu (und) lachte über ihn:
67′ „Was fällt Dir ein, Adapa?! Warum aßest Du nicht,
trankest Du nicht? 68′ (Somit) bleibst Du *nicht* (ewig) am Leben!
Wehe über die kümmerlichen Menschen!" (Adapa:) „Ea, mein Herr,
69′ sprach (doch zu mir): „Du darfst (davon) nicht essen!
Du darfst (davon) nicht trinken!" 70′ (Anu:) „Nehmt ihn und
bringt ihn zurück an seinen Ort!"
71′ [...] und schaute ihm nach.

---

[485] vgl. M. Dietrich, MARG 7, S.132, Anm.30.

[486] vgl. dens., AOAT 42, S.47, Anm. 29.

9.2 Nergal und Ereškigal (1.2.7)

9.2.1 Umschrift

BU. 88-10-13, 69, Z. 1-18:[487]

Vs.1 *i-nu-ma i-lu iš-ku-nu qé-e-re-e-ta*
2 *a-na a-ḫa-ti-šu-nu E-re-eš-ki-i-ga-a-al°*
3 *iš-pu-ú-ru° ma-a-ar ši-i-ip-ri°*
4 *ni-i-nu° ú-lu nu-⌜ur?⌝°-ra-da-ak-ki°*
5 *ù at-ti° ul ti-li-in-na-a-ši°*
6 *šu-ú-up-ri-im-ma°*
li-il-qù-ú° ku-ru-um-ma-at-ki
7 *iš-pu-ra-⌜am? E?°-re?-eš*$_{15}$*?-ki⌝-i-ga-al Nam-ta-a-ra šu-uk-⌜ka?-la?-ša?⌝*
8 *i-la-am-⌜ma⌝ N[am-ta-ru a-na] ⌜ša-me-e⌝ ṣi°-i-ru-ú-ti*
9 *i-te-ru-u[m-ma*[488] *Nam-ta-ru it]-bu-ma! i-la-nu*
10 *ú-pa-ra-[x x x x (x) ik]-ru-[bu]-⌜ma? Nam⌝-ta-a-ra*
11 *ma-ar ši-⌜i-ip-ri⌝ [ša a-ḫa-t]i-⌜šu-nu ra-a⌝-bi-i-ti*
12 *ik-ru-ú-⌜ru?⌝*[489] *[x x x] ⌜iš⌝ [x (x)] -⌜tu i-mu⌝-[ru]-⌜šu-ma Bal-šu⌝*
13 *i-lu ṣe-e-⌜ru⌝-[ti x x]-⌜bi-ta pa-x-šu⌝°*
14 *[x x x] ⌜zi⌝-[x]-⌜di⌝ a-k[a-l]a [a-na il-t]i be-e[l]-ti-[š]u*
15 *[x x x x x x x x x x x] ⌜x⌝ NI*[490]*-ba-⌜ak?⌝-ki ud-⌜dá?⌝-a[ḫ]-ḫa-as*
16 *[... ...-r]i EN TUM ⌜x⌝ [(x)]*[491]
17 *[...] ⌜x x⌝ [(x)]*
18 *[...] ⌜x⌝ [(x)]*
19-22 (abgebrochen)

VAT 1614 (WA 236), Z.23-27; VAT 2710 (WA 239), Z.23-38:

Vs.1 *dÉ-a [... ṣ]i-i[s-ma]*
2 *il-l[i-ik ... u]t-[t]e-e-er°*

[487] Bereits M. Dietrich wies in MARG 6, 1881, S.119-132, auf die *geschlossene* Tradition der *babylonischen* Dichtungen in *Tell el-Amārna* hin. Vgl. die Dichtung „Adapa und der Südwind". Dessen *nicht* ungeachtet seien hier aber auch der Vollständigkeit halber die *assyrischen* Fragmente noch einmal ediert, auch wenn diese einer *anderen* Traditionsgeschichte entsprechen.

[488] vgl. Sh. Isre'el, S.62, Anm. zu Z. 9.

[489] vgl. *ig/q-ru-ú-ru* von *garāru* (CAD G 49): „in Furcht sein", bzw. *qarāru* (AHw. S.902): „sich ängstlich verkriechen".

[490] BU 88-10-13, 69, Z.15: *NI! BA AK KI;* Sh. Isre'el, S.58, Z.15, liest *i!-ba-ak-ki.*

[491] vgl. Sh. Isre'el, S.62, Anm. zu Z.16.

[492] vgl. E. von Weiher, Der babylonische Gott Nergal, AOAT 11, Neukirchen-Vluyn 1971, S.52: *a-na mu-uḫ-ḫi-šu [b]i-la-ni-ma* „zu ihm bring mich, ich will ihn töten"; vgl. Sh. Isre'el, S. 62, Anm. zu Z.27: die Spuren zeigen am Ende des sechsten Zeichens einen gebrochenen Keil, daher eher *-e-*, als *-šu-* zu lesen.

9.2.2 Übersetzung

BU. 88-10-13, 69, Z. 1-18:

$^{Vs.1}$ Als die Götter ein Gastmahl veranstalteten,
^{3} da schickten sie ^{2} zu ihrer Schwester, Ereškigal,
^{3} einen Boten:
^{4} „Wir können nicht zu Dir hinabsteigen,[493]
^{5} und Du kannst nicht zu uns heraufkommen!
^{6} Schicke (nun jemanden) her,
damit man Deine Speise holen möge!"
^{7} Es schickte Ereškigal Namtar, ihren Wesir,
^{8} und Nam[tar] stieg empor [zum] erhabenen Himmel.
^{9} Daraufhin trat [Namtar] dort ei[n, und es erho]ben sich die Götter.
^{10} Sie [...] und be[grüßten] Namtar,
^{11} den Boten ihrer älteren Schwester.
^{12} Sie stellten [(einen Tisch$^{?}$)] auf, als sie ihn sahen [...]
^{13} Die erhabenen Götter [...]
^{14} [Er ...] die Speise [für die Göt]tin, seine Herrin.
^{15} [(da) ...,)] weint er und ist bedrückt.
^{16} den Weg [zum Land ohne Wiederkehr schlägt er ein].
^{17} [...]
^{18} [...]
$^{19-22}$ (abgebrochen)

VAT 1614 (WA 236), Z.23-27; VAT 2710 (WA 239), Z.23-38:

$^{Vs.1}$ *Ea* [...]
^{2} Er ging (und) brachte daraufhin [...] zurück.

---

493 vgl. die Version aus Sultantepe, I 33: ***ni-nu-ma ul šá a-ra-di***; M. Hutter, Literar- und religionsgeschichtliche Überlegung zu „Nergal und Ereškigal", Orbis Biblicus et Orientalis 63, Freiburg 1985, S.10, Anm. zu Z. 4.

3 *a-li-⸢ik u? ša? a-ḫa-ti⸣-[šu-nu qa-b]é-e-ia°*
4 *um-ma a-l[i ^{d}Nergal*(U.GUR) *ša i-na pa-ni]*
mār([DUMU]) *ši-ip-ri-ia° la-a° it-bu-[ú]*
5 *⸢a-na mu-ú-te-e-šu*[492] *bi-la⸣-ni-šu um-ma° lu-ú-du-uk-šu°*
6 *il-li°-ka-am-ma° Nam-ta-ru i-d[a]-ab-bu-ub° a-na i-la-ni*
7 *il-su-šu-ma° i-la-nu° i-da-ab-bu-bu° it-ti-šu°*
mu-ú-⸢ti?⸣([-*šu*])
8 *a-mu-ur-ma° i-la° ša i-na pa-ni-ka° la it-bu-ú*
9 *le-qé-e-šu a-na ma-⸢ḫa⸣-ar be-el-⸢ti⸣-ka°*
10 *im-nu-šu-nu-ti-⸢ma⸣° Nam-ta-ru i-lu [a]r-ku-ú° gu-bu-uḫ*
11 *[i]a-a-nu šu i-lu [š]a i-na pa-ni-ia° [l]a it-bu-ú°*
12 *[it-ta-a]l-la-ak Nam-ta-a-ru° [iš-tak-an ṭe$_{4}$]-⸢e⸣-em-šu°*
13 *[...] ⸢x e⸣ [... am-nu-š]u-nu-ti-ma*
14 *[... i-l]u° ar-ku-ú°*
15 *[...]-⸢a?⸣° ia-a-nu!*[494] *šu°*
16 *[i-lu ša i-na pa-ni-ka la it-bu-ú]*[495]

VAT 1613 (WA 237), Z.39-42; VAT 1611 (WA 234), Z.40-42:

17 *[... a-na mār*(DUMU) *ši-ip]-ri-i-⸢š⸣a*
18 *[...] ⸢x x⸣ [...] ar-ḫi°*
19 *[...] ⸢x⸣ ^{d}É-a° bé-e-[lu k]a-ab-tu°*
20 *[k]u?-us-sa-a*[496]*° il-te-e-et° [iš-ku-u]n° a-na qá-ti° ^{d}[Nergal*(U.GUR)]

VAT 1611 (WA 234), Z.43-49:

Rs.1 *li-i-qí a-na E-re-eš$_{15}$-ki-gal° i-ba-[ak-ki-ma ^{d}Nergal*(U.GUR)]
2 *a-na pa-ni° ^{d}É-a° a-bi-šu° i-ma°-ra-an-[ni ...]*
3 *ú-lu°-ba-la-ṭa-an-ni° la-a° pa-a[l-ḫa-ta ...]*
4 *a-na-an-di°-na-ak-ku° 7° u 7° a-mi-*[ra-ni]
5 *it-ti-ka° a-na a-la-ki° ^{d}[GN ^{d}GN ^{d}GN-ba ^{d}Mu-ta-ab-ri-qá]*
6 *^{d}Ša-ra-ab-d⸢a-a° ^{d}⸣[Ra-a-bi-i-ṣa ^{d}Ṭe-ri-id ^{d}I-dip-tu]*

VAT 2710 (WA 239), Z.49-64:

7 *⸢^{d}Bé-e⸣-[en-na ^{d}Ṣi-i-da-na ^{d}Mi-qí-it ^{d}Bé-e-el-ú-ri]*
8 *^{d}Um-ma° ⸢^{d}⸣[Li-i-ba il-la-ak-ku]*
9 *it-ti-ka [i-na e-re-bi i-na b]a-a-bu°*
10 *E-re-eš$_{15}$-ki-gal i-ša-si a-⸢tu⸣-[*ú pe-ta]-⸢*a*⸣ *ba-ab-ka*
11 *⸢up⸣-pí° ru-um-mi-ma a-na°-ku lu-ru-ú-ub° a-na ma-ḫ[ar b]é-e-el-ti-ka°*
12 *⸢E⸣-re-eš$_{15}$-ki-gal° a-na°-ku ša-ap-ra-ku° il-li-i[k]-ma° a-tu-ú°*
13 *iq-ta-bi° a-na Nam-⸢ta⸣-ri° i-lu° iš-te-en° i-na p[í]-i° ba-a-bi° iz-za-z[a]*

---

[494] vgl. WA 239α, Z.15: *ia-a-bi!-šu.*

[495] ergänzt nach Z.33.

[496] vgl. Sh. Isre'el, S.63, Anm. zu II Z.41f.; vgl. Adapa und der Südwind, Z.70.

[497] vgl. dens., ebd, S.60, Z.57: *i[š-gu]-um.*

3 „Geh! Meine, ihrer Schwester Worte [sag ihnen!]
4 Folgendermaßen:" 'W[o, (ist) Nergal, der sich vor]
meinem Boten nicht erhob?'
5 Für seinen Tod bring ihn zu mir! Ich will ihn töten!"
6 Es kam Namtar herbei, um zu den Göttern zu reden.
7 Die Götter reden ihn an, um mit ihm zu besprechen:
([Nergals]) Tod
8 „Suche den Gott, der sich vor Dir nicht erhob!
9 Nimm ihn vor Deine Herrin!"
10 Als Namtar sie zählte, (da fehlte) hinten ein Gott.[498]
11 (Namtar:) „Der Gott, der sich vor mir nicht erhob, ist nicht (da)!"
12 Daraufhin geht Namtar fort. Er gibt seinen Bericht (vor Ereškigal).
13 (Ereškigal:) [„Als Du (Namtar)] sie [zähltest,] da
14 [fehlte] hinten ein Gott?
15 — Der Gott,
16 der sich vor Dir (Namtar) nicht erhob, war nicht (da)?"

VAT 1613 (WA 237), Z.39-42; VAT 1611 (WA 234), Z.40-42:

17 [Ereškigal ...] ihren Boten.
18 [„Um ihn zu finden, wirst du zum Himmel aufsteigen jeden] Monat!
19 [...] Ea, der geehrte Herr,
20 einen Thron[499] gab er in die Hand Nergals.

VAT 1611 (WA 234), Z.43-49:

Rs. 1 (Ea:) „Nimm (ihn mit) zu Ereškigal!" (Da) wei[nt] [Nergal]
2 vor Ea, seinem Vater: „(Wenn) sie (Ereškigal) mich sieht,
3 wird sie mich nicht am Leben lassen!" (Ea:) „Habe keine Furcht!
4 Ich werde Dir 7 und 7 [(Dämonen)] geben [(...)]
5 damit sie mit Dir gehen. [GN, GN, GN, Muttabriqu,]
6 Šarabtû, Rābiṣu, Ṭirid, Idibtu,

VAT 2710 (WA 239), Z.49-64:

7 Bên[nu, Ṣidanu, Mikit, Bēl-ūri,]
8 Ummu, [Lību.] [Sie sollen]
9 mit Dir [gehen!"] [Als] Nergal zum Tor
10 der Ereškigal [gelangte], da ruft er: „Wächter, öffne Dein Tor!
11 Die Türriegel lockere, damit ich eintreten kann! Zu Deiner Herrin,
12 Ereškigal, bin ich geschickt!" Und es ging der Wächter los,
13 um zu Namtar zu sprechen: „Ein Gott steht am Eingang des Tores.

[498] vgl. M. Hutter, Orbis Biblicus et Orientalis 63, S. 8, Z.32: „der hinterste Gott war kahlköpfig".

[499] vgl. Sh. Isre'el, S.63, Anm. zu Z.42; vgl. STT II 35.39f.; dagegen M. Hutter, Orbis Biblicus et Orientalis 63, S.11, Anm. zu Z.42.

14 *al-ka°-ma bu-úr-ri-*[*š*]*u-ma° li-ru-ub° ú-ṣa°-*[*am-m*]*a Nam-ta-a-r*[*u*]
15 *i-mu-ur-šu-ma° ḫa-a-*⌜*di*?⌝ *da*!*-an-ni-iš° i*[*š-x-u*]*m*[497] ° *iq-ta-a-b*[*i*]
16 ⌜*a*⌝-[*na be-e-e*]*l-ti-šu° be-e-el-ti* [*i-lu š*]*a i-na ar-ḫa-a-*[*ni*]

VAT 1614 (WA 236), Z.59 - 64:

17 *pa-*⌜*a*⌝-[*nu-ú-ti iḫ-l*]*i-ku°-ma* [*i-na pa-ni*]*-ia° la it-bu-ú*
18 ⌜*šu*⌝*-ri-ba-*⌜*šu*⌝ [... *i*]*l-la-ka lu-ú-du-u*[*k-šu*]
19 *ú-ṣa-am-ma Nam-ta-ru* ⌜*iq*?⌝[*-ta-a-bi-š*]*u er-ba°-a bé-e-li*
20 ⌜*a-na*⌝ *bi-tu° a-ḫa-ti-ka-ma° mu-*[*ḫu-ú*?]*-ur zi-i-it-ta-ka*[500]
21 [*i*?*-pa*?*-al*?*-m*]*a Nergal*(⌜U⌝.GUR°) *li-ib-*[*bu-k*]*a li-iḫ-da-an-ni*
22 [...] *dNergal*(⌜U.GUR⌝°) ⌜*be*⌝-[... ...]
23-24 (abgebrochen)

BU. 88-10-13, 69, Z.67 - 88:

Rs. 1' [*x x x x*] *dEt*?*-*⌜*qá*⌝*-a i-na*? *x-*[*x*] *d*⌜*X-x*⌝[*-x i-na ši-na*][501]
2' [*dX-x-b*]*a i-na ša-al-ši° dMu-ta-ab-ri°-qá i-na re-e-*⌜*bi-i*⌝
3' [*dŠa*]*-*⌜*ra*⌝*-ab-da-a i-na ḫa-an-ši° dRa-a-bi-i-ṣa i-na ši-iš-ši° dṬe-ri-*⌜*id*⌝
4' ⌜*i-na*⌝ *se-e-bi-i° dI-dip*?*-tu i-na sa-ma-ni-i dBé-e-en-na°*
5' *i-na ti-ši-i° dṢi-i-da°-na i-na eš-ri-i° dMi-qí-it°*
6' *i-na il-te-en-še-e-ri-i° dBé-e-el-*⌜*ú*!⌝*-ri° i-na ši-i-in°-še-e-ri-i*
7' *dUm-ma° i-na ša-la-še-e-ri-i° dLi-i-ba° i-na er-bé-še-e-ri-i*
8' *ba-a-bi° il-ta-ka-an° ḫu-*⌜*úr*⌝*-ba-a-ša*[502] *i-na ta-ar-ba*⌜*ṣi*⌝ *it-ta-ki-is*
9' *dNam-ta-ra ṣa-a-bi-šu*[503] ° *ṭe-e-ma i-ša-ka-an ba-ba-a-tu*
10' *lu pu-ut-ta-a a-nu-um-ma a-na-ku a-la-as-su-ma-ku-ú-nu-ši*
11' *i-na li-ib°-bi bi-i-ti iṣ-ṣa-ba-at E-re-eš-ki-i-gal°*
12' *i-na ša-ar-ti-ša° ú-qé-ed-di-da-áš-ši-im-*⌜*ma*⌝ *iš-tu ku-us-si-i*
13' *a-na° qá-a-aq-qá-ri qá-qá-as-sa a-na na-ka-si°*
14' *la-a° ta-du-ka-an-ni a-ḫu-a-*⌜*a*⌝ *a-ma-ta lu-uq*!*-ba-a-ku°*
15' *iš-mi°-ši-i-ma dNergal*(U.GUR) *ir-ma-a qá-ta-a-šu i-ba-ak-ki ud-*⌜*dá*⌝*-ḫa-as*

---

500 vgl. Sh. Isre'el, S.64, Anm. zu Z.62.

501 in dieser Zeile sind die ersten beiden Dämonen-Namen mit ihrer Platzzuweisung zu erwarten. Die Kopie (BU. 88-10-13, 69, Z.19) zeigt auch zweimal das Zeichen diĝir; vgl. dagegen die Lesung durch J.A. Knudtzon, VAB 2/1, Leipzig 1915, Nr.357, S.972.

502 vgl. M. Hutter, S.11, Anm. zu Z.74; W. von Soden, AHw. S.344b, *ḫidumû: ḫu-du*!*-ma*!*-a-ša* (schnitt er ab); CAD Ḫ: *ḫurbāšu*, S.248f.

503 vgl. Sh. Isre'el, S.65, Anm. zu Z.75.

[14] Komm, sieh ihn (Dir) an, damit er eintreten kann!" Es ging hinaus Namtar,
[15] er sah ihn und freute sich sehr. [Er ...,] woraufhin er
[16] zu seiner [Her]rin spricht: „Meine Herrin, [es ist der Gott, de]r in

VAT 1614 (WA 236), Z.59 - 64:

[17] früheren Monaten verschwand und sich nicht vor mir erhob!"
[18] (Ereškigal:) „Laß ihn eintreten! [Sobald er her]einkommt, will ich ihn töten!"
[19] Es ging Namtar hinaus [und sprach zu ihm:] „Tritt ein, mein Herr,
[20] in das Haus Deiner Schwester und [empfange] Deinen „Anteil"!
[21] Es antwortet Nergal: „Dein Herz möge sich über mich freuen!
[22] [...] Nergal [...]
[23-24] (abgebrochen)

BU. 88-10-13, 69, Z.67 - 88:

Rs. 1' [Er (Nergal) ...] nicht das Tor beim Eintreten.
2' GN stellte er (Nergal) daraufhin im dritten, Muttabriqu im vierten,
3' Šarabdû im fünften, Rābiṣu im sechsten, Ṭirid
4' im siebenten, Idibtu im achten, Bônnu
5' im neunten, Sîdanu im zehnten, Mikit
6' im elften, Bêlūri im zwölften
7' Umma im dreizehnten, Lîba im vierzehnten
8' Tore hin zur Abschreckung. Im Hof konnte er (dann) die Furcht zurückhalten.
9' Namtar (und) seinen Kriegern gibt er den Befehl:[504] „Die Tore
10' sollen geöffnet bleiben. Siehe, (sonst) werde ich (feindlich) auf Euch losgehen!"
11' Im Inneren des Hauses ergriff er daraufhin Ereškigal.
12' An ihrem Haar zog er sie vom Thron
13' zum Erdboden herab, um ihren Kopf abzuschlagen.
14' „Du darfst mich nicht töten, mein Bruder! Ich will Dir etwas sagen!"
15' Es hörte Nergal auf sie, seine Hände losten sich; sie weint (und) ist bedrückt:

[504] vgl. Sh. Isre'el, S.65, Anm. zu Z.75.

16′ *at-ta lu mu-ti-ma*° *a-na-ku lu áš-ša-at-ka*° ⌈*lu*⌉-*še-eṣ-bi-it-ka*
17′ *šar-ru-ta*° *i-na er-ṣe-e-ti ra-pa-aš-ti lu-uš-ku-un ṭú-up-pa*
18′ *ša né-mé-e-qí*° *a-na qá-ti-ka*° *at-ta lu bé-e-lu*°
19′ *a-na*°-*ku lu bé-él-tu* ^{d}*Nergal*(U.GUR) *iš-mé-e-ma an-na-a qá-ba-ša*°
20′ ⌈*iṣ*⌉-*ba-si-ma ú-na-aš-ša-aq-ši di-i-im-ta*°-*ša i*-⌈*ka*⌉-*ap-pa-ar*
21′ *mi-i-na-am*°-*ma te-ri*°-*ši-in-ni iš-tu* (Rasur$^{?}$) *ar-ḫa-ni*° *ul-lu-ti*
22′ *a*-⌈*du*⌉ *ki-na-an-na*[505]

9.3 Fragment eines literarischen Textes (1.2.7)

9.3.1 Umschrift

Vs. 1 [*x x x*]-⌈*x*⌉-*ma šar-r*[*u* ...]
2 [*x x*] ⌈*um-ma*⌉ *al-ka am-mi-*[*ni* ...]
3 [(*x*) *l*]*i-ib-bi ke-e-nu ni-la*-⌈*ak*⌉ [...]
4 [*x*]-*a i-mu-ur-ma šarru*(LUGAL) *in-da*-⌈*x*⌉-[...]
5 [*x*]-*ni-tu an-ni-tu it-tu ša* ⌈*i*⌉-[*na li-ib-b*]*i* ⌈*bi-ti-ia*⌉
6 [*la b*]*a-šu-ú il-si-ma a-mal-la t*[*u*]-⌈*za-ma-ar-ra-šu*⌉
7 [*a*]-*li-ik le-qá-a tu-up-pa-ti-ma i*-[*za-m*]*u*-⌈*ur*⌉
8 [*it-t*]*a an-ni-ta il-li-ik a*-⌈*mal-lu*⌉ [*i-na b*]*i*-⌈*ti-šu*⌉
9 ⌈*ib*⌉-[*š*]*i-ma li-e-a-ni ul-ta-na*-⌈*ad*⌉ [...]-⌈*di*⌉
10 ⌈*it*⌉-*ta an-ni-ta ul im-ma-ar* [...]
11 ⌈*i*⌉-[*n*]*a e-kal-li iq-ta-bi a-na u*[*š*-...] *be-lí-ki a-mu-ru*
12 [*i*]*a-a-nu it-tu an-ni-tu i-n*[*a bi-ti-šu i*]-*is-sa-ku-ut šar-ru*
13 ⌈*iq-ta*⌉-*bi a-mal-lu lu-l*[*i* ...] *i ka lu mi-ia*
14 [...]

Rs. (nur Reste erhalten.)

[505] vgl. dens., ebd., S.65, Anm. zu Z.88.

16′ „Du sollst mein Gatte sein, und ich will Deine Gattin sein.
Ich will Dich ergreifen lassen
17′ die Königsherrschaft über die weite Unterwelt. Ich will die Tafel
18′ der Weisheit in Deine Hände legen. Du seist der Herr,
19′ ich will die Herrin sein!" Nergal hörte diese ihre Rede,
20′ er berührt und küßt sie. Ihre Träne wischt er ab:
21′ „Was Du (Dir) alles von mir gewünscht hast
seit den vergangenen Monaten,
22′ fürwahr, so sei es!"

9.3.2 Übersetzung

Vs. 1 [...] und der König [...]
2 [...] folgendermaßen (spricht er): „Warum [...?]
3 [(...)] Mein Herz ist treu; wir gehen [..."]
4 und [...] sah der König; er [...]
5 [„...] dieses Zeichen, das im Inneren meines Hauses
6 nicht vorhanden war." Er rief: „Den .../ich fülle an. Du besingst es!
7 Geh, nimm die Tafeln!" Er singt.
8 Dieses Zeichen ist eingetreten. Allerlei hat sich in seinem Haus ereignet.
9 Die Schriftstücke [...]
10 dieses Zeichen sieht er nicht [...]
11 Im Palast sprach er daraufhin zu [... „Als] ich Deinen Herrn sah,
12 war dieses Zeichen nicht in seinem Haus." Da verfiel der König
in Schweigen.
13 Er spricht daraufhin: „Ich [...]
14 [...]

Rs. (nur Reste erhalten.)

9.4 Sargon-Epos (1.2.7)

9.4.1 Umschrift

Vs. 1 [x x x x x x x]-il$^{?}$ ^{d}Iš$_{8}$-tár a-<na> šu-ri[506] ^{uru}A[k-kà-dì (x x x x x)]
2 [x x x x x x mu]-⸢ba⸣-ú tam-ḫa-ri šàr qé-re-[eb ekalli (É.GAL-lì) (x x x x)]
3 [x x x x x x x]-⸢x⸣ i-qáb-bi qáb-la Šarru (LUGAL)-k[è-en (x x x x)]
4 [x x x x x x (ina)]⸢^{giš}⸣kakki (TUKUL)-⸢šu⸣ ez-zi (<qé-re-eb>)
ekalli (É.GAL-lì) Šarru (LUG[AL])-[kè-en (pā (KAxU-šu e-ep-pu-ša)]
5 [i-qáb-bi a-na] qarradī ([UR.SAĜ])[-šu a-m]a-tá is-sà-qar
qarradū (UR.SAĜ)-ia ^{kur}Kà-[ni-iš (x x x x)]
6 [x x x x x x n]u ú-ba-a qáb-la uk-kà-an-ni-š[a[507] x x x x x]

---

7 [x x x x x ḫi-i]m-ma-ta$_{5}$ it-ra a-ša-<ri>-id Šarru (LUGAL)-k[è-en]
pā ([KAxU][-šu e-ep-pu-ša]
8 [i-qáb-bi is-sà-qá-ra be$^{?}$]-li-iš pa-ra-ak-ki ḫarrāna (KASKAL-na) be-lí š[a]
[te-er-ri-i]š a-la-kam
9 [u-ur-ḫa-at šu-up-šu-qá-at a-l]a-ak-ta mar-ṣa-at ḫarrān (KASKAL-an)
^{uru}Bur-ša-ḫa-an-⸢da⸣
10 [ša te-er-ri-iš a-la-kam] ḫarrān (KASKAL-an) ša a-da-mu-mu-uš
ši-ip-pí-ir <7 bīri (KASKAL.GÍD)> ni-nu$^{!}$ im-ma-ti
11 [x x x x x š]u nu-uš-ša-šab ^{giš}kussâ (GU.ZA)
nu-šap-šaḫ sú-ur-ri-iš
12 [x x x x x i]q-ta-ta i-da-a-ni
bur-kà-ni i-tá-an-ḫa i-na a-la-ki u-ur-ḫi
13 [(i-nu-mi-šu)[508] pā (KAxU)-šu] e-ep-pu-šu i-qáb-bi is-sà-qá-ra
^{lú}sukkalla (SUKKAL) ša mārī (DUMU.MEŠ) ^{lú}tamkārī (DAM.G⸢AR⸣)
14 il ([DINGIR])-[kà ^{d}Za-ba$_{4}$-b]a$_{4}$ a-lik u-ur-ḫi
mu-še$^{!}$-te<-še>-ru ḫarrāna (KASKAL-na)
ḫa-ia-aṭ ki-ib-ra-ti
15 [... be$^{?}$-l]i-iš pa-ra-ak-ki ša ul-tù ṣi-it ^{d}Šamši (UTU) i-na ša-la-mi
^{d}Šamši (UTU)
16 [(...) š]a mārī (DUMU.MEŠ) ^{lú}tamkārī (DAM.GÀR) libba (ŠÀ)-šu-nu
i-ra-a mar-ta bu-ul-lu-ul im-mé-ḫe-e
17 [i-na er]⸢ṣé$^{?}$-ti⸣ mi-na i-na qé-re-eb ^{uru}Ak-kà-dì Ki-iš-ši li-il-qut
18 [Šarru (LUGAL)-k]è-en šar (LUGAL) kiššati (ŠÚ)
šuma (ŠUM) ni-is-qur
u-ur-ri-da-nu ni-ma-aḫ-ḫa-ra ki-iš-šu-ti
ú-ul qar-ra-da-nu
19 [u-ud]-da-a u-ur-ḫi šar (LUGAL) ú-mi-id šuāta (UR$_{5}$-⸢ta$^{!}$⸣)

---

[506] vgl. J.G. Westenholz, The Legends of the Kings of Akkade, res gestae Sargonis, S.108, Anm. 1.

[507] vgl. dies. ebd., S.110, Anm. 7.

[508] vgl. dies. ebd., S.114, Z.13 und Anm.13.

9.4.2 Übersetzung

Vs. 1 [... (Der Held der)] Ištar, an die Stiere Akkads [...]
2 [... der] den Kampf [sucht], der König inmit[ten des Palastes ...]
3 [...] er befiehlt den Krieg. Sargon [...]
4 [... (mit)] seiner wütenden Waffe. (Inmitten) des
Palastes [fängt] Sargon [zu reden an,]
5 [er spricht,] indem er [seinen Kriegern] (diese) Rede hält:
„Meine Krieger! Kaniš [...]
6 [...] ich suche den Kampf, sie haben unterworfen [...“]

---

7 [...] ... holte er zurück; der (höchste nach) Sargon [fängt zu reden an,]
8 [er spricht, indem er sich an den Her]rn des Thronsitzes wendet:
„Der Weg, mein Herr, den
Du zu gehen wünschst,
9 [(dauert) einen Monat], er ist schmerzlich für den Marsch. Der Weg
nach Buršaḫanda,
10 [den Du zu gehen wünschst,] ist ein Weg, über den ich mich beklage;
es ist ein Werk, < von 7 Doppelstunden >. Wann
11 werden wir [...] (wieder) auf einem Stuhl sitzen? Werden wir
ruhen können in dem Moment, wo
12 unsere Kräfte zu Ende gehen (und)
unsere Knie beim Marschieren auf dem Weg erschöpfen?“
13 [(Zu dieser Zeit), fängt] er zu reden an. Er spricht. Es sagt
der Gesandte der Kaufleute:
14 [„Es ist (doch) Dein Gott Zaba]ba, der den Weg geht,
der den Weg einschlägt,
der die Gegenden ausspäht
15 [... für den Her]rn des Thronsitzes von Sonnenaufgang bis zum
Sonnenuntergang.
16 [...] das Innere der Kaufleute
erbricht, es ist mit Galle vermischt. ...
17 [auf die Er]de. Was kann Kīši aus der Mitte Akkads wegraffen?
18 [Sar]gon gegenüber, dem König der Welt
leisteten wir den Treueeid.
So kommen wir nun herunter, damit wir „Macht“ empfangen,
(denn) wir sind keine Krieger.
19 [Die Geräte für den] Weg, oh König, erlege (uns) auf,

(Rasur: *BI*) *ni-pa-lu*
šar (LUGAL) *ša ša iz-za-za qáb-la-šu*
li-pu-la šarru (LUGAL)
20 [*l*]*i-zu-zu ḫurāṣa* (GUŠKIN) *qarrādū* (UR.SAĞ) *Šarru* (LUGAL)-*kè-en*
li-id-dı-nu-šu šam-ru kaspa (KÙ.BABBAR)

---

21 [*ki*] *ḫarrāni* ([KASKAL]-*ni*) *ni-il-la-ak in-né-pu-ša da-aṣ-ṣa-ti i-na ša*
né-ḫu-ma il (DINGIR)-*ka*
^{d}*Za-ba*$_4$-*ba*$_4$
22 [*i*]*p-pa-aḫ-ra mārū* (DUMU.MEŠ) ^{lú}*tamkāri* (DAM.GÀR) *ir-ru-ba qé-re-eb*
ekalli (É.GAL-*lı*) *ul-*⸢*tù*⸣ *ir-ru-bu-ú*! *(PA)*
23 *mārū* ([DUMU.MEŠ]) ⸢^{lú}⸣*tamkāri* (DAM.GÀR) *ú-ul im-ḫu-ru*
qarrādū (UR.SAĞ.MEŠ) *Šarru* (LUGAL)-*kè-en pā* (KAxU)-*šu e-ep-pu-ša*
i-qáb-bi
24 [*is-sà-qar*] *šar* (LUGAL) *tam-ḫa-ri* ^{uru}*Bur*<-*ša*>-*ḫa-an-da ša*
⸢*du*⸣-*bu-*⸢*ba*!-*ku lu*⸣-*mu-ur ge*$_5$-*re-et-ta-šu*
25 [*mi-iš*]⸢-*šu*⸣ *ša-ar-šu a-i-ú šadû* (ḪUR.SAĞ)-*šu* ⸢*mi-nu*⸣ (Rasur)
an-zu a-i-tù ki-i-li-il!-*t*[*u*!(Rasur)-*ma*
26 *ḫarrāna* ([KASKAL-*na*]) [*š*]*a te-er-ri-iš a-la-kà*
u-ur-ḫa-at šu-⸢*up*⸣-*šu-qá-at a-la-ak-ta mar-ṣa-at*
27 *ḫarrān* ([KASKAL-*an*]) ^{uru}*Bur-ša-ḫa*]-*an-da ša te-er-ri-iš a-la-kà*
ḫarrān (KASKAL-*an*) *ša a-da-mu-mu*
ši-ip-pí-ir 7 bīri (KASKAL.GÍD)
28 [*x x x*] ⸢*x*⸣ *šadû* (ḪUR.SAĞ) *ga-ap-šu ša ták-kà-sú*
^{na4}*uqnî* (ZAG.GÌN)
ḫurāṣu (GUŠKIN-*ra-a-ṣú*) *i-na kippatī* (GAM)-*šu*
29 [*x x x*] ⸢^{giš}⸣*ḫašḫūru* (ḪAŠHUR) ^{giš}*tittu* (PÈŠ) ^{giš}*ši-mi-iš-ša-lu*!
^{giš}*ur-zi-in-nu um*?!-*muq*?! *7* ZU.AB *bi-ra-šu*
30 [*x x x* (*x*)] ⸢*a*⸣-*šar im-*⸢*daḫ-ṣú*⸣-*ni ur-du*!-*ú*
ši-kar re-ši-šu 7 bīri (KASKAL.GÍD) ^{giš}*mu-ur-dı-in-nu*
31 [...] ⸢*x*⸣ *ḫu-*[*ul-la a*?]-*šar-ma gáb-bi-ša 7 bīri* (KASKAL.GÍD)
iṣ-ṣú eṭ-ṭá-tù li-mi-it
32 [...] ⸢*zi*⸣-*iq-ti iṣ-ṣ*[*ú x x* (*x*) *ṣ*]*ú-up-pa 7 bīri* (KASKAL.GÍD)
kà-lu-u
33 [...] ⸢*ṣú-ú*⸣ [...] *šu-lu-*⸢*ú ṣú*⸣-*up-pa*
34 [... *z*]*i-iz-za* ⸢*za*⸣ [*x* (*x*)]
35 [... (*naqba*) *i*]*m-*⸢*mu-ru*⸣ [*x x* (*x*)]

Rs. 1′ [*x x x x x x x x*] ⸢*x bu*⸣ [...]
2′ [*x x x x x x x x s*]*u*? *ṣābu* (ERÍN) *e*[*n-*...]
3′ [*x* (*x*) *ú*]-⸢*ul*? *x a*? *x x*⸣ [*x x x*]-*ra* ^{m}*Nu-ur-d*[*ag-gal*]
pā (⸢KAxU⸣)-*šu e-*⸢*ep-pu*⸣-*ša* ⸢*i*⸣-*qáb-*⸢*bi a*!-*na*⸣ *qarrādī* (⸢UR⸣.[SAĞ])-[*šu*]
4′ [*a-m*]*a-tá is-sà-qar a-dı-n*[*i*] *Šarru* ([LUGAL][-*kè-e*]*n*
la-a il-⸢*la*⸣-*k*[*à-a*]*n-na-ši li-ik-la-aš-šu ki-ib-ru mi-*⸢*lu-ú*⸣
5′ *šadû* ([ḪUR.SA]Ğ) *ga-ap-šu li-pu-uš a-pu qí-il-tá*
⸢*ḫu*⸣-*bu-tá qal*$_4$-*la ki-iṣ-ṣa-ri i-ta-wu-lu-ú*

die wir bezahlen sollen!
Denjenigen, der dem König in seinem Kampf zur Seite steht,
möge (hingegen) der König bezahlen!
20 Es mögen die Krieger Sargons das Gold teilen,
es mögen die Wütenden (d.h.: Krieger) das Silber (ihm) ausliefern.

---

21 [Wie] können wir die Wege entlanggehen, (solange) Feindseligkeiten stattfinden, dort wo Ruhe findet
Dein Gott Zababa."
22 Nun versammeln sich die Kaufleute. Sie betreten das Innere des Palastes. Als sie eintraten,
23 stellten sich die Krieger den Kaufleuten nicht entgegen.
Sargon hebt zu reden an,
es spricht nun
24 der König des Krieges: „Buršaḫanda [509] - wovon ich spreche - seine Wege (dorthin) will ich sehen!
25 [Welches] ist seine Himmelrichtung? Welches ist sein Gebirge?
Welcher Anzu-Vogel, welcher *Kilili*-Vogel (lebt dort)?"
26 [(Du hast gesagt:) 'Der Weg, d]en Du zu gehen wünschst, (dauert) einen Monat,
er ist (sehr) beschwerlich, schmerzlich für den Marsch.
27 Der Weg nach Buršaḫanda, den Du zu gehen wünschst;
ist ein Weg, über den ich mich beklage; es ist,
ein Werk von 7 Doppelstunden.
28 [(Aber es gibt dort)] ein massives Gebirge, dessen Steinblöcke aus Lapislazuli sind; [510]
aber (auch) Gold befindet sich in seinem Umkreis.
29 [...] Apfelbaum, Feigenbaum, Buchsbaum,
Sykomore sind (dort) von einer Tiefe von 7 Abzu. Dazwischen
30 [...] dort, wo die Verpflichteten einander bekämpften; der Griff seines Gipfels [511] ist 7 Doppelstunden weit. Rosen ?
31 [...,] ... alles von ihm ist 7 Doppelstunden weit.
Bäume, Dornsträucher, die Gegend, wo
32 [...] der Dornen, die Bäume (sind) 60 Ellen lang, 7 Doppelstunden insgesamt [512].
33 [...] Wege von 60 Ellen.
34 [...] ...
35 [... (die Tiefe)] sahen sie [...]

Rs. 1' [...]
2' [...] die Soldaten [...]
3' [...] nicht [...;] Nūr-dagal hebt zu reden an.
Er spricht zu seinen Kriegern,
4' [indem er diese Rede] hält: „Bisher ist Sargon
nicht gegen uns gezogen. Es möge ihn zurückhalten das Hochwasser-Ufer!
5' (Außerdem) das massive Gebirge! Das Schilfdickicht möge einen Wald,
ein Gehölz bilden (gegen ihn), einen Wald, der ständig Knoten
(als Hindernisse) bindet!" [513]

6' *qarrādū*([UR].SAĜ)-*šu ip-pa-lu-šu* <*a-na*> ^{m}*Nu-ur-dag-gal*
am-ma-tá is-sà-qá-ru-šu a-ú-ut-ti šarrāni(LUGAL.MEŠ)
arkūtu (EGIR-*ku-tù*)
7' [*ù*] *pa-nu-ti a-i-ú šarru* (LUGAL) *ša il-la-kà-ma*
im-mu-ra mātāti(KUR-*ta-a-ti*)-*ni* ^{m}*Nu-ur-dag-gal am-ma-tá*
8' [*i*]*š-tu pî*(KAxU)-*šu ú-ul ú-qá-at-ta*$_5$ *Šarru*(LUGAL)-*kè-en*
uḫ-ta-(Rasur)-pa-ra
āl(URU)-*šu 2 ikû*(GANÁ) *abulla*(KÁ) *rubê*(NUN-*be*) *úr*$^{!}$-*tap-pí-iš*
9' [*it-t*]*a-du-šu mé-li dūrī*(BÀD)-*šu*
is-sà-li-it-ma im-ḫaṣ kà-la
ša karāna(GEŠTIN) *šu-pu-ú eṭ-lu-tù-šu*
10' *Šarru*([LUGAL])-*kè-en i-na pa-ni abulli*(KÁ.GAL) *it-ta-dí*$^{?}$
^{giš}*kussâ*(GU.ZA)-*šu Šarru*(LUGAL)-*kè-en pā*(KAxU)-*šu e-ep-pu-ša*
11' [*i-q*]*áb-bi a-na qarrādī*(UR.SAĜ)-*šu a-ma-tá is-sà-qar*
in-ga-na ^{m}*Nu-ur-dag-gal mi-gi*$_5$-*ir* ^{d}*En-líl*
12' 12 [*li-id*]-*dak-ki-šu li-ik-kà-ni-iš-šu-ma*
lu(Ú)-*mu-ur*

13' [*up-pu-u*]*r a-gi*$_5$ *ták-kà-sú ša re-ši-iš-šu* ^{giš}*gerṣeppa*(GÌR.GUB$^{!}$)
^{na4}*uqnî*(ZA.GÌN) *ša šu-pá-la-aš-šu a-du 55* $^{lú.meš}$*rābiṣī*(MAŠKIM)
14' [^{lú}]*šukkalla*([SUKKAL])-*šu ú-ši-ib pa-ni-šu ša ki-ma ša-a-šu i-na*
^{giš}*kussî*(GU.ZA) *ḫurāṣi*(GUŠKIN) *aš-bu a-ši-ib šarru*(LUGAL)
ki-ma ili(DINGIR-*lì*)
15' [*ma-a*]*n-nu ki-ma šarri*(LUGAL) *il-lu-ú* ^{m}*Nu-ur-dag-gal ul-te-še-bu*
ma-ḫar Šarru(LUGAL)-*kè-en Šarru*(LUGAL)-*kè-en pā*(KAxU)-*šu*
16' [*e-e*]*p-pu-ša i-qáb-bi a-na* ^{m}*Nu-ur-dag-gal am*<-*ma-ta is-sà-qar*> *al-kà*
^{m}*Nu-ur-dag-gal mi-gi*$_5$-*ir* ^{d}*En-líl ki-ma táq-bi*
17' [*a*]-*dì-ni Šarru*(LUGAL)-*kè-en la-a il-la-kà-an-na-ši li-ik-la-aš-šu*$^{!}$
ki-ib-ru mi-lu-ú šadû(ḪUR.SAĜ) *ga-ap-šu*
18' *li-pu-šu a-pu qí-il-ta li-ša-pí-šu*
ḫu-bu-tá qal$_4$-*la ki-iṣ*$^{!}$-*ṣa-ri* <*i-ta-wu-lu-ú*>
^{m}*Nu-ur-dag-gal pā*(KAxU)-*šu ep-pu-ša*
19' [*i*]-⌜*qáb*⌝-*bi a-na Šarru*(LUGAL)-*kè-en mi-in-dì be-lí ú-ša*⌜*du*⌝-*ka*
ú-še-bé-ru-ni-ik-ku ṣābū(ERÍN.MEŠ) *ilī*(DINGIR)-*ka*
20' [^{d}*Za-ba*$_4$-*b*]*a*$_4$ <*a*>-*li-li e-bé-ra nāri*(ÍD) *a-i-ú-*⌜*tù*⌝ *mātātu*(KUR.KUR.MEŠ)
^{uru}*Ak-kà-dá i-ša-an-na-an*

---

509 Burušḫanda: s. RGCT 6, 1987, späteren Kültepe-Texten zufolge südlich des heutigen Salzsees gelegen; vgl. E. Bilgiç, Die Ortsnamen der kappadokischen Urkunden, AfO 15, 1945-1951, S.1f.; Am. Journ. of Arch.67, 1963, S.179.

510 vgl. Sanherib, Prisma III 35.

511 J.G. Westenholz, The Legends of the kings of Akkade, S.121, Z.30: „timber line?".

512 dies., ebd., S.121, Z.32: „*kalû*-thorny plants".

513 vgl. J.G. Westenholz, ebd., S.123, Z.5' und Anm. 5'; gegen W. von Soden, AHw. *ḫubūtu*, S.352b.

6' Seine Krieger antworten ihm daraufhin, an
Nūr-dagal richten sie nun ihr Wort: „Von welchen Königen, künftigen

7' und früheren, gibt es (schon) einen König, der (hierher)kam und unsere Länder sah?" Als Nūr-dagal (seine) Rede

8' (noch) nicht zu Ende gebracht hatte, (da) umzingelte[514] Sargon (bereits) seine Stadt. Das Stadttor des Fürsten verbreiterte er auf 2 Ikû breit.

9' (Daraufhin warf er es um. Seine Mauerkrone brach er ab.
und erschlug alle, die als dessen (Wach)-Mannschaft vom Wein berauscht waren.

10' Sargon stellte schließlich seinen Thron vor dem Tor auf.
Sargon hebt zu reden an.

11' Er spricht zu seinen Kriegern, indem er (diese) Rede hält:
„Wohlan, Nūr dagal, dem Enlil (seine) Zustimmung (gab),

12' [möge] man [(vom Thron) entfer]nen. Er möge sich unterwerfen, daß ich (es) sehen kann.

13' [Er war gekrönt] mit einer Tiara, mit (Edel)steinen, die an seinem Kopf angebracht waren, eine Fußbank
aus Lapislazuli zu seinen Füßen, zusammen mit 55 Wächter.

14' [Sein Wesir] saß vor ihm, der genauso wie er auf einem Thron
aus Gold saß, doch der König saß (da)
wie ein Gott.

15' „Wer ist erhaben wie der König?" Nūr-dagal ließ man
vor Sargon sitzen. Sargon hebt zu reden an.

16' Er spricht zu Nūr-dagal, indem er (diese) Rede hält: „Wohlan,
Nūr-dagal, dem Enlil (seine) Zustimmung (gab), wie konntest Du sagen:

17' 'Bisher ist Sargon nicht gegen uns gezogen! Es möge ihn zurückhalten
das Hochwasser-Ufer! (Außerdem) das massive Gebirge!

18' Das Schilfdickicht möge einen Wald (gegen ihn) bilden! es möge erscheinen lassen
ein Gehölz (gegen ihn), einen Wald, der ständig Knoten
(als Hindernisse) bindet!" Nūr-dagal hebt zu reden an.

19' Er spricht zu Sargon: „Vielleicht, mein Herr, hat man Dich informiert,
(vielleicht) haben die Soldaten (es) Dir überbracht?[515] Dein Gott

20' [...,] den Fluß zu überschreiten. Welche Länder
lassen sich mit Akkad vergleichen?

---

[514] W. von Soden, AHw. *ḫapāru,* S.321b; vgl. dagegen J.G. Westenholz, ebd., S.123, Z.8' und Anm. 8'.

[515] vgl. J.G. Westenholz, ebd., S.127, Z.19' und Anm. 19'-20'.

21′ [*a-i-ú*] *šarru*(LUGAL) *ú-ša-an-na-an kà-ša ge$_5$-ru-kà ú-ul i-ba-aš-ši*
na-ki-ir-šu-nu gerru(KASKAL-*ru*)

22′ [*x*]-⸢*x*⸣-*tu-' qa-mu libbi*(ŠÀ-*bi*) *na-ki-ru!-ka*
up-tal-ḫu-ma
uš-ḫa-ra-ra-ma te-er-šu-nu-ti

23′ [*x x* (*x*)] *eqel*(⸢A⸣.ŠÀ) *ugāri*(A.GÀR) *baṭ-lu*
ša re-ṣú-ú elī(UGU)-*šu*

24′ [*ma-ti-ma*[516]] ⸢*a*⸣-*na aš-ri-šu* <*ú-ul*> *ni-is-sà-ḫar in-né-ep-ša*
li-iš-ši {giš}*ḫašḫūri*(HAŠHUR) {giš}*titti*(PÈŠ) {giš}*šallūri*(ŠENNUR)
{giš}*karāni*(GEŠTIN)

25′ {giš}[*x-x(-x)*] ⸢{giš}⸣*buṭutti*(⸢LAM⸣.GAL) ⸢{giš}⸣*serdi*(ZÉ.ER.DU) *ul pa-nu*
im-ma-ti i-na aš-ri-šu ú-ul ni-is-sà-ḫar

26′ [*in-né-ep-ša l*]*i-iš-ši lu bu-zu-ú' ālu*(URU.KI)
lu-ut-ra-a ṭa-a-bi i-na a-la-ak

27′ [*u-ur-ḫi ù*] *a-ša-bi mi-nu Šarru*(LUGAL)-*kè-en ir-te-e*
āla(URU) *un-na-mi-šu* (MU.3.KAM)

28′ [ITI.5.KAM] [*i*]*t-ta-šab*

29′ [(*x x x x*)] (⸢DUB⸣.1.KAM) *ša šar*(LUGAL) *tam-ḫa-ri qa-ti*

---

[516] vgl. dagegen J.G. Westenholz, ebd., S.128, Z.24' und Anm. 25'.

21' Welcher König kommt Dir gleich? Dein Feind existiert nicht!
Deren Feind wäre ein [...] Feldzug!
22' Er verbrennt die Herzen Deiner Feinde.
(Da) man (sie) in Furcht versetzt hat,
sind sie (nun) totenstill. Führe sie (als Gefangene) fort!
23' [Die Arbeit$^{?}$ auf] dem Feld des Ackerlandes ist unterbrochen,
was ihm (sonst) hilft."

24' [Niemals] kehren wir an seinen Ort zurück, auch wenn zubereitet wird
eine Paste aus Apfel, Feige, Mispel$^{?}$, Wein,
25' [...,] Pistazie, Olive, nicht (wie) früher,
An deren Ort kehren wir nicht (wieder) zurück,
26' [auch wenn] Pasten [zubereitet werden.] Es soll verflucht sein[517] die Stadt.
Sie soll überflüssig sein. Was ist gut daran, entlangzugehen
27' [eine Straße] und (dann dort) zu bleiben?[518] Sargon hat regiert?[519]
(Zu der Zeit, wo er) aufbrach von der Stadt, (da) hatte er drei Jahre
28' [und fünf Monate] (auf dem Thron) gesessen.
29' [...] Tafel I von „*šar tamḫāri*", vollständig.

---

[517] vgl. dies., ebd., S.129, Z.26' und Anm. 26'.

[518] vgl. dies., ebd., S.130, Anm. 26'.

[519] vgl. dies., ebd., S.130, Anm. 27'.

Appendix E

10. Das Syllabar der babylonischen Dichtung *Emārs*

Abkürzungsverzeichnis:

abs.	=	absolute,
GN	=	Götternamen,
Häuf.	=	Häufigkeit,
kL.	=	konventionelle Lesung,
Kol.	=	Kolophon,
L.	=	Lautwert,
n.	=	nach,
Nr.	=	Nummer,
ON	=	Ortsname,
Rs.	=	Rückseite,
Vs.	=	Vorderseite,
Z.	=	Zeile,
i	=	Kolumne 1,
ii	=	Kolumne 2.
*	=	Zu den Graphen siehe Photo Msk 74243/74253.

In der folgenden Zusammenstellung gibt die *erste Spalte* die fortlaufenden Zeichen-*Nummern* und die *zweite Spalte* die entsprechenden Zeichen-*Namen* in ihrer konventionellen Lesung wieder. Es folgen in der *dritten Spalte* deren *Lautwerte* und in der *vierten Spalte* bei denjenigen Lautwerten, die *weniger* als *zehnmal* nachzuweisen sind, sämtliche dazugehörige *Belegstellen*. Die in Klammern angegebenen Werte zeigen die absolute Häufigkeit der jeweiligen Lautwerte an.

Nr.	kL./L.	Kontext	Belegstellen
1.	**AŠ**		

aš	*aš-ba-ti-ma*	74159d, Z.11'
	aš-me	74177a, Rs.i, Z. 5
	i-ba-aš-šu	74143m, Vs., Z.14'
	i-ra-a-aš	74143n, Z. 3'
	ib-ba-aš-ši	7480j, Z. 6'
	ma-aš-ma-ša-ku-ma	74143o, Vs., Z. 7'

- -

rum/rù	*šam-rum*	74177a, Rs.i, Z. 7

- -

ina	*ina*	passim (10)

- -

DIL	DUMU.ME.DIL-*ši*	74177a, Rs.i, Z.29
	DUMU.ME.DIL-*šú*	74177a, Rs.i, Z. 8
	KURUM.ME.DIL	74177a, Rs.i, Z.21
	NINDA.ME.DIL	74177a, Rs.i, Z.25
	Ú.ME.DIL	74177a, Rs.i, Z.13

---

2. **ḪAL**

ḫal	*muš-ḫal-ṣi-tum$_4$-ma*	74128d, Vs., Z. 7'

- -

Nr.	kL./L.	Kontext	Belegstellen

	DIDLI	TU.MUŠEN.ME.DIDLI	74177a, Rs.i, Z. 6
		UZU.ME.DIDLI	74177a, Vs.i, Z.18'
4.	**BA**		

	ba		passim (28)

	BA	BA.ÚŠ-*ti*	74177a, Rs.i, Z.31
		NÍG.BA	74177a, Vs.i, Z. 7'
5.	**ZU**		

	zu	*en-zu*	74177a, Rs.i, Z.23
		iz-[*z*]*i-iz-zu*	74102b, Z. 7'

	sú	[*ki*]*t*$^{?}$*-sú*$^{!}$*-ra-am*	74233r, Z. 4
	*		
	ZU	EN.ZU	74243, Vs., Z. 9
		LÚ.ZU.[ZU]	74153, Rs.i, Z.29'

Nr.	kL./L.	Kontext	Belegstellen
6.	**SU**		
	*		
	su	*bi-la-as-su*	74243, Rs., Z. 7
		ni-su-ti	74174a, Rs. i, Z.39'
		[*nu-u*]*s-su-uq-ti*	74174a, Rs. i, Z.41'
		su-ú-qí	74104z, i, Z. 8'

	šu$_{11}$	*kar-šu*$_{11}$	74177a, Vs.i, Z.19'

	KUŠ	*i-na* KUŠ USÀN	74174a, Rs.ii, Z.12
		KUŠ.A$^{!}$.[EDIN.LÁ]	74104z, i, Z. 6'
8.	**BAL**		

	bal	*bal-ṭù*	74174a, Rs.ii, Z. 8
		ú-bal	74177a, Rs.i, Z.17
11.	**TAR**		
	*		
	tar	^{d}*Iš-tar*	74243, Vs., Z.14
		tar-a-mi-mu	74159d, i, Z. 7'

Nr. kL./L. Kontext Belegstellen

ṭar *ṭar-dá-ku* 74174a, Rs.ii, Z.16

dar$_6$ [*m*]*ì-dar*$_6$*-ti-šú* 74233q, Z. 9

---

12. **AN**

an passim (15)

AN AN-*e* 74177a, Rs.i, Z.15

DINGIR passim (55)

---

15. **KA**

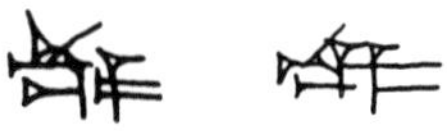

ka passim (34)

Nr.	kL./L.	Kontext	Belegstellen

	qà	*li-qà-li-la*	74174a, Rs.ii, Z.11
	*		
	ga_{14}	ga_{14}-[*ni-ni*] *na*-ga_{14}-*ab-šu*	74177a, Rs.i, Z.18 74243, Vs., Z. 7
18.	**KAxU**		

	KAxU	KAxU-*ia-ma* KAxU-*ša* KAxU-*ša/šu* KAxU-*šu* KAxU-*šú* KAxU-*šú*	74102b, Z. 5' 74128f, Z. 4' 74143o, Rs. 3'.6' 74143m, Vs., Z. 4' 74233q, Z. 4 74177a, Rs.i, Z. 3
21.	**NAG**		

	nak	⌜*nak*$^{?}$⌝-*ru*-[*m*]*a*	74174a, Rs.i, Z.37'
21a.	**KÚ**		

	GU_7	GU_7	74177a, Rs.i, Z.25

Nr.	kL./L.	Kontext	Belegstellen
22.	**URU**		

	URU	URU	74102b, Z.13'
		URU.U[N]U.KI	74159d, ii, Z. 9'
		[UR]U.UNUG.KI	74177a, Vs., Z. 6'

---

[41].	**BANŠUR**		

	BANŠUR	GIŠ.BANŠUR	74143n, Z. 8'

25.	**ARAD**		

	ÌR	ÌR	74158g, Rs., Z. 3'
		ÌR	74153, Rs.i, Z.29'.30'(2x)

---

[52].	**ITI**		

  * 

	ITI	ITI	74174a, Rs.ii, Z. 4(2x)
		ITI	74243, Col.
		ITI.1.KAM	74107aj, Z. 6'

27.	**LA**		

	la		passim (28)

- - - - - - - - - - - - - - - - - - - -

Nr.	kL./L.	Kontext	Belegstellen

	LA	DAGALxLA(.LA) GAL.LA [T]I.LA-tu_4	74177a, Rs.i, Z.18.27 74177a, Rs.i, Z.11 74177a, Rs.i, Z.31
29.	**MAḪ**		

	maḫ	*a-na maḫ-ru-ti-šu* *maḫ-ru*	74174a, Rs.ii, Z.14(2x) 74174a, Rs.i, Z.36'
30.	**TU**		

	tu		passim (13)

	TU	TU.MUŠEN.ME.DIDLI	74177a, Rs.i, Z. 6
31.	**LI**		

	li		passim (43)

Nr.	kL./L.	Kontext	Belegstellen
	le	*a-le-e*	74127ac, Vs., Z. 5';
		a-le-e	Rs.ii, Z. 1.3(2x).4
		a-le-e	74177a, Rs.i, Z. 7
		^{d}*Be-le-et ilī*	74243, Vs., Z. 6
		ka-le-e	74177a, Rs.i, Z. 9

- -

	LI	KU.LI	74177a, Vs.ii, Z.12'

---

33. **PÚŠ**

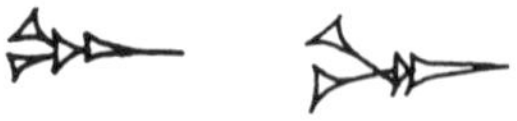

	púš	*i-púš*	74143o, Rs., Z. 6'
		te-púš	74177a, Rs.i, Z. 2

---

35. **MU**

	mu		passim (18)

- -

	MU	MU	74174a, Rs.ii, Z.10
		MU *ana* MU	74174a, Rs.ii, Z. 5 (2x)
		MU.MEŠ	74243, Vs., Z. 2
		MU, MU.MEŠ	74174a, Rs.i, Z.23'
		MU-⌜*ti*?⌝	74174a, Rs.ii, Z. 6

Nr.	kL./L.	Kontext	Belegstellen
36.	**QA**		

	qa		passim (10)

- -

	kíl	[*a-k*]*íl*	74177a, Vs.i, Z.19'

41.	**RU**		

	ru		passim (19)

42.	**BAD**		

* * * * *

	be	*be-el-tu*$_4$	74243, Vs. 6.14
		be-el na-ag-bi	74243, Vs. 7
		be-el qa-an-ṭup pí	74243, Vs.11
		^{d}*Be-le-et ilī*	74243, Vs. 6
		bu-luṭ be-li	74243, Vs., Z. 1

- -

	pè	*Šu-pè-*⌜*e*⌝-LÚ	74233q, Z. 3
		Šu-⌜*ú*⌝*-pè-*[LÚ]	74233p, Z. 1'

- -

Nr.	kL./L.	Kontext	Belegstellen
	*		
	tel	*e-tel ilānī*	74243, Vs., Z.13
43.	**NA**		

	na		passim (98)

	NA	[A]NŠE.NUN.NA-tu_4	74177a, Rs.i, Z. 8
44.	**ŠIR**		

	šùr	^{m}*An-šùr-q[a-da]-ad*	74153, Rs.i, Z.28'
46.	**TI**		

	tì		passim (59)

	ṭì	*a-na-aṭ-ṭì* *li-im-ṭì*	74143o, Rs., Z.5' 74174a, Rs.ii, Z. 4.5

Nr.	kL./L.	Kontext	Belegstellen

	dì	*id-dì-na*	74174a, Rs.i, Z.30'

	te_9	[...]-te_9-*eš*	74177a, Vs.i, Z.15'
47.	**MAŠ**		

	maš	*ú-nam-maš*	731068, Vs. 7'

	pár	*ši-pár*	74177a, Rs.i, Z.13

	SA_9	SA_9	74107aj, Z. 3'
49.	**NU**		

	nu		passim (25)

Nr.	kL./L.	Kontext	Belegstellen

	NU	NU	74177a, Rs.i, Z.31
52.	**ḪU**		
		* * 	
	ḫu	[*a*]-*ḫu* *ar-ḫu a-na ar-ḫi* *ḫu-ud libbi* ⌈*i*⌉*p-la-ḫu-k*[*a*]	74143n, Z. 4' 74243, Rs., Z. 9 74243, Rs., Z. 6 74174a, Rs.ii, Z.16

	MUŠEN	MUŠEN TU.MUŠEN.ME.DIDLI	74177a, Rs.i, Z. 6 74177a, Rs.i, Z. 6
54.	**NAM**		
	*		
	nam	*ša nam-ri* *ú-nam-mar* *ú-nam-maš*	74243, Vs., Z.10 74102b, Z. 4' 731068, Vs., Z. 7'
55.	**IG**		

	ig	*ig-ri* [...]-*ig*	74107aj, Z.12' 74177a, Vs.i, Z.28'

Nr.	kL./L.	Kontext	Belegstellen

 * * 

	ik	*al*-(Rasur)*li-ik*	74174a, Rs.i, Z.40'
		i-du-ku-ni-ik-ki	74159d, i, Z. 12'
		ik-kal	74102b, Z. 2'
		ik-ki-⌜*ib*⌝	74174a, Rs.ii, Z. 6
		[*i*]*n-*⌜*ni*⌝*-li-ik*	74143o, Rs., Z. 4'
		li-ik-ru-ba-ak-ku$_8$	74243, Vs., Z. 5
		li-ik-ru-bu-ka	74243, Vs., Z. 4
		[*li*]-⌜*iš*⌝*-šu-ni-ik-ku*	7498n, Z. 3'
		[*šup-pu-ku*]*-ni-ik-ki*	74159d, i, Z. 13'

59. **ZI**

*

	zi	*en-zi-ta*	74243, Vs.14

	ṣé	*sà-ab-ṣé-e*	74177a, Rs.i, Z. 9

	ṣí	*bi-iṣ-ṣí*	74174a, Rs.ii, Z.13

	sí	*ku-sí-t*[*u*$_4$]	74177a, Rs.i, Z.23

Nr.	kL./L.	Kontext	Belegstellen
60.	**GI**		

ge	*ge-ri-šu*	74107aj, Z. 8'

qè	*il-qè*	74177a, Vs.i, Z.16'
	qè-e	7480j, Z. 4
	ru-qè-t[i]	7490g, Z. 1

qì	*[d]am-qì-ma*	74128f, Z. 3'
	e-mu-qì-i[a]	74143n, Z.11'
	tal-qì	74177a, Rs.i, Z.19

Nr.	kL./L.		
61.	**RI**		

ri		passim (24)

tal	*im-tal-ku-ma*	74158g, Vs., Z. 5
	mu-tal-li-ka	74143o, Vs., Z. 4'
	tal-qì	74177a, Rs.i, Z.19
	tal-ti-mè[š]	74159d, i, Z. 2'

Nr.	kL./L.	Kontext	Belegstellen
63.	NUN		

NUN	[A]NŠE.NUN.NA-tu_4	74177a, Rs.i, Z. 8

---

64. **KAB**

kab	*kab-tá-a*[*t-ka*]	74177a, Vs.ii, Z.10’
	kab-ta-ti	74177a, Rs.i, Z.16
	kab-ta-ti-ka	74107aj, Z. 5’

- - - - - - - - - - - - - - - - - - - -

kap	*kap-da-*ta_5	74233q, Z. 7
	ka[*p-pe-ka*]	7498n, Z. 1’
	kap-pí	74159d, i, Z. 6’

- - - - - - - - - - - - - - - - - - - -

qáb	*i-qáb-bi*	74177a, Rs.i, Z. 3
	i-qáb-bi	74143n, Z. 9’
	i-qáb-b[*i*]	7498n, Z. 6’

---

70. **AG**

*

ag	*na-ag-bi*	74243, Vs., Z. 7

- - - - - - - - - - - - - - - - - - - -

Nr.	kL./L.	Kontext	Belegstellen
	*	* 	
	ak	*ka-ak-kà* *li-ik-ru-ba-ak-*ku_8 *lu-uq-ba-ak-ku*	74243, Vs., Z.13 74243, Vs., Z. 5 74177a, Rs.i, Z. 5

Nr.	kL./L.	Kontext	Belegstellen
71.	**EN**		
	 *	 *	
	en	⌜*a*⌝*-né-en-na* *en-zi-ta* *en-zu* *li-ṣe-en-kà*	74177a, Rs.i, Z. 6.8 74243, Vs. Z.14 74177a, Rs.i, Z.23 74243, Vs. Z. 6
	*	  *	
	EN	^{d}EN.LÍL EN EN EN.ZU	74243, Vs. Z. 3 74128d, Vs. Z. 5' 74177a, Rs.i, Z.11 74243, Vs. Z. 9

Nr.	kL./L.	Kontext	Belegstellen
73.	**SUR**		

	šur	*šur-di-*[...]	74177a, Vs.ii, Z.13'

Nr.	kL./L.	Kontext	Belegstellen
75.	**MÙŠ**		

	INNIN	INNIN	74177a, Rs.i, Z.10

Nr.	kL./L.	Kontext	Belegstellen
79.	**TIK**		

	GÚ	GÚ.UN	74177a, Rs.i, Z.10.24

80.	**TUR**		
	*		
	ṭur	*liš-ṭur*	74243, Vs., Z.11

85.	**SI**		

	si	[*ḫ*]*a-si-si*	74148r, Z. 4'(2x)
		i-ša-as-si	74159d, i, Z. 6'
		ki-si-na-ak-ki	74143o, Vs., Z. 9'
		lú si-ra-ši-i	74102b, Z. 10'
		mul-ta-si	74177a, Rs., Z.10
		si-in-ti$_4$	7498n, Z. 10'

87.	**SAĞ**		

	SAĞ	SAĞ.DU	74177a, Rs.i, Z.11
		SAĞ.DU	7480j, Z. 7
		SAĞ.D[U-*ka*]	74177a, Vs.ii, Z. 5'
		SAĞ.GE$_6$	74177a, Rs.i, Z. 1
		ḪUR.SAĞ.MEŠ	7480j, Z. 3

Nr.	kL./L.	Kontext	Belegstellen
89.	**DIR**		

	SA_5	SA_5	74177a, Rs.i, Z.19.20

90.	**TAB**		

	tap	[*m*]*u-ur-tap-pí-dum*	74177a, Rs.i, Z. 7

92.	**TAG**		

	šum	*šum-ma*	74143n, Z. 6'
		šum-ma	731068, Vs., Z. 5'
		šum?*-ma*	74233r, Z.10
		šum-ši	74177a, Rs.i, Z. 2

- -

	nap	*nap-ša-ri*	74177a, Vs.i, Z. 3'

93.	**AB**		

  * 

	ab	*à-ab-sé-e*	74177a, Rs.i, Z. 9
		mu-ab-bi-tù	74104z, i, Z. 7'
		na-ga$_{14}$*-ab-šu*	74243, Vs., Z. 7
		ra-ab-bu-[*tu*$_4$]	74127ac++, Rs.ii, Z. 4'

Nr.	kL./L.	Kontext	Belegstellen

		⌜*sà-ab*!*-su-ti*⌝	74177a, Rs.i, Z.10
		ta-ab-ku	74143o, Vs., Z.11'
		ta-al-ta-ab-ri-⌜*šú*⌝	74159d, i, Z. 5'

	ap	*ša-ap-t*[*e*]	74174a, Rs.ii, Z.19

96. **UG**

	ug	⌜*x*⌝*-ug*	74177a, Vs.i, Z.18'

	uk	*bu-uk-ri*	74233q, Z. 6
		[*re-š*]*u-uk-ka*	74177a, Rs.i, Z.22

	uq	[*d*]*u*?*-mu-uq-ka*	74143o, Vs. Z. 3'
		lu-uq-ba-ak-ku	74177a, Rs.i, Z. 5
		[*nu-u*]*s-su-uq-ti*	74174a, Rs.i, Z.41'

97. **AZ**

* 

	as	*bi-la-as-su*	74243, Rs., Z. 7
		i-ša-as-si	74159d, i, Z. 6'

Nr.	kL./L.	Kontext	Belegstellen

	aṣ	*im-ḫa-aṣ*	74177a, Vs.i, Z.30'
		[pa-r]a-aṣ	74233p, Z. 4
		ú-ma-aḫ-ḫa-aṣ	7480j, Z. 4'

- -

	az	*ú-ša-ḫa-a[z]*	74143n, Z.10'

---

99. **KÁ**

	KÁ	KÁ-*bi*	74177a, Rs.i, Z.30

---

100. **UM**

	um		passim (12)

---

101. **DUB**

*

	ṭup	*qa-an-ṭup-pí*	74243, Vs., Z.11

- -

Nr.	kL./L.	Kontext	Belegstellen

	DUB	DUB	74158g, Rs., Z. 1'
		DUB-*pu*	74153, Rs. Col., Z.28'
		LÚ.DUB.Š[AR]	74153, Rs. Col., Z.31'
102.	**TA**		

	ta		passim (33)

	dá	*ṭar-dá-ku*	74174a, Rs.ii, Z.16
103.	**I**		

	i		passim (81)
104.	**IA**		

	ia		passim (14)
105.	**KAN**		
	*		
	ḫé	*ḫé-gal-li*	74243, Rs., Z. 5

Nr.	kL./L.	Kontext	Belegstellen
107.	**TUR**		

	BÀN	[^{d}E]N.LÍL.BÀN.D[A]	74233p, Z. 2'

	DUMU		passim (11)

108.	**AD**		

	ad	^{m}*An-šùr-q[a-da]-ad*	74153, Rs.i, Z.28'
		i-ra-ad-du-ma	7480j, Z.10'
		li-ma-ad	742381, Z. 1'

	at		passim (12)

	aṭ	*a-na-aṭ-ṭì*	74143o, Rs., Z. 5'
		im-ta-aṭ-ṭ[ì]	74159d, ii, Z. 11'

	AD	AD	74177a, Rs.i, Z. 6
		AD.MEŠ-*ni*	74177a, Vs.ii, Z. 1'
		AD-*šú*	74177a, Rs.i, Z. 5

Nr.	kL./L.	Kontext	Belegstellen
109.	**ṢI**		

 * *

	ṣe	*ki-ir-ṣe-ti*	74177a, Rs.i, Z.30
		[*ki-ir*]-*ṣe-tu*$_4$-*um-ma*	74177a, Rs.i, Z.28
		li-ṣe-en-kà	74243, Vs., Z. 6
		ṣe-e-ru	74243, Rs., Z. 2

\- -

* 

	ṣi	*ḫi-ṣi-ib-ši-na*	74243, Rs., Z. 9
		iṣ-ṣ[*i*]	74234g, Z. 4'
		it-ta-ṣ[*i*]	74233q, Rs., Z. 6
		ka-ṣi-ra-at	74104z, i, Z. 3'
		muš-ḫal-ṣi-tum$_4$-*ma*	74128d, Vs., Z. 7'

110.	**IN**		

	in	[*ik-t*]*e-in-nu*	7480j, Z. 2
		in-bi	74143n, Z. 8'
		in-né-ru-ma	74127ac++, Rs.ii, Z. 6'
		si-in-ti$_4$	7498n, Z. 10'

\- -

*

	IN	IN ŠAR	74243, Col.

112.	**LUGAL**		

	LUGAL	LUGAL	74102b, Z. 4'
		LUGAL	74143o, Rs.10'
		LUGAL	74123v, Z. 4'
		LUGAL-*ut-ti*	74143n, Z. 12'

Nr.	kL./L.	Kontext	Belegstellen
113.	**ŠÌR**		

	EZEN	EZEN-*na*	74102b, Z.10'

118.	**EDIN**		

	EDIN	EDIN	74233q, Z.10

119.	**DAḪ**		

	DAḪ	Á.DAḪ	74177a, Rs.i, Z. 9.10

- - -

	ṭaḫ	*ú-ṭaḫ-ḫa-a*	74143m, Rs., Z. 3'

120.	**AM**		

 * 

	am	*ka-am-ru*	74102b, Z. 11'
		[ki]t$^{?}$*-sú*$^{!}$*-ra-am*	74233r, Z. 4'
		ma-am-ma	74174a, Rs.ii, Z. 11
		ša-am-mi	74243, Rs., Z. 6
		⌜ta⌝-am-ḫur	74174a, Rs.i, Z.38'
		[ú-g]a-am-mi-ru-ni-iš-šu	7480j, Z. 8
		ma-am-ma	731068, Vs., 5'

Nr.	kL./L.	Kontext	Belegstellen

121. **UZU**

UZU	UZU.ME.DIDLI	74177a, Vs.i, Z.18'

---

124. **BÍL**

GIBIL	GIBIL	74177a, Rs.i, Z.10

- - - - - - - - - - - - - - - - - - - -

ŠÀM	Š[ÀM-*š*]*u*	74107aj, Z. 3'

---

129. **KUM**

qu	[*mi-i*]*š-qu-l*[*a-ti*]	74127ac++, Rs.ii, Z.11'
	qu-lim-ma	74177a, Rs.i, Z. 5
	šu-qu-u	731068, Vs., 9'

Nr.	kL./L.	Kontext	Belegstellen
[195].	**UNUG**		

	UNUG	[UR]U.UNUG.KI	74177a, Vs.i, Z. 6'

- -

*

	iri$_{11}$	^{d}NÉ.IRI$_{11}$.GAL	74243, Vs., Z.13

134.	**IL**		

	il	*il-ka*	74127ac++, Rs.ii, Z. 9'
		il-qè	74177a, Vs.i, Z.16'
		[*ṣ*]*i-il-li*	74143n, Z. 1'
		⌈*ṣi-il*⌉*-li*	74143n, Z. 2'

135.	**DU**		

 *

	du	*i-du-ku-ni-ik-ki*	74159d, i, Z.12'
		i-ra-ad-du-ma	74102b, Z.10'
		[*q*]*a-du*	74233q, Z.11
		ša-du-ú	74243, Rs., Z. 7

- -

	ṭù	*bal*-(Rasur)*ṭù*	74174a, Rs.ii, Z. 8

- -

Nr.	kL./L.	Kontext	Belegstellen

 *

tù	*a-mi-lu-ut-tù*	74174a, Rs.ii, Z. 8
	eṭ-lu-tù	74174a, Rs.ii, Z.12
	mi-tù-ti	74174a, Rs.i, Z.35'.37'
	mu-ab-bi-tù	74104z, i, Z. 7'
	ra-bi-tù	74243, Vs., Z. 6

- -

DU	DU-*ka*	74233q, Rs.i, Z.11
	^{m}EN.KI.DU	74127ac++, Rs.ii, Z. 1'
	GÌR.PAD.DU	74177a, Vs.i, Z.27'
	SAĜ.DU	74177a, Rs.i, Z.11

---

137. **TUM**

dum	[*m*]*u-ur-tap-pí-dum*	74177a, Rs.i, Z. 7

- -

*

du$_4$	*qar-ra-du*$_4$	74243, Vs., Z.12

- -

tu$_4$	[A]NŠE.NUN.NA-*tu*$_4$	74177a, Rs.i, Z. 8
	be-el-tu$_4$	74243, Vs. 6.14
	da-me-me-tu$_4$	74177a, Rs.i, Z. 6
	[*ḫar-ru*]-*up-tu*$_4$	74177a, Vs.i, Z. 2'
	ÍD.MEŠ-*tu*$_4$	74243, Rs., Z. 8
	[T]I.LA-*tu*$_4$	74177a, Rs.i, Z.31

Nr.	kL./L.	Kontext	Belegstellen

[209]. **EGIR**

*

EGIR	EGIR-*ku-ti*	74243, Vs., Z.11

---

138. **UŠ**

 * 

uš	DÙ-*uš*	74177a, Rs.i, Z.17
	mu-uš-šu-ra-ku	74143n, Z. 6'
	na-pu-uš-ti	74243, Rs., Z. 4
	uš-ba-[*at*]	7490g, Z. 4
	uš-pa<*-ra*>*-ku-ma*	7480j, Z. 4'
	uš-[*ta-ap-pí-ku*]	74158g, Rs., Z. 3

- -

NITA	SAL.NÍTA	74233q, Z. 5

---

139. **IŠ**

iš		passim (19)

- -

mil	*mil-ka*	74233q, Z. 3
	mil-ka	74174a, Rs.i, Z.30'.31'
	mil-ka	74107aj, Z. 4'
	mil-k[*a-ma*]	74233q, Z. 1
	mil-ki-ia-ma	74174a, Rs.i, 33'

Nr.	kL./L.	Kontext	Belegstellen
140.	**BI**		

	bi		passim (20)

	pí	*i-na pí-ša*	74243, Vs., Z. 4
		kap-pí	74159d, i, Z. 6'
		[K]Ù.BABBAR-*pí*	74233r, Z. 5
		[*m*]*u-ur-tap-pí-dum*	74177a, Rs.i, Z. 7
		pí-i	74153, Vs.iii, Z. 4'
		qa-an-ṭup-pí	74243, Vs., Z.11
		[*uš-ta-a*]*p-pí-ku*	7480j, Z. 3

	BI	UR.BI	74177a, Rs.i, Z.33

143.	**NA_4**		

	⌈NA_4⌉	⌈NA_4.ZA⌉.GÌN-*k*[*a*]	74174a, Rs.ii, Z. 1

145.	**KAK**		

	DÙ	DÙ-*u*[*š*]	74177a, Rs.i, Z.17

Nr.	kL./L.	Kontext	Belegstellen
146.	**NI**		

	ni		passim (36)

- -

	né	*a-né-en-na*	74177a, Rs.i, Z. 8
		[*a*]-*né-en-na*	74177a, Rs.i, Z. 6
		in-né-ru-ma	74127ac++, Rs.ii, Z. 6'
		né-e-nu	74177a, Rs.i, Z.29
		né-me-la	74143n, Z.10'
		né-su-ti	74174a, Rs.i, Z.39'

- -

	Ì	Ì.ḪI.A	74233r, Z.3

147.	**IR**		

	ir	*ir-a-mu-*⸢*ú*⸣-[*ma*]	74158g, Vs., Z. 7
		ir-di!*-ma*	74174a, Rs.ii, Z.12
		ir!*-ri-qa*	74177a, Rs.i, Z.26
		ir-ru-ú-⸢*ia*⸣	74104z, i, Z. 9'
		ir-ši	7498n, Z. 5'
		ki-ir-ṣe-ti	74177a, Rs.i, Z.30
		li-ir-bi-ku	74243, Rs., Z. 6
		li-ir-mi-ku	74243, Vs., Z.14
		[*u*]*l-te-ši-ir*	74174a, Rs.i, Z.39'

- -

Nr.	kL./L.	Kontext	Belegstellen

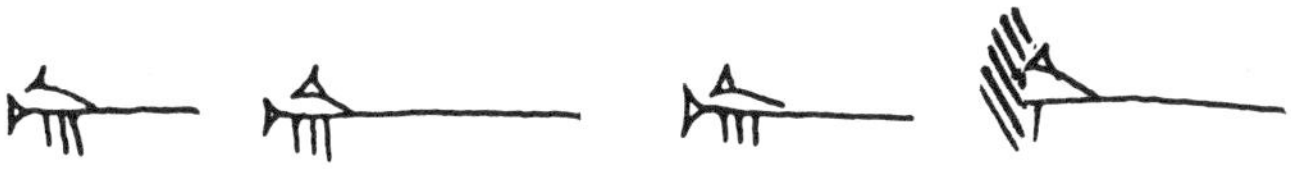

*	*er*	*li-na-me-er-ka*	74243, Vs., Z.10
		še-er-ra	74143n, Z.11'
		ut-te-er	74143o, Vs., Z. 8'; Rs. 3'
		[*ut-te-e*]*r*	74128f, Z. 4'

---

[237]. **AMA**

AMA	AMA *ni ma*	74177a, Rs.i, Z.29

- - - - - - - - - - - - - - - - - - - -

DAGAL	DAGA[L]	74177a, Vs.ii, Z.14'

---

153. **PA**

pa		passim (12)

- - - - - - - - - - - - - - - - - - - -

bá	[*gáb-b*]*á*	74177a, Rs.i, Z.24
	ŠÀ-*bá*	74233r, Z. 7

- - - - - - - - - - - - - - - - - - - -

UGULA	UGULA	74177a, Vs.i, Z.26'

Nr.	kL./L.	Kontext	Belegstellen
154.	**ŠAB**		

	šab	[*nu-š*]*ab*	74177a, Rs.i, Z.27
		[*uš-š*]*ab*	74148r, Z. 3'

- -

	šap	*šap-la-nu*	731068, Vs., Z. 7'

- -

156.	**GIŠ**		

	iṣ	*bi-iṣ-ṣí*	74174a, Rs.ii, Z.13
		i-ra-ḫi-iṣ	74177a, Rs.i, Z.16
		iṣ-ṣa-bat	74128d, Vs., Z. 1'
		iṣ-ṣ[*i*]	74234g, Z. 4'
		PA-iṣ	74234g, Z.10'

- -

 *

	iz	*iz-za-ka$_4$-ra*	74174a, Rs.ii, Z.13.23
		iz-za-ka$_4$ $^!$-[*ra*]	74177a, Rs.i, Z. 3
		iz-[*za-ka$_4$-ru*]	74143n, Z. 4'
		iz-[*z*]*i-iz-zu*	74102b, Z. 7'(2x)
		li-iz-nu-ka	74243, Rs., Z. 5

- -

	GIŠ		passim (20)

Nr.	kL./L.	Kontext	Belegstellen
159a.	**GU$_4$**		

GU$_4$	GU$_4$	74177a, Rs.i, Z. 7

---

160. **AL**

al		passim (13)

---

161. **UB**

* 

ub	*lu-ub-la-ku*	74243, Rs., Z. 8
	ru-gu!*-ub*	74177a, Rs.i, Z.19
	tu-ub-[*ba-li*]	74128f, Z. 3'
	ub-ba-l[*a-ma*]	74143m, Rs., Z. 3'
	ub-šu	731068, Vs., Z. 5'

- - - - - - - - - - - - - - - - - - - -

up	[*ḫar-ru*]*-up-lu*$_4$	74177a, Vs.i, Z. 2'
	ṣu-up-pa	74177a, Rs.i, Z.18
	[*ṣ*]*u-up-pu-ú*	74107aj, Z. 2'

---

162. **MAR**

mar	*ú-nam-mar*	74102b, Z. 4'

Nr.	kL./L.	Kontext	Belegstellen
163.	**E**		

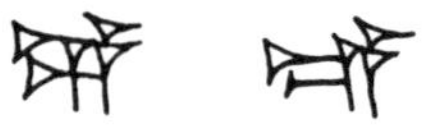

	e		passim (30)

164.	**DUG**		

	duk	*i-duk-ka-m[a]*	74233q, Z. 9

- -

*

	luṭ	*bu-luṭ*	74243, Vs., Z. 1

---

[311].	**GURUN**		

	GURUN	GURUN.MEŠ	74143n, Z. 8'

165.	**UN**		

	un	⌜*a*⌝*-nu-un-ti*	74159d, i, Z. 9'; ii, Z. 8'

- -

Nr.	kL./L.	Kontext	Belegstellen
	*		
	KALAM	KALAM.MA	74243, Vs., Z. 5

	UN	GÚ.UN	74177a, Rs.i, Z.10.24
		UN.MEŠ	7480j, Z. 7

166. **GIT**

	kit	*[ki]t*$^{?}$*-sú*$^{!}$*-ra-am*	74233r, Z. 4

* 

	LÍL	^{d}EN.LÍL	74243, Vs., Z. 3
		[^{d}E]N.LÍL.BÀN.D[A]	74233p, Z. 2'

167. **ŠID**

	lak	*a-lak*	74174a, Rs.ii, Z. 9

	MÈŠ	[^{d}GIL.G]A.MÈŠ	74128d, Vs., Z. 1'

Nr.	kL./L.	Kontext	Belegstellen

		ŠID-*nu*	74177a, Rs.i, Z.21
169.			

	ú		passim (42)

	šam	*šam-rum/rù*	74177a, Rs.i, Z. 7

	Ú	Ú.ME.DIL	74177a, Rs.i, Z.13
170.	**GA**		

	ga	*i-da-ga-lu* [*ú-g*]*a-am-mi-ru-...*	74177a, Rs.i, Z.31 7480j, Z. 8

	qá	[*q*]*á-a-pu-ia*	74177a, Rs.i, Z.11

Nr.	kL./L.	Kontext	Belegstellen

	GA	[^{d}GIL.G]A.MEŠ	74128d, Vs., Z. 1'

171. **ÍL**

ga₆	*na-da-ga₆-lu*	74177a, Rs.i, Z.26

172. **LUḪ**

* *

luḫ	*pu-luḫ!-ta*	74243, Rs., Z. 3
	pu-luḫ!-ta-šu	74243, Rs., Z. 2

173. **KAL**

kal	*i-⸢kal⸣*	74177a, Rs.i, Z.13
	ik-kal	74102b, Z. 2'

dan	*dan-ni*	74177a, Rs.i, Z. 7

Nr.	kL./L.	Kontext	Belegstellen

	gal$_9$	*i-da-gal*$_9$	74177a, Rs.i, Z.15
174.	**É**		
	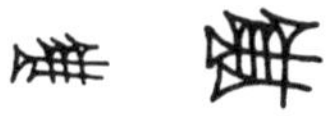		
	É		passim (13)
178.	**RA**		

	ra		passim (28)
180.	**LÚ**		

	LÚ		passim (16)
182.	**ŠEŠ**		

	ŠEŠ	[K]I.ŠEŠ-*ka*	74197a, ii, Z. 5'

Nr.	kL./L.	Kontext	Belegstellen

184. **ŠAR**

šar	*šar-ḫa*	74102b, Z.12'
	šar-k̆[a-at]	7490g, Z. 5

- - - - - - - - - - - - - - - - - - - -

$KIRI_6$	GIŠ.$KIRI_6$	74177a, Rs.i, Z.12
	[LÚ.NU].$KIRI_6$	74143n, Z.10'

- - - - - - - - - - - - - - - - - - - -

ŠA[R]	LÚ.DUB.ŠAR	74153, Col., Z. 4

---

186. **QAR**

*

qar	*qar-ra-*du_4	74243, Vs., Z.12

---

187. **ID**

 * 

id	(Rasur)*id-dı*	74174a, Rs.i, Z.31'
	id-dı-na	74174a, Rs.i, Z.30'
	[*ku-u*]*š-ši-id*	74127ac++, Rs.ii, Z.10'
	li-ip-qí-id-ka	74243, Rs., Z. 9
	lu[!]*-na-i-id*	74174a, Rs.i, Z.29'
	ni-id-[...]	74177a, ii, 71'

- - - - - - - - - - - - - - - - - - - -

Nr.	kL./L.	Kontext	Belegstellen

	it	*it-[ta-di-nu]*	7480j, Z. 7
		it-ta-ṣ[i]	74233q, Rs., Z. 6
		it-ti	74233q, Rs., Z.12.13
		it-ti	74128t, Z.10'
		it-t[i]	74174a, Rs.i, Z.40'
		i[t-ti]	74177a, Vs.ii, Z.11'

iṭ [*i*]*ṭ*-⌜*ṭù*⌝-[*ú*] 74104z, i, Z. 5'

---

* 

	ed	*li-te-ed-di-ša*	74243, Vs., Z. 2
		te-ed-di	74104z, i, Z.10'

---

*

et ^{d}*Be-le-et ilī* 74243, Vs., Z. 6

	eṭ	*eṭ-lu-tù*	74174a, Rs.ii, Z.12
		me-eṭ-re-tu-um-ma	74177a, Rs.i, Z.14
		te-eṭ-ḫa	74107aj, Z.10'

Nr.	kL./L.	Kontext	Belegstellen

	Á	Á.DAḪ!	74177a, Rs., Z. 9
191.	**DA**		

	da		passim (16)

	ṭa	*ṭa-a-at/ab* *ṭa-at/ab-ti*	74143n, Z.11' 74143n, Z. 9'

	tá	*kab-tá-a[t-ka]*	74177a, Vs.ii, Z.10'

	DA	ZÌ.DA.MEŠ	74102b, Z. 3'
192.	**ÁŠ**		

	áš	*[á]š-ri* *[á]š-šu*	74177a, Vs.i, Z.26' 74177a, Rs.i, Z. 2

Nr.	kL./L.	Kontext	Belegstellen

	ás	*ta-ás-le-ta*	74233q, Z. 7

---

193. **MA**

	ma		passim (86)

- - - - - - - - - - - - - - - - - - - -

 *

	MA	[A].MA.RU	74153, Rs.i, Z.30'
		KALAM.MA	74243, Vs., Z. 5

---

194. **GAL**

 * 

	GAL	[^{d}EREŠ].KI.GAL	74177a, Rs.i, Z.29
		^{d}NÉ.IRI$_{11}$.GAL	74243, Vs., Z.13
		É.GAL	74143n, Z. 3'
		⸢GAL⸣.LA	74177a, Rs.i, Z.11
		ḫé-gal-li	74243, Rs., Z. 5

Nr.	kL./L.	Kontext	Belegstellen
197.	**GIR**		

	kir	*na-kir*$^{?}$	731068, Vs., 8'
202.	**ŠA**		

	ša		passim (47)
203.	**ŠU**		

	šu		passim (58)

	ŠU	[Š]U ŠU.II-*šú*	74153, Col., Z. 1 74107aj, Z.76
208.	**ŠAG$_5$**		

	GIŠIMMAR	GIŠ.GIŠIMMAR GIŠ.GIŠIMMAR GIŠ.GIŠIMMAR	74143n, Z. 2'.6' 74177a, Vs.i, Z.28' 74143m, Vs., Z.11'

Nr.	kL./L.	Kontext	Belegstellen

211. **KUR**

mat	*a-mat*	74177a, Rs.i, Z. 4

- -

šat	*i-šat-ti*	74177a, Rs.i, Z.14

- -

KUR	KUR	74158g, Vs., Z. 8
	KUR-*ta*	7480j, Z. 2
	KUR-*ti*	7480j, Z. 4.6
	KUR-*ti*	74127ac++, Rs.ii, Z. 2'
	KUR-*ti*	7490g, Z. 2

- -

GÌN	⸢ZA⸣.GÌN-*k*[*a*]	74174a, Rs.ii, Z. 1

---

212. **ŠE**

* 

še	*li-še-eb-bi-ka*	74243, Vs., Z. 8
	še-er-ra	74143n, Z.11'

Nr.	kL./L.	Kontext	Belegstellen
213.	**BU**		

	bu		passim (11)

	pu		passim (15)
214.	**UZ**		

	[*u*]*s*	[*nu-u*]*s-su-uq-ti*	74174a, Rs.i, Z.41'

	u[*ṣ*]	*u*[*ṣ-ṣu-ra*]	74153, Vs.iii, Z. 1'
	* 		
	uz	*ku-uz-ba* *uz-n*[*a*]	74243, Vs., Z. 6 74233p, Z. 3'
216.	**MUŠ**		
	* 		
	muš	*la muš-pe-lu-ú* *muš-ḫal-ṣi-tum*$_4$*-ma*	74243, Vs., Z. 3 74128d, Vs., Z. 7'

Nr.	kL./L.	Kontext	Belegstellen

	NIDABA	NIDABA	74177a, Rs.i, Z.21
218.	**TE**		

	te		passim (15)

	ṭe$_4$	*ṭe$_4$-ma*	74174a, Rs.i, Z.32'
219.	**KAR**		

	kar	*kar-šu$_{11}$*	74177a, Vs.i, Z.19'
220.	**LI**		
	*		
	li	*be-li*	74243, Vs., Z.11; Rs., Z. 7
221.	**UD**		
	* 		
	ud	*ḫu-ud*	74243, Rs., Z. 6
		[*ḫ*]*u-ud libbi*	74127ac++, Rs.ii, Z.12'
		[^{m}*Zi-ud-su*]*-ud-ra*	74127ac++, Vs.ii, Z. 6'

Nr.	kL./L.	Kontext	Belegstellen

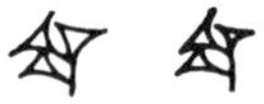

ut		passim (11)

- -

BABBAR	KÙ.BABBAR	74107aj, Z. 3'
	⌜KÙ.BABBAR-*ka*⌝	74174a, Rs.ii, Z. 1
	KÙ.BABBAR-*k*[*a*]	74295a, Z. 5'
	[K]Ù.BABBAR-*pí*	74233r, Z. 5'

- -

* 

UTU	DINGIR.AMAR.UTU	74243, Vs., Z. 7
	DINGIR.UTU	74177a, Rs.i, Z. 9.26
	DINGIR.UTU	74177a, Vs.i, Z.24'
	DINGIR.UTU	74137b, Vs., Z. 2'
	DINGIR.UTU	74243, Vs., Z.10
	DINGIR.UTU	7480j, Z. 5

- -

UD		passim (15) (Lesung: u_4 ?)

---

223. **PI**

*

pe	*la muš-pe-lu-ú*	74243, Vs., Z. 3

- -

Nr.	kL./L.	Kontext	Belegstellen

	GEŠTU	GEŠTU-*na*	74233q, Z. 2

---

224. **ŠÀ**

ŠÀ	ŠÀ-*bi*	74127ac++, Rs.ii, Z.20'
	[Š]À-*ka*	74177a, Rs.i, Z.23

[394c].**USÀN**

USÀN	KUŠ.USÀN	74174a, Rs.ii, Z.12

---

229. **ḪI**

 * * 

ḫi	*a-ḫi-ra-ti*	74233q, Z. 5
	ar-ḫi	74243, Rs., Z. 9
	ḫi-ṣi-ib-ši-na	74243, Rs., Z. 8
	i-ra-ḫi-iṣ	74177a, Rs.i, Z.16

- -

*

ṭà	*ṭà-a-bi*	74243, Vs., Z. 4

- -

Nr.	kL./L.	Kontext	Belegstellen
	*		
	ṭí	*ba-la-ṭí*	74243, Vs., Z. 8

	ḪI	Ì.ḪI.A	74177a, Z.70'
		[U_8.U]DU.ḪI.A-*nu*	74177a, Rs.i, Z.23
233.	**A'**		

	a'	*ma-a'-du*	74177a, Rs.i, Z.27
		ma-a'-d[*u*]	74177a, Rs.i, Z.25
		ma$^{?!}$-*a'-d*[*u*]	74177a, Rs.i, Z.26
234.	**AḪ**		

	aḫ	*a-ra-aḫ-ka*	74233q, Z. 8

	⌜*eḫ*⌝	[*ṣe*]-⌜*eḫ*⌝-[*re-ti-ki*]	74159d, i, Z. 1'

	iḫ	*ha-ši-iḫ-ti*	74143n, Z. 7'

Nr.	kL./L.	Kontext	Belegstellen

	uḫ	*pu-uḫ-ra*	74158g, Vs., Z. 4
		pu-uḫ-ri	74174a, Rs.i, Z.41'

---

235. **KAM**

	KAM	ITI.1.KAM	74107aj, Z. 6'

---

236. **IM**

	im		passim (17)

- - - - - - - - - - - - - - - - - - - -

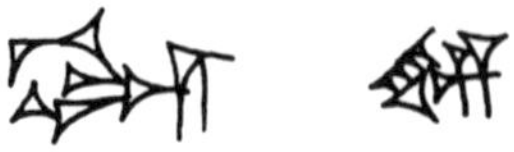

	IM	^{d}IM	74153, Rs., Col., Z. 3'
		IM.MEŠ	74233q, Z.11

Nr.	kL./L.	Kontext	Belegstellen
238.	**ḪAR**		

	ḫar	*im-ta-ḫar*	74137b, Vs., Z. 2'
		[im-t]a-ḫar-m[a]	74137b, Vs., Z. 5'
		ma$^{?}$*-ḫar*	74143n, Z.12'

	ḫur	*[t]a-am-ḫur*	74174a, Rs.i, Z.22'

	ḪUR	ḪUR.SAǦ.MEŠ	7480j, Z. 3
242.	**U**		

	u		passim (11)

	U	U	74127ac++, Rs.ii, Z.13'
248.	**MI**		

	mi		passim (27)

Nr.	kL./L.	Kontext	Belegstellen

	MI	GIŠ.MI	74177a, Rs.i, Z.27

	GE_6	SAĞ.GE_6	74177a, Rs., Z. 1

249. **GUL**

	kúl	*a-kúl*	74177a, Rs.ii, Z.16'

251. **NIM**

	tum$_4$	*muš-ḫ̮al-ṣi-tum*$_4$*-ma*	74128d, Vs., Z. 7'

254. **LAM**

	*		
	lam	*me-lam-ma-ša*	74243, Rs., Z. 1

Nr.	kL./L.	Kontext	Belegstellen
255.	**ZUR**		
	*		
	AMAR	AMAR.UTU	74243, Vs., Z. 7

Nr.	kL./L.	Kontext	Belegstellen
258.	**UL**		

	ul		passim (18)

Nr.	kL./L.	Kontext	Belegstellen
259	**GÌR**		

	GÌR	GÌR.PAD.DU	74177a, Vs.i, Z.27'
		GÌR.ZA	74177a, Vs.i, Z.13'

Nr.	kL./L.	Kontext	Belegstellen
261.	**IGI**		

	ši		passim (39)

- -

Nr.	kL./L.	Kontext	Belegstellen

	lí	DINGIR-*lí*	74153, Vs.iii, Z. 2'
		DINGIR-*lí*	74143m, Rs., Z. 7'
		DINGIR-*lí*	74177a, Vs.i, Z.28'.29'
		LÚ-*lí*	74177a, Vs.i, Z. 5'

	lim	*qu-lim-ma*	74177a, Rs.i, Z. 5

	IGI	IGI	74177a, Vs.i, Z.24'

263. **AR**

* *

	ar	*ar-ḫi*	74243, Rs., Z. 9
		ar-ḫu	74243, Rs., Z. 9
		ar-ku-ti	731068, Rs., 4'
		ar-ni	74233r, Z. 8
		ar-[...]	74234g, Z. 3'
		ar-[...]	74159c, ii, 3'
		⸢*i*⸣*-ba-ar*	74177a, Vs.i, Z.17'
		iš-ka-ar-ša	74143m, Rs., 3'

264. **Ù**

	ù		passim (12)

Nr.	kL./L.	Kontext	Belegstellen

266. **DI**

 * 

di	*a-di*	74127ac++, Rs.ii, Z. 5'
	a-di	74174a, Rs.ii, Z. 7.16
	ir-di[!]*-ma*	74174a, Rs.ii, Z.12
	li-te-ed-di-ša	74243, Vs., Z. 2
	ma-a'-di-iš	74102b, Z.12'
	ma-a'-di-i[*š*]	74143m, Vs., Z. 4'
	šur-di-[...]	74177a, Vs.ii, Z.13'
	te-ed-di	74104z, i, Z.10'

- -

dè	*dè-ku*	74177a, Rs.i, Z.33

- -

ti_4	*si-in-*ti_4	7498n, Z. 10'

---

269. **KI**

ki		passim (27)

- -

* * 

qí	*e-mu-qí-ka*	74243, Vs., Z.12
	li-ip-qí-id-ka	74243, Rs., Z. 9
	...*-qí*	74104z, i, Z. 8'

- -

Nr.	**kL./L.**	**Kontext**	**Belegstellen**

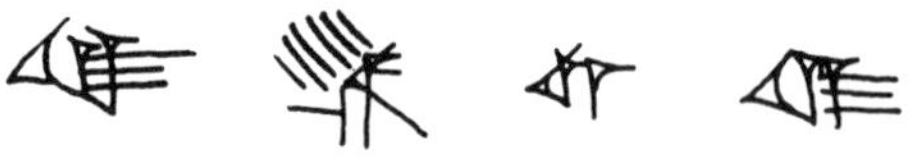

KI	KI ŠEŠ-*ka*	74197a, ii, Z. 5'
	[MÍ.K]I$^{?}$.SIKIL$^{!}$	74233r, Z. 2
	U[N]U.KI	74159d, ii, Z. 9'
	[UR]U.UNUG.KI	74177a, Vs.i, Z. 6'

270. **DIN**

*   *   *   *

din	*li-din-ku*	74243, Vs., Z. 9.13; Rs., Z. 1.2
	lu-ú-din-ku	74243, Rs., Z. 3

272. **KÙ**

KÙ	KÙ.BABBAR-*ka*	74295a, Z. 5'
	KÙ.BABBAR-*k*[*a*]	74107aj, Z. 5'
	⸢KÙ.BABBAR-*ka*⸣	74174a, Rs.ii, Z. 1
	[K]Ù.BABBAR-*pí*	74233r, Z. 5

273. **PAD**

PAD	GÌR.PAD.DU	74177a, Vs.i, Z.27'

Nr.	kL./L.	Kontext	Belegstellen
274.	**MAN**		
	* * * *		
	MAN	MAN	74243, Rs., Z.10(4x)
275.	**E**		

	e		passim (12)
276.	**DIŠ**		

	ana	*ana* AD-*šú*	74177a, Rs.i, Z. 4
		ana ar-ni	74233r, Z. 8
		ana ka-ša	74177a, Rs.i, Z. 5

	DIŠ	DIŠ	74159d, Z.12'
		ITI.DIŠ.KAM	74107aj, Z. 4'
287.	**ME**		

	me		passim (14)

Nr.	kL./L.	Kontext	Belegstellen

	mì	*mì-na-a*	74127ac++, Rs.ii, Z. 8'
		ṣu!-*mì*!	74177a, Rs.i, Z.25

- -

	ME	DUMU.ME.DIDLI	74177a, Rs.i, Z.29
		DUMU.ME.DIL	74177a, Rs.i, Z. 8
		KURUM.ME.DIL	74177a, Rs.i, Z.21
		NINDA.ME.DIL	74177a, Rs.i, Z.25
		TU.MUŠEN.ME.DIDLI	74177a, Rs.i, Z. 6
		Ú.ME.DIL	74177a, Rs.i, Z.13
		ÚŠ.ME	74143o, Rs. 2'
		UZU.ME.DIDLI	74177a, Vs.i, Z.18'

---

288. **MEŠ**

	MEŠ		passim (26)

---

289. **IB**

*

	eb	*li-še-eb-bi-ka*	74243, Vs., Z. 8

- -

Nr.	kL./L.	Kontext	Belegstellen

*

	ib	*ḫi-ṣi-ib-ši-na*	74243, Rs., Z. 8
		ib-ba-aš-ši	7480j, Z. 6
		ib-ri	74128d, Vs., Z. 3'
		ib-[...]	74234g, Z. 2'
		li-ib-ši	74174a, Rs.i, Z.34'
		[... *x*]*-ib*	74177a, Vs.i, Z.20'

*

	ip	*ip-tu-*[*šu*]	74233q, Z. 2
		li-ip-qí-id-ka	74243, Rs., Z. 9
		ni-ip-pa-la	74128d, Vs., Z. 4'
		ši-ip-ri	74102b, Z.13'

	ep	*ep-pa-šu*	7480j, Z. 9'
		e-te-ep-šu-ma	74143n, Z. 5'

---

*

	URTA	^{d}NIN.URTA	74243, Vs., Z.12

---

290. **KU**

	ku		passim (39)

Nr.	kL./L.	Kontext	Belegstellen

	qú	*qú-ú-ul-*(Rasur)*te*	74174a, Rs.ii, Z.12

	GI_7	[U]R.GI_7	74177a, Vs.i, Z.21'

	KU	KU.LI KU.[LI]	74177a, Vs.ii, Z.12' 74233q, Z.13

	ZÌ	ZÌ.DA.MEŠ	74102b, Z. 3'
292.	**LU**		

	lu		passim (32)

	UDU	UDU [U_8.U]DU.ḪI.A-*nu*	74159d, i, Z.12' 74177a, Rs.i, Z.23

Nr.	kL./L.	Kontext	Belegstellen
294.	**KIN**		

	qi	*ri-qi-ta-ka*	74107aj, Z. 9'

296.	**ŠÚ**		

	šú		passim (34)

298.	**SAL**		

	MÍ	DUMU.MÍ.MEŠ-[*ki*]	74174a, Rs.ii, Z.15.18
		MÍ	74177a, Vs.ii, Z.47'.49'.50'
		^{mí}*sà-ab*$^{!}$-[*su-ti*]	74177a, Rs.i, Z.10

299.	**ṢU**		

	ṣu	*mi-ṣu-*[...]	74295a, Z. 6'.7'
		ṣu$^{!}$*-mi*$^{!}$	74177a, Rs.i, Z.25
		ṣu-up-pa	74177a, Rs.i, Z.18
		[*ṣ*]*u-up-pu-ú*	74107aj, Z. 2'
		ú-ṣu-ú	74233q, Z. 4

Nr.	kL./L.	Kontext	Belegstellen

300. **NIN**

* * *

NIN	^{d}NIN.URTA	74243, Vs., Z.4.12
	<*li*>-*dan*$_5$-*nin*$^{!}$	74243, Vs., Z.4

---

301. **DAM**

tám	*tám-ḫa-ra*	74174a, Rs.i, Z.22'

- -

LÚ	LÚ-*li*	74177a, Vs.i, Z. 5'

---

302. **GU**

gu	*ru-gu*$^{!}$*-ub*	74177a, Rs.i, Z.19

- -

*

ku$_8$	*li-ik-ru-ba-ak-ku*$_8$	74243, Vs., Z. 4

Nr.	kL./L.	Kontext	Belegstellen
305.	**NIG**		

⌜*nik*⌝	[...-*ni*]*k*?-*ma*	74177a, Vs.i, Z. 7'

---

306. **EL**

* * * * 

el	*be-el*	74243, Vs., Z. 7
	be-el	74243, Vs., Z.11
	be-el-tu$_4$	74243, Vs., Z. 6.14
	el-lu-ni	7498n, Z. 2'

- - - - - - - - - - - - - - - - - - - -

SIKIL	[MÍ.K]I?.SIKIL!	74233r, Z. 2

---

307. **LUM**

*

lum	*šu-lum-ma-ta*	74243, Vs., Z.14

308a. **MIN**

  * *

MIN	MIN	74107aj, Z. 7'
	MIN	74143m, Vs., Z.16'
	MIN?	74243, Vs., Z. 9(2x)

Nr.	kL./L.	Kontext	Belegstellen
310.	**UR**		

kL./L.	Kontext	Belegstellen
ur	*mu-ru-ur-[ta]*	74177a, Vs.ii, Z. 8'.9'
	[m]u-ur-tap-pí-dum	74177a, Rs.i, Z. 7
	ur-ḫa	74174a, Rs.i, Z.36'.39'
	ur-⸢ḫa⸣	74177a, Vs.i, Z. 8'
	ur-qá-[tu]	74143n, Z. 2'

kL./L.	Kontext	Belegstellen
lik	*⸢a⸣-l[ik]*	74233q, Z. 8
	lik-t[a-ṣa-ar]	74158g, Vs., Z.10

kL./L.	Kontext	Belegstellen
UR	UR.BI	74177a, Rs.i, Z.33
	UR.GI$_7$	74177a, Vs.i, Z.35'

---

311. **A**

kL./L.	Kontext	Belegstellen
a		passim (90)

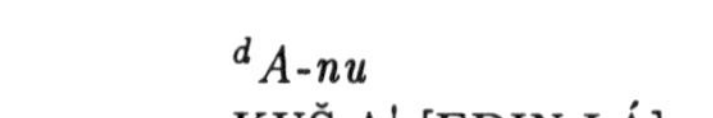

kL./L.	Kontext	Belegstellen
A	^{d}*A-nu*	74159d, ii, Z. 7'
	KUŠ.A!.[EDIN.LÁ]	74104z, i, Z. 6'
	LÚ.A.[ZU]	74153, Rs., Col.
	^{m}A.LÚ.LÚ	74127ac++, Vs.ii, Z. 3'
	[U$_8$.U]DU.ḪI.A-*nu*	74177a, Rs.i, Z.23

Nr.	kL./L.	Kontext	Belegstellen
314.	**ÍD**		
	*		
	ÍD	ÍD.MEŠ-*tu*$_4$	74243, Rs., Z. 8

Nr.	kL./L.	Kontext	Belegstellen
316.	**ZA**		

za	*iz-za-ka*$_4$*-ra*	74174a, Rs.ii, Z.13.23
	iz-za-ka$_4$*-ra*	74143m, Vs., Z.11'
	iz-za-ka$_4$$^!$-⌈*ra*⌉	74177a, Rs.i, Z. 3

sà	*ḫa-sà-ku*	74143o, Vs., Z. 4'
	⌈*sà-ab*⌉*-sé-e*	74177a, Rs.i, Z. 9
	sà-ab$^!$-[*su-ti*]	74177a, Rs.i, Z.10'

ṣa	*i-na-ṣa*-⌈*ru*⌉	74177a, Rs.i, Z.12
	iṣ-ṣa-bat	74128d, Vs., Z. 1'
	ṣa-al-ma-ti	7480j, Z. 7
	ṣa-lu-lu	74177a, Rs.i, Z.30

ZA	GÌR.ZA	74177a, Vs.i, Z.13'
	⌈NA$_4$.ZA⌉.GIN-*k*[*a*]	74174a, Rs.ii, Z. 1

Nr.	kL./L.	Kontext	Belegstellen
317.	**ḪA**		

	ḫa		passim (21)

322.	**ṬU**		

	ṭu	[*ba-l*]*a-ṭu*	74127ac++, Rs.ii, Z. 7'

323.	**NÍG**		

	šá	*šá*	74177a, Rs.i, Z. 7.16.25
		šá	74107aj, Z.11'
		šá	74295a, Z. 2'.8'

- -

	NÍG	NÍG.BA	74177a, Vs.i, Z. 7'
		NÍG.GA-*ka*	74177a, Rs.i, Z.22
		NÍG.TUKU-*šu*	74177a, Rs.i, Z.24

- -

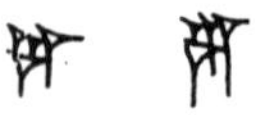

	NINDA	NINDA	74177a, Rs.i, Z.24
		NINDA.ME.DIL	74177a, Rs.i, Z.25

Nr.	kL./L.	Kontext	Belegstellen
[598c].	**IMMIN**		

	IMMIN	IMMIN	74177a, Rs.i, Z.15

Bibliographie

[1] Abardos, Glotta 59, 1981, S.13-27.

[2] T. Abusch, in: Dictionary of Deities and Demons in the Bible, Leiden 1995.

[3] R. Albertz, Ludlul bēl nēmeqi, AOAT 220, Neukirchen Vluyn 1988, S.25-53.

[4] ders., Persönliche Frömmigkeit und offizielle Religion, CWM 9, Stuttgart 1978.

[5] J.B. Alexander, Early babylonian letters and economic texts, BIN VII, New Haven 1943.

[6] W.F. Albright, Yahweh and the Gods of Canaan, London, 1968.

[7] B. Alster - U. Jeyes, Acta Sumerologica 8, Hiroshima 1986, S. 1 - 11.

[8] G. Altmann / W. Lehfeldt, Einführung in die Quantitative Phonologie, in Quantitative Linguistics, Vol.7, Bochum, 1980.

[9] D. Arnaud, Recherches au pays d'Aštata, Emar VI.4, Paris 1987.

[10] ders., Les textes cunéiformes suméro-accadiens des campagnes 1979 - 1980 à Ras Shamra - Ougarit, Syria 59, Paris 1982, S.199-222.

[11] A. Bertholet, Wörterbuch der Religionen, 2. Aufl., Stuttgart 1962.

[12] C. Bezold - E.A. Budge, The Tell El-Amarna Tablets in the British Museum, London 1892.

[13] P. Bordreuil - D. Pardee, Textes ougaritiques oubliés et << transfuges >>, Sem 41/42, 1993, S.24-32.

[14] R. Borger, Gottesbriefe, RLA 3, Berlin 1971, S.575-576.

[15] E. Bornemann, Griechische Grammatik, 2. Anhang: Die homerische Sprache, Frankfurt/Main 1978.

[16] H. Büning / G. Trenkler, Nichtparametrische statistische Methoden, Berlin 1978.

[17] A. Caquot - M. Sznycer, Ugaritic Religion, IoR XV, 8, Leiden 1980.

[18] dies. - A. Herdner, Textes Ougaritiques, LAPO 7, Paris 1974.

[19] N. Cholidis, Möbel in Ton, AVO 1, Münster 1992.

[20] M. Civil, Enlil and Namzitarra, AfO 25, Horn 1974, S.65-71.

[21] ders., The „message of LÚ-DINGIR-RA to his mother", JNES 23, 1964, S. 1-11.

[22] ders., The Texts from Meskene-Emar, Aula Orientalis 7, 1989, S. 5-24.

[23] M.E. Cohen, The Canonical Lamentations of Ancient Mesopotamia I, Potomac 1988.

[24] D. Davidson, Wahrheit und Interpretation, Frankfurt am Main 1986.

[25] F. Delitzsch, Babel und Bibel, Leipzig 1902/1904.

[26] M. Dietrich, Ein Leben ohne Freude, UF 24, Neukirchen-Vluyn 1992, S.9-29.

[27] ders., Die akkadischen Texte der Archive und Bibliotheken von Emar, in UF 22, Neukirchen-Vluyn 1990, S.25-48.

[28] ders., Marduk in Ugarit, SEL 5, Rom 1988, S.79-101.

[29] ders., Babylonian Literary Texts from Western Libraries, AOAT 42, Neukirchen-Vluyn 1992, S.41-67.

[30] ders., *ina ūmī ullûti* „An jenen (fernen) Tagen", AOAT 240, Neukirchen-Vluyn 1995, S.60-66.

[31] ders., Wurde Adapa um das 'Ewige Leben' betrogen?, MARG 6, 1991, S.119-132.

[32] ders., Aspects of the Babylonian Impact on Ugaritic Literature and Religion, Ugarit, religion and culture, UBL 12, 1994, S.33-47.

[33] ders. - M.A. Klopfenstein, Ein Gott allein. JHWH-Verehrung und bibl. Monotheismus im Kontext der israel. und altor. Religionsgeschichte, Orbis biblicus et orientalis 139, 1994.

[34] ders. - O. Loretz, Mantik in Ugarit, in ALASP 3, Münster 1990.

[35] J. van Dijk, Le Motif Cosmique dans la Pensée Sumérienne, AO 28, Havnæ 1964, S. 1-11.

[36] M. Dijkstra, The Akkado-Hurrian Bilingual Wisdom-Text RS 15.010 Reconsidered, UF 25, Neukirchen-Vluyn 1993, S.163-171.

[37] D.O. Edzard, Buchbesprechungen, ZA 62, Berlin 1962, S.123.

[38] ders. / W. Helck / M. Höfner / M.H. Pope - W. Röllig / E. von Schuler, Götter und Mythen im Vorderen Orient, Stuttgart 1965,

[39] D.E. Fleming, The installation of Baal's high Priestess at Emar, HSS 42, Atlanta 1992.

[40] P. Garelli, Gilgameš et sa Légende, Paris 1960.

[41] J.W. von Goethe, Faust, Gesamtausgabe, Insel-Verlag, Leipzig 1941.

[42] A. Goetze - J. Levy, Atiqôt 2, Jerusalem 1959, S.121-128.

[43] A.M. Goldberg, Untersuchungen über die Vorstellung von der Schekhinah in der frühen rabbinischen Literatur, 1969.

[44] J. Goossens, Deutsche Dialektologie, Berlin 1977.

[45] C.H. Gordon, Observations on the Akkadian Tablets from Ugarit, RA 50, Paris 1956, S.127-133.

[46] F. Gröndahl, Die Personennamen der Texte aus Ugarit, StP 1, Rom 1967.

[47] B. Groneberg, Syntax, Morphologie und Stil der jungbabylonischen „hymnischen" Literatur, Freiburger Altorientalische Studien Bd.14, 1.2, Stuttgart 1987.

[48] R. Grosse, Hochsprache und Mundart in Gebieten mit fremdsprachigen Bevölkerungsteilen, Berlin 1961.

[49] B. Hartmann, Monotheismus in Mesopotamien? Monotheismus im Alten Israel und seiner Umwelt, Fribourg 1980, S.49-83.

[50] J.F. Healey, The „Pantheon" of Ugarit, FS O. Loretz, SEL 5, Rom 1988, S.103-112.

[51] ders., The Akkadian „Pantheon" list from Ugarit, SEL 2, Rom 1985, S.114-125.

[52] K. Hecker, Untersuchungen zur akkadischen Epik, Neukirchen-Vluyn 1974.

[53] ders., Akkadische Hymnen und Gebete, TUAT II/5, Gütersloh 1988, S.640-783.

[54] W. Helck, s. D.O. Edzard.

[55] J.G. Herder, Vom Geiste der ebräischen Poesie, (1782-3).

[56] R.S. Hess, Devine names in the Amarna texts, Uf 18, Neukirchen-Vluyn 1986, S.149-168.

[57] A. Heubeck, Die homerische Kunstsprache, Die Welt der Antike, Propyläen Geschichte der Literatur, Bd. 1, Frankfurt am Main 1981, S.93-95.

[58] M. Höfner, s. D.O. Edzard.

[59] B. Hrouda, Handbuch der Archäologie, Vorderasien, Anhang, München 1971.

[60] J. Huehnergard, Ugaritic Vocabulary in syllabic transcription, HSS 32, Atlanta 1987.

[61] ders., The Akkadian of Ugarit, HSS 34, Atlanta 1989.

[62] W. von Humboldt, Über die Vergänglichkeit des Menschlichen Sprachbaues und ihren Einfluß auf die geistige Entwicklung des Menschengeschlechts, Berlin 1836.

[63] M. Hutter, Altorientalische Vorstellungen von der Umwelt. Literar- und religionsgeschichtliche Überlegung zu „Nergal und Ereškigal", Orbis Biblicus et Orientalis 63, Freiburg 1985.

[64] F. Hundsnurscher, Neuere Methoden der Semantik, Tübingen 1971.

[65] M. Immler, Zur Frage der Autonomie der Syntax in Syntactic Structures, 1974.

[66] D. Irvin, Mytharion, AOAT 32, Neukirchen-Vluyn 1978, S.49f.

[67] S. Isre'el, New Readings in the Amarna Versions of Adapa and Nergal and Ereškigal, GS R. Kutscher, Tell Aviv 1993, S. 51-67.

[68] Th. Jacobsen, The Treasures of Darkness, a History of Mesopotamian Religion, New Haven - London 1976.

[69] A. Jeremias, Die Weltanschauung der Sumerer, AO-26-28, Leipzig 1929.

[70] ders., Der Kosmos von Sumer, AO-29-35, Leipzig 1932.

[71] U. Jeyes, s. B. Alster.

[72] A. Jirku, Kanaanäische Mythen und Epen aus Ras Schamra-Ugarit, Gütersloh 1962.

[73] Th. Kämmerer, Das Sintflut-Fragment aus Ugarit, RS 22.421, UF 25, Neukirchen-Vluyn 1993, S.189-200.

[74] ders., Zur sozialen Stellung der Frau in Emār und Ekalte, UF 26, Neukirchen-Vluyn 1994, S.169-208.

[75] A. Kammenhuber, Die hethitische und hurrische Überlieferung zum Gilgameš-Epos, Münchner Studien zur Sprachwissenschaft 21, 1967, S.45-58.

[76] G. Klaus, Semiotik und Erkenntnistheorie, 2., neubearb. Auflage, Berlin 1969.

[77] J. Klein, The 'Bane' of Humanity: A Lifespan of One Hundred Twenty Years, ASJ 12, 1990, S.57-70.

[78] ders., Bilingual Literary Texts in Emar and Ugarit in the Second Millennium B.C.E., paper der 42. RAI, Leuven 1995.

[79] ders., 'Personal God' and Individual Prayer in Sumerian Religion, in AfO Bh. 19, Horn 1981, S.295-306.

[80] J. Knobloch, Sprachwissenschaftliches Wörterbuch, Heidelberg 1977.

[81] R. Kößling, in Lexikon der Antike, Augsburg 1990.

[82] J.A. Knudtzon, Die El-Amarna-Tafeln, VAB 2/1.2, Leipzig 1915.

[83] F.R. Kraus, Ein Altbabylonischer Privatbrief an eine Gottheit, RA 65, Paris 1971, S.27-36.

[84] J. Krecher, Sumerische Literatur, Neues Handbuch der Literaturwissenschaft, Wiesbaden 1978, S.100-150.

[85] R. Labat, Les religions du Proche-Orient asiatique, 1970, S.70-74.

[86] W.G. Lambert, Babylonian Wisdom Literature, Oxford 1960.

[87] ders., Seed of Wisdom, Festschrift T.J. Meek, Toronto 1967, S.3-13.

[88] ders., Literary Prayers of the Babylonians, AfO 19, 1959/60, S.47-66.

[89] ders., Studies in Nergal, BiOr 30, Birmingham 1973.

[90] ders., A new fragment of the king of battle, AfO 20, 1963, S.161-163.

[91] ders., Some new Babylonian wisdom literature, FS J.A. Emerton, Cambridge 1995, S.30-42.

[92] ders., Ninurta Mythology in the Babylonian Epic of Creation, BBVO 6, Berlin 1986, S.55-60.

[93] ders., Akkadische Mythen und Epen, TUAT III/4, Gütersloh 1994, S.565-602.

[94] ders., A New Interpretation of *Enlil and Namzitarra*, Or.58, Rom 1989, S.508f.

[95] B. Landsberger, The conceptual autonomy of the babylonian world, Malibu 1976, MANE 1/1,4.

[96] ders., Zur vierten und siebenten Tafel des Gilgamesh-Epos, RA 62/2, Paris 1968, S.97-135.

[97] B. Lang, Hypostase, Handbuch religionswissenschaftlicher Grundbegriffe, Stuttgart 1993, S.186-189.

[98] W. Lehfeldt, s. G. Altmann.

[99] O. Loretz, Adaption ugaritisch-kanaanäischer Literatur in Psalm 6, UF 22, Neukirchen-Vluyn 1990, S.195-220.

[100] ders., Altorientalische und kanaanäische Topoi im Buche Kohelet, UF 12, Neukirchen-Vluyn 1981, S.207-278.

[101] ders., Die Psalmen II, AOAT 207/2, Neukirchen-Vluyn 1979.

[102] ders., Nekromantie und Totenevokation in Mesopotamien, Ugarit und Israel, in: Religionsgeschichtliche Beziehungen zwischen Kleinasien, Nordsyrien und dem Alten Testament, OrBO 129, Freiburg 1993, S. 285-318.

[103] ders. - I. Kottsieper, Colometry in Ugaritic and biblical poetry, Altenberge/Soest 1987.

[104] ders., s.a. M. Dietrich.

[105] J. Margueron, in: A l'occasion d'une exposition, Meskéné - Emar, Paris 1982.

[106] K.J. Mattheier, Pragmatik und Soziologie der Dialekte, Einführung in die kommunikative Dialektologie des Deutschen, Heidelberg 1980.

[107] K. Meister, Die Homerische Kunstsprache, Darmstadt 1966.

[108] J.C. de Moor, The Semitic Pantheon of Ugarit, UF 2, Neukirchen-Vluyn 1970, S.187-228.

[109] ders., An Anthology of Religious Texts from Ugarit, NISABA 16, Leiden 1987.

[110] ders., Lovable Death in the Ancient Near East, UF 22, Neukirchen-Vluyn 1990, S.235-240.

[111] G.G.W. Müller, TUAT III/4, Gütersloh 1994, S.767-769.

[112] H. Niebaum, Dialektologie, Germanische Arbeitshefte 26, Tübingen 1983.

[113] C. Niebuhr, Die Amarna-Zeit, AO 1,2, Leipzig 1913.

[114] H. Niehr, Zur Frage der Filation des Gottes Ba'al in Ugarit, JNSL 20/2, 1994, S.165-177.

[115] ders., Überlegungen zum El-Tempel in Ugarit, UF 26, Neukirchen-Vluyn 1994, S.419-426.

[116] E. Norden, Die antike Kunstprosa vom 6. Jahrh. bis in die Zeit der Renaissance, 2 Bd., 1898, Nachdr. 1958.

[117] J. Nougayrol, Textes suméro-accadiens des archives et bibliothèques privées d'Ugarit, Ugaritica V, Paris 1968.

[118] ders., L'influence babylonienne à Ugarit, d'après les textes en cunéiformes classiques, Syria 39, Paris 1962, S.28-35.

[119] G. del Olmo Lete, Mitos y Leyendas de Canaan segun la Tradicion de Ugarit, Madrid 1981.

[120] ders., Interpretación de la mitología cananea, Valencia 1984.

[121] J. Oppert, Annales de la philosophie chrétienne, 1858.

[122] W. Orthmann, Der Alte Orient, Propyläen Kunstgeschichte Bd.18, Berlin 1985.

[123] H. Paul, Prinzipien der Sprachgeschichte, 9. Aufl., Tübingen 1975.

[124] Th. Podella, Ṣôm-Fasten, AOAT 224, Neukirchen-Vluyn 1989.

[125] F. Pomponio, Nabû, Studi Semitici 51, Rom 1978.

[126] M.H. Pope, s. D.O. Edzard.

[127] J.B. Pritchard, Die Archäologie und das alte Testament, Wiesbaden 1969.

[128] A.F. Rainey, el Amarna tablets, AOAT 8, Neukirchen-Vluyn 1970, S.6-11.

[129] Reallexikon der deutschen Literaturgeschichte, zweiter Band, Berlin 1965.

[130] E. Reiner, Die akkadische Literatur, Neues Handbuch der Literaturwissenschaft, Wiesbaden 1978, S.151-210.

[131] H. Ringgren, Word and Wisdom, Studies in the Hypostatization of Divine Qualities and Functions in the Ancient Near East, 1947.

[132] W. Röllig, Altorientalische Literaturen, Neues Handbuch der Literaturwissenschaft, Wiesbaden 1978, S.9-24.

[133] ders., s. D.O. Edzard.

[134] W.H.Ph. Römer, Die Sumerologie, AOAT 238, Neukirchen-Vluyn 1994.

[135] L. Ruppert, Klagelieder in Israel und Babylonien - verschiedene Deutungen der Gewalt, in N. Lohfink, Hg., Gewalt und Gewaltlosigkeit im Alten Testament, QD 96, 1983, S.111-158.

[136] F. de Saussure, Grundfragen der allgemeinen Sprachwissenschaft, Berlin/Leipzig 1967.

[137] C.F.A. Schaeffer, Les fouilles de Minet-el-Beida et de Ras-Shamra, in Vorberichte der Ausgrabungen von Ras Shamra, 1935.

[138] E. von Schuler, s. D.O. Edzard.

[139] H. Schwarz, Stichprobenverfahren, München/Wien 1975.

[140] B. Snell, Griechische Metrik, Göttingen 1982.

[141] W. von Soden, Altbabylonische Dialektdichtungen, ZA 44, Berlin 1938, S.26-44.

[142] ders., Bemerkungen zu einigen literarischen Texten in akkadischer Sprache aus Ugarit, UF 1, Neukirchen-Vluyn 1969, S.189-195.

[143] ders., Das Fragen nach der Gerechtigkeit Gottes im Alten Orient, MDOG 96, Berlin 1965, S.41-59.

[144] ders., Das Gilgameš-Epos, Reclam-Verlag, Stuttgart 1984.

[145] ders., Das Problem der zeitlichen Einordnung akkadischer Literaturwerke, MDOG 85, Berlin, 1953, S.14-26.

[146] ders., Der nahe Osten im Altertum, Propyläen Weltgeschichte, unv. Neuauflage, Frankfurt/Main 1991.

[147] ders., Der hymnisch-epische Dialekt des Akkadischen, ZA 40, Leipzig 1931, S.175-S.227.

[148] ders., Der hymnisch-epische Dialekt des Akkadischen, ZA 41, Leipzig 1933, S.160-S.173.

[149] ders., Grundriss der akkadischen Grammatik, ANOR.33, Rom 1952.

[150] ders., Grundsätzliches zur Interpretation des babylonischen Atramhasis-Mythos, Or 39, Rom, 1970, S.311-314.

[151] ders., Untersuchungen zur babylonischen Metrik, Teil II, ZA 74, Berlin 1984, S.213-234.

[152] W.H. van Soldt, Studies in the Akkadian of Ugarit, Dating and Grammar, AOAT 40, Neukirchen-Vluyn 1991.

[153] ders., The Title $\underline{T}$Y'Y, UF 20, Neukirchen-Vluyn 1989, S.313-321.

[154] ders., The Akkadian of Ugarit: Lexicographical Aspects, Studi Epigrafici e Linguistici, Verona 1995, S.205-215.

[155] W. Sommerfeld, Der Aufstieg Marduks, AOAT 213, Neukirchen-Vluyn 1982.

[156] F. Stolz, Einführung in den biblischen Monotheismus, Darmstadt 1996.

[157] Ph. Talon, Le Mythe d'Adapa, SEL 7, Rom 1990, S.54-57.

[158] R.C. Thompson, The Epic of Gilgamish, Oxford 1930.

[159] ders., Syllabaries, CT 11, London 1962.

[160] ders., Syllabaries, CT 18, London 1964.

[161] J.H. Tigay, The Evolution of the Gilgamesh Epic, Philadelphia 1982.

[162] ders., Literary-Critical Studies in the Gilgamesh-Epic: An Assyriological Contribution to Biblical Literary Criticism, Ann Arbor 1972.

[163] K. van der Toorn, Family religion in Babylonia, Syria and Israel, SHCANE VII, Leiden 1996.

[164] G. Trenkler, s. H. Büning.

[165] J. Tropper, Nekromantie, AOAT 223, Neukirchen-Vluyn 1989.

[166] H.L.J. Vanstiphout, Some Notes on „Enlil and Namzitarra", RA 74, Paris 1980, S.67-71.

[167] M.E. Vogelzang, Patterns introducing direct speech in akkadian literary texts, JCS 42, 1990.

[168] H. Vorländer, Mein Gott, Die Vorstellungen vom persönlichen Gott im Alten Orient und im Alten Testament, AOAT 23, Neukirchen-Vluyn 1975.

[169] P.J. Watson, Archeological Explanation, The Scientific Method in Archeology, New York 1984.

[170] M. Weippert, Synkretismus und Monotheismus. Religionsinterne Konfliktbewältigung im Alten Testament, in J. Assmann - D. Harth, Hg., Kultur und Konflikt, Bd.612, Frankfurt 1990, S.143-179.

[171] E. von Weiher, Der babylonische Gott Nergal, AOAT 11, Neukirchen-Vluyn 1971, S.48-56.

[172] J.G. Westenholz, Legends of the Kings of Akkade, Winona Lake, Indiana 1997.

[173] C. Wilcke, Die Emar-Version von „Dattelpalme und Tamariske", ZA 79, Berlin 1990, S.161-190.

[174] G. Wilhelm, Grundzüge der Geschichte und Kultur der Hurriter, Darmstadt 1982.

[175] H. Winckler, Der Thontafelfund von el Amarna, MOS 1, Berlin 1889.

[176] P. Xella, Aspekte religiöser Vorstellungen in Syrien nach den Ebla- und Ugarit-Texten, UF 15, Neukirchen-Vluyn 1983, S.280-290.

[177] M. Yon, Stèles de pierre, Arts et industries de la pierre, RSOu 6, Paris 1991, S.273-353.

Index

A
Abschrift(en), 96, 157
Absender, 75
Adaption, 72
Adressat, 75
Akkad-Zeit, 71, 80
Alalaḫ, 28
Alijan Ba'al, 68
Alphabetschrift, 94
Alster, B., 91
altbabylonisch, 49, 93
Altmann, G., 48
Anšur-qadad, 89
'Anat, 64, 67, 68
Anum, 79
Aphorismus, 120
Aphrodite, 72
Apokopata, 93
Aqhat-Epos, 65
Archaismen, 129
archetypisch, 102, 121
Archetypus, 157
Arnaud, D., 29, 71
Asal, 79
Assur, 67
Assurbanipal, 157
Assyriasmen, 52
'Astarte, 64, 72, 79
Astronomie, 88
Ašera, 64
Atramḫasis, 73
'Aṯtar, 67
Attisches Drama, 129
Azû, 29

B
Ba'al, 64, 67, 79
Ba'al au foudre, 64
Babylon, 69
Babylonien, 28
babylonisch-sumerisch, 143
Bedeutungsinhalt, 86
Bēlet Nippuri, 69
Bildkunst, altorientalische, 120
Bildkunst, griechische, 120
bilingual, 6
Bilinguen, 89
Boğazkale, 51
Bornemann, E., 129
Brief-Literatur, 32, 67, 75
Briefe, 67, 93, 96

C
Caquot, A., 3
Chorlyrik, 129

D
Dagān, 64, 67, 69, 71, 80
Dagān-Kult, 80
Dagān-Priester, 79
Dechiffrierung, 90
Demosthenes, 121
deterministisch, 48
diachron, 48
dialektisches Grenzgebiet, 128
Dichtung, sumerische, 157
Dietrich, M., 91, 92
dieu à la plume, 64
Diktat(e), 96, 157
Diktate, 96

E
Ebla, 28, 63
El, 64, 67, 68, 72
Elam, 28
Ellil, 79
Emār, 69
empirisch, 96
Enjambement, 132
enūma eliš-Mythos, 24, 98
Entwicklungstendenzen, 48
Epitheta, 63, 82, 84
Erbrecht, 90
Etana-Mythos, 98
Ethik, 88, 89
Euphrat, 71
Extremwerte, 48

F
Faust, 93, 121
Frisch, M., 122

G
Gaddu, 79
Gattungen, 94
Gebet, 120
Gebrauchs-Literatur, 29
Gerechtigkeit Gottes, 136
Gesellschaft, 75, 88
Gilgameš-Epos, 88, 98
Goethe, J.W. von, 121, 122
Gottesbezogenheit, 91
Gottheit, 137
Graphe, 33
Griechen, die, 72
Grosse, R., 93
Grußformel, 67
Grundwortschatz, 53

H
hapax legomenon, 74
Hecker, K., 127
Henotheismus, 76
Heubeck, A., 128
Hiob, 138
Historie, 88
Homer, 128, 130
homerisches Epos, 128
Huehnergard, J., 86, 87, 93
Hundsnurscher, F., vii
Hymnen, 87
Hymnus, akrostichischer, 132
Hypostase, 72

Ḫ
Ḫammurapi, 137
Ḫarḫab, 68
Ḫarran, 67

I
Ideogramme, 33
Individuallyrik, 100
Individuum, 136, 138
Indizes, 30
indogermanisch, 93
Induktion, 1
ionische Prosa, 129
Isenbart, F., vii
Isin, 69, 80, 92
Išme-Dagān, 92
Ištar, 79, 156

J
Jarḫ, 68
jungbabylonisch, 53

K
Kassiten, 137
Kat̲arāt, 67
Klagelied des Einzelnen, 137, 142
Klein, J., 1
Kleinasien, 4, 97
Kodex Ešnunna, 92
Kodex Ḫammurapi, 69
Kot̲ar-wa-ḫasis, 67
Krecher, J., 2
Kronos, 72
Kult, 102
Kultgemeinschaft, 136
kultisch, 75
Kumarbi, 72
Kunstsprache, 130
Kutha, 67
KVK-Silben, 26, 28

L
Lagaš, 74, 137
Landwirtschaft, 88
Larsa, 67, 74
Lautverschiebung, 52, 53, 54
Lautwert, 33
Lehfeldt, W., 48
lexikalisch, 82, 83
Lexikalisierung, 124
Lieder, 87
linearer Prozeß, 4
Linguistik, 85
Listen, 96
Literaturauswahl, 101
Literatursprache, 93
Lobpreis, 120
Lokaltraditionen, 157
Loretz, O., vii, 68

M
Māri, 30, 31, 51, 69, 71, 80
Mami-Stele, 64
Marduk, 71, 72, 79, 101, 102, 132
Medizin, 88, 89
Megiddo, 83, 157
Meister, K., 128
Mesopotamien, 53, 97
metaphysisch, 96
Metrik, 128
Milet, 129
mittelbabylonisch, 93
Monolatrie, 75
Monotheismus, 75
Moor, J.C. de, 67
Morphem, 86
Morphemklassen, 86
Morpho-Syntax, 53
Mot, 68
Mullil, 79
mundartlich, 93
Mythos, 71, 134

N
Nārum, 32
Nūzi, 28
Nabû, 73, 79, 82
Nachdichtungen, 96
Natur, 88
Naturbeobachtung, 89
Naumann, H., vii
Nergal, 32, 67, 79
Nikkal, 67, 68
Ninūrta, 79
Ninive, 157
Nippur, 80
Nougayrol, J., 73

O
Omina, 29
Onomastikon, 91
Organismus, 101
Orthographie, 26
ostbabylonisch, 52, 53, 55, 72, 73

P
Pantheon, 63, 72, 73, 74, 84, 91
Papyrus, 94
parallelismus membrorum, 68
Paralleltexte, 6, 30, 39
Personennamen, 67, 73
Phonologie, 93
Phraseologie, 87, 93
phrasiologischer Aufbau, 93
plankonvex, 157
Platon, 120
poetisch, 54
Politik, 88
polytheistisch, 75
Pomponio, F., 73
Pronominalsuffix, 93
Prosopographie, 64

Q
quantitativ-metrisch, 71
quantitative Linguistik, 48
quantitative Phonologie, 48

R
Rašap, 67
Reception, 94
Recht, 88, 89,
Recipient, 101
Reibelaut, 122
Reimschema, 122
Religion, 90
Rhythmus, 130
Rituale, 29

S
Safon, 67
Sandhi-Schreibung, 92, 123
Sargon-Epos, 94
Saussure, F. de, 48
Schreiber-Traditionen, 47
Schreibtechnik, 28
Schrift, 94
Schriftlichkeit, 124
Schriftsprache, 93, 121, 124
Schultext, 91
schweizerische Dichtung, 122
Segensformel, 79
Segensgebet, 79
Semiten, 80

semitisch, 93
Seth Ṣapuna, 64
Siduri-Perikope, 88
Siegel, 90
Silanion, 120
Sîn, 67, 79
Sinnabschnitte, 134
Sippar, 47, 67, 69
Soden, W. von, 29, 30
Sokrates, 120
Sommerfeld, W., 72, 73
soziale Stellung, 9, 137
Sparta, 129
Sprachanalyse, 87
Sprachstil, 84, 85
Staat, 136
Stadtkultur, 136
Statistik, 48
Stichoi, 132
Stichprobenmaterial, 49
Stil, 130
Stilistik, 26, 86
Stochastik, 48
strophischer Aufbau, 93
Strukturanalyse, 87
Subjekt, handelndes, 96
Subjunktiv, 84
sumerisch, 2
synchron, 48
synkretisch, 80
Synonyme, 61
Synopse, 146, 157
Syntax, 85
Syrien, 3, 94

Š

Šalim, 67
Šamaš, 67, 79
Šapaš, 67
Šūpē-amēli, 101

T

Tell el-Mutesellim, 83
Tell el-ʿAmārna, 51, 94
Temenos, 64
Terpandros, 129
Terqa, 71, 80
Testament, Altes, 68
Testamente, 96
theokratisch, 91
theophores Element, 67, 72
traditio, 4
Trenkler, G., 33
Tukultī-Ninūrta I, 132
Tuku-dig̃ir-é-ḫur-sag̃, 79
Typus-Darstellung, 120

U

Untersuchungseinheiten, 91, 92
Ur, 67
Uruk, 157

V

Variationsbreite, 87
venezianische Literatur, 122
Verschlußlaut, 122
Vokallautung, 54
Vorderer Orient, 90
Votivgabe, 64

W

Wachstafel, 94
Wahrscheinlichkeitsrechnung, 48
westbabylonisch, 53, 73
Westsemiten, 84
Wirtschaft, 88, 90
Wirtschaftsorganisationen, 136
Wirtschaftstexte, 63, 67
Wortfamilien, 55

X

Xella, P., 63

Y

Yam, 67
Yarḫ, 67

Z

Zufallsprinzip, 61

M

N

O

P

Q

R

S